대치동 초등독서법

창의융합형 인재를 위한
자기주도학습의 모든 것

대치동
초등독서법

박노성, 여성오 지음

일상이상

알고리즘의 시대,
당신의 아이는 자기주도적입니까?

인공지능 시대,
알고리즘이 주는 자유

———

코로나 시대를 맞아 생활방식에 변화가 생겼다는 사람들이 많습니다. 제 경우를 봐도 멜론 뮤직으로 잔잔한 아침을 열고 유튜브로 예능을 시청하고 배민으로 음식 배달을 시키고 마켓컬리로 밀키트를 주문한 뒤 넷플릭스로 영화를 봅니다. 이 플랫폼들은 로그인하기만 하면 마치 편안한 친구처럼 우리의 취향을 분석해 줍니다. 다음 날이면 어제 본 영화와 비슷한 영화를 추천해 줍니다. 배달시킨 음식을 평가했더니 쿠폰이 도착합니다. 15분짜리 예능 편집본을 봤더니 제 취향을 어떻게 알았는지 무려 150분 동안 새로운 개인 방송으로 연결됩니다. 아이유의 '라일락'을 틀었는데 오렌지카라멜의 '마법소녀'로 마무리됩니다. 이런 것을 알고리즘이라고 부르는 모양입니다.

기술의 발달 덕분에 우리는 이제 자기주도적인 소비자가 되었습니다. TV를 시청할 때처럼 모두가 같은 방송을 보지 않아도 되고, 라디오를 청취할 때처럼 모두가 같은 음악을 듣지 않아도 됩니다. 한 시간 내에 보고 싶은 콘텐츠를 계획하고 직접 앱을 실행하고 손가락으로 평가할 수 있습니다. 소비자의 자율성을 보장해 주기 위해 유튜브는 5초 건너뛰기 버튼을 만들었습니다. 플랫폼을 먹여 살리는 광고마저도 소비자에게 선택의 자율성을 보장해 준 것이죠. 이제 채널 고정이라는 말은 옛말이 됐습니다. 채널을 고정하기 전에 채널을 선택받기조차 어렵습니다.

알고리즘이 주는 자유의 함정

그런데 어느 순간부터 이게 아니라는 생각이 들기 시작했습니다. 가끔 '왜 이런 영상이 추천목록에 뜨지?' 해서 들어가 보면 '알 수 없는 알고리즘이 나를 여기로 이끌었다'는 댓글들이 많습니다. 유튜브를 시청하다 보면 정작 봐야 하고 보고 싶었던 영상들은 몇 개 보지도 못하고 계획에 없던 영상들만 잔뜩 보고 나오는 경우가 많습니다. 무엇이든 내가 원하는 대로 볼 수 있다고 생각했는데 막상 알고리즘이 추천하는 대로 영상을 보고 나옵니다. 이른바 플랫폼의 굴레에서 벗어나지 못하는 유튜브 토끼굴 현상입니다. 광고도 내 맘대로 건너뛰는 자유로운 플랫폼인데 왜 보고 싶은 영상은 없고 추천하는 영상만 볼까요? 유튜브만 그런 게 아닙니다. 비싼 구독료를 내고 넷플릭스를 보지만 영상 시청 시간보다 영상을 고르는 시간이 더 오래 걸립니다. 심지어 고르지도 못하고 앱을 끄는 경우도 많습니다. 이 시대의 시청자들은 보고 싶은 게 아니라면 단호하게 거절하고, 뭘 보고 싶은지 아는 까다로운 소비자인 줄 알았는데 아니었던 것이죠.

자기주도학습이 주는
자유의 함정

2009년부터 우리나라 교육계에는 자기주도학습 열풍이 불었습니다. 자기주도학습은 누가 시켜서 하는 공부가 아닌 스스로 계획하고 실행하는 공부법을 말합니다. 스스로 결정하고 평가하는 능력이 자기주도학습의 핵심이죠. 하지만 이 학습법은 이제껏 제대로 이루어진 적이 없습니다. 이유는 계획, 실행, 평가를 학교에 의존할 수밖에 없기 때문입니다. 자유학기제라는 이름으로 스스로 하라고 말은 하지만 결국은 나를 평가하는 학교의 기준에 따라야 했습니다. 교육학자 에베레트 라이머 Everett Reimer에 따르면 학교는 네 가지 기능을 합니다. 첫째 학생을 보호하는 기능, 둘째 사회적 일원으로 육성하는 기능, 셋째 이론이나 원리 혹은 사상을 깨우치는 기능, 넷째 지식과 기술을 개발시키는 기능입니다. 코로나 19 사태가 터지면서 학생을 보호하는 기능이 상실된 학교는 나머지 세 가지 기능을 제대로 수행하지 못했습니다. 정작 자기주도적인 상황에 내몰리자 아이들이 스스로 할 수 있는 것은 아무것도 없었던 것이죠.

자유로운 플랫폼에서 오히려 보고 싶은 영상이 없는 것처럼 자기주도학습을 시켜도 하고 싶은 공부가 없는 것이 지금 우리나라 학생들의 모습입니다. 혼자 두면 자기주도학습은커녕 하루 종일 게임만 하고 유튜브에 빠져 헤어 나오지 못하고 있습니다. 넷플릭스에서 본 정주행 드라마가 유일한 대화거리입니다. 스티브 잡스는 고객은 스스로 뭘 원하는지 모른 다고 말했습니다. 자기주도학습이라고 말할 수 있으려면 정말로 아이들 스스로 여가시간을 유용하고 유익하게 채울 수 있어야 합니다. 그 중심 에 있는 것이 바로 독서입니다.

자기주도학습과 창의융합독서의 모든 것을 담았다

초등학생 시절은 중고등학교 학습의 틀을 잡는 중요한 시기인데, 자기 주도학습은 이 시기에 시작해야 합니다. 자기주도학습의 기본은 창의융 합독서법입니다. 이 책은 유아나 초등학생 자녀를 둔 부모님을 위해 초 등학생을 위한 독서법을 다루고 있습니다. 세부적인 구성은 다음과 같습 니다.

'제1부 코로나 이후 더 중요해진 자기주도학습, 대책은 무엇인가?'는 총 4장으로 구성되어 있습니다. 1장 '포스트 코로나 시대의 진정한 자기 주도학습'에서는 수능시험에서 점점 더 어려워지는 국어 시험과 그에 대 한 대비책인 자기주도학습에 대해 살펴봅니다. 2장 '2022 개정교육과정 의 목표는 창의융합형 인재 양성'에서는 문해력 교육이 중요해지는 이유 를 알아보고 개정교육과정의 변화 방향을 살펴봅니다. 3장 '입시제도가 변할수록 중요해지는 독서'에서는 최근 주요대학에서 도입하는 다면인 적성면접MMI을 통해 교육 평가 시스템이 어떻게 변하고 있는지를 살펴보고, 그에 따른 해결방안을 제시합니다. 4장 '초등학생 때부터 시작하는 학생부 대비 전략'에서는 학교생활기록부를 중심으로 특목고와 자사고를 준비하는 방법을 살펴봅니다.

'제2부 자기주도학습을 위한 창의융합독서법'은 총 4장으로 구성되어 있습니다. 5장 '영재는 타고나는가, 만들어지는가?'에서는 노벨상 수상자를 배출하기 위해 계획적으로 투자하는 일본의 예를 살펴보며, 노력을 통해 영재가 만들어진다는 사실을 알아봅니다. 6장 '독서 영재로 키우는 세 가지 방법'에서는 독서를 좋아하는 아이로 만들기 위한 방법인 '아이들의 독서 감정에 충실할 것, 독서를 통해 자기를 이해할 것, 글쓰기로 문해력을 키우는 것'을 소개합니다. 7장 '유아·초등학생을 위한 창의융합독서법'에서는 생각덩어리를 만드는 뇌의 학습 프로세스를 알아보고 창의융합독서법을 연습해 봅니다. 8장 '읽기를 놀기처럼 만드는 독서 전중후 활동'은 가정에서 자녀를 독서지도할 때 유용한 독서 전중후 활동의 10가지 패턴을 상세하게 살펴봅니다.

'제3부 초등학생을 위한 발달단계별 독서 전략'은 총 7장으로 구성되어 있습니다. 발달단계 독서법을 기반으로 미취학 아동에서 초등학교 6학년까지 월별 추천도서와 교육방법을 상세하게 다루었습니다. 여기에서 추천하는 책만 아이들이 스스로 꼼꼼히 읽어낼 수 있다면 창의력의 기초를 단단하게 다질 수 있을 것입니다.

결국은,
독서

교육자로서의 열정은 물론 웃음까지 매력적인 씨앤에이논술 대치본원 여성오 원장님이 아니었으면 이 책은 결코 집필하지 못했을 겁니다. 하지만 전작에 대한 독자 여러분의 사랑이 아니었다면 세상에 나오지 못했을 겁니다. 응원하고 격려해 주신 독자 여러분께 진심으로 감사드립니다. 라이브 방송과 각종 강연을 통해 만난 학부모들의 의견을 반영하여 이번 책에는 초등학생 추천도서 부분을 대폭 보강했습니다. 이로써 유아·초등학생 자녀를 둔 독자 분들의 요구사항은 거의 다 반영했습니다. 대한민국 사교육 1번지 대치동에서 실제로 이루어지는 독서 교육의 이론과 실전을 총망라한 이 책을 통해, 자녀에게 적합한 독서의 방법을 깨닫고, 독서의 깊이를 가늠하고, 독서의 범위를 정할 수 있기를 진심으로 바랍니다.

지은이 박노성

차례

차례

차례

제1부

코로나 이후
더 중요해진
자기주도학습,
대책은
무엇인가?

"학생의 역할은 배우는 것이고
배움의 기본은 읽기입니다.
앞으로도 계속 싫어하는 읽기를
해야 한다면 학교는 아이에게
지옥과 같습니다. 하지만 사실,
이 '읽기'라는 고통을 '놀기'라는
가치로 전환할 수 있으면
학생들은 자진해서 '읽기'에
참여하게 됩니다. 그 방법은
어른들이 가르쳐주어야 합니다."

1.
포스트 코로나 시대의
진정한 자기주도학습

"자, 여러분은 이제 졸업입니다. 각자 2시 반까지 교실로 와서 졸업장 받아가세요."

선생님은 헛기침하며 인사말을 마무리합니다. 시끌벅적한 아이들의 미소는 비활성 창 뒤로 사라졌고 웃음소리는 음소거로 차단되었습니다. 꿈꾸던 생애 첫 졸업여행은 이미 취소되었고 반 친구들과 친해질 겨를도 없이 한 해가 마무리되는 순간입니다. 1월 8일 화상회의 서비스인 '구글 클래스룸'과 '유튜브 라이브'로 동시에 진행된 저희 아들의 초등학교 화상 졸업식 모습입니다. 조용히 치러진 졸업식 직후 아들의 얼굴에는 아쉬움이 가득하길래 이유를 물었더니 이렇게 말합니다.

"6년 만에 처음으로 남자 쌤이 담임이었어요. 애들이랑 잘 놀아주시고 축구도 잘해서 엄청 기대했었거든요. 그런데 몇 번 보지도 못하고 졸업이네요."

수능이 늦춰져 학사 일정이 미뤄진 대학도 온라인으로 입학식이 진행된 것은 마찬가지였습니다. 제가 강의하고 있는 대학에서는 1.5단계에서는 30명 이상, 2단계에서는 20명 이상 대면 수업이 가능하다는 지침이 내려왔습니다. 학생 수가 한 과목은 26명, 다른 과목은 27명이어서 3월 한 달간은 대면 수업을 진행했는데 4차 대유행이 우려되면서 4월부터 원격수업으로 전환했습니다. 온라인을 통해 등교하고 수업하는 '비대면 수업 세대'의 학교생활에서 교육의 주도권은 학생의 자율성에 달려 있습니다. 실력보다 실력 외의 요인, 수업보다 수업 외의 요인에 좌우될 수밖에 없습니다.

코로나19 사태에 치러진 사상초유의 수능시험

2021학년도 수능 만점자는 총 6명입니다. 지난해 15명보다 절반 이하로 줄어든 숫자입니다. 만점자 중 재학생과 졸업생이 반반이고, 사회탐구 영역을 응시한 인문계열과 과학탐구 영역을 응시한 자연계열의 비중도 동일하게 3명씩입니다. 영역별 1등급과 2등급을 구분하는 등급 구분 표준점수 최고점은 국어 영역의 경우 144점으로 나타났습니다. 작년보다 4점 높아졌지만 다른 과목보다 가장 어려웠습니다. 자연계열 진학을 희망하는 학생들이 주로 보는 수학 가형은 137점으로 작년보다 3점 높아져 상대적으로 조금 어려운 수준이었습니다. 인문계열을 희망하는 학생이 보는 수학 나형은 137점으로 작년보다 12점 낮아져 쉬운 수준이었습니다.

표준점수 최고점자에 해당하는 만점자 비율은 국어영역의 경우 0.04%로 작년 0.16%보다 대폭 낮아졌습니다. 반면 수학의 경우 가형의 만점자는 0.70%, 나형은 0.53%로 지난해 수학 가형 0.58%, 나형 0.21%에 비해 모두 상승했습니다. 표준점수는 수험생의 원점수가 평균 성적과 얼마나 차이 나는지 나타내는 점수입니다. 시험이 어려워 평균이 낮으면 표준점수 최고점은 높아지고, 시험이 쉬워 평균이 높으면 낮아집니다.

수능만점자 비율

영역		2021학년도 수능	2020학년도 수능
국어		0.04%(151명)	0.16%(777명)
수학	가형	0.70%(971명)	0.58%(893명)
	나형	0.53%(1,427명)	0.21%(661명)
영어(1등급 비율)		12.66%(53,053명)	7.43%(35,796명)

출처: 한국교육과정평가원

2021학년도 수능 국어 1·2등급 구분점수는 각각 131점, 125점입니다. 1등급은 1만 8,467명, 2등급은 2만 9,040명이었습니다. 수학 가형의 1·2등급 구분점수는 각각 130점, 123점으로 나타났습니다. 1등급은 7,066명, 2등급은 1만 2,906명입니다. 수학 나형의 1·2등급 구분점수는 131점, 126점이며, 1등급은 1만 3,894명, 2등급은 1만 6,962명입니다. 절대평가여서 등급만 나오는 영어영역은 1등급 학생 비율이 12.66%였습니다. 2020학년도 수능보다 대폭 늘어났습니다. 절대평가인 한국사 영역은 1등급 비율이 34.32%입니다.

영역·과목별 등급 구분 표준점수

등급	국어			수학 가형			수학 나형		
	등급구분점수	인원(명)	비율(%)	등급구분점수	인원(명)	비율(%)	등급구분점수	인원(명)	비율(%)
1	131	18,467	4.40	130	7,066	5.07	131	13,894	5.19
2	125	29,040	6.92	123	12,906	9.26	126	16,962	6.34
3	116	56,516	13.46	117	12,391	8.89	120	33,246	12.43
4	108	65,450	15.59	109	23,882	17.13	108	43,506	16.26
5	96	87,736	20.90	98	27,992	20.08	91	53,487	20.00
6	84	71,371	17.00	84	23,165	16.61	80	47,210	17.65
7	73	46,077	10.98	70	17,042	12.22	75	36,376	13.60
8	62	29,849	7.11	62	10,713	7.68	72	13,393	5.01
9	62 미만	15,279	3.64	62 미만	4,272	3.06	72 미만	9,409	3.52

출처: 한국교육과정평가원

탐구영역 선택과목별 표준점수 최고점은 사회탐구 영역은 세계사와 경제가 각각 67점으로 가장 높았습니다. 한국지리와 세계지리가 각각 63점으로 가장 낮았습니다. 과학탐구 영역은 지구과학Ⅰ이 68점으로 가장 높았고, 생명과학Ⅰ·생명과학Ⅱ가 각각 67점으로 뒤를 이었습니다. 물리학Ⅱ는 62점으로 가장 낮았습니다. 현재 수능에서는 탐구영역에서 두 과목을 선택해야 하는데, 선택 과목별 표준점수 최고점이 최대 4~6점까지 차이가 난다는 점에서 불공정하다는 지적을 받고 있습니다. 한국교육과정평가원은 중위권이 줄어들었고, 졸업생·재학생 간 성적 차이가 예년과 비슷하다고 설명합니다만 학력 격차에 대한 문제는 꾸준히 제기되고 있습니다. 코로나19 여파로 중위권이 줄어들고, 재학생과 졸업생 간 학력 격차가 나타났기 때문이죠.

2021학년도 대입 정시모집은 인문계와 자연계 모두 국어가 최대 변수가 되었습니다. 국어는 초고난도 문항은 없었지만 중고난도 문항에서 어려움을 겪었다는 학생들이 많습니다. 이에 대해 임성호 종로학원하늘교육 대표는 다음과 같이 말했습니다.

"주요과목에서 국어·수학으로 변별력이 압축될 것으로 보입니다. 인문계나 자연계 모두 상위권에서는 국어 변별력이 절대적이라고 할 수 있습니다."

뉴노멀 시대와 교육의 방향성

'코로나 사피엔스' 시대에 국어가 어려워지고 있는 이유는 시험 때문만은 아닙니다. 전례 없는 팬데믹을 겪으며 갑자기 원격수업으로 전환해야 했던 상당수 학교는 '출석체크' 이상으로 발전하지 못했습니다. 문제는 원격수업의 수준이 교사나 학교에 따라 천차만별이어서 학력 격차가 갈수록 커진 것입니다. 펜데믹 2년차인 올해도 비슷할 것으로 보입니다. 자칫 등교수업이 늘어도 '학교는 재미없다'는 인식을 넘어서 '학교 혐오' 현상까지 우려됩니다.

"원격수업 때 효율적으로 시간을 관리하며 스스로 공부한 학생은 등교가 시간 낭비라고 느낄 겁니다. 반면 게임만 하던 학생은 억지로 교실에 앉아야 하므로 학교가 싫어질 수 있습니다."

박남기 광주교대 교수의 말입니다. 두 자녀를 각각 국제중과 공립중에 보낸 한 학부모님은 코로나19 상황에서 두 자녀를 보며 학력 격차가 커지는 이유를 알게 되었습니다. 국제중에 다니는 수민이는 원격수업 기간에도 대면 수업과 크게 다르지 않았습니다. 방 안에서도 학교생활을 똑같이 했습니다. 1교시부터 방과 후 클라리넷 수업까지 모두 줌을 통해 실시간으로 진행되었습니다. 공립중에 재학 중인 수근이는 45분짜리 수업을 10분 만에 끝냈습니다. 이어서 스마트폰이나 컴퓨터를 붙잡고 게임을 하는 게 일과입니다. 교사는 조례와 종례 때 출석을 체크하고 과제만 확인합니다. 지켜보는 학부모의 속이 터집니다. 하지만 부모가 도울 수 있는 게 없습니다. 그동안 10년 가까이 논의되어 왔던 디지털 교과서와 멀티미디어 전환에 관한 논의가 탁상공론에 불과했던 셈입니다.[1]

코로나19로 가장 혼란을 겪은 곳 중 하나가 대학가입니다. 학교시설물을 이용하지도 못하고 그동안 재미없게 들었던 일방향 수업이 온라인으로 진행되자 강의에 대한 학생들의 만족도가 떨어진 것이죠. 최근 한 구직사이트의 설문조사에 따르면 코로나19 이후 대학 수업을 들었던 학생 1,724명 중 75.3%가 '원격수업으로 수업의 내용 등 만족도가 낮아졌다'고 답했습니다. 이런 상황에 대해 『사피엔스』의 저자인 이스라엘 예루살렘히브리대학교의 유발 하라리 Yuval Noah Harari 교수는 다음과 같이 말합니다.

"제가 근무하는 대학교에서는 몇 개의 온라인 과정을 개설하는 안건을 두고 수년간 토론해 왔습니다. 하지만 많은 문제점과 반대에 부딪혀 이를 실행하지 못했습니다. 열흘 전 이스라엘 정부는 모든 대학 캠퍼스를 폐쇄하라는 명령을 내렸습니다. 단 일주일 만에 우리 학교는 모든 과목을 온라인으로 옮기는 시스템을 구축했습니다. 어제 저는 수업 세 개를 온라인으로 진행했고, 꽤 잘 운영되고 있습니다. 이 위기가 지나가도 저는 우리 대학이 보름 전 상태로 돌아가리라 생각하지 않습니다."[2]

이제는 대학에서 온라인 수업을 새로운 기준新基準, new normal으로 받아들여야 한다는 뜻입니다. 역사학자다운 진단입니다. 하라리 교수는 온라인 교육을 전통적인 교육의 보완재가 아니라 대체재로 보고 있습니다.

실제로 우리나라에서는 최근 초중고교 각 학년 및 과목에서 가장 수준 높은 원격수업 콘텐츠를 모은 '아카이브'를 구축하자는 논의가 활발합니다. 가령 전국에서 고교 수학을 가장 잘 가르치는 교사 100명에게 강의를 맡기고 모든 학생이 공유하자는 거죠.

"교육부가 의지를 갖고 약간의 인센티브만 준다면 참여할 교사가 많아서 금방 아카이브를 구축할 수 있습니다."

서울대 서어서문학과 김경범 교수의 주장입니다. 그렇다면 온라인 교육은 결국 교실 수업을 완전히 대체할 수 있을까요? 전통적인 교실 수업은 구시대의 유물로 전락할까요?

온라인 교육은 전통 교육의 대체재가 아닌 보완재

『트렌드 코리아』김난도 외 지음를 읽고 학생들과 화상으로 토론 수업을 진행했습니다. 학생들에게 10가지 키워드 중에서 자신이 관심 있는 파트를 골라 읽은 뒤 고른 이유를 설명하라는 과제를 내주었습니다. '브이노믹스'라는 키워드를 선택한 민고은 학생이 이렇게 말합니다.

"저는 언택트 트렌드 부분의 역진행 수업 방식에서 교육의 미래를 생각했습니다. 역진행 수업 방식이란 수업 전에 선생님이 제공한 강의 영상을 학생들이 미리 학습하고 수업시간에는 토론이나 과제 풀이를 진행하는 형태입니다. 저는 이런 방식이 현재 우리가 해야 하는 수업 방식이라고 생각합니다. 왜냐하면 남에게 가르치며 스스로 다시 한 번 복습하는 방법이 더 오랫동안 기억에 남기 때문입니다."

고은이는 이런 방식의 수업을 코로나19 사태가 터진 이후에 이 책을 통해 처음 접했다고 합니다. 역진행 방식의 수업은 플립러닝이라는 이름으로 꽤 오래전부터 시도되어온 자기주도학습 방식입니다. 코로나19 사태가 일어나기 한참 전인 1990년대에 '밑줄 쫙 진달래 꽁냐'로 유명한 서한샘 선생님의 EBS교육방송을 기억하실 겁니다. 스타 강사를 대거 영입하면서 EBS교육방송은 TV 강의를 통해 사교육을 대체하겠다는 포부를 밝혔습니다. 인터넷이 발달하면서 메가스터디라는 온라인 교육 사이트가 등장하기도 했죠. 요즘 인기를 끌고 있는 관리형 독서실이나 스터디 카페들도 이런 사업 모델을 취하고 있습니다. 온라인으로 강의를 듣고 암기하며 문제를 풀면 수험생 입장에서는 이동 시간을 아낄 수 있기 때문입니다.

그렇다면 한 가지만 묻겠습니다. 이게 진정한 교육입니까? 실제로 과학기술원 공동사무국이 국내 5개 과학특성화대학KAIST·GIST·DGIST·UNIST·POSTECH 재학생을 대상으로 '대학 온라인교육의 효과와 활성화 방향'에 대해 연구한 보고서에 따르면 학생들의 학교에 대한 불만은 수업 수준이 아니라 친구의 부재로 나타났습니다.[3]

"온라인 수업은 시·공간의 제약 없이 자유롭고 편리하게 수업을 들을 수 있다는 큰 장점이 있지만, 대면 수업에 비해 소통과 상호작용이 부족하고 실험 수업의 효과성이 떨어지는 등 한계도 분명히 드러났습니다."

연구를 총괄했던 광주과학기술원GIST 김희삼 교수의 말입니다. 교육은 백년지대계百年之大計라 했습니다. 교육은 나라 발전의 근본이기에 백년 앞을 내다보고 크게 계획하라는 뜻으로 하는 말이죠. 학습學習, 강의講義, 수업受業, 교육敎育은 모두 선생님이 학생을 가르친다는 뜻의 한자입니다. 그중에서 교육은 그 의미가 남다른데요. 한자의 의미를 해석해보면 다음과 같습니다.

> **교(敎)** = 회초리 효(爻) + 아들 자(子) + 칠 복(攵)
> **육(育)** = 아들 자(子) + 육달 월(月)

교敎는 스승이 제자에게 회초리로 깨우침을 준다는 의미입니다. 육育에서 자子 자는 거꾸로 그려져 있습니다. 이것은 막 출산을 마친 어미와 아이를 표현한 것입니다. 아무런 생존 능력이 없는 미성숙한 아이를 올바르게 길러 성숙한 사람으로 만든다는 뜻이죠. 두 글자를 합쳐 해석하면 교육은 미성숙한 사람을 성숙하게 만들기 위해 위에서 모범을 보이고 베풀면서 격려하고 아래에서 이를 공경하고 본받으며 따르도록 하는 의도적 과정이라는 말입니다.

미래형 교육의 핵심은 좋은 교육 콘텐츠를 온라인 과정으로 개설하는 것이 아닙니다. 학습자에게 초점을 맞추는 교육을 제공해야 합니다. 그동안 교실 수업이 수동적으로 이루어지고 적극적인 참여를 이끌어내지 못하는 이유는 교육 콘텐츠나 선생님의 강의 능력이 부족한 것이 아니라 학생의 경험이 무시되었기 때문입니다. 그런 일방향 주입식 강의를 화상으로 구현하면서 학생들의 불만이 터져 나온 것이죠.

저 역시 코로나19 사태 때문에 줌을 통해 강의를 진행하고 있습니다. 디지털 기술로 원격 교육을 진행하면서 깨달은 점은 교실 수업과 다르다는 것이 아니라 너무나도 흡사하다는 겁니다. 한 명 한 명의 개별적 학습 동기를 이해하기는 어려웠지만 수백만 명의 학습자에게 일대일로 도달하기는 매우 쉬웠습니다. 교육 콘텐츠보다는 학생 개인의 학습역량 강화에 중점을 두었기 때문입니다.

코로나19라는 천재지변 속에서 디지털 환경이 교육을 어떻게든 진행하도록 만드는 데에는 성공했지만 학생들의 경험 변화까지 이끌어냈다고는 보기 어렵습니다. 컴퓨터 앞에서 헤드폰과 마이크를 사용해서 이루어지는 탓에 미래형 교육처럼 보이지만, 이런 방식은 기존의 교실 수업과 크게 다르지 않습니다. 진도 관리식 원격수업이 코로나19 시대에 우리가 진행했던 학교 교육의 전부입니다.

백신 보급이 세계 1위인 이스라엘의 예루살렘히브리대학교에서 마스크를 벗은 이후에도 여전히 화상으로 강의하리라고 생각하는 사람은 그리 많지 않을 겁니다. 줌 세대는 기존 공교육이 할 수 없던 '맞춤형 교육'이 필요하다는 것을 온몸으로 체험한 아이들입니다. 학생 개인별 맞춤형 수업이나 상담에 집중해야 합니다. 줌 세대들이 스스로 공부할 수 있게 이끌어주는 '페이스메이커' 역할이 필요한 거죠. 전통적인 교실 수업에 닥친 위기는 디지털 과학기술의 부재가 아니라 EBS교육방송의 '밑줄 쫙 진달래 꽁냐' 시절부터 교육 콘텐츠에만 주안점을 둔 데서 비롯된 결과입니다.

　교육이 학생에게 집중하기 위해서는 학업 동기부여, 잠재력, 장려책, 애로사항 등에 대해 세심한 주의를 기울여야 합니다. 오랜 시간 교육 현장에 있으면서 이런 부분들이 너무나도 쉽게 무시되고 외면당해 왔다는 사실이 그저 놀라울 뿐입니다. 교육 콘텐츠를 개발하고 최고의 커리큘럼을 제공하여 누구나 접근하기 쉬운 환경을 조성하면 좋은 성과를 거둘 수 있다는 주장은 코로나19 사태라는 천재지변 때문에 처음으로 논의된 것이 아닙니다. 영어마을을 조성하고 영어로만 생활하면 영어 선진국이 될 거라는 판단 착오로 300억 원 이상의 국민 혈세를 탕진한 MB정부의 망상 '영어몰입교육'도 처참한 실패를 경험했습니다. 교육의 주체는 정부나 교사가 아니라 학생입니다.

호기심은
주도성을 기르는 씨앗

　큰 성취는 새로운 프레임을 갖고 바라볼 때 나옵니다. 정해진 틀 안에서 세세하게 따지는 작은 시야를 가지고 어떻게 창의성이 나오겠습니까.

　로봇 공학자 데니스 홍 교수는 자신의 통찰력을 사물에 대한 공감 능력에서 찾습니다. '쿠쿠하세요'라는 광고 캠페인을 만들어낸 트리니티 마케팅 컴퍼니의 신희곤 대표는 제품의 특성을 영감의 원천으로 삼는다고 말합니다. 창의성이 뛰어난 이들에게는 한 가지 공통점을 발견할 수 있습니다. 바로 주도성을 유지한다는 것이죠. 이해를 돕기 위해 루쉰의 말을 빌려보겠습니다.

"희망이란 본래 있다고도 할 수 없고 없다고도 할 수 없다. 그것은 마치 땅 위의 길과 같은 것이다. 본래 땅 위에는 길이 없었다. 걸어가는 사람이 많아지면 그것이 곧 길이 되는 것이다."

이런 주도성이야말로 창의성을 끌어내는 발판이 아닐까요.

초등학교 1학년 때의 일입니다. 선생님은 매일 공책에 오늘 수업시간에 새로 익힌 단어 중에서 5개씩 써오라는 숙제를 내주셨습니다. 어느 날인가 자를 대고 공책에 단어를 적을 칸을 그리다가 실수로 몇 개를 더 만들어버렸습니다. 어린 나이에도 딱 5개의 단어만 쓰고 빈자리를 남기자니 어쩐지 내키지 않았던 겁니다. 이런 경우 대개 엄마에게 어떻게 해야 하냐고 물으면 해결책을 알려주셨습니다.

황급히 엄마를 찾았습니다. 낮잠을 주무시고 계셨습니다. 깨울까 말까 한참을 고민했습니다. 아니, 사실은 심하게 흔들었습니다. 하지만 피곤하셨는지 아무리 깨워도 일어나지 않으시더군요. 혼자 고민하다가 새로 배운 단어가 5개보다 많았다고 생각하게 되었습니다. 그래서 남은 자리에 마저 단어를 채웠습니다. 그때 묘한 느낌이 들었습니다. 갑자기 기분이 좋아졌거든요. 처음으로 엄마에게 묻지 않고 무언가를 해낸 순간, 5개를 넘어 6개, 7개가 되는 순간, 저는 선생님이 내주신 숙제가 아니라 제가 스스로 찾아 쓰는 자발성의 영역에 발을 들여놓았습니다. 그리고 그때 처음으로 자발적으로 조금 더 하는 것의 즐거움을 깨달았습니다.

어렸을 때 한정된 경험에서 벗어나지 못한다면 집에서 학교로 가는 길이 하나뿐이라고 생각할 수도 있습니다. 그 길이 막히면 다시 돌아와야 하죠. 어렸을 때부터 새로운 경험을 통해 주도성을 확보해 놓는다면 다양한 생각을 펼칠 수 있을 겁니다. 길이 막힌다 해도 다른 길을 찾아낼 잠재력이 생깁니다.

분당 지역 선생님들에게 어렸을 때 비싼 돈 들여 1년 동안 미국에 조기 유학을 보내는 것과 우리나라 학원에서 영어 수업을 듣는 것의 효과가 별다를 게 없다는 말을 들은 적이 있습니다. 실제로 유학생들 중에 방학 동안 국내에 들어와서 학원 수업을 받고 돌아가는 경우가 많습니다. 어린 시절의 뇌는 스폰지처럼 흡수력이 뛰어난데, 이 점을 감안하면 국내 교육만으로도 충분히 유익한 경험을 제공할 수 있다는 겁니다. 주말에 아이들에게 평소 경험하지 못했던 것을 보여주고, 도서관에서 다양한 문화행사를 체험하게만 해도 아이들은 스스로 상상을 펼칠 수 있으니, 효율성 측면에서도 더 나을 수 있습니다.

메릴랜드 주 아동보건 및 인간발달연구소는 활발하게 주변을 탐험하고 다녔던 아이들이 청소년기에 학교에서 공부를 더 잘할 가능성이 높다는 연구결과를 발표했습니다. 연구원들은 생후 5개월짜리 아기 374명을 살펴보았습니다. 기어 다니고, 만지작거리고, 주변을 살펴보는 성향을 측정했죠. 14년 뒤 이 아이들을 다시 조사했는데, 학교에서 성적이 좋은 아이들은 대부분 아기 때 주변 세상을 탐험하는 데에 에너지가 넘치던 아이들이었습니다. 이렇게 왕성한 아이들의 에너지를 지적 근육으로 발달시키고 사용하게 하는 것은 아이를 둘러싼 사회, 학교, 선생님, 엄마, 아빠의 몫입니다.

아이들은 늘 부모의 인내심을 테스트합니다. 본능적으로 시행착오를 통해 배우기 때문입니다. 흙을 먹지 말라고 말하는 엄마의 잔소리에도 아이들은 먹습니다. 시도해 봐야 비로소 먹을 수 없다는 것을 알게 됩니다. 처음에 아이들은 부모의 생각과 자신의 생각이 똑같을 거라고 지레짐작합니다. 시행착오로 그 짐작이 맞지 않는다는 것을 알게 되죠. 비로소 서로 다른 것을 말하고 서로 다른 것을 원하는 사람들의 모습이 눈에 들어옵니다. 자신의 생각을 남이 알아주면 기뻐하고 몰라주면 화를 내는 솔직한 모습 말이죠.

이때부터 아이들은 다른 사람의 생각에 대해 관심을 갖게 됩니다. 어른의 행동을 모방하기 시작합니다. 어떤 어른이 따라할 만하고 어떤 어른이 무시할 만한지를 구분하고 모방하게 됩니다. 이렇게 매순간 아이들은 사회를 배웁니다. 표현 방법에 대해, 옳고 그른 것에 대해, 해도 되는 행동과 그렇지 않은 것에 대해 배웁니다. 그리고 어떤 것이 배울 만한 가치가 있는지, 그렇지 않은지에 대해서도 배웁니다. 이 모든 것을 움직이는 연료가 바로 아이들의 호기심입니다. 이런 아이들의 호기심을 고려하면 교육의 우선순위를 조금 바꿔야 하겠다는 생각이 듭니다.

결정적 시기를
어떻게 보내느냐가 중요하다

사람이 아무리 뛰어나다고는 하지만 동물의 범주에서 벗어나지는 못합니다. 동물들에게는 저마다 결정적 시기가 있습니다. 스페인 투우사들이 소를 지치게 만든 뒤 칼을 꽂는 순간인 '모멘토 데 라 베르다 Momento De La Verdad'처럼 승부를 가르는 전광석화 같은 시기 말이죠. 결정적 시기에는 뇌가 밀가루 반죽처럼 말랑말랑합니다. 유연해서 뭐든지 만들 수 있습니다. 이 시기에 계속 사용하는 뇌의 통로는 미엘린으로 강화되어 발달되고, 사용하지 않는 통로는 퇴화합니다. 안데르센의 동화 『미운 오리 새끼』처럼 오리는 태어나서 두세 시간, 강아지는 태어나서 7주, 원숭이는 태어나서 1년, 사람은 태어나서 12년 정도가 이 결정적 시기에 해당됩니다.

오스트리아의 동물행동학자인 콘라드 로렌츠Konrad Lorenz는 갓 태어난 새끼 거위에게 어미 거위를 인식할 수 있는 능력을 실험하여 노벨 생리의학상을 받았습니다. 거위의 뇌는 알에서 나와 처음 본 대상을 쫓아다니도록 프로그램되어 있습니다. 그때가 결정적 시기입니다. 뇌가 너무 작기 때문이죠. 로렌츠는 새끼들이 막 알을 까고 나올 때 어미를 다른 데 숨겨놓고 자신이 그 앞에 서 있었습니다. 그랬더니 새끼 거위들이 평생 자기를 쫓아다녔다고 합니다. 같은 실험을 거위가 태어난 지 5시간 후에 할 때는 아무 소용없었습니다.

지니 와일리Genie Wiley라는 여성은 평생 말을 하지 못했습니다. 위험한 세상으로부터 딸을 보호하려는 아빠의 과잉보호에 의해 생후 20개월부터 13세 반이 될 때까지 집에 갇혀 살았기 때문입니다. 지니 와일리는 1970년 미국 캘리포니아에서 심한 우울증에 시달리는 폭력적인 아빠와 장님 엄마 사이에 태어났습니다. 그녀의 아빠는 아무도 딸에게 말을 걸지 못하게 했으며 그 자신도 딸에게 개처럼 짖거나 으르렁거렸다고 합니다. 인간적 접촉과 대화로부터 완벽하게 차단되어 11년을 산 것이죠. 발각된 후 아빠는 아동학대죄로 재판에 회부되고 지니는 아동병원에 입원했습니다. 엄마가 그녀를 다시 데려가기 전까지 무려 7년 동안 지니는 병원에서 UCLA의 심리학자, 언어학자, 신경학자 등 두뇌발달과 관련된 전문가들에게 언어교육을 받았습니다. 그러나 지니는 20세가 될 때까지도 'I'와

'You'를 구분하지 못했고 끝내 3단어 이상의 문장을 만들지 못했습니다.[4]

기린은 서서 새끼를 낳고, 심지어 태어난 지 한두 시간이면 걷고 뛰기 시작하지만 인간 아기는 18개월은 되어야 걸을 수 있습니다. 까치는 생후 한 달쯤 지나면 새끼를 둥지에서 내보내지만 인간은 스무 살이 넘어도 집을 떠나지 못합니다. 강아지는 생후 6개월에서 1년이 되면 독립성이 생기지만 인간은 젖을 뗀 후 10년이나 지나야 사춘기가 옵니다. 아이가 부모에게 의존하는 이 긴 기간을 결정적 시기라고 부릅니다. 인간 누구에게나 오는 이 시기를 어떻게 보내느냐에 따라 전혀 다른 결과를 만들어냅니다.

창의융합형 인재는 어떻게 만들어지는가

"저를 방탄소년단의 아버지라 부르지 말아주십시오. 제가 아버지라 불리는 순간 방탄소년단이 객체가 되고 누군가 만들어낸 것 같은 인상을 줘 불편합니다. 아티스트라는 건 누군가가 창조하는 게 아닙니다."

대한민국의 자랑인 BTS 방탄소년단의 아버지 방시혁 대표가 한 말입니다. 방탄소년단의 다음 목표를 묻는 질문에 대한 그의 답변은 더 흥미로웠습니다.

"방탄소년단의 목표를 제가 말하는 건 적절하지 않은 것 같습니다. 저는 오히려 방탄소년단에게 질문하고 싶습니다. 세계적인 반열에 올라온 가수들의 꿈은 본인들이 이야기하는 게 맞습니다."[5]

방탄소년단은 두 단계를 거쳤기 때문에 성공할 수 있었습니다. 첫 번째 단계는 방 대표의 노력입니다. 수많은 가수를 프로듀싱한 경험을 바탕으로 래퍼인 RM을 중심으로 한 전혀 새로운 그룹을 머릿속에 그렸습니다. 마침내 정상급 가수로 성장시켰죠. 두 번째 단계는 그 성장을 유지하고 지속하기 위한 맴버 개개인의 주도적인 노력입니다. 이제 방탄소년단은 두 번째 단계에 와 있습니다. 그래서 방시혁 대표는 인터뷰에서 "꿈은 본인들이 이야기하는 게 맞습니다"라고 말한 것입니다. 이제 성공은 오롯이 그들의 몫이라는 겁니다.

방탄소년단은 '21세기의 비틀스'로 불립니다. 그들이 21세기의 비틀스라는 명성을 얻게 된 것은 외모 때문이 아닙니다. 다루는 악기나 장르 때문도 아닙니다. 글로벌 거대 팬덤을 통해 산업의 질서를 바꾸고 있다는 점, 새로운 형태의 커뮤니케이션을 만들고 있다는 점 때문입니다. 애초에 비틀스를 목표로 삼거나 염두에 두지 않고 자신들이 좋아하는 음악을 했기 때문에 그런 칭호를 얻게 된 겁니다.

인간은 젖을 뗀 후 10년이나 부모에게 의존하는 결정적 시기를 보냅니다. 이 기간에 인간은 어떤 길을 택할지 결정하기 전에, 주저하고 관찰하며 질문하면서 무엇이 가장 잘 작동하는지를 배울 수 있는 여유를 가질 수 있습니다. 어차피 생존은 부모가 책임져주기 때문에 부모의 행동을 무조건 따를 필요가 없습니다. 다른 동물에 비해 어린 시절이 길기 때문에 창의성을 기를 수 있습니다. 이 결정적 시기 동안 생존을 위해 애써야 할 필요가 없으니 주변 환경에 대한 정보를 습득하고 자신의 생각을 형성하는 데에 집중할 수 있죠. 기자들이 방시혁 대표를 방탄소년단의 아버지라고 부른 것, 그의 슬하에서 방탄소년단이 자신의 역량을 갈고 닦을 수 있었던 것이 바로 이런 이유입니다. 그래서 영국 철학자 존 로크는 아이의 마음을 '빈 도화지'라고 부른 모양입니다. 새로운 교육과정의 목표가 창의융합형 인재 양성인 것은 결코 우연이 아닙니다.

수능 만점자의
아침 독서

"고등학교 3년 내내 오전 6시 30분~7시쯤 등교해서 한 시간 동안 몸풀기 겸 편하게 책을 읽었습니다. 그렇게 책을 읽은 것이 쌓여서 문제 푸는 데 도움이 된 것 같습니다."

2021학년도 수능 만점자 신지우 군은 한 언론사와의 인터뷰에서 고등학교 3년 내내 아침 1시간 독서가 도움되었다고 말합니다. 2021학년도 수능 만점자는 전년도보다 절반 이상 줄어든 6명에 불과했기에 신 군의 성과는 더 놀랍습니다.

"등교 시간이 오전 7시 50분인데 신 군은 3년 내내 언제나 오전 7시나 그 전에 가장 먼저 등교해서 한 시간가량 독서하고 공부를 시작했습니다. 학생부종합전형에 대비하려면 학교생활기록부를 충실히 써야 하는데 신 군은 그런 활동이 적어서 걱정이 많았습니다. 이번 수능에서 만점을 받아 너무 기쁩니다."

담임 김상기 선생님의 말입니다. 신 군의 아침 독서는 원격수업으로 전환되기 직전인 수능 한 달 전까지도 계속되었습니다. 수능 전에 마지막으로 읽은 책은 프랑스 작가인 베르나르 베르베르의 신간 『기억』이었습니다. 독서를 학습을 위해서 한 것이 아니라는 말이죠. 어쩌면 친구들이 문제집을 풀거나 하는 시간에 신 군은 독서를 택했습니다. 신지우 군은 모두가 가는 '길'을 따르지 않았습니다. 성적 향상이나 배경지식 습득이라는 학습 목표와도 거리가 있습니다. 선생님이 중요하다고 믿는 가치를 막연하게 추종하지도 않았습니다. 아니, 오히려 초월했지요. 자신에게 집중할 뿐이었습니다. 알고 있는 것과 새로 배우는 것 사이의 벌어진 간극 속에서 좁혀지지 않는 호기심, 지시받지 않은 자기만의 고유한 욕망을 따랐습니다. 그런 알 수 없는 힘을 따르는 사람은 이미 교실에 앉아 있는 한 명의 학생이 아닙니다. 고유한 '신지우'로 살아 있습니다.

여기서 주목해야 할 것이 하나 있습니다. 열심히 독서를 한 신지우 학생 못지않게 베르나르 베르베르의 책을 읽게 해준 김상기 선생님의 존재 말입니다. 선생님의 그런 태도는 어디서 비롯된 것일까요.

무엇이 목표이고,
무엇이 과정인가

얼마 전 세월호 참사 7주기를 맞아 고3 학생들을 대상으로 특강을 한 적이 있습니다. 우리에게 큰 충격과 아픔을 주었던 세월호 사건은 왜 벌어졌을까요? 참사 당시 한겨레신문의 머리기사 한 줄이 지금도 잊히지 않습니다.

"돈이 곧 매뉴얼이 된 한국 사회"[6]

세월호에는 안전 매뉴얼은 없고, 오로지 돈의 논리만 있었습니다. 더 많은 짐을 채워 더 많은 돈을 벌려고 안전에 필수적인 평형수를 뺐다고 합니다. 평형수는 선박이 기울어졌다가도 곧 평형을 유지할 수 있도록 배 밑에 채우는 물입니다. 우리 사회는 지금 평형수를 채우고 있을까요? 평형수가 있어야 할 그 자리에 돈, 출세, 성공의 욕망만이 가득 차 있진 않나요? 자녀와의 관계에서 혹은 제자들과의 관계에서 따뜻한 격려나 배려 같은 것들이 차 있습니까? LH 땅투기 문제나 조국 사태 등 요즘의 우리 모습을 생각하면, 정작 그 자리에 있어야 할 평형수를 채우기는 커녕 우리 스스로 자꾸 빼버리고 있는 게 아닌가 싶습니다. 평형수가 있어야 할 자리에 욕심을 채우고 있는 우리의 이런 모습은 "하라는 공부는 안 하고 베르나르 베르베르를 읽니?"라고 학생들을 윽박지르는 학교 선생님들의 모습과 크게 다르지 않다고 봅니다.

팀원 중에 지금은 시집가서 제주도에 사는 차혜수라는 문예창작과 출신이 한 명 있었습니다. 이 친구도 학창시절에 책을 그렇게 좋아했습니다. 한번은 저희 회사에서 독서신문 담당자를 뽑는데, 유독 눈에 띄는 지원자가 있었습니다. 필기시험을 거쳐 인터뷰를 하는데 깜짝 놀랐습니다.

"제 좌우명은 숟가락입니다. 아무리 진수성찬이라고 해도 숟가락이 없으면 먹을 수 없습니다. 저는 회사와 고객을 연결하는 숟가락 같은 사람이 되고 싶습니다."

세상에, 이런 친구가 요즘도 있구나 하는 마음에 두말없이 뽑았습니다. 필기시험 성적도 훌륭했거든요. 이 친구는 학창시절에 공부도 상당히 열심히 했습니다. 대개 새로 생긴 고등학교는 명문대 진학률을 높이려는 경향이 있는데 이 친구가 1회였습니다. 공부도 엄청나게 시키고, 야간자율학습도 늦게까지 시켰습니다. 어느 시험 다음 날, 이 차혜수와 책을 좋아하는 친구 몇몇이 시험 끝났다고 베르나르 베르베르의 책을 읽다가 학생주임 선생님에게 딱 걸렸습니다. 그대로 책을 압수당했죠.

그 다음 주 월례조회 때 책 읽다 걸린 학생들에게 교단 앞으로 나오라는 지시가 내려졌습니다. 빼앗은 책들을 돌려주시려나 보다 싶었던 혜수와 친구들은 별생각 없이 교단 앞으로 나갔습니다. 그 자리에서 어처구니없는 일이 벌어졌습니다. 학생주임 선생님이 전교생이 보는 앞에서 다시는 책을 읽지 못하도록 맹세를 시키는 겁니다. 학교에서 책 읽으면 이렇게 된다는 일종의 경고였던 셈이죠. 책 읽는 학생들을 나무라는 것도 모자라 전교생 앞에서 보란 듯이 맹세까지 시키다니 정말 믿기지 않는 일입니다. 하지만 지금 대한민국 교실에서는 실제로 이런 일들이 심심찮게 벌어지고 있습니다. 도대체 진짜 공부는 무엇인가요? 대학에는 왜 갑니까?

주위를 둘러보면 무엇이 과정이고, 무엇이 목표인지 혼동하는 경우가 적지 않습니다. 무엇이 우선이고, 무엇이 나중일까요. 대학은 멋진 삶, 훌륭한 삶, 행복한 삶을 누리기 위해 가는 겁니다. 그런데 어느새 대학이 그 자체로 목표가 되어 아이들의 행복을 짓누르고 있습니다. 수많은 부모들이 오로지 서울대를 점찍어 두고서 거기만 바라보며 12년을 보냅니다. 다행히 아이가 잘 따라주어 명문대에 들어가면 한숨을 돌립니다. 하지만 그렇게 한눈파는 사이에 우리의 평형수는 빠져나가고 있습니다. 드라마 '스카이캐슬'이 보여준 단면처럼 말이죠. 신지우 군의 독서와 김상기 선생님의 배려는 우리 사회에 필요한 진짜 공부가 무엇인지 깨닫게 합니다.

입시에서
중요도가 높아지는 독서

신지우 군이 만점을 받은 2021학년도 수능 직후 국어가 쉽게 출제되었다는 평가가 지배적이었습니다. 지난 2020학년도 수능이나 2021학년도 6월, 9월 모의평가와 비교해서 말이죠. 하지만 실제 성적표가 나오고 확인된 수능 국어 1등급 커트라인 원점수가 88점에 머물면서 학생들은 다시 한 번 어려워진 국어 시험에 망연자실했습니다. 유명한 국어 교재 『매3비』의 저자 안인숙 선생님도 "개인적으로 쉽지는 않았습니다. 특히 비문학 부분이 만만치 않았어요"라고 인터뷰에서 밝혔습니다. 도대체 어떻게 출제되었기에 그러는지 실제 문제를 살펴보겠습니다.

영역	문제번호	소재
화법	1~3번	[발표] 고구려 고분 변화에 대한 발표
화법/작문	4~7번	[대화/비평문] 장소의 획일화에 대한 학생 대화
작문	8~10번	[정보전달] 게임화에 대한 정보전달 글쓰기
문법(언어)	11~12번	단어에 담긴 언중의 의식과 시대상
문법(언어)	13번	용언 활용의 이해와 적용
문법(언어)	14번	문장의 짜임
문법(언어)	15번	중세 국어와 현대 국어

화법에서는 발표와 대화문 유형으로, 작문에서는 비평문 쓰기와 정보 전달 글쓰기 유형으로 한 지문씩 나왔습니다. 화법과 작문 두 영역 모

두 전반적으로 6월과 9월 모의평가에서 많이 보였던 '세트' 문항이 그대로 유지되는 등 익숙한 문항이 출제되면서 눈에 띄는 고난도 문제도 없이 전반적으로 평이한 수준이었습니다. 문법에서도 새로운 문항 없이 기출문제에서 다루던 내용이 출제되어 6월과 9월 모의평가에 비해 쉬웠다는 의견이 많았습니다. 그럼에도 문법 문제에서 비교적 고난도였던 문제는 주어진 지문과 '보기'를 통해 추론 과정을 거쳐서 답을 도출해야 하는 등 비교적 새로운 접근을 요구한 12번 문항이 어렵게 느껴질 수밖에 없습니다.

영역	문제번호	소재
문학	22~25번	[현대소설] 서영은 '사막을 건너는 법'
문학	31~33번	[고전소설] 작자미상 '최고운전'
문학	38~42번	[고전시가·수필 복합 지문] 정철 '사미인곡', 심흠 '창 밧긔 워 석버석', 유본학 '옛집 정승초당을 둘러보고 쓰다'
문학	43~45번	[현대시] 이용악 '그리움', 이시영 '마음의 고향2 그 언덕'

문학 영역도 EBS 교재 연계율이 70% 이상이어서 전체적으로 무난하다는 평가가 있었습니다. 특히, 이번 수능에 출제된 사미인곡_{고전시가}과 이용악의 '그리움'_{현대시}과 '최고운전'_{고전소설}은 이미 수능에 출제되었던 작품입니다. '한 번 출제된 작품은 다시 출제된다'는 점을 명심하고 기출 작품들을 공부했다면 어렵지 않게 풀 수 있었을 것입니다. 다만, 문학 영역 40번은 작품 자체가 EBS 교재와 비연계된 지문이었고, 낯선 세부 구조를 이해하고, 〈보기〉를 정확하게 파악하며 낯선 작품의 의미와 연계해야 하는 유형이어서 조금 어렵게 느껴질 수도 있었습니다.

40. <보기>를 바탕으로 (나), (다)를 감상한 내용으로 적절하지 **않은** 것은? [3점]

<보 기>

　고요함은 소리나 움직임이 없이 잠잠한 상태인 외적 고요와 마음이 평온한 상태인 내적 고요로 구분할 수도 있다. 이에 주목하여 (나)를 감상할 때, 화자가 처한 상황과 그에 따른 심리는 고요함의 측면에서 이해될 수 있다. 또한 (다)에서 필자는 고요함에 대한 통찰을 통해 자신이 처한 공간에서 내적 고요를 추구하려 하는데, 이를 통해 삶에서 느끼는 불편이나 슬픔을 이겨 내는 동력을 얻고 있다.

① (나)에서 '낙엽' 소리가 창 안에서도 들린다는 것은 화자가 외적 고요의 상태에 있었다는 것을 의미하겠군.

② (나)에서 '낙엽' 소리를 임이 오는 소리로 착각했다는 것은 화자의 심리가 내적 고요의 상태에 있지 못했기 때문이겠군.

③ (다)에서 '사물에 닿을 때마다 슬픔만 더'한다는 것은 옛집을 돌아본 경험이 필자로 하여금 내적 고요를 이루기 어렵게 만들었다는 인식이 반영된 것이겠군.

④ (다)에서 '옛집'의 '초당'에 붙였던 당호를 '임원'의 새집에서도 사용하겠다는 것은 필자가 외적 고요에 더해 내적 고요를 추구하고 있음을 보여 주는 것이겠군.

⑤ (다)에서 '누군가'가 '고요함이 이긴다'는 당호를 '군더더기'로 본다는 것은 외적 고요만으로는 삶에서 느끼는 불편이나 슬픔을 이겨 내기 어렵다고 여겼기 때문이겠군.

영역	문제번호	소재
비문학(독서)	16~21번	[인문] 18세기 북학파의 견해와 청의 현실
비문학(독서)	26~30번	[사회] 예약의 법적 성격
비문학(독서)	34~37번	[기술] 3D 합성 영상의 생성과 출력

안인숙 저자와 학생들이 만만치 않았다고 했던 것은 바로 비문학이었습니다. 실제로 시험장에서는 쉽게 풀어서 다 맞힌 줄 알았지만 집에 와서 채점해 보니 비문학에서 많이 틀려서 속상해하는 수험생들도 있었습니다. 현직 교사들에 따르면 고난도 문항으로는 '18세기 북학파의 견해와 청의 현실'을 소재로 구성한 인문 지문 두 개와 '보기'인 박제가의 〈북학의〉 일부를 아울러 풀어야 하는 20번 문항과 3D 애니메이션과 관련한 비문학 지문을 이해한 뒤 추론으로 적절한 답을 선택해야 하는 36번 문항이 꼽혔습니다.

20. 〈보기〉는 (가)에 제시된 『북학의』의 일부이다. [A]와 (나)를 참고하여 〈보기〉에 대해 비판적 읽기를 수행한 학생의 반응으로 적절하지 <u>않은</u> 것은? [3점]

─────〈보 기〉─────

　우리나라에서는 자기가 사는 지역에서 많이 나는 산물을 다른 데서 산출되는 필요한 물건과 교환하여 풍족하게 살려는 백성이 많으나 힘이 미치지 못한다. … 중국 사람은 가난하면 장사를 한다. 그렇더라도 정말 사람만 현명하면 원래 가진 풍류와 명망은 그대로다. 그래서 유생이 거리낌 없이 서점을 출입하고, 재상조차도 직접 융복사 앞 시장에 가서 골동품을 산다. … 우리나라는 해마다 은 수만 냥을 연경에 실어 보내 약재와 비단을 사 오는 반면, 우리나라 물건을 팔아 저들의 은으로 바꿔 오는 일은 없다. 은이란 천년이 지나도 없어지지 않는 물건이지만, 약은 사람에게 먹여 반나절이면 사라져 버리고 비단은 시신을 감싸서 묻으면 반년 만에 썩어 없어진다.

① <보기>에 제시된 중국인들의 상업에 대한 인식은 [A]에서 제시한 실용적인 입장에 부합하는 것이라 볼 수 있어.

② <보기>에 제시된 조선의 산물 유통에 대한 서술은 [A]에서 제시한 북학론의 당위성을 뒷받침하는 근거라 볼 수 있어.

③ <보기>에 제시된 중국인들의 상행위에 대한 서술은 (나)에 제시된 중국 국내 교역의 양상과 상충되지 않는다고 볼 수 있어.

④ <보기>에 제시된 은에 대한 평가는 (나)에 제시된 중국의 경제적 번영에 기여한 요소를 참고할 때, 은의 효용적 측면을 간과한 평가라 볼 수 있어.

⑤ <보기>에 제시된 중국의 관료에 대한 묘사는 (나)에 제시된 관료 사회의 모습을 참고할 때, 지배층의 전체 면모가 드러나지 않는 진술이라 볼 수 있어.

36. ㉠에 대한 추론으로 적절한 것은?

① 동일한 개수의 정점 위치를 연산할 때, 동시에 연산을 수행하는 코어의 개수가 많아지면 총 연산 시간이 길어진다.

② 정점의 위치를 구하기 위한 10개의 연산을 10개의 코어에서 동시에 진행하려면, 10개의 연산 명령어가 필요하다.

③ 1개의 코어만 작동할 때, 정점의 위치를 구하기 위한 연산 시간은 1개의 코어를 가진 CPU의 연산 시간과 같다.

④ 정점 위치를 구하기 위한 각 데이터의 연산을 하나씩 순서대로 처리해야 한다면, 다수의 코어가 작동하는 경우 총 연산 시간은 1개의 코어만 작동하는 경우의 총 연산 시간과 같다.

⑤ 정점 위치를 구하기 위해 연산해야 할 10개의 데이터를 10개의 코어에서 처리할 경우, 모든 데이터를 모든 코어에 전송하는 시간은 1개의 데이터를 1개의 코어에 전송하는 시간과 같다.

이 까다로운 문제를 모두 맞힌 신지우 군의 하루를 살펴보겠습니다. 고등학교 3년 내내 오전 6시 30분에서 7시 사이에 등교하는 성실한 학생이, 한 시간 동안 몸 풀기 겸 편하게 책을 읽는 모습을 선생님과 부모님은 어떤 시선으로 바라보았을까요? 고3 수험생이 베르나르 베르베르의 소설을 읽고 있는 모습이 누군가에게는 딴짓으로 느껴질 수도 있습니다. 하지만 수능 국어에서 출제되는 화법과 작문, 언어와 매체 그리고 문학과 독서 지문 모두는 매일 한 시간씩 꾸준하게 독서해 온 학생에게는 그저 또 하나의 텍스트에 불과했습니다.

모든 꿈에는 장애물이 존재합니다. 작용과 반작용이 한 치의 오차도 없이 함께 존재하듯, 꿈이 있는 곳에는 장애물이 있습니다. 공부하는 학생들이 매번 어려움을 겪는 이유는 꿈이 있기 때문입니다. 꿈이 클수록 장애물도 큽니다. 아이 앞에 장애물이 없다면 그 꿈이 너무 작기 때문일지도 모릅니다. 아이의 꿈은 무엇입니까. 아이를 가로막고 있는 장애물은 또 무엇입니까. 항상 새로운 장애물이 우리 아이들을 기다리고 있습니다. 2022학년도부터 문학 영역은 EBS 연계율이 70%에서 50%로 감소합니다. 신지우 군의 학습방법처럼 교과서와 EBS 지문 외의 제시문들을 능동적으로 읽어낼 수 있는 능력이 요구됩니다. 날로 어려워지고 있는 비문학 독서 영역에 잘 대비해야 하는데, 인문·사회·기술 과학 영역 전반에 걸친 독서를 고3까지 수행해 온 학생에게 수능 만점이라는 선물은 어쩌면 당연한 결과입니다.

2.
2022 개정교육과정의 목표는 창의융합형 인재 양성

"저는 중학생인데 매일매일 학원에 다니는 것이 힘들고, 하루에 적어도 6시간은 숙제를 합니다. 하지만 아무로 레이 님을 포함한 다른 유튜버 분들을 보며 힘을 내고 있습니다. 쉬면서 만들 수 있는 건담 하나가 가지고 싶어서 신청합니다."

저희 아이가 한 유튜브 채널에 남긴 댓글입니다. 그 밑에 다른 회원이 이런 응원 댓글을 달았더군요.

"당첨을 응원합니다. 쉬면서 만들 수 있는 건담 하나 갖고 싶다는 중학생의 말이 맘에 와 닿네요."

그렇습니다. 학생들은 항상 힘들고 피곤합니다. 저 역시 수업에 집중하지 못하는 학생들을 위해 가끔 대학에 진학한 선배들의 이야기를 해줍니다. 처음에는 의대나 스카이에 입학한 선배들 이야기를 주로 꺼냈는데, 시간이 갈수록 학생들의 반응이 미지근해지더군요. 안 되겠다 싶어 하루는 전혀 다른 선배의 이야기를 꺼냈습니다.

"선생님 제자 중에 유명 유튜버가 있는데…….."

시큰둥해하던 학생들의 눈빛이 초롱초롱해지며 단박에 집중하더군요. 여러 유명 유튜브 채널에서 이름을 날리고, 이를 필두로 전지적 참견 시점, 비디오 스타, 롯데리아 더블X2버거 CF, 승리 'WHERE R U FROM?' 뮤직비디오에 김정은 역으로 출연하기도 한 문상훈 학생은 대치동 직영학원의 첫 제자입니다.

문상훈 군이 수업을 받던 2005년에는 서울대학교가 통합교과형 논술을 도입하면서 수시 논술과 정시 논술이 입시에서 중요해졌습니다. 당시 대한민국 통합교과형 논술의 산파역할을 하신 분이 서울대 철학과의 고⒲ 김영정 교수님입니다. '지식을 알고 있으면 많이 아는 듯 보이지만 곧 불필요한 지식이 된다, 스스로 사고할 수 있어야 한다, 암기보다 응용력을 키워야 한다, 원리를 따지는 공부가 중요하다'는 것이 교수님의 지론이었죠. 논술 학원이 급성장한 이유도 이런 사회적 분위기 때문이었습니다.

잘나가는 유튜버의 비결은 독서습관

문상훈 학생은 어린 시절부터 대치동 학원에 다니면서 고등학교 3학년까지 독서토론논술 수업에 참여한 세대의 대표라 할 수 있습니다. 문군은 서울대 통합교과형 논술과 연세대 다면사고형 논술 등 새롭게 출제되는 대학별 고사 기출문제를 함께 풀어나갔는데, 그때부터 다재다능한 유튜버로서의 끼를 보여주었습니다. 당시에는 교외 경시대회 실적이 입시에 활용되었는데, 부산민주공원 청소년 논술토론한마당과 광주 5·18 재단 토론대회를 준비하며 다양한 사회 이슈와 글로벌 어젠다에 대해 열띠게 토론했습니다.

청소년 인권에 대한 논제를 준비하면서 발제자가 말했습니다.

"아직 어리고 미숙하며 사회적으로 무력한 청소년들은 보호와 양육이 필요합니다. 특히 투표권에 대해서는 불합리한 판단과 선택 등으로 인해 사회 전체에 미칠 수 있는 위험이 매우 크다고 생각합니다."

상훈이가 답변했습니다.

"유아나 10대 초반의 사춘기 이전 아동들은 물론 그렇죠. 하지만 최근 독일에서는 유아 및 아동들도 자신의 이익에 합당한 결정을 내릴 수 있다는 움직임을 보이고 있어요. 이미 사춘기에 진입한 이른바 하이틴이라 불리는 10대 중반 이후의 청소년들도 과연 이들이 성인보다 현저하게 능력이 부족한지, 그래서 그들의 권리가 반드시 제한되어야 하는지에 대해서는 동의하기 어렵습니다."

이에 다른 학생의 보충 답변이 이어졌습니다.

"그리스의 철학자 소크라테스는 악법도 법이라고 했습니다. 현재 투표권이 법적으로 20세 이상의 성년자에게만 부여되어 있는 것이 법이라면 따르는 것이 마땅하지 않겠습니까?"

다시 상훈이가 말했습니다.

"만 19세 9개월 된 대학 1년생은 만 20세 3개월인 대학 2년생보다 합리적 판단능력이 현저히 부족하여 투표권을 행사하기 어려운가요? 18세의 건강한 고등학생은 치매를 앓고 있는 60대 노인에 비해 미숙하고 경험이 부족하여 투표권을 행사할 수 없습니까? 필요한 경험을 축적하여 투표권을 행사할 만큼 유능하고 성숙한 사람이 되는 것은 저마다 다르다고 생각합니다."

발제자는 투표 연령을 낮추는 것이 어떻게 대안이 될 수 있느냐고 항변했습니다. 이에 대한 상훈이의 답변이 인상적이었습니다.

"투표권이 모든 국민에게 주어져도 나이가 많지만 미성숙하거나 정신적으로 판단력이 부족한 사람은 참여하지 못할 것입니다. 반면 나이가 어려도 문제의식을 갖는 청소년이라면 참여할 것입니다. 이것이 진정한 자유민주주의 아니겠습니까?"

문상훈 군은 원하는 대학에는 진학하지 못했습니다. 입시 자체와 직결되는 성과를 거두지 못했다고 아쉬워할 수도 있겠지요. 그러나 어떤 대학에 들어갔는가보다 중요한 것은 대학에서 무엇을 배웠는가입니다. 일찍부터 심화학습 능력과 응용력을 키워주는 독서습관 덕분에 대학 진학 후에도 자신의 역량을 꾸준히 향상시켰고, 변화의 시대에 어울리는 젊은 이가 되었습니다. 고3 수험생 시절 어머님이 돌아가시는 큰일을 겪었지만, 의연하게 입시를 마무리하고 카투사로 입대하게 되었다며 인사를 오기도 했습니다.

"교과서가 논술의 가장 좋은 텍스트입니다. 암기하고 이해하기만 할 게 아니라 함축이 뭐고, 숨은 전제가 뭔지 등을 토론을 통해 심화학습을 하는 게 좋은 방법이 될 수 있습니다. 다양한 수를 생각하고 원리를 따져 공부하다 보면 자연스럽게 외워지고, 응용교육의 형태로 나아갈 수 있습니다. 머리가 유연해지는 훈련을 해야 합니다."

논술 교육을 강조하시던 고 김영정 교수님의 말씀입니다.

2022 개정교육과정으로
더 중요해진 문해력 교육

지금 통하는 지식은 머지않아 통하지 않게 됩니다. 많은 것을 알고 있으면 많이 아는 듯 보이지만 곧 불필요한 지식이 되고 맙니다. 사실 필요한 지식은 언제든 인터넷에서 공급받을 수 있습니다. 하지만 그것이 무기가 될 수는 없습니다. 스스로 사고할 수 있어야 합니다. 좁은 의미의 대입 논술에만 적용되는 건 아닙니다. 공직 적격성 평가PSAT, 즉 행정고시. 기술고시. 입법고시 등도 똑같은 취지로 개발된 시험입니다. 수능이나 삼성 입사 시험도 마찬가지입니다. "통합교과형 논술이 교육의 나아갈 방향"이라고 한 고 김영정 교수님의 말씀이 이제 고교학점제 도입과 개정교육과정을 통해 현실화되고 있습니다. 우리나라 교육과정은 정말 많이 바뀝니다. 현재 적용 중인 2015 개정교육과정은 10번째입니다. '문·이과 통폐합 교육과정'을 표방하고 있지요. 그러던 와중에 2022 개정교육과정에 포함될 고교학점제가 올해 초등학교 6학년들이 고등학생이 되는 2025년부터 시행된다는 소식이 알려지면서 혼란이 가중되고 있습니다. 교육과정 개정의 방향성과 2022 개정교육과정을 한번 살펴보겠습니다.

수능 출제위원을 지내신 노명완 전 고려대학교 국어교육학과 교수님과 함께 독서능력 검사 프로그램을 개발한 적이 있습니다. 노명완 교수님은 고등학교 과정에 독서라는 과목을 신설하신 분이죠. 언젠가 회의 시간에 이렇게 말씀하시더군요.

"앞으로 우리나라 교육은 문해력이 주도하는 교육으로 가게 될 걸세."

문해력은 미국에서 유래한 개념으로 영어로는 'literacy'라고 부릅니다. 문식성이라고 부르기도 하죠. 초기에는 문자 기호를 해독解讀. decoding하는 수준인 글 깨치기를 말했으나 사회가 발전하고 콘텐츠가 많아지면서 독해讀解, comprehension로 확장되었습니다. 단순한 소설 읽기 수준이 아닌 설명문을 포함한 비문학 작품 읽기까지 포함하는 넓은 범주의 개념으로 진화된 것이죠.

교수님이 우리나라 교육이 '문해력이 주도하는 교육'이 되어야 한다고 말씀하신 이유는 문해력은 쓰기writing도 포함하고 말하기speaking와 듣기listening까지 포함하는 언어적 의사소통의 총체적 개념이기 때문입니다. 최근에는 비언어적 의사소통인 보기viewing와 그리기drawing가 포함되었고, 미디어가 발달하면서 매체 활용까지 아우르는 상당히 넓은 의사소통의 개념으로 확장되었습니다. 음성 언어, 문자 언어, 비언어적인 그림과 도표 그리고 색채와 음악까지 포함하는 그야말로 '모든' 소통 가능한 자료와 도구들을 포함하는 넓은 개념으로 확장되고 있는 셈이죠. '문해력이 주도하는 교육'이란 언어 또는 매체를 이해하고 표현하는 능력을 기르는 교육을 말합니다.

주입식 교육의 한계

"세계 경제 10대국, 반도체와 휴대폰 최고 수출국을 자랑하면서도 우리는 여전히 과학 분야의 노벨상도, 수학의 노벨상이라 불리는 필즈상도 받지 못하지. 자네는 우리나라 교육의 가장 큰 문제가 무엇이라고 생각하나?"

저는 남북으로 갈라진 탓에 과도한 국방비 지출로 인한 부족한 예산과 선진국을 따라잡으려는 성장일변도 국가정책에서 파생된 주입식 교육 때문이라고 말씀드렸습니다. 교수님은 고개를 가로저으시면서 입을 여셨습니다.

"아니, 우리의 진정한 문제는 다른 데 있네. 우리는 남들이 다 하고 남은 찌꺼기만 연구하고 있기 때문일세. 과학뿐만이 아니네. 철학, 역사, 사상도 모두 마찬가지지. 그 누구도 보지 못한 새로운 시선에서 세상을 바라보기보다 남들이 이미 다 보고 깔끔하게 정리한 액자나 다시 닦고 정리하는 그런 수준의 일들에 머물러 있기 때문이라고."

교수님의 말씀을 들으면서 왜 그런 걸까 생각해 보았습니다. 모든 진정한 과학과 철학, 사상과 종교는 질문에서 시작되었습니다. 하지만 우리나라는 질문이 아닌 남이 만들어 놓은 대답을 토대로 근대화를 맞이했습니다. 다른 나라들이 자국의 성장 방향에 대해 고민하고 계획할 때 우리는 일본의 식민지였습니다. 갖은 고초를 겪은 뒤 해방하자 이제는 미국의 눈치만 보고 그들만 따라했습니다. 공자의 나라인 중국조차 공자 대신 마르크스를 사상의 중심으로 삼고, 그 마르크스 사상조차 자국의 농민에 맞게 개량하여 통일이념으로 활용했건만, 남한은 공자보다 더 유교적이고, 북한은 마르크스보다 더 공산주의적인 믿음을 가지게 된 것이죠. 사실 지금의 코로나19 사태에서 불거진 백신 전쟁도 마찬가지입니다. 우리나라는 백신을 만들 수 있는 기술이 전무합니다. 그동안 신종 인플루엔자 백신 개발에만 5년간 800억 원을 투입했기 때문에 새로운 바이러스에 대한 연구가 부족했습니다. 그 연구조차 코로나바이러스 때문에 전면 중단했습니다. 결과적으로 백신 개발에 손을 놓고 있는 셈이죠. 반면 화이자와 모더나는 불과 10개월 만에 '메신저 리보핵산mRNA'이라는 백신을 개발하여 접종에 들어갔습니다.

저와 눈이 마주치자 교수님은 웃으면서 노트를 펼치고 다음과 같은 그림을 그리셨습니다.

$$S \rightarrow \square \rightarrow R$$

"S는 자극stimulus이고 R은 반응response을 뜻하지. 가운데 네모가 사람일세. 선생님이 자극을 주면 학생은 그걸 고스란히 받아서 답안지에 받아 적으면 되는 것이지. 네모가 비어 있는 것은 선생님의 생각을 고스란히 답안지에 옮겨 적는 생각 없는 학생을 뜻하네. 그동안 우리나라 교육은 이런 그림으로 설명할 수 있지. 완벽한 주입식 교육 말일세."

창의성을 기르는 배경지식과 독서

"그렇다면 우리 교육은 어떻게 바뀌어야 한다고 생각하는가?"

"주입식이 아닌 창의성을 키우는 교육이 필요하겠네요."

"그렇지. 창의성은 다음 단계로 넘어가기 위한 문지방이며, 미지의 세계로 진입하게 해주는 안내자와 같다네. 우리는 매순간 전혀 경험해 보지 못한 미지의 세계로 들어서고 있어. 창의성은 지금껏 매달려 온 신념이나 편견을 넘어 낯선 시간과 장소에서 마주하는 진실한 자신을 찾기 위해 통과해야만 하는 문과 같은 것이네. 이 질문은 외부를 관찰하는 데에서 오기도 하고, 자기 자신을 바라보는 성찰에서 오기도 하지."

교수님은 흐뭇하게 미소를 지으시며 뒷장에 다음과 같은 그림을 그리셨습니다. 가운데 네모가 이번에는 검은색으로 채워져 있고, 반응을 나타내는 R이 세 가지로 분화되어 있었습니다.

$$S \rightarrow \blacksquare \rightarrow \begin{array}{l} \nearrow R_1 \\ \rightarrow R_2 \\ \searrow R_3 \end{array}$$

"인지심리학에서 '스키마'라고 부르는 것을 간단하게 나타낸 그림일세. 이 그림에서는 R을 R_1, R_2, R_3 등 여럿으로 표시하고 있지. 하나의 자극 R에 대한 반응이 사람에 따라, 더 구체적으로는 스키마에 따라 달리 나타날 수 있음을 나타내는 걸세. 이게 바로 문해력 교육이 지향하는 바이지. 보다시피 사람을 나타내는 네모가 이번에는 검은색으로 채워져 있지? 머릿속이 지식으로 채워졌다는 것을 의미한다네."

스키마schema는 심리학에서 나온 용어로 과거의 반응이나 경험에 의해 생성된 생물체의 반응체계 혹은 지식을 말합니다. 환경에 적응하고 대처하는 역할을 담당하죠. 스키마 덕분에 생물체는 주위환경에 대해 체계적인 대응을 할 수 있게 됩니다. 스키마는 낱낱의 개별적 정보가 아니라 체계적 구조를 갖춘 '지식의 단위'입니다. 비슷한 용어로 프레임

Frame이 있습니다. 한마디로 말하면 독자가 독서 과정에서 동원하는 배경지식입니다.

미국 스탠퍼드대학의 데이비드 럼멜하트David Rumelhart 교수는 스키마가 사물, 장소, 사건, 사건의 연속, 행위, 행위의 연속 등의 단위로 구조화되어 있다고 봅니다. 이 구조화는 다양한 형태를 띠는데 크게 세 가지로 나눌 수 있습니다.

첫째 유형은 '자동차'라는 지식처럼 '자동차-운전석-핸들-엔진-바퀴' 등과 같은 상하 연결의 위계적 구조hierarchy입니다. 둘째 유형은 '아파트'라는 지식처럼 '경비원', '엘리베이터', '건물', '놀이터' 등과 같은 망 모양으로 나누어진 네트워크 구조connectivity입니다. 셋째 유형은 '출근'이라는 지식처럼 '일어나기→세수하기→아침식사→지하철타기' 등과 같은 작은 사건의 연속적 행위로 이어지는 연속적 구조causal chain입니다.

가령 초등학생인 주하가 '오빠는 하교 길에 배가 고파서 오번 분식점에 들렀다'라는 문장을 읽었다고 해보겠습니다. 만일 주하가 '하교'라는 단어스키마를 모른다면 문장을 이해하기 어렵겠죠. '오번 분식점'이라는 새로 생긴 식당에 가본 적이 없다면 마찬가지로 어려움을 겪을 겁니다. 그러나 만일 주하가 5번 버스 정류장에 있는 '오번 분식점'을 잘 안다면 "그 분식점은 정말 맛있는데"라는 추가적인 생각도 가능할 겁니다. 나아가 이 문장에는 없는 내용, 예를 들면, '김말이'라는 메뉴와 쿨피스라는 음료수도 생각해낼 겁니다. 스키마는 글을 읽을 때 그 글의 내용을 이해하게 해주는, 독자가 가진 직접적인 지식 자원입니다. 독자가 글의 내용에 대한 스키마를 넓고 풍성하게 갖고 있다면 넓고 풍성하게 이해할 수 있는 것이죠. 글에 직접 언급된 내용을 이해하는 것 외에도 해석, 비판,

추론, 연상, 상상도 할 수 있습니다. 반대로 적절한 스키마가 없거나 스키마가 부족하게 되면 글을 이해하기 어렵거나 이해의 폭이 좁아지기도 합니다. 혹시나 스키마를 잘못 적용하게 되면 전혀 엉뚱한 내용으로 오해할 수도 있습니다.

2022 개정교육과정의 뼈대는 제6차 개정교육과정

자, 이제 교육과정 이야기를 해보겠습니다. 교육과정이란 학생들이 성취하여야 할 목표와 내용을 명시적으로 제시한 교육의 로드 맵입니다. 학년별로 정리된 교육과정의 내용을 통해 선생님은 무엇을 가르칠 것인지 이해하고, 그 학년 말에 도달하여야 할 목표를 세우게 됩니다. 교육과정의 내용은 교과의 성격에 따라 크게 두 가지로 구성됩니다. 하나는 가르칠 내용과 도달해야 할 목표가 학년별로 완전히 다른 교육이고, 다른 하나는 같은 교육입니다.

첫째, 가르칠 내용과 도달해야 할 목표가 학년별로 완전히 다른 것으로는 수학 교육과정을 예로 들 수 있습니다. 초등학교에 처음 입학했을 때를 떠올려볼까요? 처음 입학한 1학년생들은 '하나', '둘' 등 수의 개념과 '하나' 다음에 '둘', '둘' 다음에 '셋' 등의 순서에 해당하는 서열을 배웁니다. 그 다음에는 더하기·빼기·곱하기·나누기 등 수의 연산을 배웁니다. 중학교에서는 인수분해를 배우고, 고등학교에서는 미적분을 배우죠. 그런데 초등학교에서 배우는 내용과 중학교 그리고 고등학교에서 배우는 내용은 각각 완전히 다른 개별적인 것입니다. 물론 초등학교와 중학교, 고등학교 수학 교육은 이어집니다. 수를 알아야 연산을 배울 수 있고, 연산을 배워야 인수분해를 배울 수 있습니다. 그러나 이런 학습의 계열을 제외한다면, 이들 수학 교육의 내용들은 완전히 개별적입니다. 그래서 제6차 개정교육과정 때부터 수학 교육과정은 '단계형 교육과정'으로 분류시켰습니다. 6차 교육과정은 1992년에 고시되어 1995년부터 최초로 적용되기 시작한 과정입니다. 창의성과 도덕성이 처음으로 강조되기 시작한 교육과정이죠. 우리나라 교육과정은 7차까지는 '차'를 붙여 불리다가 2009 개정교육과정부터는 연도를 붙여서 '20○○ 개정교육과정'으로 부릅니다.

둘째, 가르칠 내용과 도달해야 할 목표가 같은 것으로는 국어 교육과정을 들 수 있습니다. 가령 읽기 교육과정을 생각해 보겠습니다. 읽기는 초등학교 저학년 때의 읽기든 고학년 때의 읽기든, 중학교나 고등학교 때의 읽기든 그 실체는 거의 같습니다. 초·중·고등학교의 모든 읽기에서 학생들은 글에 나오는 단어, 문장의 구조와 내용, 문단의 내용, 글의 주제와 중심 내용, 행간 의미의 추론, 필자의 글쓰기 의도 등을 파악하여야 합니다. 그렇게 하는 것이 읽기이기 때문입니다. 학년에 따라 내용과 수준은 다를 수는 있지만, 읽기 과정에서 독자가 해야 할 과제는 다르지 않죠. 읽는 글의 내용과 수준은 다를 수 있으나 읽는 독자의 과제는 학년 구분 없이 모두 동일하다는 점에서 읽기는 일관적이고 총체적이라 할 수 있습니다. 읽기를 포함하여 다른 모든 언어 과정이 갖는 이 같은 특성으로 인해 제6차 개정교육과정 때부터 국어과 교육과정은 '보충·심화형 교육과정'으로 분류되었습니다.

모든 학년의 읽기 과정이 같아도 실제 교육에서는 읽기의 전체 과정 중 어느 특정 과제에 대하여 집중적으로 가르칠 수는 있습니다. 가령 자모의 음가, 자모 결합으로 이루어지는 글자나 단어의 발음 등은 글 깨치기 단계에서 지도하는 것이 효율적입니다. 그리고 읽기의 속도와 정확도 등 유창성과 관련된 것은 초등학교 3, 4학년 정도에서, 문단의 개념과 문단의 중심 단어나 중심 문장 등에 대한 이해는 초등학교 5, 6학년에서 지도하는 것이 좋습니다. 이렇게 학년에 따라 중점지도의 내용은 달리 구성할 수 있습니다. 그러나 국어 또는 읽기 교육에서 하는 이 같은 중점지도 내용은 수학에서의 교육 내용과는 그 성격이 전혀 다릅니다. 수학에서는 그것만을 지도해야 하고 다른 것은 다루지 않지만, 읽기에서는 읽기 과정과 관련된 단어 이해, 문장 이해, 문단 이해, 중심 내용 파악 등 모든 것이 지도의 대상이 됩니다. 교육의 효율성을 고려하여 학년별로 구분한 것일 뿐이죠.

　엄밀히 말하면, 수학의 교육과정과는 달리 국어의 언어 사용 교육과정은 학교급이나 학년별로 차이가 없습니다. 초등학교 저학년 문해력 교육과정과 고학년 문해력 교육과정은 차이가 없습니다. 읽기의 대상이 되는 글의 종류, 내용, 수준은 다를 수 있지만 글을 읽는 독자의 읽기 과제는 다를 수 없기 때문입니다. 결국 읽기 교육과정의 내용은 초등학교 저학년, 초등학교 고학년 그리고 중학교나 고등학교 교육과정에 모두 동일하게 적용할 수 있는 '읽기 교육과정'인 것입니다.

고교학점제가 적용되는
2022 개정교육과정

2022 개정교육과정은 대한민국의 11번째 교육과정입니다. 2025학년도 신입생부터 적용되고 고교학점제가 전면적으로 적용됩니다. 사실 학교 현장 전반에서 체감하는 이번 개정의 핵심은 세세한 특정 교과 내용의 개정보다는 학교 운영 전반에 매우 큰 변화를 가져올 고교학점제입니다.

유은혜 교육부장관은 자율형사립고등학교와 외국어고등학교를 2025학년도부터 폐지시키겠다고 이야기한 바 있습니다. 과학고등학교나 영재학교까지 폐지되는 것은 아니어서 사실상 고입 경쟁이 영재고나 과학고로 쏠리는 격이 되었다는 지적을 받았습니다.

수학 및 과학에서 졸속이 되었다고 평가받는 이공계 교육과정과 입시를 원상복귀시키느냐도 주요 화두로 떠오르고 있습니다. 새롭게 추진하려는 AI 교육을 시도하려면 수학에서 행렬과 벡터 같은 선형대수학을 필수 과정으로 포함시키거나 최소한의 개념 정도는 가볍게 다룰 필요가 있습니다. 그러나 해당 내용들은 2015 개정교육과정에서 고급 수학 I 으로 이동되어 일반계 고등학교에서는 이수하기 힘든 상황입니다. 입시에서 필수과목으로 묶어놓아야 할 과목을 그렇게 하지 못한 것이죠. 실제로 2022 수능부터 미적분, 기하, 확률과 통계를 전부 필수화하기는커녕 3과목 중 1개를 선택하도록 하는 방침은 '세계의 수학 교육 강화 흐름', 'AI 교육', '4차 산업혁명' 인재상에 거스른다는 비판을 받고 있습니다.

2025년부터 본격적으로 시행하는 고교학점제를 살펴보겠습니다. 고교학점제는 고등학생들이 기본적으로 이수해야 할 과목 외에도 각자 적성과 진로에 맞는 수업을 선택해 듣는 제도로 누적 학점이 일정 기준에 도달해야 졸업이 가능합니다. 다양한 진로를 가진 학생들 개인에 맞는 커리큘럼을 제공하겠다는 취지입니다. 그러나 고교학점제가 대입 중심 교육을 변화시킬 수 있을지에 대해서는 논란이 있습니다. 현재 '연구학교'와 '선도학교'를 선발해 시범 운영 중이지만 벌써부터 학교 간 수업의 질과 내용에 편차가 생긴 사례도 등장했기 때문입니다. 고교학점제의 특징 중 하나는 '진로 선택' 과목입니다. 진로 선택 과목은 기존 과목들보다 학생들이 향후 진로로 삼고 있는 분야와 연계 정도가 깊습니다. 진로 선택 과목에서 학습하거나 활동한 내용은 생활기록부의 과목별 세부 특기사항에 기재할 수 있습니다. 때문에 수업의 질에 따라 생기부의 내용이 좌우됩니다. 실제로 고교학점제 연구학교로 선정된 두 학교의 '수학 과제탐구' 과목을 비교해 보았습니다.

A고교는 수업 시간에 수학 이론을 중심으로 프로젝트를 진행합니다. 조를 이룬 학생들은 호기심이 생기는 주제를 두고 서로 토의하며 궁금한 점을 해결합니다. 수업 시간이 끝나면 그날 진행한 프로젝트의 후기를 간단히 적어 냅니다. 학생들의 참여도는 높은 편입니다. 반면 B고교는 교사가 퀴즈를 내면 학생들은 정답을 맞히는 '수학 게임'을 합니다. 그런데 학생들의 참여는 미미한 편입니다. 이 학교의 수학과제탐구 과목이 대입을 코앞에 둔 고교 3학년 과정에 편성됐기 때문입니다. 때문에 학생들은 수업에 참여하지 않고 자습을 합니다.

"수업을 안 들을 수는 없지만 수업 내용이 의미 없게 느껴져요. 선생님도 자습하는 학생들을 그냥 두고요. 이럴 바엔 수능 공부를 하는 게 낫지 않을까 싶어서 선생님께 게임 대신 수능 연계 문제집 풀이를 해달라고 요청했더니 학원에서 배우라고 하시더라고요. 수업이 정말 이도 저도 아닌 느낌이에요."

B고교에 다니는 김한나 양의 말입니다. 고교학점제가 원래 취지대로 대학입시 중심의 교육과정을 타파하기는 쉽지 않아 보입니다. 고등학교 교육의 목적 자체가 대입과 동떨어지기 어렵기 때문입니다. B고교의 경우처럼 생활기록부 한 줄보다 '수능'이 더 중요하다는 학생을 설득할 근거는 부족합니다. 심지어 지난해에 정부는 각 대학에 정시 선발 인원을 늘리도록 강요했습니다. 오랜 기간 '대입' 중심의 교육을 받아온 학생들이 단순히 '진로 탐색'에만 집중하기는 어려운 교육현실입니다.

고교학점제가 본격 시행되면 고1 때 진로 탐색을 마친 후 고2·3학년 때 심화 선택과목을 듣게 됩니다. 오히려 1년 내에 빠르게 진로를 결정해야 한다는 부담을 느낄 수도 있습니다. 내신 역시 1학년 비중이 높아지면서 '조기 포기자'가 생길 수 있습니다. 그동안 1학년보다 2학년, 2학년보다 3학년 1학기가 더 중요하다며 소위 '우상향' 내신을 강조해 왔지만, 개정교육과정에서는 우상향 내신을 실천하기 어렵습니다. 1학년 내신 과목은 국영수와 통합사회, 통합과학을 기본으로 같은 학년의 모든 학생이 경합합니다.

하지만 고등학교 1학년 때와 2·3학년 때의 성적 평가 방식이 달라집니다. 1학년 때는 내신 성적을 '상대평가로', 이후엔 '절대평가로' 산출합니다. 때문에 학생의 실력을 가늠할 수 있는 지표는 상대평가로 1~9등급을 매기는 1학년 성적이 될 가능성이 높습니다. 절대평가 방식은 '내신 퍼주기' 가능성이 있으니 대학 측 역시 상대평가로 진행한 1학년 내신을 더 중요하게 평가할 수밖에 없습니다. 이렇게 되면 고1 내신 성적이

나쁜 학생들은 2·3학년 때 학교 수업에 집중하기보다는 '수능 루트'를 선택하게 될 가능성이 높습니다. 고등학교는 수능보다 학교 생활 자체에 중심을 두고, 대학은 정시 선발을 확대하는 기조 사이에서 모순이 발생합니다. 내신 점수 산출 시 중요 내신의 비중이 1학년에 몰리기 때문입니다. 1학년 내신을 잘 받기 위해서든 수능 점수를 잘 받기 위해서든 중학교 과정에서 미리 준비해야 합니다.

초6에게 불어닥친 고교학점제, 무엇을 대비해야 하나

2021년 현재 초등학교 6학년인 학생들은 고교학년제를 대비해야 합니다. 대학생처럼 스스로 필요한 과목을 선택해 듣는 '고교학점제'의 첫 대상 학년이기 때문입니다. 고교학점제 외에도 특목고·자사고가 폐지되는 해도 현재 초6이 고1이 되는 해인 2025년입니다. 전국 고등학교는 전기와 후기로 나누어집니다. 전기는 영재고, 과학고, 마이스터고, 특성화고 입시를, 후기는 일반고 입시체제로 일괄 재편됩니다. 최근 자사고가 폐지 불복 항소에서 승소했습니다만, 현재 교육부의 로드 맵을 고려한다면 자사고도 결국은 폐지되어야 합니다. 존속되면 교육부의 개정교육과정과 충돌하기 때문입니다.

교육 개혁의 핵심은 고교학점제입니다. 고교학점제로 학교별로 수십 개에서 100개 이상의 과목이 개설되고, 자신이 듣고 싶은 과목을 타 학교에서 방문 또는 원격수업으로 수강할 수 있습니다. 이렇게 3년간 수강한 과목으로 일정 학점 이상을 취득하면 졸업 자격이 주어지는 제도입니다. 그런데 고교학점제가 가능하려면 전제 조건이 있습니다. 바로 '성취 평가제'의 안착입니다. 성취평가는 절대평가 방식을 말합니다. 현재 고3 이하의 학년에서 절대평가는 성취도로, 상대평가는 등급으로 성적표에 병기됩니다. 3학년은 진로 선택 과목에 한해 절대평가를 시행하고 있습니다. 절대평가로 가는 과도기 학년이기 때문입니다. 2019년부터 6년 동안 고교 성적 평가 방법을 상대평가에서 절대평가로 서서히 변화시키다가 고교학점제가 본격 도입되는 2025년부터는 고1 공통 과목만 상대평가가 이루어지고, 고2~3은 전체 과목을 절대평가할 것입니다.

고교 내신 성적 산출 방식의 변화(보통 교과 기준) 및 학업 성취율에 따른 성취도 구분

현행(2019~)			향후(2025~)	
과목	성적 산출		과목	성적 산출
공통/ 일반 선택	성취도(A~E) 석차 등급 병기	→	공통	성취도(A~E/I) 석차 등급 병기
진로 선택	성취도(A~C) 표기		선택(일반/ 융합/진로)	성취도(A~E/I) 표기

[참고] 학업 성취율에 따른 성취도(2025~)

성취율	성취도	
90% 이상	A	
80% 이상 ~ 90% 미만	B	
70% 이상 ~ 80% 미만	C	
60% 이상 ~ 70% 미만	D	
40% 이상 ~ 60% 미만	E	↑이수
40% 미만	I	↓미이수

※ 단, 체육·예술 교과는 성취도 3단계 외 모두 미산출, 교양 과목은 P(이수) 외 모두 미산출(현행 방식 유지)

고교학점제가 원활히 시행되려면 본인의 진로에 필요한 과목을 수강해야 하는데, 상대평가를 하면 학생 수와 난이도 등을 신경 쓰느라 본래 취지가 사라져 버리기 때문에 성취평가가 꼭 필요합니다. 현재의 상대평가인 9등급 제도를 대신해 성적표에 5단계인 A~E로 구분된 성취도만 표기되면 과목 선택권을 행사하는 데 부담이 크게 줄어듭니다.

그러나 문제는 '성취평가로 학생 실력의 우열을 어떻게 가르겠는가?'라는 점입니다. 100점과 90점이 똑같은 A를 받는다면 누가 상대적으로 더 우수한지를 판단하기가 힘들어집니다. 자칫 구멍이 숭숭 뚫려 잔고기가 다 빠져나가는 허술한 성적 평가 구조라고 비판받을 수도 있습니다. 그렇다면 또 다른 변별 장치가 필요합니다. 기성세대 학부모들이 일찍이 경험하지 못했던, 미국과 유럽 등의 외국학교 성적표에서나 볼 수 있었던 담당교사의 서술형 평가서의 위력을 우리도 실감하게 됩니다. 서술형 평가서는 학생부의 '세부 능력 및 특기 사항'입니다. 과목별 담당교사가 개개인의 세부 평가를 기록하게 되는데, 이것이 절대평가 A 이상의 위력을 발휘할 전망입니다.

그렇다면 현재 초6 이하의 학생과 부모는 무엇을 해야 할까요? 고교 진학 이후에는 과목 담당교사로부터 우수한 평가를 받도록 노력해야 합니다. 지필고사 성적만큼이나 수행평가가 중요합니다. 성취도 A는 '지필시험+수행평가+학습태도'를 종합한 결과물이고, 이를 서술형으로 풀어서 써놓은 평가서인 '세부 능력 및 특기 사항'이 수시 학생부종합전형에서 교과와 더불어 큰 비중을 차지하기 때문입니다.

고교학점제 추진 계획(로드 맵)

	2021	2022	2023	2024	2025
학점제 도입	마이스터고 (2020~)	특성화고 도입, 일반계고 제도 부분 도입			전체 고교 전면 적용
교육과정	2022 개정교육과정 주요 사항 발표	2022 개정교육과정 고시			2022 교육과정 적용(고1~)
평가 제도	진로 선택 과목 성취평가제 전 학년 적용	성취평가제 안착 기반 마련 (모니터링 체제 구축, 교원의 평가 전문성 제고)			성취평가제 확대 도입(고1~)
연구·선도 학교 확대	일반계고(1,680교)				모든 일반계고 및 직업계고 연구·선도 학교 운영 경험 축적
		과학고(20개교)			
	외고·국제고·자사고(76개교) 중 일반고 전환(예정) 학교				
	직업계고 (520개교)				
		특수학교(2개교 이상)			
학점제형 공간 조성	233개교	549개교	567개교	–	학교 공간 조성 연차적 지원(시도별 추진 계획에 근거, 추후 변경 가능)
교·강사	'교육과정 설계 전문가' 양성(~2022, 1,600여 명) 학점제 운영 역량 강화를 위한 교원 연수 지속 추진 학점제 수요를 고려한 새로운 교원 수급 기준 마련 (~2022)				

자료: 〈에듀동아〉, 2021. 03. 10.

교육부, 2022 개정교육과정에 국민들을 참여시키다

교육부는 2021년 4월 20일 '국민과 함께하는 미래형 교육과정 추진 계획'을 발표하면서 2022 개정교육과정 추진 과정에 학생과 학부모, 교사 등 국민들이 참여하도록 하겠다고 밝혔습니다. 2022 개정교육과정은 2024학년도 초등학교 1·2학년과 2025학년도 중·고등학교 1학년부터 적용됩니다. 4차 산업혁명 등 급변하는 미래 사회에 대응할 수 있는 역량을 키운다는 목표로 학생 개별 맞춤형 교육과 정보 소양 교육, 민주시민교육, 생태전환교육 등이 강화됩니다. 2025학년도부터 전면 도입되는 고교학점제와 맞물려 고교 교육과정 전반이 환골탈태한다는 점에서 '고교학점제 교육과정'이라 해도 과언이 아닙니다.

전문가들이 주도했던 개정교육과정의 기존 틀을 깨고 '대국민 의견 수렴'을 한다는 점이 이례적입니다. 교육부와 전국시도교육감협의회, 국가교육회의 등 세 기구가 주체가 돼서 학생과 학부모, 교원 등의 의견을 듣습니다. 국가교육회의는 '국민참여단'과 '청년·청소년자문단'을 구성해 집중 숙의를 거쳐 권고안을 마련합니다. 교육부는 각종 온·오프라인 토론회와 포럼, 정책 설명회 등을 진행합니다. 2021년 5~6월에 교육과정에 대한 대국민 설문조사가 실시되며 온라인 플랫폼을 통해 누구나 온라인에서 의견을 개진할 수 있습니다.

의견 수렴을 거쳐 도출한 사회적 합의를 기반으로 2021년 8월에 개정교육과정 총론의 뼈대를 마련합니다. 이후 10월에는 총론 주요 사항이 발표되며 2022년 10월에는 2022 개정교육과정이 확정·고시됩니다. 교육과정 심의위원회에는 기존에 없던 '학생특별위원회'와 '지역교육과정특별위원회'가 신설됩니다. 교육과정을 심의위원회에 상정하기 전에 학생들이 검토해 의견을 수렴하는 기구로, 현재 이 기구를 구성하기 위한 절차를 밟고 있다고 합니다.

그런데 '미래 역량 강화', '맞춤형 교육' 등을 실현하는 데는 원격교육이 걸림돌이 될 수 있습니다. 전국교직원노동조합 대변인은 "원격수업으로 심화된 교육 불평등을 어떻게 해소할지 고민해야 할 시기에 차기 교육과정에 '원격수업 활성화'가 명시되는 것은 우려스럽다"고 말합니다. 지역과 학교, 교사의 자율성을 강화하는 '교육 분권'에 대해서는 지역별, 학교별 교육 격차를 심화시킬 것이라는 경계의 목소리도 나옵니다.

수학·과학계에서는 4차 산업혁명에 대응하기 위해 수학과 과학 교육을 강화해야 한다고 주장하지만 차기 교육과정이 추구하는 '맞춤형 교육', '학습량 적정화'와 충돌할 가능성도 큽니다. 결국 생태·민주시민·성평등·노동교육 등 사회 각계에서 쏟아내는 요구를 교육과정에서 어디까지 어떻게 수용할지가 문제죠. 한쪽은 학생들의 '삶의 역량'을 키워야 한다고 주장하는 반면 다른 한쪽에서는 여전히 '지식의 습득'이 중요하다고 맞서는 상황입니다.

2022 개정교육과정 총론 주요 사항의 최종안을 마련하기 전에 실시하는 '대국민 의견수렴' 기간은 7월까지 불과 3개월밖에 안 됩니다. 꼬리를 무는 쟁점들에 대해 사회적 합의를 끌어내기에는 일정이 촉박합니다. 국가교육회의가 주도했던 2018년 대입제도개편 공론화의 경우 2018년 6월부터 7월까지 2개월간 진행됐으며 시민참여단의 숙의는 7월 중 두 차례 열렸습니다. 당시에도 복잡한 이해관계를 풀어내지 못하고 이도 저도 아닌 결론을 내놓으며 '공회전'을 했다는 비판이 쏟아졌죠. 좋은교사운동 공동대표는 "교육부와 국가교육회의, 전국시도교육감협의회 등 세 주체 간 유기적인 협력관계가 되지 않는다면 배가 산으로 갈 수 있다"고 꼬집습니다.

교육부는 지난 수년간 2015 개정교육과정에 대한 평가와 미래교육에 대해 실시해 온 정책연구 및 지난해 다방면으로 열린 교육과정 포럼 등에서 논의된 내용을 토대로 하는 만큼, 개정교육과정에 대한 논의가 단기간에 이뤄지는 것은 아니라고 강조합니다. 교육부 관계자는 총론의 지향점을 놓고 찬반을 묻는 차원이 아니라 교육과정에서 어떻게 구현할지에 대한 논의도 공론화 과정에서 충분히 가능하다고 자신합니다. 말하자면 4차 산업혁명 시대에 대비해 정보 소양을 함양해야 한다는 당위론을 넘어 교육과정에서 '정보' 교과의 수업 시수를 늘릴지, 개별 과목에서 빅데이터를 활용해 문제를 해결하는 활동을 도입할지 등 구체적인 방안을 논의하자는 말이죠. 과연 어떻게 반영될지 지켜볼 일입니다.

제가 볼 때 가장 큰 숙제는 차기 정부로 넘겨진 대입제도 개편입니다. 2028학년도부터 적용될 '미래형 대입제도'는 2024년 2월에 발표됩니다. 이번 교육과정 개정과는 별개로 진행됩니다. 고교학점제와 맞물릴 대입제도에 대해 교육부는 '서술·논술형 수능'을 검토하고 있으나 '오지선다형 수능=공정'이라는 도식을 극복하기가 쉽지는 않아 보입니다. 결국 다면인적성면접MMI·Multi Mini Interview이나 논술시험 등으로 정시를 보완할 것으로 예상됩니다. 논술의 경우 입시에 당장 반영되기보다는 서술형 시험의 내신이나 수행평가에서 글쓰기가 중요해질 것입니다. 오히려 다면인적성면접시험이 입시에서 변수로 작용할 가능성이 큰데요. 이에 대한 내용은 다음 장에서 좀 더 자세히 다루겠습니다.

3.
입시제도가 변할수록
중요해지는 독서

'서연가울성, 서연가성울'은 우리나라 의대의 서열을 줄여 부르는 말입니다. 서울대와 연세대, 고려대는 알겠는데, 가톨릭대 의대도 들어가기 힘드냐고 묻는 분은 아직 입시와 거리가 먼 분입니다. 가톨릭대 의대를 모르더라도, 성모병원은 다들 아실 겁니다. 가톨릭대 의대에 들어가기 힘든 이유는 바로 부속병원이 성모병원이기 때문입니다. 성모병원은 여러 개의 분점을 가지고 있으며, 모두 합치면 대한민국에서 가장 많은 병상 수를 자랑합니다. 아산병원의 지원을 받는 울산대 의대와 앞서거니 뒤서거니 하는 성균관대 의대도 메이저 의대입니다. 누구는 삼성의료원과 협력 관계가 있기 때문이라고 말하고, 누구는 정원이 40명에 불과해 들어가기 어렵다고도 말합니다. 물론 모두 일리 있는 말이지만 그게 전부는 아닙니다.

최근에 인터넷을 뜨겁게 달군 웹예능 프로그램인 '머니게임'을 보신 분들이 있으실 겁니다. 유튜브에서 엄청난 인기를 끌고 있으며 극한의 상황으로 인간을 몰아넣는 관찰 예능을 표방했습니다. 동명의 네이버 웹툰이 원작으로, 8명의 참가자가 14일 동안 물 한 병 주어지지 않은 상황에서 함께 돈을 아낄수록 더 많은 상금을 가져가게 됩니다. 그러나 참가자들이 금전 문제로 신경전을 벌여 고성이 오가고 남녀로 갈려 대립이 벌어지면서 시청자들의 빈축을 샀습니다. 그리고 우승 상금을 나누겠다는 말을 번복하면서 폭로전과 감정싸움으로 번지고 일부 유튜버들은 활동 중단을 선언하기도 했습니다. 사실 이 '머니게임'은 설정 자체가 매우 수상합니다. 이들에게 주어진 4억 8천만 원이라는 상금은 너무나도 큰돈이었습니다. 하지만 4억 8천만 원이란 돈은 그냥 주는 게 아니었습니다. 스튜디오에는 전기, 수도, 화장실 등 사회적인 인프라가 전혀 없었고 물가는 소비자가의 100배 가격이어서 상상을 초월할 정도로 비쌌습니다. 뿐만 아니라 생판 안면도 없는 사람들끼리 문명과 동떨어진 채 14일이나 생활한다는 게 말처럼 쉬운 일이 아니었습니다. 쉽게 돈을 벌겠다는 잘못된 목표가 사람을 어떻게 만드는지 여실히 보여주는 사례가 아닐까 합니다.

목표가
사람을 만든다

잘못된 목표는 사람을 피폐하게 만들고, 잘된 목표는 훌륭하게 만듭니다. 역할에 따라 주어지는 목표가 다릅니다. 사장의 목표는 '어떻게 하면 돈을 잘 벌 수 있도록 직원에게 일을 시킬까'이고, 직원의 목표는 '어떻게 하면 사장에게 욕을 먹지 않을 수 있을까'입니다. 학교 선생님의 목표는 '어떻게 하면 아이들을 더 잘 가르칠까'이고, 의사의 목표는 '어떻게 하면 환자를 더 잘 치료할 수 있을까'입니다. 사람은 주어진 목표를 해결할 수 있는 방법을 생각하고, 생각에 따라 행동을 옮깁니다. 그러는 동안 점점 목표를 이루게 됩니다.

2021학년도 수시전형에서 25명밖에 선발하지 않은 성균관대 의대에 합격한 이준호 군도 그런 경우였습니다. 광주 지역 일반고에서 우수한 학생인 그 학생은 어느 날 저를 찾아왔습니다. 오랫동안 꿈을 그리는 사람은 마침내 그 꿈을 닮아간다는 앙드레 말로의 말처럼 이준호 군은 확실한 목표를 가지고 있었습니다. 학생들을 만나면 으레 감명 깊게 읽을 책을 묻곤 하는데, 이 군은『태백산맥』조정래 지이라고 답하더군요.

『태백산맥』을 좋아하시는 분들이 많으실 겁니다. 1980년대 막바지 계간문예지 '문예중앙'에서 소설부문 문제작 1위로 선정된 작품이 '태백산맥', 문제작가 1위로 선정된 문인이 조정래였죠. 개인적으로는 중학교 2학년 때 잠자고 일어나 보니 머리맡에 아버지가 크리스마스 선물로 1권과 2권을 예쁘게 포장해 놓아주신 추억의 책이기도 합니다. 이 군과 오랜만에 좋아하는 책에 대해 깊이 있는 대화로 교감할 수 있었습니다. 염상진과 김범우, 염상구와 외서댁, 소하와 정하섭, 지금도 줄줄줄 입에서 흘러나오는 소설 속 등장인물들에 대한 평가가 이어진 뒤, 마지막으로 어떤 인물이 가장 인상 깊었는지 물었습니다.

"당시는 이데올로기가 첨예하게 대립하던 시대였죠. 매트릭스의 네오가 선택해야 할 알약처럼 모두가 빨간색 아니면 파란색이었어야 했으니까요. 저는 자애병원 전 원장의 모습을 보고 모두가 같은 민족이라는 그의 앞선 생각, 인본주의와 인도주의에 입각한 의료인으로서 그의 실천적인 삶에 깊은 감동을 받았습니다. 의대에 진학해서 꼭 전 원장 같은 사람이 되고 싶습니다."

열아홉 어린 학생의 다소 어눌하지만 확신이 가득한 대답을 들으며 이미 제 입꼬리는 귀에 걸렸습니다. 아니나 다를까, 성균관대 의대 수시에 무리 없이 합격했습니다.

성균관대 의대는 2020 THE Times Higher Education 세계대학평가 '임상, 전 임상 및 보건' 부문에서 4단계 상승하며 세계 37위, 국내 1위 의과대학에 선정되었습니다. '2020 THE 세계대학평가'는 영국 글로벌 대학평가기관 타임스 고등 교육이 전 세계 92개국 1,400여 개 대학 중 775개의 의대를 대상으로 실시하는데, 세계적 권위와 영향력을 인정받고 있는 대학 랭킹 중 하나입니다. 2017년 성균관대 의대는 본래의 의대 체제로 돌아갔습니다. 그리고 새로운 SMART Sungkyunkwan Medical educational Approach Reaching the Top 커리큘럼이 시작되었습니다. 성균관대 의대의 아이콘인 문제기반학습은 더욱 발전되어 강의 중심의 교육이 아닌 자기주도학습으로 자리 잡고 있습니다. 자신의 뛰어남을 더욱 펼쳐 보일 수 있는 학생연구, 타인과 공감하고 소통하는 마음이론에서 시작하는 의료인문학 그리고 인성의 근본인 윤리가 강조됩니다.

그렇다면 이런 의문을 가질 만합니다. '의대 입시는 우리나라 최고 엘리트를 뽑는다는 상징성 이외에 실력과 인성 모두를 갖춘 사람을 뽑는 남다른 평가의 기준을 가져야 하지 않을까?'라고요.

훌륭한 평가와
공정한 평가

전국 40개 의대와 의학전문대학원의 입시는 최상위권 수험생들의 격전장으로 불립니다. 현재 고1 이전 학생들의 경우 일찍부터 의대 진학을 목표로 봉사활동과 수상경력 등 학업 외 '스펙'까지 탁월한 수준으로 관리해야 합니다. 요즘 지원자 서류를 보면 '나는 의대 참 쉽게 들어왔구나' 하는 생각이 든다는 의대 교수님의 말씀이 생각납니다. 지금 같은 환경이었으면 원서 쓸 엄두도 못 냈을 것이랍니다. 상황이 이러하니 최근 의대 입시에서 당락을 가르는 변수로 다면인적성면접MMI·Multi Mini Interview이 부상하고 있습니다.

"서울대가 2013학년도 의예과 입시에 MMI를 도입할 때만 해도 '면접 영향력이 얼마나 되겠나. 결국은 성적 좋은 지원자가 합격하겠지' 하는 인식이 있었습니다. 지금은 다릅니다. MMI를 실패하면 아무리 공부를 잘해도 의대 입시에서 떨어질 수 있다는 게 상식이 되었죠."

서울대 의대 이승희 교수의 말입니다. 대한민국 남자라면 누구나 군대를 다녀오듯, 대한민국 국민이라면 누구나 겪는 게 입시입니다. 누군가를 평가한다는 것은 인간의 복잡한 특성을 일차원적으로 판단하는 것입니다. 예를 들어 어떤 사람의 체격에 대해 평가해 보라고 하면 본능적으로 한 개개인을 키가 큰지 작은지, 아니면 보통인지로 따집니다. 평가지에 '이 남학생은 체격이 크다'고 쓰여 있으면 팔과 다리가 굵직하고 덩치 큰 사람이 떠오릅니다. 몸 전체가 다 크다고 여기는 거죠. 평가지에 '이 여학생은 똑부러진다'고 써 있으면 여러 방면에서 두루두루 문제해결 능력이 뛰어난 데다 교육 수준이 높을 거라고 여깁니다. 평가를 거치면서 우리 사회에서 선별 시스템이 가장 발달한 학교나 기업은 수능 성적, IQ와 같은 단순한 평가 기준으로 사람의 가치를 비교하고 있습니다. 단순한 평가 기준은 선발에 걸리는 시간을 단축하지만 조직이나 사회에 해를 끼치게 됩니다. 인성이 부족한 법조인이나 생명의 가치를 소홀히 하는 의사가 생길 수 있는 거죠.

EBS 다큐프라임 제작진과 전국시도교육감협의회가 전국의 고3 담당교사 3,096명을 대상으로 '공정한 대입전형은 무엇이라고 생각하는가'에 대해 조사한 적이 있습니다. 정시전형이 3.46점으로 가장 높은 점수를 받았고, 학생부교과전형 3.01점, 논술전형 2.53점, 특기자전형 2.44점, 학종 2.36점 순이었죠. 고교 3학년 담당교사들이 학종을 가장 불공정한 제도로 꼽은 것입니다. 비교과 평가 영역이 사실상 '스펙' 쌓기의 전쟁터가 되었기 때문이죠. 어떤 학교 출신이고 선생님이 얼마나 잘 써주느냐, 부모가 얼마나 지원하느냐에 따라 결과가 좌우된다는 겁니다. 학종에서 좋은 성과를 내기 위해 전략적으로 학교에서 공부 잘하는 학생에게 상을 몰아주는 경우도 있었습니다.

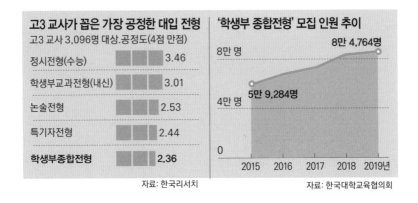

고3 교사가 꼽은 가장 공정한 대입 전형
고3 교사 3,096명 대상.공정도(4점 만점)

전형	점수
정시전형(수능)	3.46
학생부교과전형(내신)	3.01
논술전형	2.53
특기자전형	2.44
학생부종합전형	2.36

자료: 한국리서치

'학생부 종합전형' 모집 인원 추이

5만 9,284명 (2015) → 8만 4,764명 (2019년)

자료: 한국대학교육협의회

반면 '바람직한 대입전형은 무엇이라고 생각하는가'에 대해 한국대학교육협의회가 교사 401명을 대상으로 한 설문조사에서 응답 교사의 84%가 "학종이 대입전형에서 바람직한 제도"라는 데 긍정적으로 답했습니다. 이 조사에서 응답 교사의 81%가 "학종이 고교 교육과정 정상화에 크게 기여한다"고도 했습니다. 지방고와 일반고 학생에게 도움이 되기 때문입니다. 한국대학교육협의회의 대학 신입생 조사자료에 의하면, 학종으로 입학한 학생 중 55%가 중소 도시와 읍·면 지역 학생이었습니다. 특히 경제적 여건이 취약한 읍·면 출신 시골 학생들이 수능 25.4%보다는 학종 31.6%으로 대학에 진학하는 비율이 높았습니다.

전국시도교육감협회와 한국대학교육협의회가 전혀 다른 결과를 제시하고 있는 것이죠. 이런 상반된 의견에 대한 실마리를 찾기 위해 한국교육개발원이 주요국 학생부를 비교한 자료를 살펴보겠습니다. 자료를 보기 전에 한 가지 짚고 넘어가면 좋겠네요. 학생부를 대학입시에 활용한다고 법적 근거를 둔 나라는 우리나라뿐입니다.

미국과 독일은 대입전형에서 학생부를 반영하지 않습니다. 프랑스도 공립대 진학에서 내신 성적이 필요 없습니다. 봉사, 독서, 교과세부능력사항 등 비교과 항목을 충실히 이행하고 자기소개서를 썼다면 심층면접을 통해 종합적으로 평가할 수 있기 때문입니다. 미국이나 유럽의 경우 학종은 비교과 활동을 직접 수행했느냐를 검증하는 도구에 불과합니다. 학생부는 심층면접을 위한 자료에 불과하다 보니 기재하는 자료도 단순합니다. 반면 우리나라는 지나치게 상세하게 분류를 해서 관리받은 학생부와 그렇지 못한 학생부의 격차가 발생한 겁니다.

주요국 학생부 비교	★일부지역	★★외국어만		자료:한국교육개발원
항목	한국	일본	미국	독일	프랑스
인적사항	○	○	○	○	○
학적사항	○	○	×	○	○
출결상황	○	○	○	○	○
수상경력	○	○	×	×	×
자격증 및 인증 취득상황	○	○	×	×★★	○
진로희망사항	○	○	×	×	○
창의적 체험활동상황	○	○	×	×	×
교과학습발달상황	○	○	○	○	○
독서활동상황	○	×	○★	×	×
행동특성 및 종합의견	○	○	○	×	○

독일은 인적사항, 학적사항, 출결사항, 교과학습발달상황 4가지만 적습니다. 미국은 5가지, 프랑스는 7가지만 적습니다. 우리나라는 10개로 가장 많습니다. 이렇게 까다로운 항목을 두꺼운 보고서로 만들어 화려한 스펙으로 둔갑시킨 '서류전형'이 공정성 논란을 불러일으킨 것이죠. 조국 전 법무부장관 자녀의 대입 의혹은 부모의 인맥, 경제력을 동원해 비교과 항목에서 우수한 점수를 받아 스펙을 끌어 올렸기 때문입니다.

결국 학생부에 학교 정규 교육과정 이외의 비교과 활동을 폐지하였습니다. 수상실적, 독서활동, 자율동아리 활동, 개인 봉사활동 등도 대입에 반영되지 않습니다. 자기소개서도 아예 폐지되었습니다. 물론 이렇게 된 데에는 대학에도 책임이 있습니다. 기존의 입시제도를 공정하게 활용했다면 정부가 정시를 확대하는 일은 벌어지지 않았을 테니까요.

"공정성 논란을 줄이기 위해 대학은 평가 항목을 표준화해 공개할 필요가 있었습니다."

강기수 동아대 교수의 말입니다. 좋은 인재를 원하는 대학 입장에서는 새로운 돌파구가 필요하게 된 거죠.

대치동 초등독서법

스펙만큼
인성이 중요한 시대

    이제 의대의 학생 선발 기준으로 각광받고 있는 다면인적성면접MMI을 살펴볼 준비는 된 것 같습니다. MMI는 2001년 캐나다 맥마스터 의대에서 처음 시작한 후 세계로 확산해 현재는 북미, 유럽, 호주 등 여러 국가의 의대 입시에서 활용되는 새로운 형태의 면접시험입니다. 우리나라에서도 서울대를 비롯해 고려대, 연세대, 성균관대, 가천대, 아주대, 울산대, 인제대 등 상당수 의대가 수시 또는 정시 선발에서 MMI를 실시합니다. 치의대와 수의대 가운데도 MMI 결과를 입시에 반영하는 학교가 있습니다.

    MMI는 일반 면접과 달리 소요시간 10분 안팎의 짧은 인터뷰를 연쇄적으로 실시해 지원자의 인성 및 적성을 다면적으로 살펴봅니다. 가장 큰 특징은 수험생이 여러 개의 방을 옮겨 다니는 것입니다. 서울대는 2020학년도 입시 당시 모두 5개의 방을 만들었습니다. 그중 하나에서는 20분 동안 질의응답을 통해 지원자가 제출한 자기소개서 등 각종 서류 내용을 꼼꼼하게 확인했습니다. 나머지 네 곳에서는 각각 2명의 교수가 피면접자와 10분씩 대화를 나누며 윤리성, 공감 능력, 소통 능력 등 비인지적 특성을 평가했습니다. 학생들은 각 방 앞에서 제시문을 받고 2분간 내용을 숙지한 뒤 8분에 걸쳐 면접을 치렀습니다. 이후 다음 방으로 옮겨 같은 절차를 반복했습니다. 1시간에 걸친 MMI를 마친 수험생들은 저마다 '탈탈 털린' 기분이라며 힘들어 했습니다.

    형식뿐 아니라 내용 면에서도 MMI는 일반 면접과 다릅니다. 수험생은 각 방에서 다양한 과제를 수행합니다. 예를 들어 영국 한 의대의 MMI에서는 '신발끈 묶는 방법을 손동작을 사용하지 말고 말로만 설명해 보라'는 문제가 나왔습니다. 우리나라에서는 '윷놀이 방법을 설명하라'는 문제를 낸 대학이 있습니다. 이때 '7세 아이를 대상으로 하라' 또는 '귀가 잘 안 들리는 80세 할머니를 대상으로 하라'같이 조건을 제한하기도 합니다. 학생이 제시문을 받고 2분간 준비한 뒤 면접관 앞에서 설명을 시작하면 악명(!) 높은 다양한 추가 질문이 쏟아집니다.

"면접관이 '형, 나 하나도 못 알아듣겠어. 뭘 어떻게 하라는 거야' 하면서 아이처럼 칭얼대거나 '젊은이, 나 잘 안 들려. 또박또박 큰 소리로 설명해야지' 하고 노인 행세를 하는 식입니다. 그때 지원자의 반응과 태도가 모두 평가 대상이 됩니다. MMI를 실시하는 대학 교수들에 따르면 이런 면접은 학생들의 '진짜 인성'을 확인하는 데 도움이 됩니다. '윷놀이 문제'를 낸 대학에서는 확실한 합격 안정권에 속하던 수험생이 면접 도중 나가버려 최종 탈락했다는 후문입니다. 의대 교수들은 "MMI 도입 후 전국 각 대학에서 수능 만점자, 서류전형 수석 등이 최종 불합격하는 사례가 계속 발생하고 있다"고 입을 모읍니다.

다면인적성면접 MMI 의 특징

MMI는 하나의 면접을 끝낸 뒤 바로 다음 방에 들어가 완전히 새로운 과제를 수행하는 특성이 있습니다. 서울대는 2018학년도 MMI 면접장에서 지원자에게 다음과 같은 지문을 제시했습니다.

"동백은 한 송이의 개별자로서 제각기 피어나고, 제각기 떨어진다. 동백은 떨어져 죽을 때 주접스런 꼴을 보이지 않는다. 절정에 도달한 그 꽃은, 마치 백제가 무너지듯이, 절정에서 문득 추락해버린다. '눈물처럼 후드득' 떨어져 버린다.

매화는 피어서 군집을 이룬다. 꽃 핀 매화숲은 구름처럼 보인다. 매화는 질 때, 꽃송이가 떨어지지 않고 꽃잎 한 개 한 개가 낱낱이 바람에 날려 산화한다. 매화는 바람에 불려가서 소멸하는 시간의 모습으로 꽃보라가 되어 사라진다.

목련은 등불을 켜듯이 피어난다. 꽃잎을 아직 오므리고 있을 때가 목련의 절정이다. 목련은 자의식에 가득 차 있다. 그 꽃은 존재의 중량감을 과시하면서 한사코 하늘을 향해 봉오리를 치켜 올린다. 목련꽃의 죽음은 느리고도 무겁다. 누렇게 말라비틀어진 꽃잎은 누더기가 되어 나뭇가지에서 너덜거리다가 바람에 날려 땅바닥에 떨어진다."

김훈의 수필 '자전거 여행'의 한 대목입니다. 2분간 이 글을 읽은 뒤 방에 들어간 수험생은 면접관으로부터 '제시문에 나온 꽃을 인간 삶에 비유해 보라. 제시문에 나온 꽃 중 하나를 골라 관련 있는 역사적 인물을 소개해 보라. 역사적 인물을 한 명 더 말해 보라. 지원자가 바라는 삶의 가치와 부합하는 꽃은 무엇인가. 제시문에 나오지 않은 꽃이어도 무방하다. 지원자가 추구하는 삶의 가치를 위해 고치고 싶은 점이 있는가' 등의 질문을 받았습니다. 그렇게 8분에 걸쳐 면접을 치른 뒤 다시 방을 옮겨 다른 과제에 돌입합니다.

영국의 한 의대는 면접실에 배우를 두고 MMI를 진행하기도 했습니다. 배우는 지원자의 이웃 노인 역을 연기합니다. 지원자가 실수로 그의 고양이를 차로 쳤다고 가정하고, 노인에게 5분에 걸쳐 나쁜 소식을 전하도록 하는 방식입니다. MMI에는 수험생을 궁지에 몰아넣는 질문도 자주 등장합니다. 경희대 의대는 수험생에게 다음과 같은 제시문을 주었습니다.

"당신은 대학병원의 수술 보조를 하고 있는 ○○과 전공의레지던트 1년차이다. 환자 바로 옆에 간호사와 집도의과장가 함께 있는 현장에서, 과장이 수술 과정에 명확한 실수를 하고 있는 것을 지금 보았다. 당신이 보기에, 이 실수를 고치지 않으면 나중에 부작용이 있을 것 같았다. 과장은 매우 권위적인 성격이면서 자신의 실력에 자부심이 무척 큰 것으로 알려져 있다. 당신은 이 상황에서 구체적으로 어떻게 대처할 것인가."

캐나다 한 의대의 면접에는 이런 제시문이 주어졌습니다.

"당신은 얼마 전 노숙자 쉼터에서 자원봉사하기로 마음먹었다. 자원봉사하는 날 알코올성 간질환으로 죽어가는 42세 중년 여성을 만났다. 평생 동안 마셔온 술로 인해 피부와 눈이 매우 노란색을 띠었으며 움직일 때마다 심해지는 만성통증을 호소했다. 그는 이틀간 술을 마시지 않았고 죽기 전에 만취하고 싶지만 사물함에 있는 마지막 남은 보드카병을 가져올 수 없다고 말했다. 당신 역시 쉼터에서 술이 허용되지 않음을 알고 있다. 중년 여성 침대 3개 건너 옆에는 또 다른 여성이 당신 반응을 주의 깊게 관찰하고 있다. 당신은 뭐라고 이야기하거나 행동하겠는가. 결정에 대한 이유도 함께 설명하시오.”

　이런 제시문을 받아 든 수험생을 고란하게 만드는 이유는 정답이 없기 때문입니다. 면접관이 무엇을 평가하려 하는지 알 수 없으니 수험생을 힘들게 만듭니다. 서울대 의대 교수는 이에 대해 “일반적 면접에서는 피면접자를 종합적으로 평가한다. MMI는 다르다. 각 방에서 철저하게 한 가지 특성만 본다”고 설명했습니다.

　“면접을 구성할 때부터 ‘첫 번째 방에서는 소통 능력, 두 번째 방에서는 윤리성, 세 번째 방에서는 공감능력을 평가한다’는 식으로 미리 정해 둡니다. 그러려고 방을 나누는 것이죠. 지원자의 다양한 면을 한꺼번에 보려 하면 ‘쟤, 왠지 마음에 드네’ 같은 인상 평가로 흐를 수 있습니다. MMI는 면접관의 직감이 점수에 개입되는 것을 철저히 통제합니다. 소통 능력을 평가하는 방의 면접관은 수험생의 답이 윤리적인지, 공감을 잘 표현하는지 등에 대해 아예 판단하지 않습니다. 오로지 소통 능력만 보고 점수를 매깁니다. 그렇게 나온 각각의 결과를 종합해 지원자를 다면적으로 평가하는 것이 MMI의 특징입니다.”

새로운 형식의 시험에 대비하기 위해

　대학에서 MMI를 도입하려는 취지는 크게 두 가지입니다. 첫째는 변별

력 없는 주입식 시험으로 인해 대학 스스로 우수한 학생을 선발해야 할
별도의 방안이 필요하기 때문입니다. 둘째는 신종 코로나바이러스 감염
증코로나19이 유행하면서 의사의 사명감과 윤리의식에 대한 우려의 목소
리가 커지고 있기 때문입니다.

2021학년도 서울대학교 수시 모집요강 일반전형 의과대학 MMI

모집단위	평가내용 및 방법	면접시간	답변 준비시간
수의과대학	·수의학을 전공하는 데 필요한 자질과 적성, 인성 등을 평가함. ·다양한 상황 제시와 생명과학과 관련된 기본적 학업 소양을 확인함. ·면접실당 10분씩 총 5개 면접실에서 진행함.	50분 내외	면접 시간 내 상황 숙지를 위한 시간을 부여할 수 있음.
의과대학	·의학을 전공하는 데 필요한 자실, 인성과 적성을 평가하며, 제시문에 영어가 활용될 수 있음. ·다양한 상황 제시(4개, 각 10분)와 제출서류 내용을 확인(1개, 20분) ·총 5개 면접실에서 진행함.	60분 내외	상황 숙지를 위한 시간을 별도로 부여할 수 있음.
치의학대학원 치의학과	·치의학을 전공하는 데 필요한 자질과 적성, 인성 등을 평가하며, 제시문에 영어 또는 한자가 활용될 수 있음. ·다양한 상황 제시와 제출서류 내용을 확인함. ·면접실당 10분씩 총 5개 면접실에서 진행함.	40분 내외	

실제로 MMI 문제 출제자와 면접관은 대개 해당 의대 교수입니다. 창
의적인 문제를 만들고, 평가까지 진행하는 과정은 쉬운 일이 아니지만
매년 더 많은 의대가 입시에 MMI를 도입하는 추세입니다. 의대에 오면
안 되는 고 스펙 지원자를 걸러내기 위한 자구책입니다.

"의사는 생명을 다룬다는 점에서 윤리의식을 가져야 합니다. 또 환자와 잘 소통하는 게 중요합니다. 스스로 성찰할 줄 모르고, 다른 사람과 소통할 능력도 의지도 없는 사람이 의사가 되면 안 되죠. MMI를 하면 최소한 이런 지원자가 의대에 들어오는 걸 막을 수 있습니다."

울산대 의대 이윤선 교수의 말입니다. 아플 때 어떤 의사한테 진료받고 싶은지 생각해 보면 '좋은 의사'의 모습이 그려집니다. 바로 그런 사람을 선발 및 육성하고자 의대 입시와 교육과정을 바꿔나가고 있는 것입니다. 사교육 시장이 이런 '블루 오션'을 지나칠 리 없습니다. 서울 강남 지역을 중심으로 '의대 MMI 대비반'을 운영하는 업체가 속속 늘어나고 있습니다. 그러나 MMI는 단기간에 면접 기술을 익혀 좋은 평가를 받기 힘든 시험입니다. 한 의대 입시 담당자는 "교수들이 창의적인 문제를 만들고자 몇 달에 걸쳐 준비하고, 의예과 1학년 학생을 대상으로 시뮬레이션 면접도 합니다. MMI에 대비하는 가장 좋은 방법은 꾸준히 책을 읽고 사고 연습을 하는 것입니다"라고 강조합니다. 서울대학교 수시 학생부종합전형에서는 의학을 전공하는 데 필요한 자질과 인성·적성을 평가합니다. 2020학년도 면접에서는 4개의 제시문이 출제되었습니다. 서울대 아로리 홈페이지에 공개된 제시문의 내용을 한번 보시겠습니다.

"1990년대 후반 미국 교육부는 아이들의 학업성취도와 성별, 가족구성, 부모의 교육수준 및 사회경제적 지위 등 기본적인 정보를 수집했다. 한 연구자가 이런 데이터를 분석하여 '집에 책이 많은' 학생의 학업성적이 높은 경향이 있는 반면, '부모가 거의 매일 아이에게 책을 읽어주는' 집단에서 특별히 학업성적이 높지 않다고 발표했다."

면접에 응시한 학생들은 '독서와 학업성적의 상관관계를 추론해 보라'는 질문을 받았습니다. 의예과 진학 학생이 왜 이런 질문에 답해야 하는가라는 생각이 먼저 들었습니다. 하지만 곰곰이 생각할수록, 학생들은 소위 생각을 하게 만드는 문제라는 탄성이 나왔습니다. 먼저 집에 책이 많은 학생이 추론해 봅니다. 책이 많아서 자동으로 학업성적이 높게 나왔을 리는 없습니다. 오히려 집에 책이 많은 부모의 사회적 혹은 경제적 수준이 학생의 학업성적과 강한 상관관계를 보였을 가능성이 높다는 정도로 답변했을 겁니다.

부모가 거의 매일 아이에게 책을 읽어주는 학생의 입장을 생각해 보겠습니다. 많은 교육법과 독서법들은 영유아, 심지어 태아에게 책을 읽어주어야 한다고 말하죠. 그런데 서울대 제시문에서는 부모가 거의 매일 아이에게 책을 읽어주는 집단에서 '특별히 학업성적이 높지 않았다'고 명시합니다. '혹시, 아이가 원하지 않는 상황에서도 부모가 일방적으로 거의 매일 아이에게 책을 읽어주어서 나타난 역효과는 아닐까?'라고 학생은 생각해 봅니다. 아닙니다. 분명히 제시문은 특별히 학업성적이 높지 않았다고만 밝히고 있습니다. 학업성적이 낮다는 얘기가 아니라는 말이죠. 부모가 아이에게 책을 읽어주는 것이 바람직한 훈육과 양육일 수도 있습니다. 하지만 원하지 않는 아이에게, 원하지 않는 상황에서, 원하지 않는 책을 읽어주는 상황을 상정해 봅니다. 아이에게는 고문과 폭력일 수도 있습니다. 제시문은 이렇듯 학생들에게 행간을 읽는 다양한 사고를 요구하고 있습니다.

자, 이제 이번 장의 결론을 내리겠습니다. 1990년대 후반을 생각해 보겠습니다. 컴퓨터와 인터넷이 본격화된 시기이지만, 아직 스마트폰은 세상에 등장하지 않았습니다. 이때 미국 교육부는 아이들의 학업성취도와 성별, 가족구성, 부모의 교육수준 및 사회경제적 지위 등 기본적인 정보를 수집했다고 합니다. 성별과 가족구성, 특히 부모의 교육수준 및 사회경제적 지위 등을 학업성적 연구에서 중요한 변수로 여겼기 때문입니다. '집에 책이 많은' 학생의 학업성적이 높은 경향이 있다고 했으니 일단 집에 책이 많아야 합니다. 아이가 책을 읽고 싶은데 읽을 책이 없는 상황을 경험해 보셨을까요? 혹시 돌잔치 이후로 아이가 만지고 느끼고 읽을 수 있는 책들이 집에 있었을까요? 아이는 부모님의 책 읽는 모습을 얼마나 자주 목격했을까요?

반면에 '부모가 거의 매일 아이에게 책을 읽어주는' 집단에서 특별히 학업성적이 높지 않았다는 충격적인 결과에 대해서는 다른 분석도 가능합니다. 역효과보다 책읽기의 자기주도성이 상실되거나 독서의 주인이 되지 못한 상황으로 해석할 수도 있기 때문입니다. 진화론을 교과서에서 처음 접한 학생이 찰스 다윈에 대한 책을 찾다가 서울대 자유전공학부 장대익 교수님의 『다윈의 식탁』, 『다윈의 정원』, 『다윈의 서재』 시리즈를 찾아 읽고 리처드 도킨스의 『이기적 유전자』까지 도전해 보는 아름다운 모습을 본 적이 있습니다. 하지만 자녀에게 "옆집 아이가 읽으니 너도 읽으라"고 강요하는 것이 아름다울 리 만무합니다. 대학입시와 평생공부는 초등독서로 결정되는데, 책을 많이 사주는 것이 중요한 것이 아니라 아이 스스로 책을 찾아 읽도록 초등학교 시절부터 독서습관을 익히도록 해줘야겠죠.

4.
초등학생 때부터 시작하는
학생부 대비 전략

아이 한 명을 낳아 대학을 졸업시킬 때까지 약 3억 원의 비용이 든다고 합니다. 미취학 양육비 6,860만 원, 초등학교 9,250만 원, 중학교 5,401만 원, 대학교 8,640만 원을 합한 금액입니다.[7] 연 소득이 4,000만 원인 가정에서 아이가 23세가 될 때까지 해마다 같은 금액을 쓴다면 소득의 41.5%를 교육비로 지출하는 셈이죠.

요즘 중국과 베트남에서 한국으로 유학을 온 학생들이 참 많습니다. 제가 강의하는 대학에는 베트남에서 온 응웬 공 뜨엉Nguyen Cong Tuong 이라는 학생이 있는데, 그 나라 학생들도 사교육을 받는지 물어본 적이 있습니다. 옆에 앉아 있던 척려금이라는 중국 학생이 대답하더군요.

"물론이죠, 교수님. 배구도 배우고 영어도 배웁니다."

하기야 물가가 만만치 않은 한국에까지 유학을 보낼 정도면 부모님의 교육열이 보통 수준은 넘을 겁니다.

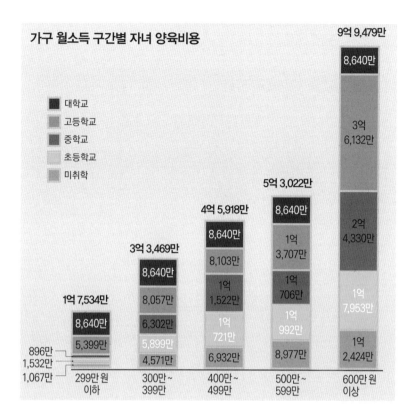

가구 월소득 구간별 자녀 양육비용

- 대학교
- 고등학교
- 중학교
- 초등학교
- 미취학

9억 9,479만
8,640만
3억 6,132만
2억 4,330만
1억 7,953만
1억 2,424만

5억 3,022만
8,640만
1억 3,707만
1억 706만
1억 992만
8,977만

4억 5,918만
8,640만
8,103만
1억 1,522만
1억 721만
6,932만

3억 3,469만
8,640만
8,057만
6,302만
5,899만
4,571만

1억 7,534만
8,640만
5,399만
896만
1,532만
1,067만

299만 원 이하 · 300만~399만 · 400만~499만 · 500만~599만 · 600만 원 이상

자녀 교육에 투자하는 부모의 심리

메르스나 코로나19 같은 바이러스와 글로벌 경제위기로 세계가 매번 위기에서 벗어나지 못하는데도 자녀 교육에 왜 이렇게까지 많은 돈을 쓸까요? 아이들에게 더 많은 것을 가르쳐주고 싶은 부모의 마음 때문일 겁니다. 그리고 좋은 교육을 받으면 안정된 직업을 가질 수 있으리라는 부모의 기대 때문이기도 할 겁니다.

노벨 경제학상을 수상한 시카고대학의 게리 베커Gary Becker 교수는 이런 인간의 심리를 '인적 자본론'이라고 부릅니다. 미래의 높은 수익을 기대하고 값이 저렴한 현재의 주식을 사는 것처럼 미래에 아이가 벌어들일 수입을 기대하고 현재 교육에 투자하는 것을 같은 것으로 본 것이죠. 주식이나 채권에 투자할 때 가장 관심을 갖고 신경 쓰는 것은 수익률입니다. 마찬가지로 교육을 통해 얻을 수 있는 '편익'에서 지불한 '비용'을 뺀 '순이익'을 최대화시키는 선까지 투자하는 겁니다. 오로지 금전적인 동기 때문에 교육을 하는 거라고 말하니 서글퍼집니다. 실제로 강의 때 이런 말씀을 드리면 "돈 때문에 교육을 시킨다구요?"라고 반문하는 학부모님이 계십니다.

베커 교수가 인적 자본론에서 말하는 수익은 자녀의 월급봉투만 의미하는 것은 아닙니다. '좋은 교육을 받는 행복'이나 '지적인 만족'처럼 보이지 않은 것들도 포함됩니다. 다만 이런 수익을 수치화하는 작업이 간단하지 않아서 금전적인 수익으로 평가할 뿐이죠. 그렇다면 질문을 하나 해보겠습니다.

"아이의 교육에 시간과 돈을 들인다면 언제가 가장 좋을까요?"

교육 단계가 높아질수록 교육 수익률도 높아진다고 생각하는 학부모님들이 많습니다. 초등학교보다는 중학교, 중학교보다는 고등학교, 고등학교보다는 대학과 대학원 교육에 더 많은 시간과 돈을 들여야 한다는 거죠. 입사 직전까지 어떤 스펙을 쌓는지가 취직의 당락을 결정하다 보니 이런 생각도 일리는 있어 보입니다. 실제로 아이가 어릴 때에는 돈을 아끼다가 고등학교나 대학에 갈 때 목돈이 들어간다고들 많이 생각합니다. 학년이 올라갈수록 학비도 비쌉니다. 과연 그럴까요.

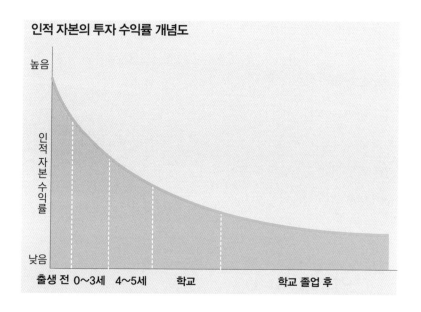

인적 자본의 투자 수익률 개념도

높음

인적 자본 수익률

낮음

출생 전　0~3세　4~5세　　학교　　　학교 졸업 후

　　노벨 경제학상을 수상한 제임스 헤크먼James J. Heckman 교수 팀이 연구한 '인적 자본 투자 수익률 개념도'를 한번 살펴보겠습니다. 이 그래프는 연령별 혹은 인생단계별 인적 자본 투자의 수익률을 나타내고 있습니다. 세로축은 인적 자본 투자의 수익률을, 가로축은 아이의 연령을 나타냅니다.[8]

　　그래프를 보면 아이의 연령이 어릴수록 인적 자본 투자의 수익률은 높습니다. 출생 전이 가장 높고 이후에는 계속 감소합니다. 일반적으로 많은 자금이 투자되는 고등학교나 대학 시절이 되면 인적 자본 투자의 수익률은 취학 전과 비교하여 현격하게 떨어집니다. 인적 자본에 대한 투자는 아이가 어릴 때 해야 한다는 것을 알 수 있죠.

　　벌써부터 '내일부터 당장 아이를 학원에 보내야겠습니다'라고 생각하신다면 너무 성급한 판단입니다. 지금까지 '교육'이란 용어 대신 '인적 자본'을 사용한 이유가 있습니다. 인적 자본은 사람이 지닌 지식과 기능을 모두 아우르는 말입니다. 예의범절을 가르쳐 건전한 인격을 형성하거나 체력과 건강을 다지는 데 필요한 비용도 포함됩니다. 성적 또는 학습능력과 관련된 것이 아니라는 뜻입니다. 인생에는 학력 외에도 중요한 요소가 많으니까요. 무엇보다 글쓰기 훈련을 해두면 상급학교의 학교생활기록부 관리에도 상당한 도움이 됩니다. 하나고등학교에 진학한 박일규 군이 바로 그런 학생이었습니다.

어느 고1의 독서록

하나고등학교에 진학하자마자 독서록이라며 보내온 제자 박일규 학생의 글을 보고 깜짝 놀란 적이 있습니다. 고1답지 않은 어휘력과 문장력 그리고 깊이 있는 사고력까지 단번에 느낄 수 있었기 때문입니다. 원래 박 군의 별명은 '목동의 전설'이었습니다. 초4부터 중3까지 꾸준히 성장하는 모습을 보이며 목동 직영학원 담당 독서지도사들에게 큰 영향을 주었기 때문입니다. 박 군은 이 책의 '3부 초등학생을 위한 발달단계별 독서 전략'에서 소개해 드릴 초4 오디세이 수업 중에도 질문을 많이 하는 학생으로 유명했습니다. 초5 '3프로반'에서도 토론을 잘하더니 올림픽파크텔에서 열린 초6 대상 토론대회에서도 우수한 성과를 거두었습니다. 박 군은 중1 자유학기제를 맞아 엄청난 다독으로 담당선생님을 놀라게 했고, 중2 중간고사와 기말고사에서도 탁월한 성취를 거두어 중3 시절에는 모든 학원에서 여러 특목고를 다 보내고 싶어 했을 정도였습니다. 박 군이 선택한 학교는 결국 하나고였습니다. 학생이 보내온 글을 한번 보시겠습니다.

"어렸을 때, 내 친구들은 미국을 막연히 동경하며 그 문화를 우월하게 여겼다. 나로서는 그 이유를 짐작할 수조차 없었다. 꽤 많은 시간이 흐른 지금도 내 주변인들은 미국과 유럽의 교육 제도나 문화를 경외시한다. 이후 알게 된 바로는 한국에서 흔히 발견할 수 있는 문화 사대주의 현상이라고 한다. 이에 대한 소심한 반발로 문화상대주의에 대한 조사를 했고, 우리 문화가 얼마나 가치 있는지에 대해 알아보았는데, 그것이 이어져서 내가 이 책을 펴게끔 했다.

『처음 만나는 문화인류학』한국문화인류학회 저은 현장 조사에 대한 이야기로 시작해 점차 사회의 다양한 분야들과 연계된 이야기를 펼쳐나가는 책이다. 종교, 정치, 경제, 미술, 성애 등과 연관된 이야기를 엿볼 수 있는 종합적인 책이다. 일상에서 접하는 이야기들과 쉽게 연관 지어지는 만큼 읽기도 수월하다. 예를 들어 문화인류학과 정치가 연결된 면에서는 '평등을 위한 불평등'에 대해 보다 많은 생각을 할 수 있다. 정치 쪽의 구체적인 사례까지 이어질 수도 있다. 예를 들어, 대통령은 분명 우리와 평등한 존재이며, 같은 인간이고 '국민의 대표'인데도 이상하게 국민의 의견이 전달되지 않는 현상을 연상할 수 있다.

여성성과 남성성에 관련된 부분을 읽으며 인간은 타고나는 생물학적 성뿐만이 아니라 스스로 선택하는 성도 가진다는 내 생각이 보다 확고해졌다. 이후 읽은 책인 『우리 사회를 움직인 판결』에서 성전환자의 호적 정정

합헌 판례를 읽을 때 더욱 공감하게도 도와주었다. 사회면, 시사면에서는 아직도 만연한 남녀차별과 이를 막으려는 사람들, 평등의 경계를 넘어 역차별을 하는 사람들의 사례도 찾아보았다.

또 다른 인상 깊은 내용은 사실 공동체는 존재하지 않으며, 정치적 편의를 위한 허상일 뿐이라는 '공동체의 신화'였다. 사실 집단이 아닌 개인들일 뿐이었는데 공동체라고 믿음으로써 개인이 집단화되었다는 이야기이기에 당연히 우리는 사회적인 공동체에 속해 있다는 믿음에 질문을 던져볼 수 있었다. 이 책을 읽음으로써 다양한 측면의 정보를 접할 수 있어 좋았으며, 이후 심화된 독서를 하는 징검다리가 되리라 생각했다. 다양한 내용을 전반적으로 다루느라 얕게 파고든 감이 있는데, 다음에는 여성성과 남성성에 대해 더 깊이 다룬 책을 읽어볼 생각이다."

박 군을 위해 만들어진 예비고1 독서 특강팀의 수업을 위해 험난한 올림픽대로를 달려 목동 직영학원으로 향했던 기억이 지금도 생생합니다. 차가 너무 막혀 투덜거리기도 했지만, 막상 도착해서 좋은 학생과 좋은 수업을 시작하면 불평은 이내 보람으로 바뀌곤 했습니다. 하루는 수업 때 '민주화 이후의 민주주의'라는 주제로 토론이 벌어졌습니다. 이 개념에 호기심을 느낀 박 군은 같은 제목의 책을 찾아 읽어 주변 어른들을 깜짝 놀라게 했습니다.

특목고, 자사고, 과학고를 준비하는 방법

박 군은 고등학교 입학만을 목표로 삼고 다른 목적 없이 생활하는 방식은 좋지 않다고 말합니다. 자신이 원하는 고등학교에 진학한 후에 무엇을 하고 싶은지, 학교의 훌륭한 프로그램들을 어떻게 최대한 활용할 것인지를 미리 고민해 보면 입학 후에 더 효율적으로 생활할 수 있으며, 자연스럽게 자기소개서의 방향도 설정할 수 있다는 것이죠. 가령, 고등학교에 입학한 후 자신의 꿈인 외교관이 되기 위해 정치외교동아리에 가입하고, 영어 실력 향상을 위해 영미문학 과목을 수강할 것이며, 전교생을 대상으로 하는 외교 상식 기르기 프로젝트를 기획하겠다는 포부를 지니면 입학 이후의 계획이 구체적으로 펼쳐집니다. 그 다음으로 입학 후의 계획들을 실현하기 위해 현재 어떤 노력을 해야 하는지 고민합니다. 외교관 지망생이라면 꾸준하게 정치외교와 관련된 기사를 스크랩하고, 중학교에서 정치외교 관련 자율동아리를 조직해 보거나, 원서를 많이 읽으며 외국어 실력을 기릅니다. 입학 후의 계획을 세우고, 이를 위해 중학교 때 구체적이고 실질적인 노력을 한다면 성적만 챙기는 지망생들보다는 훨씬 유리한 위치에 서 있게 됩니다.

하지만 입학을 위한 활동에만 너무 치중하느라 성적을 챙기지 않는 태도는 지양해야 합니다. 1차 합격의 당락을 결정하는 것은 결국 '성적'이기 때문이죠. 스펙에 신경 쓰느라 내신을 챙기지 않는 것은 마치 작은 물고기를 잡기 위해 대어가 지나쳐가게 내버려두는 '소탐대실'이기 때문입니다. 성적과 비교과 사이의 균형을 중학교 때부터 미리 잡아두는 습관을 길러야 합니다. 고등학교에서는 내신이 모든 것을 결정하는 절대적인 척도가 아니기 때문에, 스스로 내신도 챙기고 비교과 활동도 찾아서 해야 합니다. 스스로 부족한 점을 보완하며 공부하는 방식을 추천합니다.

중학생 시기에 할 수 있는 좋은 활동으로는 크게 다양한 분야의 독서, 봉사활동, 자격증 공부가 있습니다. 고등학교에 입학하면 하고 싶거나 해야 하는 일은 너무 많은데 시간이 한정되어 있으니 어쩔 수 없이 여러 가지를 포기해야 합니다. 그렇기에 시간이 많이 들거나 미리 시도해야 하는 활동들은 중학생 때 미리 해야 합니다.

첫 번째로, 다양한 분야의 독서를 많이 한다면 배경지식이 넓어져 고등학생이 되었을 때 학교 수업을 이해하기가 보다 수월해질 것입니다. 특히 자신의 진로와 관련된 독서를 많이 하면 진로를 구체화시킬 수도 있을 것이며, 교양과 전문 지식도 쌓을 수 있습니다. 외교관 지망생의 경우 『헨리 키신저의 세계 질서』헨리 키신저 저같이 세계적인 외교관이 펴낸 책을 읽으며 어떤 분야에서 활약하고 싶은지 생각해 보고, 『양손잡이 민주주의』최장집, 서복경, 박찬표, 박상훈 공저 같은 정치 관련 책을 읽으며 교양을 쌓는 것이 좋겠죠. 독서는 영어나 국어 시간에 책을 활용해서 하는 수업에 대비할 수도 있는 등 큰 도움이 됩니다.

두 번째로, 다방면의 봉사활동을 추천합니다. 고등학교에 진학하면 봉사활동을 신청하거나 교내에서 할 수 있는 활동을 선택해야 하는 등 제한이 꽤 많습니다. 중학생 때 미리 사회적 약자들을 위한 시설에서 땀 흘려 돕기, 저소득층이나 다문화가정 학생들 가르치기와 같은 많은 경험을 하여 진로와 적성에 최적화된 봉사활동을 찾는다면 시간을 낭비하지 않고 학교를 200% 활용할 수 있습니다.

마지막으로는 자격증 공부도 필요합니다. 특정한 등급을 달성해야만 하기 때문에 열심히 공부할 수밖에 없고, 교과 공부가 아닌 다른 분야의 전문적인 지식을 쌓을 수도 있으며, 무언가를 달성했다는 뿌듯함도 느낄 수 있기 때문입니다. 도전해 볼 만한 자격증으로는 한국어능력시험이나 한국사능력시험, 다양한 외국어 공인자격증, 경제이해력 시험 등이 있습니다. 비록 자기소개서에는 쓸 수 없지만 그만한 가치가 있습니다.

다른 사람들이 고입에 좋다고 하는 활동만을 추구해서는 안 됩니다. 모두가 하는 활동을 따라하는 것은 자신만을 차별화할 수 있는 길이 아닙니다. 가령 모의유엔에 참가한 학생들의 하나고 합격률이 높았다는 이야기를 듣고 모의유엔에 참가한 뒤 이를 자기소개서에 적는다면, 아무나 할 수 있는 활동을 해낸 사람에 불과할 따름입니다. 마치 경제학에서 흔한 재화들이 희소성을 잃는 것과 같죠. 여러 활동들 중에서 자신에게 가장 큰 영향을 준 그 무엇을 선택하기 바랍니다. 그렇기에 나를 드러내고, 나를 성장시킬 수 있는 경험을 한 뒤 이를 자기소개서에 녹여내는 것이 최고의 방법입니다.

중학교 생활을 자기소개서에 녹여내는 방법은 '나 말고는 그 누구도 하지 않았을 법한 경험, 나만을 드러내주는 활동은 무엇일까?'라고 스스로에게 질문을 던지는 것입니다. 수많은 자기소개서들이 면접관의 눈을 스쳐지나갑니다. 많고 많은 자기소개서 중에서 조금이라도 새로운 것이 눈에 띄어야 자기소개서를 작성한 학생에게 관심을 갖게 되겠죠. 뽑지 않으면 안 될 것 같다는 생각을 들게 하는 지원자가 되어야 합니다. 첫 문장에 자신만의 특색을 넣고, 앞서 제시한 질문에 대한 대답으로 자신만의 중학교 생활과 자기주도적인 학습 사례들을 섞어서 써냅니다. 나만이 풀어낼 수 있는 특별한 이야기가 없다면 짧지만 무게감 있게 작성하는 것이 좋습니다. 자기주도적으로 꿈과 끼를 살리기 위한 활동계획은 자신이 학교에 대해 얼마나 잘 알고 있는지, 그리고 학교의 수많은 프로그램들을 얼마나 잘 활용할 수 있는지를 보여주기 때문에 구체적이고 확실하게 작성해야 합니다. 너무 많은 사례를 작성하는 것보다는 봉사활동 중 자신을 표현할 수 있는 적절한 것들을 두 가지 이내로 골라서 느낀 점을 중심으로 적는 선택과 집중이 효과적일 것입니다. 중학교 생활을 보람차고 알차게 해왔다면 자기소개서를 쓰는 것이 어렵지 않다고 장담할 수 있습니다.

소위 과학고나 특목고 혹은 자사고에 입학한 학생들 중에는 자존감이 무너지고 우울증으로 고통을 호소하는 경우가 많습니다. 뛰어난 학생들 사이에서 두각을 나타내는 것은 너무나 힘들기 때문입니다. 수많은 도전을 하고 다양한 대회에 참가해도, 중학교 때와는 달리 너무나 적은 결과물이 돌아옵니다. 수많은 실패를 겪으며 의지를 잃는 학생들도 있고, '난 여기까지야'라며 선을 그어버리거나 자기 비하를 하는 일도 많습니다. 그렇기에 실패해도 다시 일어날 준비가 되어 있지 않다면 과학고나 특목고 혹은 자사고는 피하는 것이 좋습니다.

초등학생이라면
학교생활기록부부터 착실하게

정부가 대입 시스템에 손을 대면서 정시 수능 비중을 40% 이상으로 권고하고 있지만 여전히 대학입시는 수시 학생부중심전형이 대세입니다. 때문에 초등학생이라면 고민할 필요 없이 착실하게 '학교생활기록부'를 작성해 둬야 합니다. 2021년 학생부에서 유념할 점은 교과 세부능력 기재대상이 전 교과로 확대되었다는 점입니다. 학생부에서 교과 다음으로 중요한 내용은 세특 고등학교 생활기록부에 쓰이는 '세부능력'과 '특기사항'의 줄임말로, 학생의 교과목 성적 외의 다른 사항을 적은 기록입니다. 2024학년도부터는 대입 자소서와 추천서가 모두 폐지되기 때문이죠.

대학	2022학년도					2021학년도				
	명칭	인원	유형	학교별	자격	명칭	인원	유형	학교별	자격
서울대	지역균형선발	664	종합	2명	재학생	지역균형선발	761	종합	2명	재학생
연세대	추천형	523	교과	5%	재학생	면접형	523	종합	3%	졸업생
고려대	학교추천	839	교과	4%	졸업생	학교추천	1,158	교과	4%	졸업생
성균관대	학교장추천	361	교과	4%	졸업생					
서강대	고교장추천	172	교과	10명	재학생					
한양대(서울)	지역균형발전	320	교과	11%	재수생	학생부교과	284	교과	추천×	재수생
중앙대	지역균형발전	501	교과	10명	재학생	학교장추천	170	교과	4명	졸업생
이화여대	고교추천	400	교과	5%	재수생	고교추천	370	교과	5명	재수생
경희대	고교연계	544	교과	6명	재학생	고교연계	750	종합	6명	재학생
한국외대(서울)	학교장추천	200	교과	20명	2017	학생부교과	170	교과	추천×	2016
한국외대(글로벌)	학교장추천	173	교과		2017	학생부교과	321	교과	추천×	2016
서울시립대	지역균형선발	192	교과	4명	졸업생	학생부교과	193	교과	추천×	재수생

대학	전형명	인원	유형	제한	자격	전형명	인원	유형	제한	자격
서울교대	학교장추천	50	교과	제한×	재학생	학교장추천	60	교과	제한×	재학생
	사향인재추천	30	종합	제한×	재학생	사향인재추천	30	종합	제한×	재학생
경인교대	학교장추천	70	종합	2명	졸업생					
건국대	KU지역균형	340	교과	5명	졸업생	KU학교추천	445	종합	제한×	졸업생
동국대	학교장추천연계	398	교과	7명	졸업생	학교장추천연계	390	종합	5명	졸업생
홍익대 (서울)	학교장추천자	237	교과	5명	재수생					
숙명여대	지역균형선발	243	교과	10%	졸업생	학생부교과	244	교과	추천×	졸업생

　또한 올해 고1이 치르는 2024학년도 대입부터 수상경력, 자격증 소지 내역, 독서활동상황 등의 대입제공이 제한됩니다. 따라서 현재 고1 이후 학생들은 창의적 체험활동의 기재요령이 변화된 것에 주목해야 합니다. 상급학교 진학 시 '개인' 봉사활동 실적, 자율동아리 실적, 학교교육계획에 의한 정규교육과정 이외의 청소년 단체활동은 기재할 수 없습니다. 학교에서 자체적으로 진행하는 단체 봉사활동 등에 중점을 두어야 한다는 말이죠. 외부 봉사 등의 소위 '비교과' 활동은 이제 의미가 없어졌습니다. 몇 가지 특징을 정리해 드리겠습니다.

(1) 수상실적 기재 제한

　2021년에 고2와 고3이 기재할 수 있는 수상 실적은 2020년과 비슷한 흐름을 보입니다. 다만 '학생부 작성 시 유의사항'에서 금지하는 수상 실적은 학교생활기록부에 기재하지 않는다는 내용이 추가되었습니다. 교내 상만을 기재할 수 있으며, 단순 대회 참가 사실 등은 기재할 수 없습니다.

수상 경력 작성 시에도 수상명에는 학생이 재학한 고등학교를 알 수 있는 내용을 포함할 수 없으므로 유의해야 합니다. 예를 들어 교내 대회명이 '○○고 수학대회'라면 해당 학교 이름을 제외하는 식이죠. 2~3학년의 경우 상급학교 진학 시 수상경력은 학생별로 한 학기에 한 개씩만 제공한다는 내용과 2024학년도 대입_{졸업생 포함}부터 상급학교 진학 시 '수상경력'은 제공하지 않는다는 내용이 강조되었습니다. 학기당 1개 이내로 총 6개까지 대입자료로 제공할 수 있기 때문입니다. 자율동아리는 학년당 1개로 제한합니다. 수상 실적은 반드시 관련 사항에만 기입할 수 있다는 점도 유의해야 합니다. 교과학습발달상황의 '세부능력 및 특기사항'은 교내대회 참여사실과 수상실적을 적을 수 없습니다. 실적은 한 개 영역에 입력하고, 다른 영역에 중복해 입력하지 않는다는 내용은 동일합니다. 결국 교내 경시대회도 예전만큼의 영향력을 발휘하기 어렵게 되었습니다.

(2) 독서활동상황 미반영

독서활동상황 역시 2024학년도 대입부터 미반영됩니다. 다만 감상문 작성 등 단순 독후활동 외의 교육활동을 했다면, 도서명을 포함해 그 내용을 교과세특, 창의적 체험활동 등에는 입력할 수 있습니다. 『모비 딕 Mobi-Dick』과 같이 원서와 한국어 번역본이 모두 있는 책을 둘 다 읽은 경우라면 둘 중 한 가지만 입력할 수 있습니다.

(3) 학생부 반영 대폭 축소

현재 고1이 치르는 2024학년도 대입부터는 사실상 '비교과 폐지'라고 볼 수 있습니다. 전반적으로 작년과 비슷한 흐름을 유지하는 가운데, 현재 고1이 치르는 2024학년도 대입부터는 학생부 반영 사항이 대폭 축소되므로 유의해야 합니다. 방과후학교 활동, 자율동아리, 청소년단체활동, 개인봉사활동 실적, 수상경력, 독서활동 영역을 반영할 수 없게 됩니다. 창의적 체험활동 사항에서는 2024학년도 대입부터 '개인' 봉사활동 실적, 자율동아리 실적, 학교교육계획에 의한 정규교육과정 이외의 청소년 단체활동은 제공하지 않는다는 내용이 추가되었습니다. 단체 봉사활동을 희망하는 학생의 경우, 학교에서 자체적으로 진행하는 단체 봉사활동 등에 중점을 두어야 합니다.

(4) 학생부종합전형 평가 항목 6가지

수시모집 시 학생부종합전형 지원자에 대해 대학이 평가할 수 있는 항목은 다음의 여섯 가지만 남게 됩니다.

- 교과학습발달상황에 기록되는 내신성적, 세부능력, 특기사항 과목당 500자
- 행동특성, 종합의견 연간 500자
- 창의적 체험활동상황 내 자율활동 연간 500자
- 동아리활동 연간 500자
- 학교교육계획에 따라 교사가 지도한 봉사활동 실적
- 진로활동 연간 700자

(5) 동아리활동은 정규동아리만 인정

동아리의 경우 정규동아리는 교육과정에 편성되고 청소년단체활동과 소논문은 기재할 수 없습니다. 자율동아리의 경우 기재하더라도 대입자

료로써 반영되지 않습니다.

(6) 봉사활동은 교사 지도 실적만 반영

봉사활동도 개인봉사활동 실적은 대입에 반영하지 않고, 학교교육계획에 따라 교사가 지도한 실적만 대입에 반영합니다.

(7) 자기소개서 폐지

2023학년까지 축소 운영하던 자기소개서의 경우 2024학년에는 폐지됩니다. 사실상 '비교과 폐지'를 의미합니다. 한 전문가는 "정시가 갈수록 확대되는 상황에서 학종 평가 항목들을 대거 폐지한다는 것은 완전한 수능중심의 대입을 진행하겠다는 말과 같다"고 말합니다.

학생부 기재 항목이 줄어들었는데 어떻게 대비해야 할까

"학생부 기재내용의 많은 부분이 삭제되거나 미기재 항목이 됩니다. 글자수도 대폭 축소돼 학생에 대한 정보부족으로 제대로 된 평가와 선발이 될 수 있을지 우려됩니다."

한국교원단체총연합회 김재철 대변인의 말입니다. 전형자료가 줄어들면서 수시모집 학생부종합전형의 위축을 우려해 한 말이죠. 또 다른 교육 전문가는 "학종 평가자료가 축소될수록 정량화된 기준을 통해 학생을 선발할 수밖에 없다. 평가기준을 선명하게 공개하는 것은 좋은 취지지만 역설적으로 학종을 정량화하는 결과로 이어질 수 있다"고 우려했습니다.

학종 정성평가가 위축되면서 입시업계에서는 내신이 중요해질 것으로 예측하고 있습니다. 정성평가 자료 축소에 대한 반작용으로 정량지표에 관심이 쏠릴 수 있기 때문이죠.

"평가내용이 줄어들면서 내신의 위력이 더욱 높아질 것으로 보입니다. 소논문과 다양한 방과후활동으로 학생부를 풍부하게 운영하던 자사고나 특목고에는 부정적 영향을 미칠 가능성이 있습니다."

이만기 유웨이 교육평가연구소장의 말입니다. 그러자 학생부의 하향평준화를 낳는다는 우려가 제기되고 있습니다. 학생부 기재 수준을 끌어올리는 것이 아니라 단순히 기재 항목을 줄이겠다는 데 목적을 두었기 때문이죠. 이에 대해 과도한 제한은 오히려 고교 현장에 부작용을 일으키고 학종의 선발도구인 학생부를 무력화시킨다는 지적도 받습니다. 글자 수가 축소되면 학생부가 실적 위주 나열식이 되는 것 아니냐는 우려도 있습니다. 활동 과정을 통해 깨닫고 얻은 생각을 설명할 수조차 없기 때문입니다. 학생부를 통해 학교생활과 학생의 발전과정을 살펴보겠다는 학종의 취지와는 멀어지게 된 셈이죠.

정시 확대로 인해 학종 축소가 진행되고 있는데, 학종에서 비교과가 폐지되면서 내신의 중요성이 한층 커질 가능성이 높습니다. 정량평가가 강화될 경우 내신도 좋지 않고 수능 성적도 뛰어나지 못하면 대학에 갈 수 있는 통로가 급격히 좁아지기 때문입니다. 정시 실적이 수도권을 비롯한 교육특구지역이 유독 좋은 점도 문제입니다. 실제로 2020학년도 대입에서 서울 강남 소재 일반고인 단대부고는 57명의 의대 합격자를 배출했습니다. 서울 강남구의 중산고는 40명, 서울 양천구의 강서고는 36명, 서울 강남구의 진선여고는 33명, 대구 수성구의 대륜고는 30명, 서울 강남구의 숙명여고는 30명, 대구 수성구의 정화여고는 25명, 서울 강남구의 중대부고는 25명 순으로 의대에 합격했습니다.

　정시가 확대될 경우 상대적으로 교육수준이 높고, 사교육의 지원을 받기 쉬운 교육특구로 학생들이 유입될 수밖에 없습니다. 이러한 상황에서 수시와 정시를 이분법적으로 바라봐서는 안 될 것입니다. 수시 내신이나 정시 수능에 올인하는 전략으로는 변화하는 입시에 능동적으로 대응하기 어렵습니다. 결국 독서 활동을 통해 변화된 학생부 형식에 따른 분량을 알차게 채울 수 있도록 준비해야 합니다.

초등학생 때부터 시작하는
과목별 학교생활기록부 대비 전략

⑴ 수학 독서는 이렇게 대비합니다

　초등 수학에 원리와 개념을 중시하는 스토리텔링 기법이 도입되면서 수학 독서활동이 강조되고 있습니다. 수학 독서는 수학적 지식뿐 아니라 사고력까지 키울 수 있기 때문입니다. 장기적으로는 수학을 이해하고 좋아하게 만드는 데 매우 유용한 것이 바로 독서입니다. 관련 도서를 통해 수학의 역사와 수학자 이야기, 생활 속 수학 등 수학과 관련된 다양한 지식을 습득하면 해당 영역을 공부할 때 자신감이 생겨서 적극적이고 능동적으로 수업에 참여할 수 있습니다.

수학은 기호와 도형 등 수학적 언어로 이루어져 있어 아직 기호가 익숙하지 않은 초등학생들이 가장 어려워하는 과목입니다. 수학 도서를 읽으면 아이 스스로 수학에 흥미를 느끼고 수학의 필요성과 중요성을 깨달을 수 있습니다. 수학과 조금 더 가까워지도록 책이 도와주는 셈이죠. 특히 수학 동화나 수학자 위인전 등 생활 속 수학 이야기가 들어 있는 수학 관련 도서들은 수학에 대한 배경지식을 습득하고 다양한 원리를 이해하는 데 큰 도움이 됩니다.

학년에 맞는 수학 도서를 많이 접한 학생들은 해당 영역을 공부할 때 기존 배경지식이 있기 때문에 보다 적극적이고 능동적으로 수업에 참여할 수 있습니다. 책을 통해 알게 된 사실이나 느낌들을 자연스럽게 표출한다면 논리력과 표현력을 기르는 데 효과적이겠죠.

그렇다면 수학 관련 도서는 어떻게 선택하면 좋을까요? 수학 도서를 선택할 때는 아이의 연령과 성장단계가 책과 적절한지, 아이의 평소 관심 분야에 대한 흥미나 호기심을 충족시키는지, 정서적으로 유익한지 등을 꼼꼼히 살펴야 합니다. 특히 수학 독서는 인성, 언어, 수학, 문제해결, 창의성 등 통합교육 효과가 크므로 이런 요소를 잘 갖추었는지, 논리력과 표현력을 기를 수 있는 책인지도 살펴야 합니다.

아이들의 경우 책에 대한 관심에 따라 적합한 수학 도서도 달라집니다. 책 읽기를 좋아하는 아이라면 수학 동화를, 책 읽기가 아직 어려운 아이라면 관심 있는 캐릭터나 그림이 많고 글이 적은 책을 고르도록 하는 것이 바람직합니다. 학습 주제는 선행보다는 학교 진도와 맞추는 정도가 적절합니다. 배우고 있거나 곧 배울 내용을 수학 동화를 통해 개념을 이해하면 예습도 복습도 할 수 있기 때문입니다. 아이 스스로 교과서에서 배운 개념과 수학 동화 속 개념의 연관성 등을 생각할 수 있으니 좋습니다.

퍼즐·수수께끼 책도 효과적입니다. 수학을 어려워하는 아이라면 생활 속 수학 이야기로 시작해 봅니다. 생활과 밀접한 관계가 있는 수학 이야기를 체험해 본다면 어렵고 멀게만 느꼈던 수학에 대한 흥미를 높일 수 있기 때문입니다. 이때 퍼즐이나 수수께끼 등 활동 중심의 책을 통해 수학을 직접 체험해 보는 방법도 좋습니다. 대부분의 퍼즐은 연산, 논리 등 수학 개념을 이용해 문제를 해결하는 방식이기 때문입니다. 특히 사칙연산과 평면도형 등 기본적인 수학 개념을 배우는 초등학교 4학년 무렵에는 다양한 퍼즐 활동을 통해 사고력을 기를 수 있습니다.

아이가 책을 읽을 때 부모는 적절한 질문으로 아이의 사고력을 확장해 주고 읽은 내용에 대해 깊이 있는 대화를 나누거나 스토리를 설명하면서 자연스럽게 토론으로 이어지도록 지도하는 것이 좋습니다. 문제를 해결해 나가는 과정에서 집중력, 자기주도력, 사고력을 키울 수 있습니다. 나아가 수학적 상상력과 의사소통 능력도 확장할 수 있습니다.

이때 수학적 지식을 하나라도 더 알려주고 싶은 욕심에 수학 내용만 질문하는 방식은 오히려 역효과가 날 수 있으므로 주의해야 합니다. 책에 나온 수학 개념과 원리를 익혔는지 하나하나 확인하는 데 치중하다 보면 아이는 금세 독서 또한 공부라고 인식할 수 있기 때문입니다.

초등학생을 위한 수학 도서 목록을 난이도에 따라 저학년과 고학년으로 나누어 소개합니다. 먼저, 초등 저학년을 위한 도서로는 『호기심으로 찾아 낸 숫자의 비밀』, 『수학 그림동화 세트』, 『어린이가 처음 만나는 수학그림책』, 『무적의 수학 탐험대 1』, 『쉿! 신데렐라는 시계를 못 본대』 등이 있습니다. 고학년을 위한 수학 도서로는 『피타고라스와 수학 천재

들』,『쌓기나무, 널 쓰러뜨리마!북멘토 출판사』,『묻고 답하는 수학 카페』,
『두꺼비와 마법사승산 출판사,『비 비율 거기 섯!』등을 권합니다.

　독서가 중학교와 고등학교 수학 공부에 직접적인 영향을 미치지 않을
수도 있습니다. 그렇지만 독서를 바탕으로 형성되는 논리력은 수학 실력
을 키워주는 데 큰 도움이 됩니다. 실제로 현재 중고등학교에서 배우는
수학은 점차 단순 연산 문제보다 문장형 문제가 많아지고 있습니다. 문
장을 이해하지 못하면 아무리 단순 연산을 잘하는 학생이라도 문제를
풀어낼 수 없습니다. 문제는 풀 수 있는데 문제를 못 읽고 문제를 해석하
지 못하면 무슨 소용이 있을까요? 독서를 통해 언어적인 능력을 길러야
문장형 문제를 잘 풀 수 있습니다. 또한 독서를 하면 공부의 기초가 되는
배경지식을 쌓을 수 있습니다. 배경지식이 많으면 수학의 기본적인 개념
을 이해하기도 쉬워집니다.

　뿐만 아니라 사람의 뇌는 독서를 할수록 양쪽 뇌가 골고루 발달됩니
다. 뇌가 균형 있게 발달하면 수학 문제는 물론 그 어떤 문제도 쉽게 이
해하고 추론도 잘할 수 있는 능력이 길러지게 됩니다. 게다가 이러한 학
생들의 경우 대개 자기주도적 학습 능력이 우수한 학생들이 많아서 수학
도 잘할 수밖에 없습니다. 스스로 찾아서 공부하는 자기주도적 학습 능
력만큼 공부를 잘하게 하는 학습 능력도 없다고 봅니다. 또한 지속적으
로 여러 분야의 독서를 하면 수학은 물론, 전 과목 공부에 큰 도움이 됩
니다.

(2) 과학 독서는 이렇게 대비합니다

　제2의 교과서라고 평가받는 책들은 많습니다. '뒤집기' 시리즈는 초

등학생에게 유용한 책인데, 미취학 어린이들이 볼 수 있는 '꼬마 과학뒤집기'_{전55권}도 출간했습니다. 초등학생 대상의 국어, 수학, 사회, 과학을 5~7세부터 시작할 수 있도록 새로운 '꼬마' 시리즈로 출간하고 있습니다. 1999년부터 지금까지 초등 전 학년 대상으로 출간한 '뒤집기' 시리즈는 학생들에게는 '제2의 교과서'라 불려왔고, 학부모에게는 꼭 읽히고 싶은 시리즈로 자리매김해 왔습니다. '뒤집기'는 한 번 더 생각해 보자는 의미의 시리즈 제목이며, 좀 더 깊게 학습해 보자는 취지로 붙여진 이름입니다.

5~7세 유아들은 호기심이 가장 왕성한 시기입니다. '꼬마 과학뒤집기'는 구연동화, 애니메이션 강의, 과학 실험 영상 등으로 유아 과학 시리즈의 새로운 방향을 제시해 줍니다. '뒤집기' 시리즈는 주요 과목인 국어, 수학, 사회, 과학 단원의 학습 내용을 구체적으로 분석하여 스토리텔링 기법으로 재미있게 풀어줍니다. 글을 읽고 이해하는 능력이 부족한 저학년들도 재미있는 이야기를 통해 쉽게 이해할 수 있으며, 책에서 읽은 내용을 엄마와 아빠에게 말해 주면서 개념이나 원리를 다시 한 번 익힐 수 있도록 돕습니다.

'국어뒤집기'와 '사회뒤집기'도 스토리텔링 기법으로 전 교육과정을 망라하는 유용한 학습서로 평가받습니다. 단편적인 학습만화와는 달리 '뒤집기' 시리즈는 학습한 내용을 오래 기억하게 해주며 책에서 얻은 지식을 글_{논술}이나 말_{구술}로 표현하는 데 큰 도움이 됩니다.

(3) 사회 독서는 이렇게 대비합니다

많은 학부모님들이 초등학교 사회 공부는 3학년부터 하면 된다고 생각하고 있습니다. 하지만 오히려 고학년 아이들의 경우 해당 학기에 공부하기가 벅찰 때가 많습니다. 국영수만 신경 쓰다 보면 사회 공부를 소홀히 하는 것이죠. 초등학교 2학년 아이와 엄마표 독서를 하며 우리 사회현상을 이해하는 시간도 갖고, 어려운 사회용어와 친해진 사례가 있습니다. 핵심 개념을 배워 교과서가 만만해지는『사회뒤집기』시리즈도 유용합니다. 재미있는 스토리로 되어 있어서 초등 저학년부터 어렵지 않게 읽을 수 있습니다. 배경지식을 차곡차곡 쌓으며 미리 사회 공부도 대비할 수 있습니다.

초등학교 고학년 사회는 영역도 넓고, 암기할 용어도 매우 많습니다. 초등학교 저학년은 1장씩 읽으니 잘 따라와 줍니다. 독서를 통해 사회 공부를 하면 교과서 속 사회 용어를 암기가 아닌 스토리텔링 방식으로 재미있게 익힐 수 있어 좋습니다. 반복해서 읽어도 이야기에 중점을 두고 읽으면 어렵지 않게 사회 공부를 할 수 있습니다. 예를 들어 법에 대해 공부하기 전에 이름 개명에 대한 이야기를 시작하면서 아이의 성과 이름의 유래를 재미있게 들려줍니다. 이름 개명은 누구나 할 수 있지만, 법적으로 모두 허가해 주지는 않습니다. 또 바꾼 이름이 마음에 안 들 수 있기 때문에 신중하게 결정해야 합니다. 나쁜 짓을 한 사람이 아무도 모르게 이름을 바꾸는 등 악용될 소지도 생각해 볼 수 있습니다.

같이 생활하는 같은 반 친구들은 하나의 공동체로서 그 안에서는 반드시 지켜야 할 규범이 있습니다. 코로나 사태로 학교에 가지 않는 날이 많아 공동체가 무엇인지, 규범이 무엇인지 초등학교 저학년 때 당연히 해야 할 경험을 못하고 있는 요즘 사회 용어를 쉽게 풀어주는 책들을 통해 재미있게 알아갈 수 있어야 합니다. 법은 왜 만드는 걸까요? 동물원의 화단에 들어가 꽃을 꺾거나 훼손하게 되면 법을 어기기 때문에 처벌을 받게 됩니다. 생각도 행동도 다른 많은 사람이 모여 살기 때문에 다툼이 생기는데, 공정한 원칙에 따라 잘잘못을 가리지 않으면 힘이 세거나 돈이 많은 사람에게 유리할 수 있으므로 누구에게나 똑같이 적용되는 엄격한 규칙이 필요합니다. 그것이 바로 법이라는 개념을 독서 과정에서 충분히 이해할 수 있습니다.

또 교과서와 관련해 옛날 법은 어떤 내용이 있었는지도 알아볼 수 있습니다. 다른 사람에게 상처를 입히면 곡식으로 보상하는 고조선의 팔조법, 글로 남긴 우리나라의 최초 법전인 조선의 경국대전을 처음 접하며 5학년 한국사에 대한 예비지식도 쌓을 수 있습니다. '눈에는 눈, 이에는 이'라는 무시무시한 처벌방식을 택했던 바빌로니아의 함부라비 법전은 돌기둥에 새긴 법으로 가장 오래된 법이랍니다. 6학년 세계사 공부에 큰 도움이 됩니다.

법을 만드는 곳이 바로 국회이며, 우리나라는 민주주의 국가로서 국민이 선출하여 나라의 일을 대신하게 하는 국회의원이 있고, 입법부는 새로운 법을 정하거나 잘못된 법을 고치는 일을 합니다. 교과과정과 관련된 이런 지식들도 책을 통해 쌓을 수 있습니다.

초등 저학년은 시각적으로 이해하는 속도가 빨라지는 만큼 읽기에 적당한 책들이 사회 공부에 흥미를 느끼게 합니다. 친구를 괴롭히면 안 되는 법이 정말 있을까요? 친구에게 상해, 폭행, 협박, 약취, 모욕, 명예 훼손, 강제적으로 심부름시키기, 따돌림 등을 가하면 학교 폭력이라고 법이 정하고 있습니다. 당연히 이에 해당하는 처벌이 있다는 사실도 알게 됩니다. 장난으로라도 친구의 이름을 가지고 놀리거나 하는 행위가 친구에게는 괴로운 일이라는 것을, 그에 따른 처벌이 있음을 인지시키는 것도 공동체 생활에서 매우 중요합니다.

사회 관련 독서 과정에서는 관련된 개념어, 특히 사자성어도 함께 연계해 공부하면 좋습니다.

(4) 영어 독서는 이렇게 대비합니다

영어를 배우고 있지만 아이의 영어 의사소통능력이 제자리걸음이라면 영어 그림책을 적극 활용해 보는 것이 좋습니다. 그림책에는 원어민이 실제로 사용하는 생생한 표현이 있고, 그림책을 읽어줌으로써 부모와 아이 간의 정서적 교류도 확대되기 때문입니다. 부모의 목소리로 이야기를 듣고, 주인공의 상황을 그림으로 보고, 함께 노래하다 보면 영어 학습도 놀이가 됩니다.

영어 그림책 읽기의 첫 단계는 아이가 좋아하는 책을 고르기입니다. 짧은 구문이 반복되고 영어 특유의 리듬감이 살아 있는 책, 그림만으로도 내용이 쉽게 이해되는 책, 책을 통해 기본 어휘를 늘려나갈 수 있는 책을 선택 기준으로 삼으면 됩니다. 공룡이나 강아지 등 아이가 푹 빠져 있는 주제를 선택해 봅니다. 아이가 좋아하는 책을 되풀이해 읽어주면 단어 하나하나의 뜻은 몰라도 이야기 안에서 문장을 자연스럽게 익히고, 문장을 통해 단어 뜻까지 알게 됩니다.

영어에는 단어는 하나인데 뜻이 여러 개인 동사들이 많습니다. 동사의 다양한 의미를 다루는 영어 그림책을 읽어주다 보면 단어가 차곡차곡 쌓입니다. 아이가 좋아하는 캐릭터가 생기면 시리즈 책을 읽어주고, 영상으로도 경험하게 해봅니다. 언어를 사용하는 상황이 머릿속에 그림으로 그려지면서 자연스럽게 표현 능력이 향상됩니다.

영어 그림책 읽어주기는 한글 그림책 읽어주기와 크게 다르지 않습니다. 언어를 몰라도 그림책 속의 삽화를 보며 이야기를 상상하는 것은 그림책 읽기의 묘미입니다. 그림이 90% 이상 차지하는 책의 경우, 책 속 90%의 그림이 10%의 내용을 설명하고 있기 때문입니다. 물론, 초등학교 입학 이후 그림과 글의 비율은 점점 역전되어야 합니다. 고학년이 되면서부터는 문학과 비문학의 비율도 조정되어야 합니다.

영어 그림책을 읽어줄 때는 뒤에서 살펴볼 한글 그림책 읽기의 '독서 전·중·후 활동'과 마찬가지로 표지부터 읽어줍니다. 표지에는 대개 등장인물이 나오고, 책 속 내용이 제목과 그림으로 표현되어 있기 때문입니다. 제목이 무슨 뜻인지 설명해 주고, 그림을 보며 어떤 이야기가 펼쳐질지 아이와 이야기해 보면 좋습니다. 아이는 영어를 몰라도 그림책 속 주인공의 표정과 행동을 보고 내용을 유추하게 됩니다. 책장을 넘기며 주인공의 표정 변화, 상황이 어떻게 진행되고 있는지를 자기만의 방식으로 이해하는 연습을 하게 됩니다.

그림책을 읽어줄 때는 단어 뜻을 알려주거나, 한 줄씩 읽고 해석해 주지 않아도 괜찮습니다. 오히려 아이들은 모르는 단어를 유추하며 스스로 사고력을 키웁니다. 아이가 먼저 물어보면 그때 설명해 주면 됩니다. 자칫 단어의 뜻을 알려주는 데 집중하다 보면 이야기가 주는 재미를 놓치게 되고, 아이들이 싫어하는 '학습'이 되어 버리기도 합니다. 책과 독서 자체에 대한 흥미를 잃게 될 수도 있으니 주의해 주시기 바랍니다.

영어는 '공부'가 아닙니다. 삶에 필요한 언어적 기술 익히기에 가깝습니다. 영어 그림책을 읽어줄 때 가장 중요한 것은, 영어 그림책 읽기가 즐거운 경험이라고 느끼게 하는 것입니다. 책 읽는 재미를 감소시키는 일은 어떠한 시도도 하지 않는 편이 좋습니다. 함께 읽으면 재미가 두 배가 됩니다. 반복해 읽어서 익숙해진 그림책은 아이와 대화하듯 함께 읽어봅니다. 역할을 나누어도 보고, 페이지와 문단을 나누어 읽으며 점차 아이가 혼자 읽을 수 있도록 이끌어줍니다. 책 속의 영어가 지닌 리듬과 라임은 흥미로운 스토리 못지않게 아이를 자극하고 영어 실력을 향상시키는 데도 큰 도움이 됩니다.

부모가 읽어줄 때 내용을 약간 바꾸거나 생략해서 아이가 알아차리고 지적하게 하는 것도 좋습니다. 아이는 영어에 자신감을 갖게 되고 책 읽기에 더 흥미를 느끼게 됩니다.

영어 그림책인 픽처북Picture books이 익숙해졌다면, 파닉스를 떼고 본격적인 읽기 연습을 하는 리더스 시리즈Basal Readers로, 이야기가 챕터별로 나뉜 챕터북Chapter books으로 확장해 나가면 됩니다. 영어 그림책 읽기가 좋다는 것을 알면서도 망설이는 부모들은 발음 때문에 걱정을 많이 합니다. 그러나 부모의 영어 발음은 크게 중요하지 않습니다. 아이가 오로지 부모 목소리로만 영어 발음을 듣지는 않기 때문입니다.

책 읽기로 시작해 점차 오디오북, 영상 등을 통해 듣는 양이 늘면 아이의 발음은 더 많이 듣는 소리를 닮게 됩니다. 처음에는 친근한 부모의 목소리로 영어 그림책을 읽어주는 것이 좋습니다. 그래도 자신 없으면 아이에게 오디오북을 들려주면 됩니다. 영어를 공부할 때는 영어만 사용해야한다고 생각하는 부모들이 많은데, 영어 그림책을 읽으며 아이와 대화하거나 설명할 때는 영어만 사용할 필요도 없습니다. 한국어로든 영어로든 그림책을 매개체로 아이와 살을 맞대고 대화를 나누는 과정이 더 중요하기 때문입니다.

아이에게 읽어주는 날이 많아질수록 아이의 독서습관이 자연스레 생기게 됩니다. 영어 그림책을 읽어줄 때 부모의 영어 실력보다 중요한 것은 포기하지 않는 끈기입니다. 아이 스스로 쉬운 영어 그림책을 읽기 시작할 때까지, 최소 2년은 묵묵히 읽어줘야 한다고 영어교육전문가들은 조언합니다. 단기간에 학습 효과를 얻겠다는 욕심만 버린다면, 꾸준한 책 읽기만큼 효과적인 영어교육은 없습니다.

제2부

자기주도학습을
위한
창의융합독서법

"좋은 책에는 일정한 패턴이 있습니다. 아니, 사실 패턴은 어디에나 있습니다. 세르게이 브린과 래리 페이지는 사람들이 선호하는 웹사이트에서 패턴을 발견했고, 그 결과 전 세계인의 90% 이상이 사용하는 검색엔진 구글을 만들었습니다. 찰스 다윈은 여행하면서 관찰한 여러 가지 형태의 생명체들에서 패턴을 보았고, 그것을 진화론으로 발전시켰습니다."

5.
영재는 타고나는가,
만들어지는가?

　지난해 노벨 화학상 수상자로 대한민국의 현택환 서울대학교 석좌교수가 유력한 후보로 거론된 적이 있습니다. 고 김대중 대통령의 노벨 평화상 수상 이후 소식이 없었던 우리나라는 상당한 기대감에 들떠 있었죠. 당시 언론사는 수상이 유력하다고 보도한 반면, 관련업계 교수들은 수상에 부정적인 의견을 내놓았습니다. 노벨상 수상 조건에 필요한 독창성이 부족하다는 것이 이유였죠. 일본 히로시마 공과대학에서 학생들을 가르치고 있는 고교 동창 김범성 교수와 대한민국의 수상 가능성에 대해 이야기를 나눈 적이 있습니다. 김범성 교수는 『나가오카 & 유카와: 아시아에서 과학하기』라는 책을 통해 우리나라 사람도 충분히 노벨상을 수상할 수 있다고 주장했습니다.

　"일본이 노벨상을 탄 것이 월드컵 축구 본선에 진출하는 것처럼 간단한 일이라고 생각하는 한국 사람들이 많아. 하지만 일본은 생각보다 조직적으로 노벨상 수상자를 만들기 위해 노력했고 1949년 첫 수상자를 배출한 뒤에 지금까지 28명의 노벨상 수상자를 배출했지."

친구 김범성 교수는 이렇게 운을 뗀 뒤 매번 노벨상 수상 전후로만 대서특필하는 우리나라의 냄비근성을 지적했습니다.

"최초로 노벨상을 탄 사람은 물리학상 수상자인 유카와 히데키야. 그 덕에 일본은 2019년에 노벨 화학상을 수상한 요시노 아키라까지 총 28명의 노벨상 수상자를 배출했지. 이런 일본의 노벨상 릴레이는 유카와 히데키라는 걸출한 엘리트를 배출한 나가오카 한타로 교수의 '서양인들은 동양인보다 뛰어난가?'라는 질문에서 시작되었다는 것을 아는 사람은 많지 않은 것 같더라."

첫 번째 질문,
서양인은 동양인보다 뛰어난가?

1882년 도쿄대 이학부에 입학한 나가오카 한타로는 당시 교수진 대다수가 메이지 정부에서 영입한 서양인이라는 점에 상당한 충격을 받습니다. 강대국의 반열에 오르기 위해 일본이 서구문명을 마른 솜처럼 정신없이 흡수하던 시대였죠. 수업은 영어나 독일어로 진행됐습니다. 물리학 강의를 아무리 들어도 온통 서양학자 이름뿐이었습니다. 나가오카는 '원래 동양인에게는 물리학 재능이 없나보다. 그럼 나의 미래도 불투명한 게 아닌가'라는 회의에 빠져 대학을 휴학합니다.

휴학 중 중국 문헌을 샅샅이 뒤진 그는 고대 중국이 나침반이나 공명현상, 수학의 미분개념 등을 이미 활용하고 있었다는 사실을 알고 용기를 얻습니다. 1년 뒤 복학하여 대학원에 진학한 뒤 1893년부터 1896년까지 독일로 유학을 떠나 루트비히 볼츠만 교수 밑에서 공부를 한 뒤 귀국하여 도쿄제국대학 교수를 지내게 됩니다. 교수로 부임하자마자 서양에서 노벨상이라는 제도가 만들어졌다는 소식을 접합니다. 그 노벨상을 당연하다는 듯이 미국과 영국을 비롯한 유럽 국가들이 석권합니다.

'안 되겠다. 동양인들의 우수성을 입증하기 위해 우리도 노벨상 수상자를 배출해내야 해!'

이렇게 생각한 나가오카 한타로는 정년퇴임 후 오사카제국대학 총장, 일본 학술진흥회 이사장, 제13대 제국학사원 원장 등의 연구직을 거치면서 제자들을 열심히 가르쳤습니다. 노벨상 수상자를 배출하기 위한 노력을 멈추지 않은 것이죠. 그리고 마침내 1949년 교토대 교수로 있던 유가와 히데키를 노벨 물리학상 수상자로 발굴해 첫 노벨상을 일본에 안깁니다.

설명을 듣고 나서 김범성 교수에게 어느 나라가 노벨상 수상자를 가장 많이 배출했는지 물었습니다.

"미국이 385개로 가장 많고 그 뒤로 영국, 독일, 프랑스, 스웨덴, 러시아, 스위스, 일본 순이야. 이 순서가 마치 선진국들의 순서와 같아 보이지 않니?"

고객을 끄덕이는 저를 보더니 김 교수는 말을 이었습니다.

"2위인 영국의 노벨상 수상자는 184명으로 미국의 절반도 안 돼. 그러니까 미국이 압도적인 국력을 자랑하는 거지. 또 한 가지 흥미로운 사실은 우리가 교육 선진국이라고 연구하는 핀란드는 하위권이야. 8명을 배출한 중국보다도 적은 수치거든."

두 번째 질문,
영재는 타고나는가, 만들어지는가?

김범성 교수와 헤어지고 얼마 뒤 2020년도 노벨상 수상자 명단이 발표되었습니다. 총 12명의 수상자 중에서 미국인이 절반인 6명을 차지했고, 나머지는 영국, 독일, 프랑스의 순이었습니다.[9] 노벨상 수상자를 가장 많이 배출한 나라가 미국이라면 가장 많이 배출한 대학은 어디일까요? 맞습니다. 하버드대학교죠. 하버드대학교는 세계 초일류 대학교이고 많은 천재들이 입학을 희망하는 곳이죠.

하버드대학교가 일류가 된 이유는 무엇일까요? 미국에서 가장 오래된 대학이기 때문입니다. 영국에서 노벨상 수상자를 가장 많이 배출한 대학은 케임브리지대학교입니다. 영국에서 두 번째로 오래된 대학이죠. 가장 오래된 옥스퍼드대학교는 9위입니다. 독일이나 프랑스, 일본은 물론 우리나라를 봐도 일류 대학은 대부분 가장 오래된 대학입니다. 가장 오래되었기 때문에 같은 조건이면 똑똑한 사람들이 가고 싶어 하는데, 그렇게 천재들이 모여 있다 보니 우수한 성적을 낸 것이죠. 교수진이 더 뛰어날 수도 있겠지만 그 편차는 그리 크지 않을 겁니다. 학교 시스템이 별다르다는 말도 들어보지 못했습니다. 그렇다면 엘리트는 타고나는 걸까요? 이 질문에 대한 답을 찾기 위해 상위 30개 대학의 노벨상 수상자 목록을 살펴보았습니다.

대학별 노벨상 수상자 목록

No	대학	국가	설립(년)	수상자 수	특징
1	하버드대학교	미국	1636	160	미국 최초 설립 대학
2	케임브리지대학교	영국	1209	120	영국의 두 번째 설립 대학
3	UC 버클리 (캘리포니아대학교 버클리)	미국	1868	107	동부의 예일대 교수들이 서부에 설립한 최초의 캘리포니아대학교
4	시카고대학교	미국	1890	100	사립
5	컬럼비아대학교	미국	1754	96	미국의 5번째 설립 대학
	매사추세츠공과대학교 (MIT)	미국	1861	96	공과대학
7	스탠퍼드대학교	미국	1891	83	공과대학, 실리콘밸리 내에 위치
8	캘리포니아공과대학교 (Caltech)	미국	1891	74	공과대학
9	옥스퍼드대학교	영국	1096	72	영국 최초 설립 대학
10	프린스턴대학교	미국	1746	68	미국의 8번째 설립 대학
11	예일대학교	미국	1701	62	미국의 두 번째 설립 대학
12	코넬대학교	미국	1865	58	미국 최초의 남녀공학
13	베를린훔볼트대학교	독일	1810	55	공립
14	파리대학교	프랑스	1896	50	파리 시내 대학을 공립으로 통폐합
15	괴팅겐대학교	독일	1737	45	독일 최대의 도서관 보유
16	뮌헨대학교	독일	1472	42	공립
17	존스홉킨스대학교	미국	1876	39	존스홉킨스병원과 함께 설립, 미국 최초로 박사 학위 부여
	코펜하겐대학교	덴마크	1479	39	덴마크 최초 설립 대학
19	뉴욕대학교	미국	1831	37	전 세계 12개 도시 연계 졸업 가능
20	록펠러대학교	미국	1901	36	사립
	펜실베이니아대학교	미국	1740	36	미국 최초로 학부와 대학원 과정 모두 제공
22	유니버시티칼리지 런던	영국	1826	33	영국 최초의 사립대
23	취리히연방공과대학교	스위스	1854	32	공립, 아인슈타인의 모교

24	일리노이대학교 어배너-샘페인	미국	1867	30	공립
	미네소타대학교	미국	1851	30	공립
26	UCSD (캘리포니아대학교 샌디에이고)	미국	1903	27	해양 공학 프로그램이 우수
	하이델베르크대학교	독일	1386	27	독일 최초 설립 대학
28	맨체스터대학교	영국	1824	25	공립
	미시간대학교	미국	1817	25	공립
	위스콘신대학교 매디슨	미국	1848	25	공립

미국에서는 1860년부터 1890년까지 대학이 집중적으로 생겼습니다. 그 전에 생긴 대학은 명문대로 분류되고 그 뒤에 생긴 대학은 명문대로 취급받지 못합니다. 이런 현상은 우리나라도 마찬가지죠. 포항공대나 카이스트와 같은 공과대학이나 특성화 대학은 비록 나중에 생겼지만 정부의 전폭적인 지원으로 인해 우수한 인재가 많이 지원하기도 합니다. 대부분의 국·공립대학이나 메사추세츠공대, 스탠퍼드대학교, 캘리포니아공대, 취리히연방공과대학교가 그런 경우입니다. 스탠퍼드대학교는 전 세계 IT의 산실인 실리콘밸리 한복판에 위치하고 있죠. 저는 이 사실을 발견하고 나가오카 한타로와 같은 깊은 상실감에 빠졌습니다.

'그렇다면 평범한 학생들은 아무리 공부해도 엘리트가 될 수 없다는 말인가? 그리고 새로 생긴 대학은 교육시스템을 통해 명문대학으로 발돋움하는 것이 불가능한가?'

다시 〈대학별 노벨상 수상자 목록〉을 천천히 살펴보았습니다. 비교적 최근에 생긴 대학이 몇몇 눈에 띄었습니다. 1890년 이후에 만들어진 학교로 26위의 캘리포니아대학교 샌디에이고와 20위의 록펠러대학교, 14위를 차지한 프랑스의 파리대학교 그리고 4위의 시카고대학교 역시 다른 학교보다 짧은 역사를 가지고 있습니다.

미국의 시카고대학교와 록펠러대학교는 석유 재벌인 존 데이비슨 록펠러 John Davison Rockefeller 가 세운 일반 사립대학입니다. 최초의 대학도 아니고 공립이나 공과대학교는커녕 특성화대학도 아닙니다. 이 학교의 특별한 교육법에 대해 우리는 『대치동 독서법』에서 이미 소개했습니다. 존 스튜어트 밀의 '고전 읽기 독서법'을 활용하여 재학생들에게 100권의 책을 읽힌 로버트 허친스 총장의 '시카고 플랜' 덕분에 시카고대학은 우수한 인재를 길러냈죠. 하지만 설립 당시에는 학생들이 선호하는 대학은 아니었습니다.

'슬로 리딩'으로 유명한 하시모토 다케시 선생이 교사로 있던 일본의 나다중고등학교도 마찬가지였습니다. 원래 나다중학교는 고베일중학교와 같은 유명한 공립학교에 들어가지 못한 아이들이 주로 가는 후기 학교였습니다. 하시모토 다케시 선생의 슬로 리딩이 언론의 각광을 받게 된 것은 나다고등학교 졸업생들이 도쿄대학교에 많이 입학했기 때문인데요. 1968년에 도쿄대 합격자 수에서 일본 최고를 기록했을 때 갑자기 매스컴에 의해 나다고등학교에 '공부벌레', '주입식 교육', '개성 무시'라는 꼬리표가 붙기 시작했습니다.

그러자 나다고등학교에서는 체육 시간을 전부 입시 공부 수업으로 대체하고, 미술실도 음악실도 없다. 심지어 이 사실을 아이들이 외부에 알리지 못하도록 철저히 입단속을 시키고 있다는 소문이 돌았죠. 마침 도쿄대 합격자 수를 가장 많이 배출하던 그 시절에 하시모토 다케시 선생을 중심으로 몇몇 교사들이 참고서를 발행하자, 이를 두고 학교에서 교사들에게 돈벌이를 시킨 것이라는 흉흉한 말까지 돌았습니다. 그러나 실제로 나다고등학교는 자유로운 분위기와 환경 속에서 독서를 통해 학생들 스스로 개성을 잘 살릴 수 있는 슬로 리딩 방식의 수업을 고집했을 뿐입니다. 이 학교는 여전히 독서 중심의 교육을 하고 있습니다. 최근 각 대학과 고등학교에서 인문학이나 독서를 접목한 수업이 인기를 끄는 것도 이와 무관하지 않습니다.

영재를 만드는 창의융합독서법

시카고 플랜과 슬로 리딩의 공통점은 얼핏 보면 독서인 것 같지만, 단순히 책을 열심히, 많이 읽는 것과는 거리가 있습니다. 책을 읽으려면 동기부여가 필요합니다. 기왕이면 잘 읽어야겠다는 동기면 좋습니다. 이것이 바로 진정한 자기주도학습법입니다. 시카고 플랜과 슬로 리딩을 하나의 선으로 연결하면 결국 우리나라의 개정교육과정이 지향하는 창의융합교육에 가 닿게 됩니다. 그리고 창의융합교육은 『대치동 독서법』에서 살펴본 한국교육학술정보원의 〈독서교육 사고유형 분류표〉로 연결됩니다.

독서교육 사고유형 분류표

분류	소분류	설 명	활동
사실적 사고	관찰하기	사물이나 현상 자세히 살피기	배경지식
	기억하기	과거의 경험 떠올리기	
	재인하기	책에서 읽은 내용 되살리기	
	비교하기	사물들의 차이점(공통점) 찾기	
독해적 사고	의미 이해	축어적 및 비유적 의미 이해하기	독서
	요점 파악	글 속의 핵심 주장 또는 중심 내용 파악	
	구조 개관	글의 전체구조와 흐름 파악	
	맥락 추론	글 전체 또는 전후 맥락 속에 숨어 있는 내용 추론하기	
논리적 사고	논증하기	생각의 근거를 제시하거나 결론 이끌어내기	정리
	인과 추론	원인과 결과 추론하기	
	예시하기	구체적 사례 제시하기	
	분류하기	종류 나누기, 특수한 것과 보편적인 것의 관계 찾기	
비판적 사고	문제제기	현실(제도, 정책, 관행 등)의 문제점 지적하기	토론
	비판하기	다른 사람의 주장이나 생각 반박하기	
	반성하기	자신과 주변의 모습을 보면서 비판적으로 되돌아보기	
	평가하기	사람이나 사물의 가치 판단하기	
창의적 사고	상상하기	과거나 현재에 없던 새로운 모습 떠올리기	창의
	종합하기	복잡한 요소들을 일정한 기준에 따라 재조직하기	
	적용하기	기존 지식이나 정보를 새로운 상황에 응용하기	
	해결하기	문제해결 또는 목적달성의 방법 모색하기	

〈독서교육 사고유형 분류표〉에 따르면 독서교육은 사실적 사고, 독해적 사고, 논리적 사고, 비판적 사고, 창의적 사고를 기르는 것을 그 목적으로 합니다. 사실적 사고는 배경지식이므로 반복의 결과입니다. 독해적 사고는 독서에 해당합니다. 논리적 사고는 정리에 해당합니다. 비판적 사고는 토론에 해당합니다. 여기서 말하는 '토론'은 그룹 토론, 교사가 안내하는 토론, 저자와의 토론 등으로 폭넓게 해석합니다. 창의적 사고는 이 모든 것을 종합하여 생각하는 창의에 해당합니다.

이 프로세스를 충실하게 따르는 독서를 '브레인 독서법'이라고 부릅니다. 앞으로 계속해서 살펴볼 브레인 독서법에서 가장 필요한 것은 유아와 초등학교 시절부터 독서로 배경지식 쌓기입니다. 배경지식은 글의 내용을 파악하는 데, 아이가 독서에 흥미를 갖게 하는 데 가장 필요한 요소입니다.

그런데 책의 내용을 암기하는 것을 배경지식 쌓기라고 생각하는 분들이 많습니다. 이는 잘못된 생각이죠. 읽은 것을 전부 기억할 필요도 없고, 우리 뇌의 특성상 그러는 것이 불가능합니다. 여기서 말하는 배경지식이란 읽고 쓰고 생각해서 만들어낸 지식의 틀입니다. 하시모토 다케시 선생이 말한 '마음의 자산'이자, 로버트 허친스 총장이 말한 '교양'입니다. 생각의 폭을 넓히는 생각덩어리가 바로 배경지식입니다. 상급학교 진학 시 진가를 발휘하는 것은 읽은 책의 내용이 아니라 독서를 통해 만들어진 생각덩어리입니다. 생각덩어리를 키우기 위해서는 무엇보다 독서가 재밌어야 합니다. 생각덩어리에 대해서는 다음 장에서 자세히 알아볼 것인데, 여기서는 독서 흥미를 끌어올리는 세 가지 요소를 살펴보겠습니다.

독서 흥미를 끌어올리는 세 가지 요소

머신러닝 알고리즘을 최초로 선보인 미국의 심리학자 프랭크 로젠블라트Frank Rosenblatt는 배경지식을 새로운 정보에 연결하는 활동을 '통섭'이라고 부릅니다. 통섭은 글의 의미를 이해하기 위해 기존에 알고 있는 지식과 생각을 가져오는 능동적인 태도를 말합니다. 통섭이 작동하는 원리를 알아보기 위해 아래 글을 한번 읽어 보겠습니다. 저희 아들이 친구 승주에게 받은 문자메시지입니다.

알까기 왕, 셋 중 하나를 선택해라.

4월 24일 / 5월 1일, 2일

—버저비터

이 메시지를 이해하기 위해 우리 뇌가 무엇을 활용하는지 생각해 보겠습니다. 글의 형식은 문자메시지입니다. 몇 가지 단어로 유추해 볼 때 약속 날짜를 잡자는 내용 같습니다. 처음 등장하는 '알까기 왕'이라는 단어로 봐서 두 사람이 하려는 것은 장기판이나 바둑판으로 하는 '알까기' 놀이 같습니다. 그렇다면 '알까기 왕'은 대단한 찬사겠군요. 아니 잠깐, 마지막의 '버저비터'를 보니 농구 같기도 합니다. 저희 아들은 둘 다 좋아합니다. 그렇다면 이 둘은 전에 알까기나 농구를 한 적이 있을까요? 문자메시지에서 자세히 밝히지는 않았지만 짐작이 가는 점이 있습니다. 승주는 주말마다 아들과 함께 농구하는 여러 친구 중에 한 명이거든요.

'알까기 왕'과 '버저비터'라는 '단어'를 알아도 '의미'를 모르면 이해할 수 없는 겁니다. '읽는다'는 것은 알고 있는 모든 지식을 동원하고 경험을 활용하여 단어와 문장을 해석하는 능동적인 과정입니다. 구체적인 방법은 다음 장에서 자세히 다루기로 하고 여기서는 독서의 흥미를 끌어올리는 세 가지 요소인, '배경지식', '글의 구조', '독자의 상황'을 알아보겠습니다.

배경지식

배경지식이란 새로 접하는 글을 이해하는 데 유용한 '이미 알고 있는 지식'을 말합니다. 배경지식이 많을수록 글의 의미를 보다 깊게 이해할 수 있습니다. 스포츠를 좋아하는 사람이라면 '알까기 왕'이 그리 좋은 의미가 아니라는 것을 압니다. 공을 놓치거나 잘 빠뜨린다는 뜻이죠. 마지막에 등장하는 '버저비터'를 통해 그 의미는 한층 확실해집니다. 버저비터buzzer beater는 경기 종료 벨buzzer이 울리기 직전에 선수가 던지는 슛을 뜻합니다. 한 점 차로 지고 있는 경기라면 버저비터로 역전되는 경우도 있어서 농구팬들이 열광하죠. 그렇다면 문자메시지에 나타난 '알까기 왕'은 놀리기 위해 쓴 단어임을 알 수 있습니다. 승주가 저희 아이보다 실력이 좋은 모양입니다. 이제 두 사람의 구도가 대강 짐작됩니다.

배경지식이 있는 글과 없는 글

지금 제 앞에 두 개의 글이 있습니다. 하나는 '만화 대본 업소'에 관한 글이고 다른 하나는 '코로나19 바이러스'에 관한 글입니다. 저는 만화 대본 업소에 관한 에피소드나 만화책과 관련된 기사를 더 쉽게 읽을 수 있습니다. 익숙한 주제이기 때문이죠. 어릴 적 저희 집은 만화가게였습니다. 당시 만화책의 유통 구조는 '작가→출판사→총판→외무사원→만화가게'로 되어 있었습니다. 책을 배달해 주시는 여러 총판의 외무사원 아저씨들이 신간을 가져오면 어머니는 하교 시간에 맞춰 제게 그 책을 읽어보라고 주셨습니다. 저는 미리 읽고 어떤 책이 재미있는지 선별했습니다. 다음 날 어머님은 제가 선택한 책을 구매하고 나머지는 외무사원에게 돌려보내셨습니다. 대한민국 최초의 장편만화로 대히트를 기록해 영화로도 만들어진 이현세의 『공포의 외인구단』을 기억하시는 분들이 계실 겁니다. 그와 관련해 기억에 남는 에피소드가 하나 있습니다.

당시 이현세는 『작은 거인 김태식』이라는 권투 선수 김태식의 일대기를 그려 상당한 인기를 누렸고, 『격정의 까치머리』 시리즈로 조금씩 팬층을 넓히고 있었습니다. 하루는 외무사원 아저씨가 〈이현세의 '공포의 외인구단' 전격 출간 예정〉이라는 광고 포스터를 가져다주셨습니다. 어머니는 포스터를 여러 장 얻어서 가게 곳곳에 붙이셨습니다. 포스터에는 '1부, 2부, 3부 각각 10권 출간 예정'이라고 쓰여 있었습니다. 그 모습을 보고 저는 어머니에게 여쭈었습니다.

"엄마, 아직 다 완성되지도 않은 책을 어떻게 10권씩으로 미리 구분하죠? 맘대로 안 될 텐데요……."

아니나 다를까, 집필과정에서 2부가 길어졌고 결국 1부 10권, 2부 11권, 3부 9권으로 출간되었습니다. 나중에 조선일보가 주최한 모 행사에서 이현세 선생님을 만났습니다. 사인을 부탁하면서 그때 일을 물었더니 선생님은 "그래서 그 뒤에 나온 '지옥의 링'에서는 몇 권이라는 말을 뺐죠"라고 말하며 웃으시더군요. 어쨌거나 만화에 대해서는 친숙하고 잘 알고 있으니, 그것을 원작으로 만든 영화에 관한 글들은 전문적인 글이더라도 쉽게 이해할 수 있습니다.

반면 한림대의대 이재갑 교수가 쓴 코로나19와 관련된 글을 읽으면 어디서부터 어떻게 판단해야 할지 몰라 머리를 긁적이게 됩니다. 내용과 어휘가 생소하고, 읽더라도 대부분 잊어버립니다. 이재갑 교수의 다음 문장을 읽어보겠습니다.

"중국인 입국 금지는 옳지 않다. 지금도 이 생각에는 변함이 없다. WHO 는 비상 상황에서 어떤 원칙을 가져야 하는지를 반복해서 강조한 바 있다. 그 어떤 감염병이 유행할지라도 사람의 교류와 물류의 교역에는 제한을 두지 않아야 한다는 것이다. WHO가 단지 도덕적인 이유에서만 이렇게 강조한 것은 아니다. 방역의 실효성, 즉 입국을 금지해도 실익이 없기 때문이다. 중국에서 들어오는 외국인의 입국을 금지한다고 하더라도, 중국 교민의 입국을 막을 방법은 없다. 한국에 굳이 들어오려는 중국인은 경유지를 통해서 출국지를 속이는 방법으로 국내에 들어올 것이다."[10]

코로나19 발발 당시 중국인 입국 금지 조치에 대해 찬반 의견이 갈렸습니다. 처음에는 비난을 받았는데 나중에는 잘했다는 평가를 받았죠. 한림대의대 이재갑 교수는 처음부터 입국 금지를 반대했다고 합니다. 하지만 아내를 비롯해 제 주변 사람들은 모두 찬성했었습니다. 이런 내용은 전문가들이 아무리 설명을 해줘도 제대로 이해하기 어렵습니다. 역시나 배경지식이 있어야 합니다.

배경지식을 구성하는 토대

배경지식은 글을 이해하고, 그로부터 새로운 지식을 구성하는 토대가 됩니다. 유튜브 계정을 만들어 영상을 업로드하고 구독자 관리를 해본 아이는 그렇지 않은 아이보다 SNS에 대한 내용을 훨씬 쉽게 이해할 수 있을 겁니다. 뚝방길에서 비비추 꽃을 따먹고, 빗물로 불어난 냇물에서 미꾸라지를 줍거나, 메뚜기를 구워 먹어 본 아이는 그렇지 않은 아이보다 정지용의 시 〈향수〉를 더 공감할 수 있을 겁니다.

저는 고등학교 시절 문예신문반이라는 동아리 활동을 했습니다. 그때 탁월하게 시를 잘 쓰던 김정빈이라는 친구가 제게 이런 말을 한 적이 있습니다.

"내 시상은 고흥 앞바다에서 온다."

그런 친구의 촉촉한 감수성을 도시에서만 자란 제가 어찌 흉내 내겠습니까. 배경지식은 아이들이 책을 읽는 데도 중요합니다. 아이는 친근한 내용을 담은 글을 편하게 읽고 쉽게 기억할 수 있습니다. 내용이 친숙하면, 독해가 더욱 잘 됩니다. 모르는 주제의 책이라면 읽기 전에 내용에 대해 생각하고 대화를 하면 아이들은 새로운 개념도 훨씬 쉽게 받아들이게 됩니다. 결국 부모가 배경지식을 풍부히 만들어 줄수록 아이들은 쉽게 기억할 수 있습니다. 명심할 것은 부모님은 어디까지나 안내자 역할만 해야 합니다. 책을 읽고 새로운 개념을 받아들이는 것은 아이의 몫입니다.

글의 구조

배경지식과 마찬가지로 글의 구조를 잘 이해하면 저자의 의도를 파악하고 공감하는 데 도움이 됩니다. 앞에서 본 '버저비터'의 사례에서 문자 메시지라는 것을 바로 알 수 있었던 이유는 글의 구조가 익숙하고, 이미 많이 봐왔기 때문입니다. 위인전이나 역사에 관한 책을 좋아하는 아이들은 시간의 순행 구조에 익숙합니다. 글의 구조를 이해하고 배경지식과 결합하면 보다 정확히 책의 내용을 이해할 수 있습니다.

실제로 독서를 많이 한 아이들은 읽거나 듣기 전에 구조를 예측할 수 있습니다. 이야기 글과 같은 창작도서를 읽을 때도 마찬가지입니다. 옛날 이야기를 즐겨 읽는 아이들은 주인공이 겪는 시련을 반드시 해결할 수 있다는 것을 압니다. 아이들은 위인전, 정보도서, 창작도서, 전래동화, 시, 신문, 잡지 등 다양한 글을 통해 글의 구조를 익힙니다. 옛날이야기에서 등장인물, 배경, 문제, 플롯, 해결 등이 서로 관련 있다는 것을 알게 되면 내용을 예측하는 것뿐만 아니라 회상하는 것도 쉽습니다. 아이들에게 '중심 내용 파악하기'를 시켜 보면 구조를 생각하며 읽은 아이들이 그렇지 않은 아이들보다 훨씬 잘 설명합니다.

독자의
상황

올해 초등학교에 입학한 승현이는 책을 꼼꼼히 읽지 않는 버릇이 있습니다. 부모가 책을 읽어줄 때나 혹은 스스로 읽을 때 아이들은 관심 있는 부분에만 집중하는 경향이 있습니다. 승현이 어머니는 그런 아이가 놓치는 게 많다고 걱정했습니다. 어느 날 승현이가 학교 도서관에서 『곰인형 오토』토미 웅거러 저라는 책을 빌려왔습니다. 『곰인형 오토』는 히틀러 시대를 배경으로 한 유대인 다비드와 독일인 오스카의 우정에 관한 이야기입니다. 곰인형 오토는 다비드의 생일선물입니다. 오토는 다비드와 그의 친구 오스카와 함께 행복하고 즐거운 나날을 보냅니다. 하지만 다비드가 노란색 별을 가슴에 달고 오던 그날부터 모든 게 달라졌습니다. 다비드와 가족은 어디론가 끌려가고, 폭격으로 오스카와도 헤어진 오토는 우여곡절 끝에 초라한 모습으로 골동품 가게 진열장 속에 앉게 됩니다. 오토는 진열대에서 오스카를 다시 만나게 됩니다.

어머니는 『곰인형 오토』를 읽고 나서 승현이를 위해 몇 가지 문제를 만들었다며 제게 보여주셨습니다.

1. 유대인의 표식은 무엇인가?

2. 오토가 찰리 덕분에 가슴에 달게 된 것은 무엇인가?

3. 오스카의 부모님이 돌아가신 곳은 어디인가?

4. 다비드의 부모님이 돌아가신 곳은 어디인가?

5. 곰인형 오토는 무엇으로 글씨를 쓸까?

6. 오스카와 다비드의 고향은 어느 나라일까?

실제로 일부 어린이용 도서에는 뒤에 이런 문제를 수록하는 경우도 많습니다. 승현이 어머니가 출제한 문제들을 보고 보건복지부의 유아 교육 바우처용 독서 프로그램을 만들던 때가 떠올랐습니다. 당시 보건복지부는 5세부터 가능한 프로그램을 원했습니다. 글을 모르는 아이들에게 독서 교육을 하기 위해 다양한 시도를 했습니다. 처음에는 5세, 6세, 7세 필독서의 난이도를 조절했습니다만 들이는 노력에 비해 성과가 없었습니다. 대부분 엄마가 읽어주고, 모르는 내용은 설명해 주어서 연령별 편차가 크지 않았기 때문입니다.

무엇보다 문제를 만드는 것이 어려웠습니다. 글을 모르는 아이를 대상으로 하다 보니 글로 채우는 활동을 할 수 없는 겁니다. 어쩔 수 없이 간단한 단답형 문제로 프로그램을 구성했습니다. 시장의 반응은 냉담했습니다. 독서지도사 선생님들에게 독서 회사의 본질을 잊고 함량 미달의 교재를 만들었다는 비난을 받았습니다. 저는 그때의 아픈 경험 때문에 승현이 어머니에게 문제를 다시 내라고 조언해 드렸습니다.

등장인물 등을 확인하는 데 그치는 질문을 건네면 아이들은 나무만 보느라 숲을 보지 못하게 됩니다. 큰 그림보다는 사실과 세부내용에 초점을 두게 되죠. 학창시절을 한번 떠올려보세요. 참고서의 해설이 교과서에 나오는 시나 소설에 대한 흥미를 얼마나 떨어뜨렸는지 말이죠. 생각의 틀을 가두는 질문을 하면 독서에 흥미를 못 느끼게 되고, 호기심과 상상력이 사라지게 됩니다. 반면 책을 읽고 느낀 점을 물으면 아이의 생각덩어리는 커지게 됩니다. 좋은 독자가 되는 것은 아이 혼자만의 몫이 아닙니다. 부모나 선생님 혹은 주변 상황이 모두 작용하는 겁니다.

『곰인형 오토』는 '제2차 세계대전'과 '유대인 학살'을 통해 승자와 패자 모두가 불행한 전쟁의 무서움을 보여줍니다. 어머니께는 작품을 읽고 느낀 아이의 감정, 전쟁에 대한 생각을 묻고 서로 이야기 나누시라고 조언해 드렸습니다. 아이들이 독서를 싫어하는 이유는 흥미를 느끼지 못하기 때문입니다. 흥미가 없으니 읽기 싫은 거죠. 반대로 읽기가 자신의 생활과 연관된다고 느끼면 독서를 원하고 읽으려 들겠죠. 아이의 흥미를 자극하여 읽히자는 것이 바로 이 책에서 소개하는 독서법, 발달단계별 창의융합독서법의 취지입니다.

6.
독서 영재로 키우는
세 가지 방법

"읽는다는 것은 고통스러운 일이다."

오래전 세상을 떠난 문학평론가 김현의 말입니다. 평론가조차 고통스러운 독서를 아이에게 시켜야 하니 아이와 부모는 오죽하겠습니까. 책을 읽고 무언가를 배우기 위해 아이들은 고통을 견뎌야만 할까요? 가끔 대학에 진학한 제자들이 학원에 인사하러 옵니다. 수업 중이라면 강의실에 불러 후배들에게 무용담을 들려주곤 하죠. 제자들은 마무리를 대개 이렇게 합니다.

"여러분, 독서가 재미있지 않나요? 열심히들 읽어요!"

가르치는 입장에서야 고맙고 뿌듯한 말입니다만, 사실 이 말에도 동의하기 어려운 부분이 있습니다. 독서를 재미에만 초점을 맞추면 어떻게될까요? 독서가 흥미, 오락, 재미에만 의존할 때 학습과 입시라는 목적에도달할 수 있을까요? 재미있기만 하다면 무조건 학습효과가 있을까요? 무조건 선하기만 한 사람도 없고 악하기만 한 사람도 없듯, 괴로움과 즐거움은 대개 공존합니다. 셰익스피어는 『맥베스』에서 이런 이중성에 대해 "선한 것은 악한 것, 악한 것은 선한 것. 안개와 더러운 공기 속을 날아다 니자"라고 표현하기도 했죠. 평론가 김현의 말을 마저 들어보겠습니다.

"그러나 그 고통은 역설적이게도 행복스럽다. 그것은 결국은 인간이 진정으로 행복하게 살지 않으면 안 된다는 것을 보여주기 때문이다. 우리 는 고통받기 위해서 태어난 것이 아니다. 우리는 행복하게 살기 위해서 태어난 것이다. 그래서 우리는 고통스럽게 행복을 생각하는 것이다."

어떻게 하면 아이들에게 독서의 즐거움을 느끼게 할 수 있을까요? 어 떻게 해야 학생들의 괴로움을 줄이고 즐거움을 끌어올릴 수 있을지를 수 없이 고민했습니다. 방대한 필독서 목록을 보고 아이들이 겁을 먹는 것 을 원치 않았습니다. 많이 읽는 것이 중요하다고는 하지만 그것이 목표 가 된다면 부모님의 바람과 달리 아이들이 독서를 좋아하게 될 가능성 은 크지 않습니다. 독서 영재로 키우기 위해서는 세 가지 전략이 필요합 니다. 첫째는 아이의 독서 감정을 활용할 것, 둘째는 독서를 통해 자기를 이해할 것, 셋째는 글쓰기로 문해력을 키울 것입니다.

아이의 독서 감정을 활용하라

독서 영재로 키우는 첫 번째 방법은 아이의 독서 감정을 활용할 것입 니다. 감정을 이해하기 위해서는 뇌에 대한 약간의 지식이 필요합니다. 뇌에 있는 감정이 물리적으로 전달될 때 느낌이 됩니다. 느낌은 몸의 감각이나 마음으로 깨달아 알게 되는 감정입니다. 감정은 지식과 기억에 영향을 끼치며, 독서에 도움을 줄 수도 있고 그렇지 않을 수도 있죠.

숲속에서 느긋하게 거닐고 있을 때 갑자기 정면으로 달려오는 커다란 곰을 보았다고 칩시다. '걸음아, 날 살려라' 하고 달리게 될 겁니다. 다행히 곰에게 잡히지 않고 살아남았다면 집에 돌아와서 가족에게 이렇게 말하겠죠.

"평생 그렇게 빨리 달려본 적은 없었어. 정말 무서웠거든."

윌리엄 제임스William James에 따르면 우리를 뛰게 만든 건 공포가 아닙니다. 공포를 느낄 때까지 가만히 서 있었다면 이미 곰의 먹이가 되었을 겁니다. 공포라는 느낌은 그렇게 빨리 생기지 않습니다. 곰을 보는 순간 뇌가 감정에 반응하여 우리를 달리게 만듭니다. 도망가면서 공포를 느끼는 거죠. 곰이 무서워서 달아나는 것이 아니라 달아나기 때문에 무서운 겁니다.

뇌와 정신이 육체와 전혀 다르다고 생각하는 사람들이 많습니다. 하지만 뇌는 간이나 위장과 마찬가지로 우리 몸의 일부분입니다. 신체의 다른 부분들도 뇌처럼 독서에 사용됩니다. 칼라 한나포드Carla Hannaford 교수에 따르면 독서는 머리로만 하는 것이 아닙니다. 뇌는 두 가지 방식으로 몸과 상호작용합니다.

첫째는 수백만 개의 세포 회로가 신호를 앞뒤로 전달하면서 상호작용합니다. 이를 통해 뇌는 우리 몸의 다른 부분의 안팎에서 일어나는 일들을 매 순간 감지하고, 지시 사항을 몸에 전달합니다.

둘째는 화학물질을 만들어 혈류 속에 분비하여 상호작용합니다. 이러한 화학물질은 뇌가 경험하고 있는 것들을 몸에 전달하는 메신저 역할을 합니다. 이런 화학 메시지는 몸이 만들어 뇌에 전달하기도 합니다. 화학 메시지는 세포 회로보다 느리고 정확하지 않을 수 있지만 강력한 영향력을 지니고 있습니다. 화학 메시지는 우리의 느낌이나 성향, 감지한 것의 질적 특성을 파악하는 일을 담당합니다. 화학 메시지가 만들어낸 느낌은 사라지지 않고 남아 있다가 독서나 학습 등을 할 때 새로 접하는 정보를 이미 알고 있는 것들과 연결되거나 의외의 방식으로 표현됩니다.

화학 메시지를 뇌에서 혈액으로 분출하는 역할은 뇌의 시상하부 hypothalamus라는 기관이 담당합니다. 대통령이 청와대 안에 있고 교황이 교황청 안에 있어서 신속하게 지시를 내릴 수 있듯이, 시상하부는 뇌의 핵심 부위에 있습니다. 덕분에 많은 양의 정보를 받아서 뇌의 감정 상태에 대한 메시지를 몸으로 보낼 수 있는 거죠. 우리가 위험에 처하면 편도체가 시상하부로 신호를 보내기 시작합니다. 그 위험 신호는 먼저 뇌에서 멀리 떨어져 있는 신장 근처의 부신adrenal gland이라는 호르몬 생성기관으로 전달됩니다. 부신은 혈액으로 아드레날린을 분비합니다. 아드레날린이 심박동을 빠르게 하고 긴장감을 이끌어내 결국 도망가거나 맞서 싸우는 행동을 결정합니다. 또 다른 화학물질인 옥시토신은 복잡한 모성 행동과 사랑의 느낌까지도 만들어냅니다.

시상하부는 반대로 몸 전체에서 일어나는 일들을 뇌에 전달하기도 합니다. 예를 들어 혈당 수치가 낮아지면 시상하부가 음식을 먹어야 한다는 화학 메시지를 만들어서 배고픔이라는 '느낌'을 뇌에 전달하고, 뇌는 식욕을 느낍니다. 이것이 느낌이 작용하는 방식입니다.

느낌은 인지 과정의 일부분입니다. 우리가 문제를 풀기 위해 고심하고 그것을 해결하는 동안 감정센터가 시상하부를 자극하여 뇌의 회로를 작

동시키면 특징적인 신체 느낌이 만들어집니다. 뇌가 수행하는 구체적인 문제해결 업무에 맞춰 구체적인 느낌들이 신체에서도 생기는 것이죠. 유명한 미국의 신경과학자 안토니오 다마시오Antonio Damasio는 이런 느낌을 '신체 표식'이라고 부릅니다.

감정과
사고의 연결

흔히 남자는 이성적이고 여자는 감성적이라고 생각하지만 다마시오는 남녀를 불문하고 사람은 누구나 이성과 감정이 연결돼 있다고 말합니다. 섣불리 동의하기 어려우시다고요? 뇌의 연결 관계를 보여주는 다음 그림을 보면 그 사실을 확인할 수 있습니다. 신호는 감각피질에서 측두통합피질로 이동한 뒤 전두통합피질을 거쳐 운동피질로 이동합니다. 이러한 상호 연결은 우리가 독서를 하고 생각하는 모든 과정에서 일어납니다.[11] 우리가 정보를 받아들이거나 무언가를 배우는 순간부터 뇌 속의 피질을 순환하면서 뇌 속을 흐릅니다. 시각, 청각, 촉각 등의 감각을 최초로 전달받는 감각피질에서 시작된 정보는 성찰 과정의 기억측두통합피질과 추상화 과정의 창조와 판단전두통합피질과 관련된 대뇌피질 영역으로 이어져 운동피질을 통해 행동으로 나타납니다. 이를 뇌의 학습프로세스라고 부릅니다.

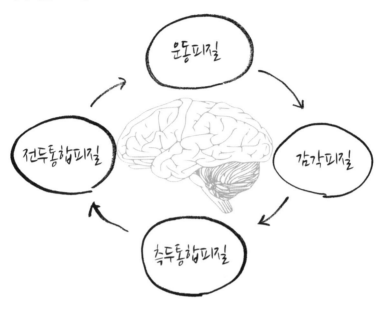

미국의 신경과학자인 조지프 E. 르두 Joseph E. LeDoux 는 이러한 차이가 인지보다 감정이 더 강력한 힘을 갖게 되는 경향을 설명해 준다고 말합니다. 즉, 사고가 감정에 미치는 영향보다 감정이 사고에 미치는 영향이 더 크다는 것이죠. 감정과 느낌에 영향을 미친다고 알려진 모든 피질들은 이와 같이 서로 연결되어 있습니다.

게으른 뇌의
기억법

느낌이 이성적 사고를 방해하는 바람에 잘못된 결정을 한 경험이 한

번쯤은 있을 겁니다. 반대로 느낌 덕분에 합리적 판단을 하기도 하죠. 어떻게 느낌이 합리적 사고를 방해하기도 하고 도움도 줄 수 있는 걸까요? 한꺼번에 많은 감정을 느낄 수 있는 인간의 특성 때문입니다. 문제가 잘 풀리는 느낌을 받으면 기분이 좋아집니다. 동시에 새로운 장난감에 시선이 끌리는 느낌을 받으면 집중력은 갑자기 흐트러집니다. 집중력이 필요하다고 생각하는 동안에도 다른 쪽에 정신을 빼앗깁니다. 고등학교 시절 중간고사 때 최인호의『겨울 나그네』에 푹 빠진 적이 있는데, 제 경우는 이렇게 집중력이 필요한 시험 때 오히려 소설이 읽고 싶어져서 기웃거리다가 어머니에게 혼쭐 난 경험이 더러 있습니다.

위험할수록 정신을 집중하라고 말하지만 당장 생명이 위급하다면 집중하는 것은 거의 불가능합니다. 어려운 문제를 풀어냈다는 기쁨도 매력적인 여학생이 말을 거는 순간 사소하게 느껴집니다. 우선순위 때문입니다. 뇌는 중요한 것에 먼저 집중합니다. 다양한 감각 신호가 뇌의 관심을 얻기 위해 몸 안에서 경쟁하는데, 그중 가장 강력한 감각 신호들에 뇌가 에너지를 투입하는 겁니다. 생각이 이 경쟁에서 승리하기 위해서는 다른 경쟁자들보다 더 강한 느낌을 만들어내야 합니다. 강한 느낌은 목적의식에서 나옵니다.

가령 기업의 마케팅 부서를 떠올려보겠습니다. 담당자는 결과를 분석합니다. 설문조사나 인터뷰 등을 통해 광고 만족도나 소비자의 의견 등을 조사하는 것이죠. 아시다시피 결과가 원하는 대로 나오는 경우는 거의 없습니다. 터무니없이 혹평을 하거나 심하게 불만을 표하는 경우가 더 많죠. 마케터는 데이터를 약간씩 손보고 싶은 유혹에 빠집니다. 원하는 결과를 만들겠다는 욕구가 데이터를 사실대로 냉철하게 바라보려 하는 이성을 방해하는 것이죠. 올바른 답을 원하지만 동시에 원하는 답이 나오기를 바라는 이 알 수 없는 느낌들이 경쟁합니다. 자신이 바라는 것에 집중하는 것은 자연스러운 현상이죠. 이때 주의력이 흐트러지지 않도록 뇌를 훈련하는 것은 어떨까요. 그것이 가능할까요? 그렇다고 생각하시는 분은 핵심을 놓치시는 겁니다. 집중은 훈련이 아니라 느낌 때문에 가능한 겁니다. 진정으로 원하는 것이라고 '느낄 때'에만 주의를 집중할 수 있습니다.

즐거운 느낌으로
독서 감정을 자극하라

컴퓨터라면 오랜 시간이 지난 후에도 잘 기억하지만 우리 뇌는 모든 기억을 장기기억으로 간직하지는 않습니다. 뇌의 기억 작용에는 장기기억 작용뿐 아니라 짧은 시간 동안만 기억하는 단기기억 작용도 있기 때문입니다. 예를 들면, 명함에 있는 전화번호를 보고 전화를 거는 동안만 기억하는 것은 단기기억 작용이며, 전화를 건 뒤에도 장기간에 걸쳐 전화번로를 기억하는 것은 장기기억 작용입니다.

장기기억은 두 가지로 나뉩니다. 첫째는 우리가 의식하는 의식기억, 둘째는 의식하지 못하는 무의식기억입니다. 독서를 하면 이 두 가지 기억에 정보가 저장됩니다. 버스 안에서 신경숙의 『엄마를 부탁해』를 읽다 눈물은 흘리는 것은 무의식기억 때문입니다. 프랑스 의사인 에두아르 클라파레드Edouard claparede는 기억상실증을 앓고 있는 환자가 매번 진료를 해도 자신을 기억하지 못하자 손에 핀을 숨기고 악수를 해서 환자의 손을 따끔하게 찔렀습니다. 다음번에 만났을 때 악수를 청하자 환자는 자신도 모르게 손을 뒤로 뺐습니다. 무의식기억 때문에 그런 겁니다.

행동, 믿음, 느낌은 모두 무의식기억에 저장될 수 있습니다. 아이들의 기억력을 끌어올리고 싶다면 의식기억뿐 아니라 무의식기억에도 주의를 기울여야 합니다. 아이들은 자신이 대답하는 것 이상을 알고 있습니다. 그것을 깨닫지 못할 뿐이죠. 아이들은 부모나 선생님이 설명하는 것 이상을 배울 수도 있습니다.

얼마 전 모 기업의 초청으로 특강을 진행한 적이 있습니다. 참석하신 분들의 반응이 좋았는데, 집으로 돌아오는 길에 강의 전체를 머릿속에서 다시 플레이시켰습니다. 그들의 눈빛과 제가 했던 말투까지 또렷하고 생생하게 떠오르더군요. 강의 중에는 초조하고 긴장해서 현장의 모습을 세세하게 포착하기 힘들었는데, 돌아오는 길에 그 상황에 대한 기억이 선명하게 떠오르는 겁니다. 여러분도 저와 비슷한 경험을 한 번쯤 해보셨을 겁니다. 좋았던 상황에 대한 긍정적 느낌이 당시의 경험을 떠올리는 데 도움이 된 것이죠.

느낌의 이러한 효과에 대해 생물학적으로 많은 연구가 진행되어 왔습니다. 강하고 충격적인 느낌은 더러 장기기억을 손상시킵니다. 특히 극심한 스트레스는 기억센터를 영구적으로 손상시켜 심한 우울증과 외상 후 스트레스 장애를 일으킬 수도 있습니다. 그런데 말입니다. 대입이나 취직 등 중요한 시험을 볼 때 초조하고 긴장하면서도 먼 훗날에 당시의 상황을 생생히 기억할 겁니다. 긴장감 등의 스트레스가 역설적으로 기억력을 증진시키기 때문입니다. 아드레날린이 후두피질을 자극해 장기기억을 증

가시키는 겁니다.[12]

의식기억과 무의식기억은 상호보완 관계입니다. 서로 보완만 잘한다면 그리 오랜 시간을 외우지 않아도 암기가 가능합니다. 암기하는 순간의 느낌이나 맥락을 떠올리면 보다 뚜렷하게 기억할 수 있는 겁니다. 다시 말해, 의식기억 속에만 저장하려고 영어단어를 기계적으로 달달달 외우는 것보다 영어단어에 대한 느낌이나 암기할 당시의 상황에 대한 느낌도 활용한다면 보다 오래도록 기억할 수 있는 것이죠.

가령 엄마가 아이에게 『프레드릭』레오 리오니 저을 읽어줄 때는 감정이나 느낌을 실어 읽는 것이 좋습니다. 시간이 오래 지나서도 아이는 엄마가 책을 읽어줄 때의 표정과 어조나 박자 등을 무의식기억으로 기억하기 때문입니다. 의식기억과 무의식기억은 서로 잘만 보완하면, 의식기억이 무의식기억에 콘텐츠를 제공합니다. 주인공의 이름이나 사건이 일어난 장소 등을 오래도록 기억하게 하는 것이죠. 대입이나 논술, 구술 시험과 같이 중요한 순간에 읽은 내용이 떠오르지 않으면 실로 곤란할 겁니다. 독서하는 순간의 느낌, 아이의 독서 감정을 활용한다면 이런 일들이 벌어지지는 않겠지요.

독서를 통해
자기를 이해하라

아이를 독서 영재로 키우는 두 번째 방법은 독서를 통해 자기를 이해할 것입니다. 독서를 하면 자신이 직접 체험할 수 없는 것을 알게 되는 동시에 자신과는 다른 인간의 모습, 삶의 방식이 눈에 들어옵니다. 이해를 돕기 위해 오스카 와일드의 나르키소스와 호수 이야기를 들려드리겠습니다.

어느 날 나르키소스가 호수에 빠집니다. 호수에 비친 자신의 모습을 너무 사랑한 나머지 입맞춤하려다가 그것이 자기 자신의 반사된 모습인 것을 알아차리고는 슬픔에 빠져 자살한 겁니다. 그러자 숲의 요정들이 호숫가로 몰려듭니다. 그런데 호수가 쓰디쓴 눈물을 흘리고 있었습니다. 어리둥절한 요정들은 호수에게 왜 울고 있는지 묻습니다. 호수는 나르키소스를 애도하고 있다고 대답합니다. 숲의 요정들은 그 이야기를 듣고 이렇게 말합니다.

"하긴 그렇겠네요. 우리도 나르키소스의 아름다움에 반해 숲에서 그를 쫓아다녔지만 사실 그대야말로 가장 가까이서 그의 아름다움을 바라볼 수 있었을 테니까요."

그러자 호수는 "나르키소스가 그렇게 아름다웠나요?"라고 되묻습니다.

"아름다웠냐구요? 당신만큼 잘 아는 사람이 어디 있겠어요? 나르키소스는 날마다 그대의 물결 위로 몸을 구부리고 자신의 얼굴을 들여다보았잖아요!"

놀란 요정들의 반문에 호수는 한동안 아무 말도 하지 않고 가만히 있다가, 조심스럽게 입을 뗍니다.

"나르키소스를 애도하고는 있지만, 그가 그토록 아름답다는 건 처음 알았네요. 사실 저는 그가 제 물결 위로 얼굴을 구부릴 때마다 그의 눈속에 비친 제 자신의 아름다운 영상을 볼 수 있어서 기뻤거든요. 그런데 그가 저를 너무 사랑한 나머지 빠져 죽었으니 이젠 저의 아름다운 모습을 볼 수 없잖아요."

오스카 와일드는 나르키소스의 아름다움을 부러워하는 요정 이야기를 하는 데 그치지 않고 그 아름다움 속에서 자신의 모습을 보는 호수의 시선에 주목합니다. 나르키소스를 그저 바라보기만 했던 요정들과 달리 호수는 나르키소스의 모습에서 자신을 찾았습니다. 그를 통해 자신의 모습을 봤고, 자신의 존재를 인식했습니다. 세상을 자신을 비추는 거울로 삼았습니다. 호수와 같은 자기 이해는 아이가 성장하고 독서량이 증가함에 따라 '자기 이해→대인관계→사회관계'로 점차 확장됩니다.

저 역시 어린 시절에 선생님이 읽어주셨던 한 권의 책을 통해 자기 이해를 경험한 적이 있습니다. 초등학교 3학년 때 출산으로 자리를 비운 담임선생님을 대신해 임시 담임이 오셨습니다. 교육대학원 진학을 준비하신다는 젊은 선생님은 몇 가지 실험적인 수업을 하셨습니다. 그중 두

가지가 지금도 기억납니다. 첫 번째는 매주 열렸던 퀴즈대회였습니다. 먼저 선생님이 퀴즈를 내시고 정답을 맞힌 아이가 퀴즈를 내는 방식이었습니다. 아이들은 매주 새로운 퀴즈를 궁리해 왔습니다. 만화가게를 한 덕분에 집에 퀴즈에 관한 책이 많았고 몇 권을 독파해서 당시 저는 퀴즈왕으로 통했습니다. 두 번째는 수업을 일찍 마치고 매일같이 아이들에게 읽어주셨던 책 읽기 수업이었습니다. 선생님이 읽어주셨던 책의 제목은 『암굴왕』이었습니다. 내용이 복잡해서 그 의미를 전부 알아듣지는 못했지만 일단 이야기는 너무 재미있었습니다. 특히 주인공 몬테크리스토 백작이 등장할 때마다 귀를 쫑긋 세우고 마치 제가 배신당한 주인공이라도 된 것처럼 빠져들었습니다.

덕분에 중학생이 된 후에 『논어』를 읽으면서 공자의 제자 중에 누가 가장 저와 비슷한지를 생각하는 데 집중했습니다. 그런 의미에서 사마천의 『사기』는 배우기에, 꿈을 꾸기에, 빠져들기에 더없이 좋은 책이었습니다. 그 분량이 너무도 방대하여 부득이하게 쉽게 풀어쓴 중학생용을 선택했지만, 『사기』라는 큰 바다로 향하는 문을 열어주는 역할은 톡톡히 했습니다. 읽는 내내 이런 생각을 했습니다.

'나는 사기의 수많은 인물 중에서 어떤 사람이 되고 싶은가?'

멋있기야 항우가 멋있습니다. 인물의 삶이 한 편의 영화와 다름없습니다. 그러나 그렇게 살기에는 천성적인 차이가 너무도 큽니다. 유방처럼 살기도 힘듭니다. 그는 젊은 시절 사실상 건달, 그러니까 협객이었죠. 소진과 장의처럼 세 치 혀로 세상을 뒤흔들 재주도 없습니다. 몸이 약한 것은 장량이나 저나 비슷하여 마음이 가지만, 숙제에 치여 사는 중학생과는 달리 그는 이미 이름만으로도 찬란한 '장량'이었습니다.

'그렇다면 나는 누구처럼 살아야 하는가?'

두 가지 답이 떠올랐습니다. 첫째, 찾을 때까지 더 읽어볼 것. 둘째, 그런 사람이 없다면 나만의 '사기'를 만들어나갈 것. 이런 식으로 저는 독서의 참맛에 빠져들 수 있었습니다.

글쓰기 연습을 통해 문해력을 키워라

아이를 독서 영재로 키우는 세 번째 방법은 글쓰기 연습을 통해 문해력을 키울 것입니다. 책을 읽고 발표하는 줌 수업에서 학생들에게 독후감을 과제로 내준 적이 있습니다. 한 학생이 화면에 자신이 제출한 독후감 화면을 공유하면서 죽 읽어 나갔습니다. 독후감을 숙제로 생각한 탓입니다.

"경민 양, 화면 공유하지 말고 자신이 쓴 글을 말하듯이 발표하세요."

학생들은 당황했죠. 학교에서 한번도 '말하기' 교육을 받은 적이 없었던 겁니다.

"여러분에게 독후감을 제출하라는 것은 그 글을 읽으라는 뜻이 아닙니다. 수업 전에 생각을 정리하고 그 정리된 생각을 바탕으로 말을 해나가라는 겁니다."

이런 수업을 학원에서는 3분 스피치라고 부릅니다. 그제야 학생들은 따라 읽기를 멈추고 독후감을 바탕으로 상대의 생각과 자신이 정리한 내용을 엮어서 발표하기 시작했습니다. 말하기 실력은 이렇게 탄탄한 글쓰기가 바탕이 되어야 향상됩니다.

학원에서 진행되는 독서수업에서도 대개 한 달에 두 권의 책을 읽습니다. 학부모님들을 대상으로 진행하는 학부모 독서교실에서도 마찬가지입니다. 단순히 읽고만 끝나는 것이 아닙니다. 한 권에 대해 1,500자 내외로 줄거리와 내용을 정리하도록 가르칩니다. 좋았던 부분, 감명받은 표현, 혹은 문장 중에 언급된 사고방식에 찬성하는지 반대하는지에 대해서도 적게 합니다. 쓰기를 하면 읽기만 해서는 좀처럼 습득할 수 없는 '판단력', '구성력', '집중력'이 키워지기 때문입니다. 글쓰기를 시작할 때 아이들의 머릿속에서는 질서 없이 아무것이나 튀어나옵니다. 버릴 것과 글로 쓸 것을 구별하는 데에 신경을 쓰면서 생각을 정리해 나갑니다. 그런 시행착오를 반복함으로써 무엇을 어떻게 적으면 좋은가를 결정하는 능력이 생기죠. 그것이 '판단력'입니다. 동시에 문장의 논리를 세우고자 고민하게 됩니다. 자연스럽게 '구성력'이 키워지는 것이죠. 이런 작업은 '집중력'이 없으면 좀처럼 진행하기 어렵습니다. 그러므로 글쓰기를 통해 판단력, 구성력 그리고 집중력이 키워지는 겁니다. 이런 능력은 많이 쓸수록 자연스럽게 길러집니다.

7.
유아·초등학생을 위한
창의융합독서법

코로나19로 밖에 나가지 못하는 아들과 함께 종종 닌텐도 스위치의 피파FIFA21 게임을 합니다. 저는 강팀을, 아들은 약한 팀을 선택합니다. 그래도 도무지 이길 수가 없더군요. 아들은 드리블을 잘합니다. 세 명 정도 제치는 것은 기본이죠. 저는 패널티 에어리어 부근에까지 공이 가면 무조건 A버튼을 눌러 슈팅을 합니다. 안으로 깊숙이 침투하면 빼앗길 게 뻔해서 어떻게든 찬스다 싶으면 골대로 날리는 거죠. 코너킥이라도 얻으면 골대 가까이 차서 요행을 바랍니다. 한 점 승부에서는 가끔 이런 방식으로 이기기도 합니다. 물론 제가 선택한 팀이 맨유나 토트넘 같은 강팀인 경우에나 가능한 일이지만요.

매번 지다 보니 아들의 공격방법을 연구하게 되더군요. 공격에서 일정한 규칙성을 발견할 수 있었습니다. 아들은 항상 세 가지 상황에서만 슈팅을 하더군요. 첫 번째는 가장 빠른 공격수의 위치를 확인하고 미드필더가 초반에 공을 넘겨줍니다. 그 공격수는 쏜살같이 서너 명을 제치고 낮은 각도로 슛을 쏩니다. 가장 즐겨 하는 방법인데, 실점하는 제 입장에서 가장 기분이 나쁘죠. 두 번째는 미드필더가 중반에서 시간을 번 뒤 Y버튼을 눌러 공중 패스로 공격수에게 넘겨줍니다. 오프사이드를 피하기 위한 방법입니다. 세 번째는 코너킥을 유도하여 센터링을 페널티 에어리어 부근으로 올려서 가볍게 슈팅합니다. 예전에 독수리라는 별명을 가진 국가대표 최용수 선수가 즐겨 하던 방법과 비슷합니다만 헤딩이 아니라 킥으로 슈팅을 한다는 점이 다릅니다. 이 세 가지 상황이 아니면 절대 슈팅을 시도하지 않더군요. 자신의 팀이 강팀이라면 첫 번째 방법을 주로 사용하고, 약팀이라면 두 번째 방법을 주로 사용한다는 사실도 발견할 수 있었습니다. 사실 실제 축구 경기도 마찬가지입니다. 일정한 패턴에 따라 실수하지 않고 슈팅할 수 있는 팀이 강팀입니다.

독서는 어떤가요. 무조건 많이만 읽히는 것은, 제가 하는 패턴 없는 축구와 같습니다. 독서에도 일정한 패턴에 따라 읽히는 전략이 필요합니다. 글을 안다고 책을 읽을 수 있는 건 아닙니다. 글의 의미가 와 닿을 때 비로소 읽힙니다. 생각덩어리가 만들어지기 때문입니다. 독서를 제대로 한다면 통찰과 성찰을 주는 생각덩어리가 만들어집니다. 이 생각덩어리를 만들어내지 못하면 독서능력이 학업능력을 끌어올리기 어렵습니다.

생각덩어리를 활용하는 유리알 유희

이 생각덩어리라는 개념은 독일의 대문호 헤르만 헤세Hermann Karl

Hesse로부터 가져왔습니다. 헤세는 『유리알 유희』라는 작품에서 생각덩어리를 '유리알'이라고 부릅니다. 유리알은 '우리 문화의 내용과 가치 전체'를 말합니다.[13] 생각덩어리와 유리알의 의미는 조금은 차이가 있지만 우리 몸속에서 그것들이 만들어지는 위치는 같습니다. 바로 뇌죠. 인간 뇌의 특성을 밝히기 위해서는 집에서 언제나 반갑게 맞아주는 강아지의 뇌보다는 알파고 제로와 같은 인공지능과 비교하는 것이 낫습니다.

인간의 뇌는 100조 개의 뇌세포로 구성되어 있고 과거에 일어난 일이나 습득한 지식을 그 속에 축적하고 있습니다. 다만 정보를 자유자재로 끄집어낼 수 있는 알파고 제로와 달리 인간의 뇌는 기억한 것의 극히 일부분밖에 꺼내지 못합니다. 그러나 인간의 뇌는 수많은 정보를 뉴런과 시냅스에 축적하고 있습니다. 사람은 잊어버리는 것이 아니라 정보를 뇌에 축적한 후에 끄집어내지 못할 뿐입니다.

잊고 있지만 꺼낼 수 있도록 축적되어 있는 것을 저는 인간만이 가지고 있는 '여유'라고 생각합니다. '여유'는 인문학적인 의미로 일종의 '인간적인 행동'입니다. 즉 '바로 꺼내 쓸 수 있는' 정보는 얼마 되지 않지만 방대한 양의 정보가 '바로 꺼내 쓸 수 없는 형태'로 뇌에 축적되어 있는 것입니다. 꺼내어 쓰는 것을 헤르만 헤세는 '유희'라고 부릅니다. 뇌 속에 축적된 생각덩어리는 '여유'를 통해 밖으로 나옵니다.

가령 수능시험을 앞두고 논술준비를 한다고 해보겠습니다. 대략의 범위를 가늠하고 몇 가지 읽어야 할 도서목록을 봅니다. 목록을 보니 이미 상당수의 책을 읽었습니다. 그런데 읽은 책의 내용이 기억나지 않습니다. 어떻게 하면 좋을까요? 서점에서 책을 사거나 친구에게 빌려야 할 것입니다. 그런데 만약 책장에 읽은 책이 꽂혀 있다면 어떨까요? 꼼꼼히 메모

대치동 초등독서법

를 하고 책의 앞장과 뒷장에 느낌까지 기록해 두었다면, 대강 훑어도 옛날에 읽은 기억이 떠오를 겁니다. 머릿속에 읽은 내용의 줄기와 당시의 느낌이 고스란히 남아 있기 때문이죠. 전혀 모르는 책이 도서목록에 있었다면 도저히 불가능했을 일입니다.

이와 같이 바로 꺼내 쓸 수 없는 형태로 뇌에 축적된 지식은 영원히 끄집어낼 수 없는 것이 아니라 약간의 기억만 더듬으면 얼마든지 다시 꺼내 쓸 수 있습니다. 뇌에 '여유'가 있기 때문에 가능한 것입니다. 이런 뇌의 여유는 저절로 만들어지지 않습니다. 뉴런, 시냅스, 미엘린을 통한 학습 프로세스로 만들어집니다.

뇌의 학습 프로세스

운동으로 근육을 단련시키듯, 뇌는 스스로 생각을 단련시킬 수 있습니다. 하지만 발달단계에 맞는 적절한 운동이 건강으로 이어지듯 뇌를 단련시키기 위해서는 발달단계에 맞는 독서가 필요합니다. 이해를 돕기 위해 간단한 사례 하나를 살펴보겠습니다. 전기가 있기 전에 우리나라는 촛불이나 호롱불, 램프 등을 사용하고 있었습니다. 어느 날 미국에서 에디슨Thomas Edison이라는 사람이 전구를 발명했다는 소식이 들려옵니다. 고종 황제가 전구를 수입하기 위해 미국에 사람을 보냅니다. 답변이 왔습니다.

"당신네 나라에 전기는 있습니까?"

전구를 사용하려면 전기가 필요하다는 말에 황제는 댐을 건설하고 전기를 만드는 발전소를 설립합니다. 전구는 발전소와 전선 등이 마련되어야 설치 가능합니다. 서울 주요지역에 전선이 설치되었습니다. 이제 에디슨은 우리나라에 전구를 판매합니다. 전구의 편리함이 소문나자 부산, 인천, 대구, 광주 등에서도 전구 사용을 요청합니다. 발전소에서 먼 지역까지 전기를 보내야 하니, 중간 지점에 송전탑을 세워 전선을 연결합니다. 송전탑을 중심으로 전선이 연결되면서 먼 지역까지 전기가 보급됩니다. 산골과 농촌에도 전선을 놓아달랍니다. 연장과 연결을 통해 우리나라 구석구석까지 빠짐없이 전기가 보급되자 드디어 모든 국민들이 촛불이나 호롱불 대신 전구를 사용하게 됩니다.

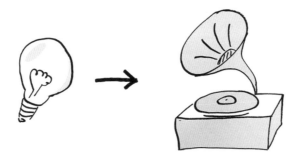

전기가 보급되자 이번에는 미국에서 발명한 전기축음기가 유행합니다. 우리나라는 즉시 전기축음기를 수입합니다. 이미 구축된 전선의 인프라 덕분에 전기축음기는 훨씬 짧은 기간에 보급됩니다. 식당과 카페에서 전기축음기를 사용하고 저녁마다 옹기종기 앉아서 음악을 듣는 가정이 늘면서 새로운 문제가 생깁니다. 전선에 과부하가 걸린 겁니다. 전력이 너무 부족하다는 불만이 접수되기 시작합니다. 저녁마다 전기가 끊기는 경우가 발생합니다. 같은 시간대에 전기사용이 몰린 것입니다.

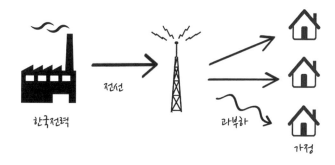

한국전력은 전기축음기 등 사용자가 많은 지역을 중심으로 두꺼운 전선으로 교체합니다. 교체하면서 절연물질로 코팅하여 열전도율뿐만 아니라 내구성도 높입니다. 한꺼번에 많은 양의 전기를 사용할 수 있게 됩니다. 한국전력은 사람들의 요구와 전기 사용량에 따라 업무의 우선순위를 구분하여 전선을 확장, 연결하는 작업을 계속 해나갑니다.

뉴런과 시냅스
그리고 미엘린

전선 설치 과정은 우리 머릿속의 정보가 이동하는 과정과 같습니다. 우리나라는 뇌, 전선은 뉴런Neuron, 전선 사이를 연결하는 송전탑은 시냅스Synapse, 전선을 절연물질로 코팅하거나 땅에 매립해서 내구성을 강하게 만드는 것은 미엘린Myeline에 비유할 수 있습니다. 한국전력의 전기 공급은 뇌 속에서 일어나는 정보의 전달이며, 전선이 확장되는 과정은 책을 읽을 때 머릿속에서 일어나는 과정과 같습니다.

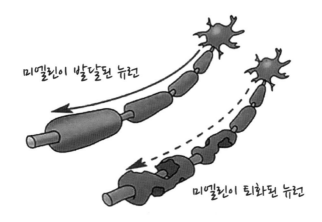

미엘린이 발달된 뉴런

미엘린이 퇴화된 뉴런

　태어날 때부터 머릿속에는 수많은 뉴런이 존재합니다. 세 살 정도만
되면 스무 살 성인 뇌의 80퍼센트가 형성되어 있습니다. 책을 읽거나 공
부를 하면 뇌가 자극을 받습니다. 자극은 저장할 곳을 찾거나, 이미 알고
있는 정보와 결합하여 뉴런이 됩니다. 새로운 뉴런이 만들어지고, 뉴런
끼리 연결되어 시냅스가 됩니다. 연장되고 연결되는 전선처럼 뉴런도 연
장과 연결을 반복합니다. 반복하는 동안 기존 지식에 새로운 지식이 추
가됩니다. 프랑스 파리에 관한 책을 읽고 파리에 여행을 가고 파리를 배
경으로 하는 영화를 보면서 파리에 대한 정보가 쌓이면 정보층이 두터워
진 '파리 뉴런'에는 미엘린이라는 물질이 생깁니다. 뉴런을 감싸는 미엘
린은 전선의 피복과 같습니다. 자극을 반복적으로 받으면 미엘린이 뉴런
의 표면을 감쌉니다. 전선을 코팅하면 전기 신호가 덜 유실되고 전압은
더 강하게 전달되듯 정보는 뉴런을 타고 더 확실하고 빠르게 이동합니
다. 뇌는 정보를 깊이 받아들일수록 단련되고, 성장하며, 발달됩니다. 뉴

대치동 초등독서법

런, 시냅스, 미엘린 때문입니다.

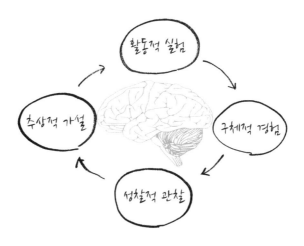

앞에서 우리는 머릿속에 정보가 입력되어 외부로 표출되는 과정에서 감각피질, 측두통합피질, 전두통합피질, 운동피질의 4단계를 거친다고 배웠습니다. 뇌 과학자 데이비드 콜브David A. Kolb 박사는 구체적 경험, 성찰적 관찰, 추상적 가설, 활동적 실험이라는 명칭을 부여했습니다. 구체적 경험은 외부로부터 정보가 뇌로 들어오는 시각, 청각, 후각, 촉각, 미각 등을 말합니다. 성찰적 관찰은 받아들인 자료를 원래 자신이 가지고 있었던 정보들과 비교하는 것을 말합니다. 추상적 가설은 관찰한 정보를 바탕으로 행동으로 옮길 방법이나 계획을 세웁니다. 활동적 실험은 방법이나 계획을 행동으로 옮깁니다. 이 행동의 결과는 다시 뇌에 축적되어 배경지식이 됩니다. 책을 읽거나 수업 시간에 무언가를 배우는 순간, 정보는 순환하면서 뇌 속에 흐릅니다. 이 순환을 통해 뉴런이 자라고 시냅스가 만들어지게 됩니다. 그러나 4단계를 모두 거쳤더라도 단계별로 미엘린의 두께가 같지 않기 때문에 표출하는 결과물은 천차만별입니다. 5장에서 살펴본 〈독서교육 사고유형 분류표〉를 뇌의 학습 프로세스에 대입시키면 다음과 같은 그림이 그려집니다.

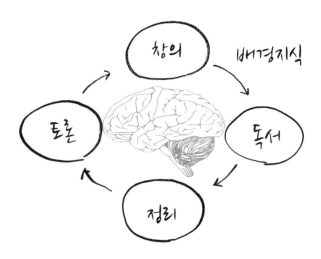

독서는 자발성이 필요한 고도의 학습과정입니다. 초등학교 사회시간의 역사 수업을 떠올려보겠습니다. 위화도 회군으로 조선을 건국했다는 내용을 배웠다고 치죠. 같은 내용을 배워도 뇌에 보내는 신호의 정확도는 사람마다 차이가 있습니다. 교과서는 물론이고 『재미있다! 한국사 3』 구완회 저과 같은 책을 읽으며 이성계의 결정에 대해 다른 사람들에게 설명할 수 있을 정도로 깊이 이해하는 학생이 있습니다. 깊은 이해로 강력한 사고력이 생깁니다. 반면에 역사적인 사실을 연도별로 대강 눈으로만 훑고 고려를 무너뜨렸다는 결론만 이해하고 넘어간 학생도 있습니다. 당연히 이 두 사람의 뉴런을 감싸는 미엘린의 두께는 다릅니다. 어쩌면 두 학생 모두 기말고사에서 만점을 받았을지도 모릅니다. 시험이 쉽다면 말입니다. 점수가 같다고 실력까지 같은 건 아닙니다. 시험이 쉬워서 실력 차이가 드러나지 않았을 뿐입니다. 만약 시험이 어려웠다면 당장 점수에서 유의미한 차이가 났을 것입니다. 최근 수능 국어가 어려워지고 있는데, 변별력을 고려해서 그런 것이죠.

독서는 정리, 토론, 창의, 배경지식의 융합 과정

조별 수업을 진행하다 보면 잘하는 학생이 속한 그룹에 포함되는 아이들은 기뻐합니다. 자신이 열심히 하지 않아도 성적이 잘 나올 것을 기대하기 때문입니다. 이는 잘못된 태도입니다. 가벼운 지식으로 좋은 성적을 받아도 결국 혼자서 시험을 봐야 하는 수능시험장이나 입사시험장에 들어가면 진짜 실력이 필요하기 때문입니다. 이런 경우 저는 나머지 조원들에게 질문하거나 답변하는 역할을 부여합니다.

성공의 기회는 누구에게나 동등합니다. 처음에는 못했다고 끝까지 못하리라는 법은 없습니다. 오히려 절치부심하면 마지막에 역전할 수 있습니다. 그럼에도 불구하고 모두가 성공하지는 못합니다. 성공의 기회가 다가왔을 때, 꺼내어 쓸 수 있는 저수지의 크기가 다르기 때문입니다. 미리부터 채워둔 이 저수지의 크기가 바로 실력입니다. 한 권의 책을 읽어도 정확하게 읽어낸 학생과 그렇지 못한 학생은 격차를 보일 수밖에 없습니다. 정확하게 책을 읽는 방법은 앞에서 소개한 바와 같이 읽은 뒤 정리하고, 토론하며, 창의적인 생각으로 연결하는 것입니다. 이것이 바로 브레인 독서법 혹은 창의융합독서법입니다.

　창의융합독서법은 독서습관이 잡힌 초등 고학년 상위권 학생이라면 적용해 볼 만한 방법입니다. '라이프 오브 파이'라는 영화를 보신 분들이 계실지 모르겠네요. 이 영화에는 리처드 파커라는 호랑이가 등장하죠. 제가 리처드 파커라는 이름을 처음으로 접했던 것은 에드가 앨런 포의 소설 『낸터킷의 아서 고든 핌 이야기』에서였습니다. 이 책을 통해 저자와 독자가 토론하는 창의융합독서법을 살펴보겠습니다.

[창의융합독서법 1단계] 연결되는 도서 함께 읽기

　리처드 파커는 '라이프 오브 파이'라는 영화에서는 호랑이지만 『낸터킷의 아서 고든 핌 이야기』라는 책에서는 난파선에서 살아남은 네 명의 생존자 중에 하나입니다. 영화 '라이프 오브 파이'의 원작인 『파이 이야기』에서 작가 얀 마텔은 『낸터킷의 아서 고든 핌 이야기』의 내용을 곳곳에서 오마주하고 있습니다. 『낸터킷의 아서 고든 핌 이야기』의 '핌'과 비슷하게 주인공의 이름을 '파이'로 지은 것과 호랑이의 이름을 '리처드 파커'로 지은 것 역시 이 책의 연결고리에 해당합니다.

　그런데 영화를 보면서 궁금한 게 있었습니다. 네 명의 생존자 중에서 왜 하필 호랑이의 이름으로 리처드 파커를 선택했을까요? 『낸터킷의 아서 고든 핌 이야기』에서 핌을 도와 마지막까지 함께 살아남는 인물은 더크 피터스인데 말이죠. 리처드 파커는 주인공이 아니라 갈등을 일으키는 일종의 상대역입니다. 등장인물을 한번 분석해 보겠습니다.

등장인물 분석

	파이 이야기(라이프 오브 파이)	낸터킷의 아서 고든 핌 이야기
주인공1	파이(Pi)	핌(Pym)
주인공2	리처드 파커(Richard Parker)	더크 피터스(Dierk Peters)
조력자	오랑우탄(오렌지 주스) -동물원에서 함께 생활했으며 실제로는 파이의 엄마	어거스터스(Augustus) -난파선 그램퍼트 호에 함께 탑승한 핌의 친구
상대역	하이에나	리처드 파커(Richard Parker)
희생자	얼룩말	리처드 파커+어거스터스

『낸터킷의 아서 고든 핌 이야기』에서는 식량이 떨어지자 리처드 파커는 주인공 핌에게 제안을 하죠.

"이대로 가다간 우리 모두 죽을 거예요. 우리 넷 중에 한 명이 희생해서 세 사람을 살리는 게 어때요?"

이 말에 깜짝 놀란 핌은 극구 반대합니다.

"아냐. 그래선 안 돼. 그럴 순 없어. 지금 누워 있는 저 두 사람도 동의하지 않을 거야."

"알아요. 하지만 선택의 여지가 없잖아요. 다른 사람들 의견도 들어봅시다."

핌은 어쩔 수 없이 더크 피터스와 어거스터스에게 리처드 파커의 제안을 전합니다. 핌의 예상과 달리 둘은 찬성을 합니다.

"그래! 어차피 이대로 가다가는 다 죽어. 네 명 모두 죽는 것보다는 셋이 사는 게 낫지."

이에 리처드 파커는 나뭇가지 제비뽑기로 가장 짧은 가지를 뽑는 사람이 죽는 것으로 정하자고 제안하죠. 마침내 운명의 시간이 돌아왔습니다. 팔이 부러져서 몸 상태가 가장 나쁜 어거스터스는 긴 것을 뽑았습니다. 더크 피터스 역시 긴 것을 뽑았습니다. 이제 두 개가 남았습니다. 리처드 파커와 아서 고든 핌 두 명 중에서 한 명이 죽고 나머지가 살게 될 겁니다. 마침내 리처드 파커의 차례, 그가 뽑은 것은 놀랍게도 짧은 가지였습니다.

사실 나머지 사람들은 리처드 파커가 괘씸했습니다. 자신들이 살려준 거나 마찬가지니까요. 하지만 선택의 여지는 없었고 그의 뜻을 따를 수밖에 없었습니다. 다행히 리처드 파커가 걸렸습니다. 뿌린 대로 거둔다는 말처럼 짧은 것을 뽑자마자 기다렸다는 듯이 더크 피터스가 칼을 뽑아 리처드 파커를 쓰러뜨립니다. 덕분에 나머지 셋은 살아납니다.

다시 항해는 시작되고 어거스터스는 팔에 난 상처가 덧나는 바람에 도중에 세상을 떠납니다. 두 명의 생존자 아서 고든 핌과 더크 피터스는 남극을 탐험하는 배에 구조되어 또 다른 여행을 하게 되고, 마침내 구출되어 영국의 낸터킷으로 무사히 돌아오게 됩니다.

『파이 이야기』에서는 호랑이 리처드 파커와 같은 배를 타고 여행해야 할 신세가 된 파이가 이렇게 말합니다.

"어떤 면에서 난 행운아였다. 멍청하거나 못생긴 동물과 끝을 맞이하게 됐다면 어땠을까? 멧돼지나 타조, 칠면조 떼와 생을 마감했다면? 그런 동물들과 같이 있는 것은 더 견딜 수 없었을지 모른다."

『낸터킷의 아서 고든 핌 이야기』에서 핌 역시 더크 피터스의 명민함에 감사를 표합니다.

"나는 기절을 했고 피터스가 떨어지는 나를 받았다. 그는 벼랑 아래서 내가 내려오는 것을 보고 있다가 내 위기를 감지하고 모든 방법을

대치동 초등독서법

동원해 나에게 용기를 주었다."

『파이 이야기』의 호랑이 리처드 파커가 더크 피터스를 모델로 했다는 것을 분명하게 보여주는 대목입니다. 그런데 왜 호랑이의 이름을 더크 피터스가 아니라 리처드 파커로 지었을까요.

파이 이야기(라이프 오브 파이): 파이 × 리처드 파커
낸터킷의 아서 고든 핌 이야기: 핌 × 더크 피터스

여러분의 추측을 돕기 위해 한 가지 설명을 덧붙여야겠습니다. 『낸터킷의 아서 고든 핌 이야기』에서 핌과 어거스터스가 탑승한 그램퍼트 호에서는 해적들이 반란을 일으킵니다. 해적무리에 속했던 더크 피터스는 해적 우두머리에 반감을 느끼는 인물입니다. 그는 선장을 대신해서 배에 영향력이 있는 어거스터스에게 접근하여 해적 우두머리를 처단할 반란을 계획합니다. 핌도 합류합니다. 반란을 소탕하고 다시 배를 차지한 더크 피터스, 어거스터스, 핌, 세 명은 항해를 계속합니다.

배를 정리하는 도중 기절해 있었던 해적무리에서 리처드 파커가 깨어납니다. 모두 총을 맞았지만 그는 머리에 타박상을 입고 쓰러졌던 겁니다. 당황한 세 사람은 고민 끝에 리처드 파커를 합류시켜 항해를 계속하기로 결정합니다. 핌과 어거스터스 그리고 더크 피터스는 공동운명체입니다. 반면 리처드 파커는 해적 소속으로 이질감이 느껴지는 인물입니다. 생존을 위해서는 필요하지만 언제든 자신들을 위협할 수도 있는 존재이죠.

『파이 이야기』에서 파이와 함께 생존하는 호랑이는 더크 피터스 같은 아군이 아닙니다. 언제든지 파이를 위협하고 심지어 죽일 수도 있는 적군 같은 존재죠. 그런 면에서 파이와 함께 여행하는 호랑이는 더크 피터스보다는 리처드 파커를 더 닮았습니다. 『파이 이야기』의 저자 얀 마텔은 파이가 생존한 것은 더크 피터스와 같은 조력자의 우정과 협력이 아니라 리처드 파커와 같은 상대편이 주는 경계와 긴장감 때문이었다고 강조하고 싶었습니다. 그 긴장 상태가 삶의 욕구를 자극했고 흐려지는 삶의 의지를 북돋아 주었다는 것이죠. 마지막에 파이가 일본 영사관 직원들에게 들려주는 또 다른 이야기는 파이의 공포가 분노로 변하고 그 분노가 긴장이 되어 삶에 대한 강력한 욕구로 작용할 수밖에 없었던 이유를 설명하는 장치라고 볼 수 있습니다.

창의융합독서법 1단계

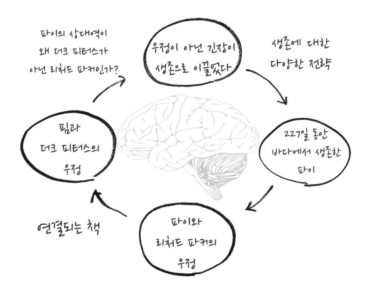

지금까지 정리한 내용을 뇌의 학습프로세스에 대입시킨 것입니다. 이 것이 창의융합독서법의 핵심입니다. 우리의 뇌는 게으릅니다. 사용하지 않는 자원을 절약하여 아낀 부위의 힘을 다른 부위의 뇌에 사용하기 때 문입니다. 인지신경과학자인 자넷 재디나 Janet Zadina 는 이런 뇌의 게으른 성향을 자극하기 위해 능동적으로 독서에 참여하고 읽은 것을 확인하라 고 강조합니다. 한정된 시간 동안 제한된 책을 읽을 수밖에 없는 학생들 이 학습량을 늘리는 유일한 방법은 새로 읽은 책을 과거에 읽었던 다른 책이나 사건과 연결하는 것입니다. 이렇게 연습을 해야 학습한 것을 영 구적으로 보관할 수 있습니다. 단순히 수업을 듣기만 하는 대신 능동적 으로 일정한 활동을 해야 성과를 거두는 것과 같은 이치죠.

[창의융합독서법 2단계] 독서를 바탕으로 현실 문제해결하기

코로나19로 극장을 가지 못하는 바람에 가족들과 집에서 넷플릭스로 영화를 자주 봅니다. 넷플릭스를 검색하다 보니 마침 '라이프 오브 파이' 가 있더군요. 아이들과 함께 손에 땀을 쥐게 하는 그 영화를 보았습니다. 영화에 흥미를 느끼는 아이들에게 리처드 파커와 더크 피터스에 관한 이 야기를 해주었습니다. 신기해하면서도 아이들은 한 귀로 듣고 다른 한 귀로 흘려들었습니다. 그러던 어느 날 초등학교 6학년인 아이가 이런 질 문을 하더군요.

"아빠, 리처드 파커가 실존인물이에요? 선생님이 수업시간에 설명해 주신 자료에 등장하네요."

아들은 학교에서 받은 유인물을 보여주었습니다.

"1884년 여름, 영국 선원 네 명이 작은 구명보트에 올라탄 채 육지에서 1,600킬로미터 떨어진 남대서양을 표류했다. 이들이 타고 있던 미뇨네트 호는 폭풍에 떠내려갔고, 구명보트에는 달랑 순무 통조림 캔 두 개뿐, 마실 물도 없었다. 토머스 더들리가 선장이었고, 에드윈 스티븐슨은 일등 항해사, 에드먼드 브룩스는 일반 선원이었다. 신문은 이들이 '모두 훌륭한 사람들'이었다고 전했다. 네 번째 승무원은 잡무를 보던 열일곱 살 남자아이 리처드 파커였다. 고아인 파커는 긴 항해를 떠나기는 이번이 처음이었다. 파커는 친구들의 충고도 무시한 채 '젊은이의 야심을 품고 희망에 가득 찬' 항해에 참가했고, 이번 여행으로 남자다워질 수 있으리라 생각했다. 안타깝게도 현실은 그렇지가 못했다.

구명보트를 타고 표류하던 네 선원은 수평선을 바라보며 지나가던 배가 구조해 주기를 기다렸다. 처음 사흘 동안은 순무를 정해놓은 양만큼 조금씩 먹었다. 나흘째 되던 날은 바다거북을 한 마리 잡았다. 이들은 바다거북과 남은 순무로 연명하며 며칠을 더 버텼다. 그리고 여드레째 되던 날, 음식이 바닥났다. 이때까지 파커는 구명보트 구석에 누워 있었다. 다른 사람의 충고를 무시하고 바닷물을 마시다가 병이 단 탓이다. 곧 죽을 것만 같았다. 고통스럽게 하루하루를 보내다가 19일째 되던 날, 선장 더들리는 제비뽑기를 해서, 다른 사람을 위해 희생할 사람을 정하자고 했다. 하지만 브룩스가 거부하는 바람에 실행에 옮기지 못했다. 다음 날도 배는 보이지 않았다. 더들리는 브룩스에게 고개를 돌리라고 말하고는 스티븐슨에게 파커가 희생되어야 한다고 몸짓으로 전했다. 더들리는 기도를 올리고, 파커에게 때가 왔다고 말한 뒤 주머니칼로 파커의 경정맥 급소를 찔렀다. 양심상 그 섬뜩한 하사품을 거절하던 브룩스도 나중에는 자기 몫을 받았다. 나흘

대치동 초등독서법

간 세 남자는 남자 아이의 살과 피로 연명했다. 그리고 24일째 되던 날, 아침 식사를 하고 있을 때 드디어 배가 나타나 생존자 세 명이 모두 구조되었다. 이들은 영국으로 돌아가자마자 체포되어 재판을 받았다. 브룩스는 검찰 측 증인으로 출석했고, 더들리와 스티븐슨은 재판에 회부되었다. 이들은 파커를 죽여 그를 먹은 사실을 순순히 자백했다. 그리고 어쩔 수 없었다고 주장했다."

읽어보니 마이클 샌델 교수의 『정의란 무엇인가』에 등장하는 사례였습니다. 1838년에 출간된 소설 『낸터킷의 아서 고든 핌 이야기』과 똑같은 상황이 실제로 1884년에 일어났던 겁니다. 심지어 희생자의 이름까지 '리처드 파커'로 동일합니다. 마이클 샌델 교수는 이 사건에 대해 여러분이 판사라면 어떤 결정을 내리겠느냐고 묻습니다. 그 남자아이를 죽인 짓이 도덕적으로 허용될 수 있는 행위인가를 결정해 보자는 거죠. 생존자들은 그 끔찍한 상황에서는 한 사람을 죽여 세 사람을 살릴 수밖에 없었다고 주장합니다. 『낸터킷의 아서 고든 핌 이야기』에서 리처드 파커가 제안한 내용과 같은 주장입니다. 누군가를 죽여서 먹지 않으면, 네 사람 모두 죽을 판이죠. 소설에서의 나약하고 병에 걸린 핌의 친구 어거스터스나 미뇨네트 호 사건에서의 파커가 적절한 후보였을 겁니다. 더구나 어거스터스나 파커는 부양가족이 없었습니다. 그가 죽는다고 해서 살길이 막막해질 사람도, 슬퍼할 아내나 아이도 없었다는 말입니다.

이 주장은 적어도 두 가지 반박에 맞닥뜨릴 수 있습니다. 첫째는 누군가 파커를 죽여서 얻은 이익이 희생보다 정말로 더 컸는가를 물을 수 있습니다. 살아난 사람의 숫자나 생존자와 가족의 기쁨을 고려하는 생존자들의 논리는 다수결의 함정과 같습니다. 햄버거를 먹고 싶은 사람이 다수결로 떡볶이를 먹겠다는 결정 때문에 불만족하는 것과 같죠. 그러한 죽음을 허용한다면 소수의 의견을 가진 자는 언제나 손해를 볼 수밖에 없습니다.

둘째는 그 이익이 희생이라는 비용보다 더 크다 해도, 무방비 상태의 남자아이를 죽여서 먹는 행위는 사회적 비용이나 이익을 계산하기에 앞서 비인간적이라고 반박할 수 있습니다. 상대의 나약함을 빌미로 본인의 동의도 없이 목숨을 빼앗는 식으로 인육을 먹는 행위는 아무리 다른 사람에게 이익이 돌아간다 해도 잘못입니다. 실제로 『낸터킷의 아서 고든 핌 이야기』에서 이들은 리처드 파커의 시체로 사나흘을 버티고는 다시 배가 고파 식량을 구하러 나섭니다. 그리고 다른 음식을 찾아 몇 달을 더 버텨냅니다. 비록 힘은 들었겠지만 굳이 리처드 파커를 죽이지 않아도 생존할 수 있었던 거죠.

도덕은 단지 결과를, 즉 비용과 이익을 계산하는 문제가 아닙니다. 사람이 사람을 존중하고 공존하는 방식의 문제입니다. 이 사건을 바라보는 두 사고방식은 무엇이 올바른가에 대한 두 가지 상반된 시각을 보여줍니다. 첫 번째는 어떤 행위의 옳고 그름은 오로지 결과에 달렸다는 것입니다. 결과적으로 생존만 한다면 한 명이 죽는 과정은 중요하지 않다는 논리입니다. 두 번째는 도덕적으로 볼 때, 결과가 전부는 아니라는 시각입니다. 의무와 권리에는 결과를 떠나 존중해야 하는 과정들이 있다는 겁니다.

마이클 샌델 교수의 책에 대한 설명이 끝나자, 아들은 제게 이런 상황과 비슷한 경우가 현실에서도 실제로 존재하느냐고 묻더군요. 저는 일본군 '위안부' 피해자들이 일본 정부를 상대로 낸 손해배상 청구 소송에서 첫 번째는 승소로, 두 번째는 패소로 판결한 법원의 사례를 이야기해 주었습니다.[14] 동일한 사건에 대해 동일한 대한민국 법원이 전혀 다른 판결을 낸 것이죠. 사실 법원이 이 사건에서 피해자들에게 보상하라고 한 승소판결은 위안부 피해자들에게는 환영을 받았습니다만, 정부에게는 상당한 부담을 안긴 판결이었습니다. 일본은 강하게 반발했고, 대통령은 당황했습니다.

창의융합독서법 2단계

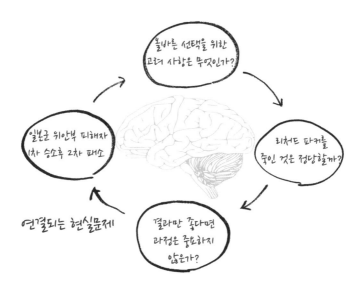

제 친구 윤병이는 오래전 멕시코에 갔다가 어처구니없는 사건을 당했습니다. 운전 중에 사거리에 정차해 있는데 거기서 경찰이 면허증을 요구했답니다. 집에 두고 온 윤병이는 경찰에게 양해를 구했습니다. 다짜

고짜 멕시코 경찰이 무례하게 대했습니다. 결국 그 나라 법에 따라 면허증 없이 운전한 셈이 되었고, 윤병이는 아내가 신분증을 가져올 때까지 유치장 신세를 져야만 했습니다. 다섯 시간을 유치장에서 노발대발하다 무릎을 다치기도 했죠. 화가 난 윤병이는 한국 대사관을 찾아가서 멕시코 정부를 상대로 위자료 1천만 원의 소송을 제기했습니다. 멕시코 측은 사건 송달을 거부했습니다.

얼마 후 우리나라에 귀국한 윤병이는 분이 풀리지 않아서 종로경찰서를 찾았습니다. 그리고 멕시코 정부를 상대로 다시 소송을 제기했습니다. 그게 5년 전 이야기입니다. 새해 첫날 윤병이에게 전화가 왔습니다.

"이보다 큰 새해 복이 있나 모르겠다. 우리 법원에서 멕시코 정부를 상대로 1천만 원을 보상하라는 판결이 나왔다. 너무 기쁘다."

과연 윤병이는 멕시코 정부로부터 그 보상금을 받을 수 있을까요? 아무리 노력해도 윤병이는 보상금을 받아낼 수 없었습니다. 뒤늦게 법원은 자신들이 지난번에 내렸던 판결에 중대한 하자가 있어서 다시 패소를 명한다는 우편물을 보내왔습니다.[15]

법을 바탕으로 사람을 심판하는 법률가들조차 도덕성과 무관하게 정권의 눈치를 보고 엉뚱한 판결을 내리는 경우가 많습니다. 간혹 이런 뉴스를 볼 때마다 저는, 심지어 마이클 샌델 교수도 저 세 사람과 같은 상황에 마주하면 리처드 파커를 살리는 결정을 내리기는 어렵지 않을까 싶어서 씁쓸한 생각이 들곤 합니다. 아이들이 이렇게 독서를 통해 접한 문제를 현실에 적용하여 생각덩어리로 만들어두면 진정한 배경지식으로 남게 될 것입니다.

8.
읽기를 놀기처럼 만드는
독서 전중후 활동

학생들과 독서토론캠프를 진행할 때의 일입니다. 토론할 책을 소개하면서 칠판에 '놀기'와 '읽기', 단 두 단어를 적었습니다. 호기심 어린 눈으로 칠판을 쳐다보는 학생들에게 이 두 단어에 대해 어떻게 생각하는지 물었습니다. 한 학생이 이렇게 대답하더군요.

"'놀기'는 좋아하지만 '읽기'는 싫어하는데요."

학생들 사이에서 웃음이 터져 나왔습니다. 하지만 저는 오히려 안타까운 생각이 들었습니다. 학생의 역할은 배우는 것이고 배움의 기본은 읽기입니다. 앞으로도 계속 읽기를 싫어한다면 학교는 아이에게 지옥과 같습니다. 하지만 이 '읽기'라는 고통을 '놀기'라는 가치로 바꿀 수 있으면 학생들은 자진해서 '읽기'에 참여하게 됩니다. 그 방법은 어른들이 가르쳐주어야 합니다. 그러나 "저는 읽기가 정말 싫습니다"라고 말하는 학생에게 단순히 "그렇게 생각하지 말고 노는 기분으로 읽으면 안 되겠니?"라고만 대답하는 건 무책임합니다. 학생들은 '노는 기분으로 읽는 방법'

을 알지 못하기 때문에 자연스럽게 좋은 방향으로 어른들이 이끌어줘야 합니다. 이게 바로 부모의 역할이자, 선생님의 능력입니다.

읽기가 놀기고, 놀기가 읽기다

다시 한 번 물었습니다.

"'놀기'와 '읽기'라는 단어를 보고, 또 생각나는 게 있습니까?"

그러자 다른 학생이 "둘 다 마지막에 '기'로 끝납니다"라고 대답하더 군요. 저는 곧바로 칭찬해 주었습니다. 당연한 것, 상식적인 것은 무시당 하기 쉽습니다. 그러나 그 당연하다고 생각하는 것에 의문을 품는 데서 부터 학생들은 의자에서 등을 세워 자세를 바로 잡습니다. 귀를 기울이 며 생각을 열 준비를 합니다. 이어서 파워포인트로 학생들에게 한국학중 앙연구원에서 발행한 『한국민족문화대백과사전』에 있는 단어의 뜻을 소개했습니다.

'놀다'의 어근 '놀'은 명사다. 놀다遊戲의 어원적 의미는 '말'로 신에게 제의 를 바치는 활동에서 유래되었다. 말이 놀이의 시작인 셈이다. 무당의 세계 에서 '놀다'의 의미는 신이 몸에 실려 노래와 춤과 공수 등을 행하는 굿놀 이 활동을 뜻한다. 놀이를 나타내는 일본어 아소비遊び가 '영혼을 일깨워 놀 게 한다'는 뜻이 있고, 태초의 신성한 신사神事와 관련 있듯이, 우리말 '놀 다'도 종교적인 제의 활동인 굿과 밀접한 관련을 맺고 있다. 놀이, 놀애노래,

놀웃 역시 '놀'과 같은 어원을 갖고 있다.

그러고는 다시 물었습니다.

"'놀'이 들어간 단어로는 그 외에 뭐가 있을까요? 흥부와 놀부에는 놀부가 등장하고, 너무 좋아하는 연예인을 만나면 놀라고, 손에 카드나 화투가 있으면 놀음이 되죠. 반면 '읽기'는 독서라는 한자에 가려 그 어원을 찾기가 쉽지 않습니다. '분위기를 읽다'에서 '읽다'는 어떤 상황이나 사태가 갖는 특징을 이해한다는 뜻입니다. '책을 읽다'에서 '읽다'는 글이나 글자를 보고 그 음대로 소리 내어 말로써 나타낸다는 뜻입니다. 그 외에 또 우리는 무엇을 읽을 수 있나요?"

이렇게 말하자마자, 학생들은 일제히 나름대로 머리를 굴리며 생각하기 시작합니다. 창밖을 보면서 손가락으로 하나둘 세는 학생도 있었고, 수업 교재를 뒤척이기도 합니다. 얼마 후 몇 개나 떠올렸는지 물어보았습니다. 그랬더니 하나도 떠올리지 못한 학생도 있었고, 서너 개 정도 찾아낸 학생도 있었지요. 많이 찾아낸 학생에게 어떤 것을 떠올렸는지 물었습니다. "'눈빛을 읽다'에서 '읽다'는 눈을 보고 생각을 파악한다는 뜻이고 '마음을 읽다'에서 '읽다'는 표정이나 행동 따위를 보고 속마음을 알아차린다는 뜻입니다. '운명을 읽다'에서 '읽다'는 관상이나 사주를 보고 그 사람의 미래를 짐작한다는 뜻입니다. 그런데 선생님, 운명을 읽다라는 쓰임이 묘하게 무당의 굿놀이와 연결되네요"라는 대답이 돌아왔습니다.

학생은 저의 질문에서부터 차차 어구의 의미를 파악하게 되고, 놀기와 읽기가 연결되는 지점에서 문화가 형성되는 이유를 찾아낸 겁니다. 이런 경험이 진짜 공부입니다. 우리말에는 모두 어원이 있다고 생각했는데, 어원을 알 수 없으면서도 여전히 사용하는 우리말이 있는 이유를 생각하는 식으로 테마를 넓혀 나가면 지식이 점점 늘어나고 배우는 것도 점점 즐거워집니다.

결국 첫날 수업에서는 진도를 거의 나가지 못했습니다. 그러나 처음부터 '놀기'와 '읽기'에 초점을 맞출 생각이었습니다. 덕분에 학생들도 매우 즐겁게 수업에 참석해 주었습니다. 수업 첫머리에 '놀기'는 좋아하지만 '읽기'는 싫다고 대답했던 하영우라는 학생 역시 수업이 끝난 후 "읽기에 대한 편견이 사라진 것 같습니다"라고 대답하더군요. 그동안 독서교육 현장에서 만난 아이들도 이 학생들과 근본적으로는 똑같았습니다. 어른들이 놀이의 요소를 제대로 던져주기만 하면 자연스럽게 다양한 것들을 배워 나갈 수 있지요. 반대로 방법이 틀리면 1만 시간을 투자해도 나아지지 않습니다. 올바른 배움은 올바른 학습법에 달려 있기 때문입니다.

읽기를 놀기처럼 만드는 독서 전중후 활동

교보문고에서 '독서'로 검색하면 약 1만 권의 책이 나옵니다. 그만큼 많은 사람들이 독서를 연구해 왔고 지금도 연구되고 있습니다. 수많은 저자와 학자들이 각기 다른 방법을 제시했지만 공통되는 방법도 존재합니다. 미국 미시간에 있는 새기노밸리주립대학의 그레첸 오워키Gretchen Owocki 교수는 여러 학자들의 연구를 토대로 책을 잘 읽는 사람들의 독서 전략을 아홉 가지 항목으로 정리했습니다.

책을 잘 읽는 사람들의 독해 전략

전략	내용
예측하기/추론하기	• 배경지식 떠올리기 • 내용 예측해 보기 • 앞으로의 이야기 추론하기
읽기 목적 설정하기	• 읽기 목적 생각해 보기 • 목적에 맞는 독서법 선택하기
다시 이야기하기	• 요약하기 • 종합하기 • 다시 정리하기
점검하기	• 새로운 정보나 단어 업데이트하기 • 모르는 내용은 참고자료 확인하기
질문하기	• 육하원칙으로 질문하기 • 질문에 대한 답을 어디에서 찾을 수 있는지 생각하기 • 질문에 대한 답을 책 속에서 찾아보기
연결하기	• 읽기 전, 중, 후에 배경지식 활성화하기 • 개인적인 경험과 연결하기 • 기존에 알고 있는 내용과 연결하기
시각화하기	• 읽은 후에 새롭게 알게 된 것 생각하기 • 책에 나온 개념을 이미지화해 보기
중심내용 결정하기	• 글의 주제 생각해 보기 • 글의 형식, 순서, 특성 등에서 특이점 찾아보기
평가하기	• 비평하기 • 내 의견 세우기 • 저자의 의도와 관점 생각해 보기 • 적용할 새로운 정보 생각해 보기

이 표에서 유의할 사항이 두 가지 있습니다. 첫째는 각 단계의 개별적 활동보다는 앞뒤의 연결 관계, 나아가 전체의 프로세스에 초점을 맞추라는 겁니다. 대부분의 독서는 이 모든 과정이 동시에 발생합니다. 더러는 순서가 바뀌기도 하죠. 가령 독서 지도는 '듣기→읽기→쓰기→말하기→생각하기'의 순으로 진행합니다만 사실 생각하기는 모든 부분에 걸쳐 이루어지고, 입력 작용인 듣기와 읽기, 출력 작용인 쓰기와 말하기가 서로

바뀌는 경우도 많습니다. 따라서 자연스럽게 여러 전략을 함께 사용하는 사람이 좋은 독서가라고 할 수 있습니다.

둘째는 독서에 대한 많은 연구들이 초등학교 고학년이나 성인들을 대상으로 이루어져 왔다는 점입니다. 최근에는 아동의 독서에 대한 연구가 활발하게 진행되고 있지만 연구 환경에 편차가 있어서 신뢰도가 높지 않습니다. 따라서 우리는 이 자료를 약간 변형해서 사용해야 합니다.

그레첸 오워키 교수의 〈책을 잘 읽는 사람들의 독해 전략〉을 『대치동 독서법』의 '유아·초등을 위한 발달단계별 독서법'에서 소개한 〈독서 전·중·후 활동표〉에 연결시켜보겠습니다.

독서 전·중·후 활동표

과정	항목	체크 사항	그레첸 오워키의 독해 전략
독서 전	표지 살펴보기	제목, 표지, 목차, 책날개, 추천사 등을 잘 살펴보고 책에 관한 정보 수집	예측하기/ 추론하기
	독서 방법 결정하기	아이의 연령이나 창작도서와 정보도서 등 장르를 구별해서 읽기	읽기 목적 설정하기
독서 중	주요 내용 파악하기	표지를 보고 수집한 정보를 파악하며 읽기	다시 이야기하기
	예측하기	앞으로 벌어질 일과 결말 등을 예측하며 읽기	점검하기
	의문 품기	내용과 형식에 관해 지속적으로 의문을 제기하며 읽기	질문하기
	연결하기	자신의 경험이나 다른 책의 내용 또는 실제 세계와 연결하며 읽기	연결하기
	이해 점검하기	자신의 읽기를 되돌아보며 스스로 잘 읽고, 이해하고 있는지 계속 점검하기	시각화하기
독서 후	핵심 내용 파악	줄거리와 등장인물, 중요 장소, 정보를 기억해 보기	중심내용 결정하기
	새로 알게 된 사실	표지에서 예측한 정보 외에 새롭게 알게 된 내용을 정리하고 종합	평가하기
	깨달은 점	깨달은 점과 나만의 평가	

거의 일치한다는 것을 알 수 있습니다. 내부의 원자 구조가 무한히 반복되기 때문에 다이아몬드는 아름답고 단단할 수 있습니다. 이게 바로 반복의 힘입니다. 하지만 싫은 것을 반복하는 것만큼 곤혹스러운 일도 없죠. 앞에서 제가 학생들에게 '읽기'와 '놀기'를 강조한 이유는 스스로 자진해서 참가하는 것이 '놀기'이며, '읽기'도 그래야 한다고 생각하기 때문입니다. 저희 아들은 손흥민 선수가 출전하는 경기는 어떻게든 찾아봅니다. 프로 선수들의 시합이 재미있는 이유는 놀면서 대충하는 게 아니라, 팬들을 위해 열심히 움직이기 때문입니다. 그렇기 때문에 팬들은 그들을 보기만 해도 즐길 수 있습니다. 놀이는 정반대입니다. 스스로 참가해서 모두와 행동을 같이할 때 비로소 놀이의 즐거움, 재미를 실감할 수 있습니다. 다른 사람이 놀고 있는 모습을 옆에서 지켜보는 것도 재미있겠지만 직접 하는 것보다는 못합니다.

독서도 마찬가지입니다. 부모님이 입으로만 이거 해라 저거 해라 강요해 봤자 아무리 시간이 흘러도 아이들은 하고자 하는 의욕이 생기지 않습니다. 아이의 능력을 점점 더 많이 끌어내는 방향으로 나아가야 합니다. 아이들은 일단 자연스럽게 무언가에 흥미를 갖게 되면 자발적으로 하고자 하는 의욕을 품게 되는 법이지요. 그런 점에서 '놀기와 같은 교육'이 중요합니다.

아이가 노는 감각으로 배울 수 있게 방향을 잡아주는 것, 재미를 느끼는 동시에 자진해서 '한번 해 볼까' 하는 마음으로 다가갈 수 있는 분위기와 환경을 만들어주는 것이 중요합니다. 그것이 가능하다면, 나머지는 그냥 놔둬도 아이는 자신이 생각한 방향대로 앞으로 나아갈 것입니다. 〈독서 전·중·후 활동표〉를 중심으로 유아·초등을 위한 독서 방법을 자세히 살펴보겠습니다.

1. 독서 전 활동

과정	항목	체크 사항
독서 전	표지 살펴보기	제목, 표지, 목차, 책날개, 추천사 등을 잘 살펴보고 책에 관한 정보 수집
	독서 방법 결정하기	아이의 연령이나 창작도서와 정보도서 등 장르를 구별해서 읽기

(1) 표지 살펴보기(예측하기/추론하기)

많은 사람들이 책을 구매하기 전에 책 표지를 유심히 살펴봅니다. 작가와 출판사 그리고 서문 등도 대강 훑어봅니다. 그 책을 읽을지 말지 결정하기 위해서죠. 이 당연한 행동이 왜 독서 전략의 맨 앞에 위치할까요? 유아·초등학생용 책은 표지가 크고 상당히 꼼꼼하게 그려 있어 아이들의 흥미를 끌어들이는 요소가 많기 때문입니다. 표지만 살펴봐도 이미 알고 있는 것을 연결할 수 있고 앞으로 배울 내용을 예상해 볼 수 있습니다. 어떤 부모님은 "정보가 너무 적지 않을까요?"라며 걱정을 하기도 합니다. 미국의 랜덤하우스 출판사의 창업자 베네트 서프Bennett Cerf는 미국의 만화가이자 작가인 닥터 수스Dr. Seuss에게 어느 날 내기를 겁니다.

"50개의 단어만을 사용해서 책을 쓰면 자네에게 50달러를 주겠네."

이에 닥터 수스는 같은 패턴의 문장을 반복하고 단어의 각운을 맞춰

『초록달걀과 햄Green Eggs and Ham』이라는 책을 씁니다. 자연스러운 운율이 생겨나도록 랩과 같은 문장으로 구성한 것이죠. 이런 식입니다.

"I am Sam./Sam I am./That Sam-I-am!/I do not like that Sam-I-am!"

이 책을 소리 내서 읽으면 경쾌한 리듬이 느껴집니다. 닥터 수스는 이 그림책으로 미국 아이들이 가장 좋아하는 작가가 되었습니다. 내기에서 이긴 것은 물론이고요. 제약 사항을 오히려 창의성으로 연결시킨 좋은 사례입니다.

『신기한 자동차』

『신기한 자동차』에밀리 보몽 저의 책 표지를 보여주면서 아이들에게 이런 질문을 한 적이 있습니다.

"이 책은 꾸며 쓴 창작 글일까요, 아니면 설명하는 정보 글일까요?"

아이들이 대답했습니다.

"설명하는 정보 글이요."

큰 소리로 대답하는 아이들에게 이유를 물었습니다. 장래 희망이 자동차 엔지니어인 민수가 손을 번쩍 들어 대답했습니다.

"선생님, 표지가 그림이 아니라 사진이잖아요. 실제 자동차에 대한 내용 같아요."

저는 흐뭇한 미소를 지으며 학생 전체를 향해 이렇게 물었습니다.

"우리 친구들, 이 책에서 무엇을 배울 거라고 생각하나요?"

이번에는 지광이가 좌측 위의 옛날 포드 자동차와 우측 아래의 스포츠카를 가리키며 이렇게 말했습니다.

"자동차의 역사를 배울 거 같아요."

저는 포드 자동차를 가리키며 물었습니다.

"지광이 학생, 이 검은 자동차는 마차같이 생겼죠? 왜 그럴까요?"

이처럼 표지 살펴보기는 종종 내용이나 갈래에 대한 학생들의 사고를 활성화하면서 책의 흥미를 유발합니다. 책을 펴기 전에, 제목, 저자, 표지 그림 등을 토대로 앞으로 읽어나갈 책의 내용을 미리 예측하는 겁니다. 만약 책이 창작 글이라면 "이 이야기에서 어떤 일이 일어날 것 같나요?" 나 "이 주인공의 직업은 무엇일까요?"와 같이 물을 수 있습니다. 만약 정보 글이라면 이 책의 내용에 대해 "이 중에서 본 물건이 있나요?"나 "무엇을 배울 것이라고 생각하나요?"와 같은 질문을 할 수 있습니다. 표지 살펴보기를 위해 사용되는 단서는 이미지와 글에 한정되지 않습니다. 아이의 사전 경험이나 배경지식에서 나오기도 합니다. 예측과 비교를 하면서 책을 읽어나가면 오래도록 기억에 남기도 합니다.

『로지의 산책』

몇 년 전 신촌에 있는 연세 세브란스 어린이 병동에서 아픈 아이들을 위해 책 읽기 봉사를 한 적이 있습니다. 선택한 책은 『로지의 산책』팻 허친스 저이었습니다. 읽기 전에 아이들에게 표지를 보여주고 무슨 내용인지

대치동 초등독서법

맞혀보라고 했습니다. 닭 한 마리가 앞에 지나가고 그 뒤를 따르는 여우를 발견한 윤희가 말했습니다.

"여우가 닭을 잡아먹는 내용 같아요."

지훈이가 말했습니다.

"제 생각은 달라요. 여우가 닭은 쫓지만 먹지는 못할 거 같아요."

지훈이에게 이유를 물었더니 이렇게 대답하더군요.

"어린이 책에는 다 여우가 골탕 먹어요."

지훈이는 책을 꽤 읽었나봅니다. 그러자 그 자리에 있던 7명의 아이들이 여우가 닭을 잡아먹는다는 파와 잡아먹지 못한다는 파로 나뉘더군요. 4 대 3으로 잡아먹지 못한다는 파가 약간 우세했습니다.

『로지의 산책』은 암탉 로지가 성질 급한 여우에게 쫓기며 겪는 여러 가지 소동을 담은 책입니다. 반쯤 눈을 감은 채 느긋하게 산책하는 로지는 여우에게 잡히려는 순간마다 뜻하지 않게 위기를 벗어납니다. 어처구니없는 고난을 겪는 여우를 보며 아이들은 배꼽을 잡고 웃었죠. 아이들은 재미있는 롤플레잉 게임 속을 모험하듯 로지와 여우 사이의 긴장감 넘치는 이야기 속으로 빠져들더군요. 책을 다 읽고 나자 이긴 아이들이 환호성을 치더군요. 이 아이들의 표지 살펴보기는 예측하기입니다. '이 책에서 무엇을 배우게 될까?' 혹은 '무슨 일이 일어날까?'에 관해 추측하는 거죠. 반면 추론도 가능합니다. 추론은 표지에서 명확히 드러나지 않은 정보의 행간을 읽어내는 것을 말합니다. 추론은 다음과 질문으로 시작합니다. '주인공은 무슨 생각을 하고 있을까?', '작가는 무슨 의미로 이렇게 썼을까?', '앞으로 어떤 일이 일어날까?'

아이들과 『내 맘대로 일기』강연집 지로 수업할 때였습니다. 표지에는 화

『내 맘대로 일기』

가 난 주인공이 의자에 앉아 있는 그림이 있습니다. 머리 위에 먹구름까지 있습니다. 양쪽에서는 잔소리하는 듯한 팔들이 나와 있구요. 아래쪽에는 아이가 좋아하는 장난감과 노트가 있습니다. 아이들에게 책 표지를 보여주면서 물었습니다.

"이 책은 어떤 내용일 거라고 생각하나요?"

학교에서 회장을 맡아 모범생으로 통하는 주현이가 말했습니다.

"일기를 마음대로 쓰는 거 같아요."

왜 그렇게 생각하느냐고 물었더니 길게 한숨을 내쉬며 대답했습니다.

"어제 엄마한테 일기 검사받다가 너무 짧게 썼다고 혼났어요. 그래서 저렇게 의자 아래로 일기장을 내동댕이쳤거든요. 선생님, 어린이들은 놀기도 바쁜데 일기까지 써야 해서 너무 힘들어요. 주인공도 어제 저처럼 화난 거 같아요."

사실 『내 맘대로 일기』는 주현이의 추측과는 전혀 다른 내용입니다. 모범생 주현이와 달리 주인공 지원이는 지각대장에 공부도 운동에도 별로 소질이 없는 아이입니다. 말을 더듬는 버릇 때문에 친구들에게 놀림받고, 공부 잘하고 예쁜 누나와 매일 비교되죠. 하루는 학교 앞에서 신기한 일기장을 손에 넣게 됩니다. 소원을 쓰면 척척 들어주는 마법의 일기장이지요. 지원이는 그동안 자신을 괴롭혔던 사람들을 혼내달라는 일기를 씁니다. 이 책을 읽고 주현이는 이렇게 말하더군요.

"어제 엄마가 없어져버렸으면 좋겠다고 생각했는데, 누나가 사라져서 당황하는 주인공을 보고 반성했어요. 생각해 보니 저도 엄마가 사라지면 안 되겠어요."

이렇게 추론하기는 아이들이 경험을 바탕으로 책의 내용을 추측하여 특별한 의미를 만들어내는 독서 전략입니다.

(2) 독서 방법 결정하기

표지를 살펴보았다면 이제 어떻게 읽을지를 결정하는 단계로 나아가야 합니다. 우선 글의 종류에 따라 읽는 목적을 정해야 합니다. 아이들이 읽는 글의 종류는 크게 이야기 글, 정보 글, 주장 글로 나눕니다.

이야기 글은 "이 아파트는 나와 할머니 둘이서만 사는 곳이지"라고 이야기하는 문장입니다. 이야기 글을 읽을 때는 상황이나 사연을 생각하면서 읽습니다. 주어진 글에서 할머니와 둘이 사는 걸 보니 아마도 부모님이 돌아가신 상황이거나 무슨 사연이 있는 모양입니다.

정보 글은 "우리는 아파트 22층에 살고 있어. 주차장이 지하 3층까지 있는 최신형 아파트지"라고 설명하는 글입니다. 정보 글을 대할 때는 어떤 정보가 어디에 얼마나 있는지 머릿속에 그려가며 읽습니다. 주어진 글에서는 최신형 아파트의 높은 층에 살고 있다는 것을 알 수 있습니다.

주장 글은 "할머니를 보면, 높은 아파트보다 주택처럼 땅에 가까운 곳이 사람을 더 편하게 해주는 것 같아"라고 자신의 경험이나 생각을 드러내는 글입니다. 주장 글을 읽을 때는 제시하는 근거를 살피면서 읽는 것이 좋습니다. 주어진 글에서는 할머니를 관찰해 보니 땅에 가까운 곳이 사람을 편하게 만들어주더라고 말합니다. 만약 할머니와 함께 사는 아이라면 공감할 수 있겠지만 젊은 부모님과 사는 아이라면 공감하기 어려울 수도 있겠습니다.

이렇게 글의 종류를 생각하며 읽으면 독서의 목적이 좀 더 명확해집니다. 이야기 글의 경우 세세한 정보보다는 큰 줄거리 중심으로 읽어낼 수 있을 겁니다. 정보 글의 경우 잘 아는 분야라면 빨리 읽어낼 수 있을 겁니다. 주장 글이라면 주장을 뒷받침하는 정보가 무엇인지 확인하면서 천천히 읽는 것이 좋겠죠. 그렇다면 독서의 목적을 잘못 정하면 어떤 일이 벌어질까요? 다음의 〈안내〉에 따라 〈제시문〉을 읽어보겠습니다.

〈안내〉

다음의 제시문은 할머니 가설에 관한 글입니다. 아이의 입장에서 어떤 점이 불편한지 생각하면서 읽어보세요.

〈제시문〉

인간 할머니는 진화를 연구하는 학자들에게 늘 골칫거리였다. 물론 할머니 자체가 아니라 할머니라는 개념이 문제였다. 대다수 종의 개체는 생식 연령이 지나면 얼마 살지 못한다. 하지만 인간 여성은 폐경 이후에 생식이 중단되는데 이때가 쉰 살쯤 된다. 수십만 년 전에는 대부분이 남녀를 막론하고 그렇게 오래까지 살지 못했지만, 지금은 여성이 폐경을 지나서도 대체로 수십 년을 더 살며 손자뿐 아니라 증손자나 고손자까지 보기도 한다. 왜 그럴까?

한 가지 이론은 인간이 진화하면서 건강한 노년 여성이 식량과 돌봄을 추가로 제공함으로써 손주에게 도움이 되었다는 것이다. 이 손주들은 딴 아이들보다 잘 자라고, 따라서 할머니의 건강한 유전자와 지혜를 자기 자녀에게 전달할 가능성이 컸다. 시간이 흐르면서 우리의 조상은 더 오래 살기 시작했다. 이제는 성숙하는 데 오랜 시간이 걸리는 자녀를 감당할 수 있게 되었다. 이 기간 동안 뇌가 발달하고 환경에 효과적으로 대처하는 법을 연장자에게 배울 수 있었다.[16]

아이의 경험에 초점을 두고 읽으라고 했지만 사실 주체는 할머니었습니다. 글에서 아이가 느끼는 불편함에 관한 이야기는 거의 없습니다. 오히려 잘못된 안내가 독자를 혼란스럽게 할 뿐입니다. 애초에 할머니의 입장에서 읽으라고 했으면 좀 더 몰입했을 겁니다. 이렇게 읽기의 목적이 엉뚱하면 이해도도 떨어지게 됩니다. 독서의 목적을 명확히 하면 독자로 하여금 논점에서 벗어나지 않게 합니다.

독서의 목적을 설정하는 것은 독서의 흥미를 높이는 좋은 방법이기도 합니다. 글쓰기 캠프에서 30여 명의 아이들을 데리고 모둠별 수업을 할 때의 일입니다. 병한이네 모둠은 가장 느린 동물에 관한 보고서를 쓰기로 했습니다. 처음에 다섯 명의 학생들은 주어진 도서를 대강 훑어보며 각자가 찾아낸 내용에 대해 말했습니다. 책에는 너무 많은 정보가 있어서 보고서에 어떤 내용을 쓸지 고민했습니다. 결국 학생들은 나무늘보에 대한 흥미로운 정보를 찾기로 했습니다. 이렇게 읽기 목적을 세우고 나니 효율적으로 글을 읽을 수 있었고, 주제를 정하기도 한결 쉬웠습니다.

"선생님, 이제야 책을 어떻게 읽는지 알겠네요."

병한이는 정보도서를 읽는 방법을 터득했다며 좋아하더군요. 이야기 글은 처음부터 끝까지 읽어야 하지만, 정보 글은 읽기 목적에 따라 선택적으로 읽을 수 있습니다. 모둠원들은 오로지 나무늘보에 대한 새로운 정보를 찾는 데에 집중했습니다. 다음은 보고서의 일부입니다.

"나무늘보는 두 발가락 나무늘보와 세 발가락 나무늘보가 있다. 앞발에 따라 종을 나눈다. 뒷발은 모두 발가락이 셋이기 때문이다. 나무늘보의 유일한 습관은 게으름 피우기다. 하루 24시간 중에서 평균 20시간을 자거나 휴식하는 데 사용한다. 나무늘보는 해질 무렵이 가장 분주하다. 분주하다고는 하지만 치타보다 440배 느린 속도다.

우리 모둠은 이런 동물이 어떻게 생존하는지 궁금했다. 나무늘보는 역설적으로 너무 느린 덕분에 목숨을 부지한다. 잠과 게으름 덕분에 치타와 독수리, 아나콘다에게 잡아먹히지 않는다. 건기에 갈색 식물이, 우기에는 초록색 식물이 나무늘보의 털에 서식하기 때문에 주변의 이끼나 나뭇잎과 뒤섞여, 흰개미나 다람쥐의 둥지나 나무의 일부처럼 보이기 때문이다. 가장 완벽하게 위장할 수 있기에 나무늘보는 게으를 수 있는 것이다."

학생들이 그림만 보고 정보를 찾아 몇몇 정보는 부정확했지만, 독서의 목적을 정하고 책에서 정보를 수집하니 보고서의 완성도를 높일 수 있었습니다. 이렇게 때로는 부모님이나 선생님이 독서의 목적을 설정해 주는 것도 좋습니다. 과학책을 읽히고 싶다면 특정한 책을 정해 주는 것이 아니라 곤충의 신체적 특징을 탐구해 보라고 정해 주는 겁니다. 독서의 목적을 명확히 알려주면 아이들은 그에 맞는 정보를 선별해내는 능력을 기를 수 있고, 독서에 흥미를 느낄 수 있습니다.

대치동 초등독서법

2. 독서 중 활동

과정	항목	체크 사항
독서 중	주요 내용 파악하기	표지를 보고 수집한 정보를 파악하며 읽기
	예측하기	앞으로 벌어질 일과 결말 등을 예측하며 읽기
	의문 품기	내용과 형식에 관해 지속적으로 의문을 제기하며 읽기
	연결하기	자신의 경험이나 다른 책의 내용 또는 실제 세계와 연결하며 읽기
	이해 점검하기	자신의 읽기를 되돌아보며 스스로 잘 읽고, 이해하고 있는지 계속 점검하기

(1) 주요 내용 파악하기

인기 애니메이션『도라에몽』은 우리나라에는 처음에『동짜몽』이라는 제목으로 소개되었습니다. 당시 일본 만화는 대부분 몰래 수입되었는데 동짜몽은 일종의 해적판인 셈입니다. 애니메이션으로 인기를 끈『닥터 슬럼프』도『박사님은 아이큐 1000』이라는 제목으로 불법 유통되었죠. 만화가게를 한 덕분에 저는 그 재미있는 책을 일찍부터 즐겨왔는데요. 그 추억의 만화책『동짜몽』에서 지금까지 잊히지 않는 에피소드가 하나 있습니다.

주인공 진구가 도라에몽에게 부탁합니다.

"내일이 시험인데 공부하기 싫어. 도라에몽, 공부 안 하고도 백 점 맞게 해주라."

도라에몽은 머리를 긁적이더니 주머니에 손을 넣어 주물럭거리다가 식빵 하나를 꺼냅니다.

"짜잔~ 무엇이든 암기해 주는 식빵이야. 이 빵으로 교과서를 찍으면 그대로 네 머릿속에 들어갈 거야."

진구는 너무 기뻐서 공부하지 않고 내내 놀기만 합니다. 시계를 봐도 봐도 내일 시험시간까지는 한참 남았습니다. 실컷 놀고 난 다음 날 아침에 빵을 교과서에 찍어서 먹기 시작합니다. 그런데 웬걸 세 조각 먹고 나니 배가 불러 더 이상 못 먹겠습니다. 그래도 시험 범위까지는 다 찍어 먹어야겠기에 배탈이 날 때까지 찍어 먹습니다. 그러고는 배가 아파서 시험을 못 보죠.

학생들과 『걸리버 여행기』조나단 스위프트 저를 수업하면서 이와 비슷한 내용을 발견했습니다. 마법의 나라에는 날아다니는 섬 라퓨타가 등장합니다. 그 섬의 속국인 발나바비의 수도 라가드에는 첨단 연구소가 있습니다. 그곳에는 유럽에서는 상상할 수 없는 방식으로 학생들을 가르치는 선생이 있습니다. 그는 두뇌 약으로 만든 잉크로 수학의 공식과 명제를 얇은 과자의 표면에 깨끗하게 씁니다. 그리고 학생들에게 나누어줍니다. 그 과자를 먹으면 염색체가 수학 공식이나 명제와 함께 뇌로 올라가는 겁니다. 신기한 걸리버는 그렇게 암기한 공식으로 학생들이 성과를 냈는지 묻습니다. 선생은 시무룩한 표정으로 대답합니다.

"아뇨, 지금까지 별 성공을 거두지 못했습니다. 그 과자의 몇 가지 성분이 구역질을 나게 만들어서 효과가 발생하기 전에 학생들이 토해 버리거든요."

흥미를 끄는 내용은 다양한 작품에 인용되어 우리 주위를 맴돕니다. 고전이 계속 읽히는 가장 큰 이유겠죠. 에밀 아자르의 소설 『자기 앞의 생』은 가수 김만준이 '모모'라는 노래로 만들어 부르고, 노래의 인기에 힘입어 전영록 주연의 '모모는 철부지'라는 영화도 만들어졌습니다. 『아기돼지 삼형제』를 그림책으로 읽은 아이는 디즈니 채널이나 넷플릭스에서 애니메이션으로도 보고, 연말 학급발표회 때 친구들의 공연으로도 봅니다. 사람들은 좋아하는 내용을 다시 나누고 싶어 합니다. 그러니 아이들은 오죽하겠습니까.

주요 내용을 파악하는 방법으로는 요약하기와 종합하기가 있습니다. 요약하기는 제시된 순서대로 글의 핵심 내용을 간단히 다시 이야기하는 것입니다. 종합하기는 글에서 중요하다고 생각하는 세부사항에 의견과 배경지식을 추가하여 읽은 내용을 설명하는 것입니다. 엘린 킨Ellin Keene과 수잔 짐머만Susan Zimmermann 교수에 따르면 "요약하기가 글의 핵심 내용을 정리하는 것이라면, 종합하기는 글의 내용을 좀 더 개인적으로 구성하는 것"입니다.

> **요약하기**: 제시된 순서대로 글의 핵심을 간단히 요약
> **종합하기**: 중요하다고 생각하는 세부내용에 의견과 배경지식을 추가하여 설명

먼저 『걸리버 여행기』를 '요약하기'해 보겠습니다. 이를 위해서는 몇 가지 활동이 필요합니다. 첫째는 선택입니다. 책에서 중요하다고 생각되는 부분을 아이들이 스스로 선택해서 다시 이야기해 보는 겁니다. 이야기하는 과정에서 핵심적인 내용을 선택했다면 학생들이 반응을 보입니다. 엉뚱한 장면을 꼽았다면 스스로 이야기하면서 생각이 바뀔 수 있습니다. 이때 중요한 것은 부모나 교사가 개입하지 않는 겁니다. 둘째는 근거 찾기입니다. 독서는 하나의 정답을 익히고 고르는 수학과 다릅니다.

핵심 주제를 잘 선택했다면 그 근거를 댈 수 있어야 합니다. 중언부언하지 않고 논리적 흐름을 잘 잡아내는 것이 필요합니다. 셋째는 점검입니다. 중요한 부분을 빠뜨리지는 않았는지, 논리의 흐름에 허점은 없는지, 이해하지 못한 부분은 없는지 확인해야 합니다.

이런 요약하기를 통해 아이들 스스로 이해했는지를 충분히 점검할 수 있습니다. 요약하기를 통해 읽은 내용을 여러 번 생각할 수도 있습니다. 요약하는 과정에서 다시 이야기하기와 다시 생각하기 활동은 특히 비문학 정보도서를 읽을 때 중요합니다. 아이들이 글에 맞춰 내용을 보다 잘 이해할 수 있도록 돕기 때문입니다.

이제 『걸리버 여행기』를 '종합하기'해 보겠습니다.

"여러분, 도라에몽이라는 애니메이션 알죠?"

아이들은 신이 나서 큰 소리로 대답합니다.

"선생님은 마법의 나라에서 잉크 묻힌 과자를 먹는 장면이 도라에몽에서 노진구가 기억을 돕는 빵을 먹는 장면이랑 비슷한 거 같은데, 혹시 기억하는 친구 있어요?"

손을 번쩍 든 용진이는 진구가 빵을 먹다 배탈이 나는 장면을 재미있게 설명한 뒤 이렇게 덧붙입니다.

"선생님, 저는 엄마랑 '천공의 성 라퓨타'라는 애니메이션을 본 적이 있는데요. 그 섬의 이름이 걸리버 여행기에서 유래되었다는 것도 처음 알았어요."

그 외에 개인적으로 알게 된 내용이 없느냐고 물었더니 미영이가 손을 듭니다.

"엄마가 그러는데요. 말의 나라에 등장하는 야후족 이름이 예전에는 포털사이트 이름으로 쓰였대요."

이렇게 아이들은 같은 책을 읽더라도 저마다의 개인적인 경험과 연결하여 종합할 수 있습니다. 이런 과정은 혼자서도 할 수 있겠지만, 간혹 기억이 안 난다는 아이도 있습니다. 이런 경우는 친구와 짝을 이루어 책 내용을 복기하면서 이야기하도록 유도하면 효과적입니다.

(2) 예측하기

1학년 아이들과 『친할머니 외할머니』_{강원지 지음}를 읽고 3분 스피치를 할 때의 일입니다. 주민이가 가족에 대해 쓴 글을 발표하고 다음과 같이 마무리 지었습니다.

"그래서 '친할머니 외할머니'에 등장하는 외할머니는 진짜 외할머니를 생각나게 한다."

발표를 마치자 민수가 묻습니다.

"너, 지금도 할머니랑 살잖아. 왜 보고 싶냐?"

질문이 끝나기가 무섭게 옆자리에 앉아 있던 영아가 묻습니다.

"너, 혹시 외할머니가 두 분이시니?"

듣기와 읽기는 능동적인 사고 활동입니다. 능동적인 사고 활동이란 글을 듣거나 읽을 때 입력된 정보 과정을 점검하는 것을 말하죠. 글의 내용을 능동적으로 파악한다는 말입니다. 의미가 통하지 않을 때는 상황을 인식하고, 기존 정보를 수정하거나 교정합니다. 민수와 영아는 주민이의 발표를 듣고, 자신들이 이해한 내용을 점검했습니다. 이해가 가지 않으면 호기심을 해결하기 위해 글 안에서 의미를 찾아보거나, 발표하는 아이의 상황을 헤아려 글 밖에서 예측하게 됩니다. 이 예측하기 단계에서 아이들은 질문을 통해 내용을 더 잘 파악할 수 있습니다. 영아의 질문처럼 말이죠. 핵심을 파악하는 데 부족한 정보를 예측하도록 유도하는 이런 질문 능력을 기르기 위해서는 부모님이나 선생님의 도움이 필요하기도 합니다. 부모의 도움은 미국의 명문가로 손꼽히는 케네디가의 밥상머리 교육으로 잘 알려져 있습니다.

존 F. 케네디 대통령의 어머니 로즈 여사는 아이들이 어릴 때부터 읽으면 도움이 되는 기사나 글을 눈에 잘 띄는 곳에 붙여 놓도록 했습니다. 조지프, 존, 로즈메리, 케슬린, 유니스, 패트리샤, 로버트, 진, 에드워드 등 아홉 명의 아이들은 해당 기사를 읽지 않고는 식탁에 앉지 못했습니다. 식탁에서 아버지 조지프 케네디가 쏟아내는 날카로운 질문에 각자의 생각을 담아 자기 나름대로 답변해야 했기 때문이죠. 만약 대화가 잡담으로 흐르거나 핵심이 없으면 로즈 여사는 아이들이 더 많이 이해하고 생각하도록 질문을 유도했습니다.

"에드워드, 오늘 신문 머리기사에 나온 도시 이름을 읽어볼래? '플로리다', 그렇지. 플로리다에 있는 도시로 스페인식 이름을 가진 곳을 생각해 보자. 새러소타, 탬파, 마이애미. 아니야, 마이애미는 인디언 이름이야. 그밖에도 미국에서 스페인 이름을 가진 고장은 없을까요? 맞아, 캘리포니아가 있어. 이번에는 성자들의 이름을 딴 고장들을 생각해 보자. 샌디에이고, 산 가브리엘, 샌타 바버라 등 여러 지역들이 있어. 우리가 사는 도시의 이름은 뭐지? 그렇지 뉴잉글랜드지. 뉴잉글랜드에 있는 도시로서 영국식 이름을 가지고 있는 것들을 생각해 보자. 그래 그래, 너희 말대로 뉴햄프셔, 뉴런던, 뉴베드퍼드, 액턴 등이 있구나."

어머니의 질문에 이어 아이들 사이에서 흥미진진한 답변이 이어집니다. 이제 막 말귀를 알아듣기 시작한 막내 에드워드는 기대에 찬 눈망울로 형들과 누나들을 쳐다봅니다. 막내와 장남 조지프의 나이 차이가 17살이나 나지만 대답하는 데 양보는 없습니다. 모두가 똑같은 기회를 갖고 엄마의 질문에 대답하면서 사고가 확장되고 지식을 연결하는 것이죠. 이런 밥상머리 교육은 독서의 예측하기 전략에도 활용할 수 있습니다. 읽고 있는 내용을 잘 파악하지 못할 때 다음과 같은 전략을 시도해 보시기 바랍니다.

〈예측하기 전략〉

- 헷갈리는 부분을 질문하거나 소리 내어 읽습니다.
- 쉼표와 마침표를 확인하면서 읽습니다.
- 따옴표 안에 담긴 대화 글에서 힌트를 찾아봅니다.
- 모르거나 정확하게 알지 못하는 단어를 사전에서 확인합니다. 책에서 단어가 반복되는 부분을 찾아 동그라미 칩니다.
- 부모님에게 혼란스러운 부분의 내용을 설명해 봅니다. 설명하면서 이해되는 경우도 많습니다.

(3) 질문하기

아이들은 참 질문을 많이 합니다. 아이들에게 『져야 이기는 내기』라는 책을 읽어줄 때의 일입니다. 책에는 카슈미르라는 지방의 돈이 많은 상인 이야기가 등장합니다. 상인의 아들은 게으르고 어리석었습니다. 보다 못한 아버지는 아들에게 동전 '한 닢'을 주면서 이 돈으로 시장에서 먹을 것과 마실 것, 소에게 먹일 것과 마당에 심을 것을 모두 사오라고 주문합니다. 물건을 찾으면 사서 집으로 가져오고, 찾지 못하면 영영 집으로 돌아오지 말라고 경고를 했죠. 여기까지 읽으니 둘째 아이가 묻습니다.

"아빠가 아들을 쫓아내려고 그러는 거예요?"

조금은 머리가 큰 첫째가 대답합니다.

"아니지, 뭔가를 사오겠지. 안 그럼 이게 동화겠냐?"

한참 뒤에 시장에 간 아들이 돌아오는 장면을 보며 아이들에게 질문했습니다.

"너희는 아들이 뭘 사왔을 거 같니?"

둘째 아이가 말합니다.

"빈대떡이랑 우유랑 사과 같아요."

첫째 아이가 반박합니다.

"야! 동전 한 닢으로 그 많은 걸 어떻게 사냐. 아빠, 제 생각에는 계란 같아요. 노른자는 먹고 흰자는 마시고, 껍데기는 소한테 주고 먹다 남으면 마당에 비료로 쓰면 되잖아요."

대답을 마치고는 아이들이 계속 읽어달라고 보챕니다. 아들이 사온 것은 '수박'이었습니다. 수박 속살은 먹을 수 있고, 수박즙은 마실 수 있고, 껍데기는 소에게 먹일 수 있고, 수박씨는 마당에 심을 수 있기 때문이죠. 책을 다 읽자 아이들이 서로 말하더군요.

"아, 내가 맞힐 수 있었는데."

'다음에 무슨 일이 일어날까?', '어떻게 이런 선택을 했을까?' 등등의 질문하기는 책의 흥미를 끌어올리는 중요한 수단입니다. 질문하기는 부모와 아이가 모두 궁금한 내용에 주의를 기울이고, 질문과 답변을 나누면서 발전됩니다. 앞서 소개한 책의 표지를 보고 둘째 아이는 꼬마 아이가 주인공이라며 흥미를 느낍니다. 첫째 아이는 주인공을 곧바로 소개하는 많은 이야기를 들어봤기 때문에, 표지에 등장하는 아이가 양치기 소년이라며 양치기 소년에 관한 이야기냐고 묻습니다. 이런 질문에 부모는 직접 답변해 주어서는 안 됩니다. 아이들이 스스로 질문을 던지고 그 해답을 찾아가는 방법을 알 수 있는 마중물을 제공해야 합니다. 마중물은 펌프에서 물을 끌어올리기 위해 붓는 물이죠. 약간의 물을 부어 펌프를 움직이듯 답을 직접 알려주지 않고, 이야기를 들으면서 답을 찾을 수 있도록 슬쩍슬쩍 질문을 유도합니다. 답을 찾은 아이는 스스로 뿌듯해하며 다음에 읽을 책에 대한 흥미를 이어갈 수 있습니다.

책 자체가 아이에게 질문을 유도하거나 궁금증을 일으키는 경우도 많습니다. 가령 아이들은 방귀에도 관심이 많습니다. 저희 첫째 아들은 덤벙대지만 방귀를 잘 뀌지 않습니다. 여동생은 조신하지만 방귀를 잘 뀝니다. 어느 날 오빠가 동생을 놀려대니 『방귀 만세』후쿠다 이와오 저라는 책을 읽어주었습니다. 책에는 주인공 요코가 등장합니다. 공부도 잘하고 다소곳한 여자아이 요코는 교실에서 그만 방귀를 뀝니다. 그 소리를 들은 개구쟁이 데츠오가 큰 소리로 말해 버리죠.

"요코가 방귀를 뀌었어요!"

교실에 이 말이 퍼지자마자 요코는 엎드려 울기 시작합니다. 사태를 수습하고자 선생님이 나섭니다.

"밥 먹을 때나 엘리베이터 안에서 방귀를 뀌는 건 곤란하지만 대변, 소변, 방귀는 하고 싶을 때 하는 것이 몸에 가장 좋습니다. 다시 말해 똥, 방귀, 오줌은 우리가 살아 있다는 건강한 신호예요."

이때다 싶어 아이들은 꼬리에 꼬리를 물고 선생님에게 방귀에 대해 질문합니다. 질문하는 학생들이 많아지자 부끄럼쟁이 요시에가 용기를 내서 묻습니다.

"선생님, 뱃속에 들어 있는 아기도 방귀를 뀌나요?"

아이들과 선생님의 이야기가 우스워 요코는 울음을 멈추고 선생님의 말에 귀를 기울입니다. 책을 다 읽고 나서 첫째 아이는 더 이상 동생을 놀리지 않고, 동생도 당당하고 시원하게 방귀를 뀔 수 있었죠.

책에서 질문을 얻는 경우도 있지만, 읽은 내용을 배경지식과 연결해서 질문하는 경우도 있습니다. 학생들과 『돈가스 안 먹는 아이』유혜진 저라는 책으로 수업한 적이 있습니다. 사우디아라비아에서 온 주인공 '아부'를 통해 다문화가정 아이들의 고민을 느끼고, 편견과 차별이 아닌 열린 마음으로 다양한 문화를 존중하는 법을 배우는 내용입니다. 지욱이, 민호, 유라 그리고 주인공 아부는 함께 분식집에 갑니다. 거기서 아부는 돼지고기를 먹지 않는 바람에 친구들에게 놀림을 당합니다. 또 한참 놀다가도 기도를 드리기 위해 집으로 가서 아이들의 원망을 사죠. 그 내용을 보고 민근이가 말합니다.

"한국에 왔으면 사우디아라비아는 잊어야지. 한국 사람이 돼야 친구도 생기지 않겠어?"

가은이가 대꾸합니다.

"진짜 친구라면 상대의 취향을 존중해 줘야 하는 거 아닐까?"

민근이는 글의 정보와 배경지식을 연결해서 질문한 것입니다. 가은이의 답변 역시 가치판단과 관련된 것입니다. 책을 읽으면서 생긴 질문에 대한 대답을 다른 곳에서 찾을 수 있을 때 비로소 질문에 능숙한 아이가 됩니다. 미시간주립대의 타피 라파엘Taffy E. Raphael 교수는 대답의 성격에 따라 질문의 유형을 크게 두 가지로 분류했습니다. 첫 번째 유형은 책속에 대답이 있는 질문입니다. 글에 대답이 바로 나타나는 질문과 여러 문장에 걸쳐 생각해야 할 질문이 있습니다. 두 번째 유형은 머릿속에 대답이 있는 질문입니다. 머릿속에서 스스로 생각해야 하는 질문과 글을 통해 독자를 돌아보게 만드는 질문이 있습니다. 라파엘은 이러한 질문들을 균형 있게 만드는 독서가 좋은 책 읽기라고 주장합니다. 책을 읽으면서 할 수 있는 질문의 유형을 한 번 살펴보겠습니다.

〈질문과 답변의 관계〉

- 답이 글의 어느 곳에 있나요?
- 답이 글의 여러 부분에 걸쳐 있나요?
- 어디에서 답을 찾을 수 있나요?
- 그 답을 다른 책에서도 찾을 수 있나요?

교육에는 수직 교육과 수평 교육이 있습니다. 앞서 살펴본 케네디가의 로즈 여사가 아이들에게 질문을 던지고 답변을 유도하는 것은 수직 교육입니다. 형제자매 혹은 친구들이 서로 경쟁적으로 답변하면서 더 많이 읽고 더 많이 알고자 하는 욕구를 느끼는 것은 수평 교육입니다. 저학년 때는 수직 교육에 대한 의존도가 높습니다. 엄마가 책을 읽어주고 질문하는 단계죠. 고학년 때는 수평 교육으로 전환해야 합니다. 학년이 올라갈수록 명확하게 답변할 수 있는 질문보다 그렇지 못한 질문이 늘어나기 때문입니다. 쉬운 질문이라도 답변의 근거를 명확하게 찾는 습관은 학습능력으로 연결됩니다. 글을 읽는 동안 생긴 질문에 얼마간의 노력으로 답변할 수 있다는 것을 배워야 합니다. 진정한 독서는 이때부터 시작됩니다. 여러 유형의 질문에 대한 답변을 서로 다른 곳에서 찾을 수 있다는 것을 깨닫게 되면서 아이의 지적 호기심은 불타오르기 시작합니다.

(4) 연결하기

연결하기는 책 속에서 읽은 글과 개인적인 경험을 연결하는 개인적 연결과 여러 책 속에서 읽은 내용을 서로 연결하는 책 사이 연결 전략이 있습니다. 이는 읽기 전, 중, 후, 모든 과정에서 일어나는 활동이라고 할 수 있습니다.

■ 개인적 연결

개인적 연결은 아이가 글을 읽으면서 자신의 지식이나 경험을 연결시킬 때 일어납니다. 이 연결로 자기만의 간접 경험이 생겨납니다. 아이들과 『화요일의 두꺼비』러셀 에릭슨 저라는 책으로 수업을 할 때의 일입니다. 이 책은 친구에 관해 더 깊게 생각할 수 있도록 이끄는 내용으로 3학년 교과서에 소개된 작품입니다. 두꺼비 워턴은 맛있는 딱정벌레 과자를 고모에게 가져다주려고 나섰다가 발을 다치고 천적인 올빼미에게 잡힙니다. 여섯 밤이 지나 화요일이 되면 올빼미의 생일입니다. 그날 올빼미는 워턴을 잡아먹을 예정이죠. 하지만 워턴은 청소를 하고, 차를 끓이고 올빼미에게 말을 겁니다. 처음에는 시큰둥하던 올빼미는 차츰 차를 마시며 누군가와 이야기를 나눈다는 것이 얼마나 즐거운지를 알아갑니다.

아이들에게 우정에 관한 경험담을 물었습니다. 재준이가 입을 열었습니다.

"친구 상윤이가 보고 싶어요. 서울로 이사 오기 전에 단짝 친구였는데, 항상 동생 상진이를 데리고 다녔어요. 울보 상진이가 상윤이보다 저를 더 좋아해서 볼 때마다 새콤달콤 젤리를 나눠주었거든요."

경선이의 이야기가 이어집니다.

"어릴 적 방학 때마다 의정부 고모 댁에 있었어요. 그 동네에서 친구가 몇 명 생겼는데 한 친구가 두꺼비 인형을 줬었어요. 초등학교 올라가서 까맣게 잊고 있었는데 몇 년 지나서 이사 갈 때 창고에서 그 인형을 발견했어요. 화요일의 두꺼비를 읽고 나니까 그 친구 생각이 나네요. 얼굴이 가물가물해요."

이와 같이 개인적 연결은 사건과 배경을 연결시키고 인물의 감정을 알게 함으로써 글에 대한 이해도를 높입니다.

■책 사이 연결

책 사이 연결은 여러 권의 책 내용을 연관시켜 배경지식을 넓히는 데 활용됩니다. 중앙일보와 공동기획으로 독서 고민이 있는 가정을 찾아 상담을 진행할 때의 일입니다. 서울 서초구에 사시는 한 어머님 댁에 방문했습니다. 어머님은 책에 관심이 없는 아들 승환이 때문에 걱정이 많으셨습니다. 삼 형제 중 막내아들인 승환이에게 읽으라고 하면 읽기는 하지만 스스로 찾아 읽지 않기 때문이었습니다. 승환이의 집에는 책이 상당히 많았는데요. 둘째 형 승준이가 책을 좋아해서 그랬습니다. 어머님은 승환이도 승준이처럼 책을 찾아 읽기를 강요했지만 승환이는 그런 어머니와 마찰을 일으킨 겁니다.

이처럼 자녀가 여럿인 경우 각자의 독서 취향에 맞게 책을 구입하기가 사실 쉽지 않습니다. 게다가 어느 가정에나 한두 질씩 있다는 전집은 권수도 많고 가격도 비싸서 아이의 관심이나 취향과 상관없이 볼 것을 강요받게 되죠. 결국 부모님 입장에서는 "책이 많은데 왜 안 보냐, 뭘 또 사 달라고 하느냐"는 등 잔소리를 하게 됩니다. 형이 두 명인 승환이도 마찬가지입니다. 책장에는 대부분 형들이 봤던 책이 꽂혀 있습니다. 어머니는 형들이 보던 책이 많으니 승환이에게도 그걸 보라고 권했습니다. 어린이나 어른이나 관심 없는 책을 읽다 보면 당연히 재미를 느끼지 못하고 책과 멀어질 수밖에 없습니다.

그때 승환이 어머님께 제안한 방법이 책 사이 연결입니다. 집에 있는 책은 없는 셈 치고 함께 서점이나 도서관에 가서 승환이가 읽고 싶은 책을 고르도록 했습니다. 자기가 선택했으니 읽을 수밖에 없었죠. 축구를 좋아하는 승환이가 고른 책은 『소크라테스 아저씨네 축구단』김하은 지음이 었습니다. 세계적인 축구 스타가 되고 싶은 주인공 동연이는 방과 후 축구단에 가입합니다. 그곳에서 동연이는 소크라테스라는 특이한 이름을 가진 감독을 만납니다. 허름한 운동복에 낡은 운동화를 신은 소크라테스 감독이 동연이는 처음부터 마음에 들지 않았습니다. 게다가 소크라테스 감독은 축구를 가르쳐줄 생각은 안 하고 "축구란 무엇일까?", "우리가 안다고 생각하는 게 진짜로 아는 걸까?" 같은 이상한 질문만 합니다. 그 속에서 동연이는 진정한 스포츠맨십을 배우게 됩니다.

그 책을 재미있게 읽고 나니 집에 있던 형들의 책 중에서 『축구 생각』김옥 지음이 눈에 들어왔습니다. 승환이가 펼쳐든 이 책에는 축구 때문에 학교에 가는 주인공 대용이가 등장합니다. 그런 대용이에게 엄마는 시험

점수 90점 이상을 받지 못하면 공을 차지 말라고 엄포를 놓습니다. 드디어 시험 날이 되었습니다. 대용이는 수학 세 문제의 답을 알 수가 없었고, 그 세 문제만 더 맞히면 90점 이상 받을 수 있다는 생각에 승완이의 시험지를 훔쳐봅니다. 승완이는 그 사실을 알고, 축구시합에서 대용이 대신 자신이 경기에 뛰게 해달라고 요구합니다.

책을 스스로 선택하고 자신이 고른 책과 집에 있는 형들의 책이 연결되자 승환이의 독서 흥미도는 급상승했습니다. 아이가 책을 좋아하게 만들기 위해서는 부모의 지켜보는 마음가짐이 중요합니다. 부모가 무심코 던진 질문이 아이로 하여금 책을 기피하게 할 수 있기 때문이죠. 초등 저학년은 자기가 알고 있는 걸 말하고 싶어 하지만 3~4학년만 돼도 테스트한다고 생각합니다. 가능하면 스스로 읽도록 내버려두되 아이가 책 내용을 제대로 이해했는지 궁금하다면 '주인공이 어떤 행동을 했는지', '왜 그랬을까'를 지나가는 말처럼 묻는 것이 바람직합니다.[17]

(5) 이해 점검하기

이제 독서 중 활동의 마지막에 대해 알아보겠습니다. 책을 덮기 전에 지금까지 이해한 내용을 점검하면 좋겠네요. 만약 흥미로운 책이었다면 책의 뒷부분이 얼마 안 남은 것이 아쉬울 테고, 읽기 힘든 책이었다면 시원할 겁니다. 점검하는 방법은 두 가지가 있습니다. 패턴 발견하기와 시각화하기입니다.

■ 패턴 발견하기
좋은 책에는 일정한 패턴이 있습니다. 아니, 사실 패턴은 어디에나 있습니다. 세르게이 브린과 래리 페이지는 사람들이 선호하는 웹사이트에서 패턴을 발견했고, 그 결과 전 세계인의 90% 이상이 사용하는 검색엔진 구글을 만들었습니다. 찰스 다윈은 여행하면서 관찰한 여러 가지 형태의 생명체들에서 패턴을 보았고, 그것을 진화론으로 발전시켰습니다. 저는 최근까지 사회인 야구를 했습니다. 팀의 주장은 제가 타석에 들어설 때 이런 조언을 해주곤 했습니다.

"공 두 개까지는 치지 말고 기다리세요. 그리고 상대방 투수가 빠른 공을 몇 번 던진 후 느린 공을 던지는지 잘 보세요."

투구 패턴을 파악해서 치기 좋은 느린 공을 언제 던지는지를 알아내라는 겁니다. 아, 지금 생각해 보니 제가 빠른 공을 잘 치지 못해서 그렇게 조언해 주었을 수도 있겠네요. 어쨌든 독서를 마무리하는 시점에 지금까지 읽은 내용, 구체적으로 말하면 저자의 글 속에 숨어 있는 패턴을 찾는 것은 중요합니다. 중·고등학생이라면 독서를 학습능력으로 연결시키는 요인이 되기도 합니다.

인간의 뇌가 어떻게 패턴을 이용하는가에 대해서는 그동안 많은 연구가 있었습니다. 그만큼 관심이 많은 분야죠. 학습 효과를 극대화시키는 패턴에 대한 연구결과를 살펴보면 몇 가지 특징을 발견할 수 있습니다.

첫 번째 특징은 학습자가 스스로 패턴을 발견해내는 것입니다. 유튜브에서 책을 요약하거나 해설해 주는 유튜버를 종종 보게 됩니다. 하지만 막상 책을 읽어보면 유튜버의 해설과 다른 경우가 훨씬 더 많습니다. 한정된 시간 안에 흥미 있는 부분만 담으려다 보니 같은 내용을 읽어도 중요도에 대한 판단이 서로 다르기 때문입니다. 결국 저자의 글 속에 숨어 있는 패턴을 발견해내는 독자가 되어야 할 것입니다.

아이들이 단순히 엄마의 질문에 대답하기 위해 책의 내용을 기억하려 하는 것보다는 내용을 좀 더 깊게 이해할 수 있도록 스스로 패턴화하는 것이 올바른 독서입니다.

학습 효과를 극대화시키는 패턴의 두 번째 특징은 패턴의 수단이 고작 서너 가지를 넘지 않는다는 겁니다. 공통점과 차이점, 비교와 대조, 원인과 결과 등이 가장 많이 사용됩니다. 기타 여러 가지 패턴화 과정이 있을 수 있지만 대개 이 범주를 크게 벗어나지 않습니다. 독서법을 다룬 책마다 나름대로의 패턴을 사용하는 경우도 있습니다만 너무 단순하거나 반대로 너무 복잡해서 이해를 점검하는 데에 별 도움이 되지 않는 경우가 많습니다. 하버드대학의 심리학자 존 레이티는『뇌, 1.4킬로그램의 사용법』에서 인간의 뇌를 '패턴 탐색 장치'라고 부릅니다. 전체 개념을 서로 연관시키고 유사성, 차이점, 관계 등을 찾는 뇌의 습성 때문입니다. 국제백신연구소가 국제감염병기구 CEPI가 대비하고 있었던 '전염병X'에서 특정 패턴을 발견하여 코로나19 바이러스의 백신을 개발한 사례, 스마트폰의 사용 패턴을 발견하여 거대한 광고기업 페이스북을 만든 마크 저커버그의 사례를 통해 패턴의 중요성을 깨달을 수 있습니다. 패턴은 책의 내용을 이해했는지 점검하기 위해 꼭 필요한 성공의 열쇠입니다.

■ 시각화하기

이해를 점검하는 가장 좋은 방법은 시각화하는 것입니다. 듣거나 읽은 것이 생활에서 경험한 것과 연결될 때 아이들의 머릿속에는 그림이 그려집니다. 새로운 맥락이 만들어집니다. 읽으면서 시각뿐만 아니라 청각, 후각, 미각, 촉각, 정서 등을 이미지화하는 것입니다. 이를 위해 저는 학생들에게 이런 주문을 합니다.

"눈을 감고 주변을 살펴보세요. 무엇이 보이나요? 무언가를 느낀다면 여러분이 본 것, 냄새 맡은 것, 들은 것 등을 생각해 보세요."

학생들이 글을 충분히 경험할 시간을 가지도록 의도합니다. 저자가 말하고자 하는 것을 이해하고, 그것을 자신의 관점에서 깊이 경험하도록 하기 위해서입니다.

이해 점검하기를 연습하기 위해 『개구리는 축축해』주디 하웨스 지에 나온 다음 글을 읽어보겠습니다. 그리고 무슨 일이 일어나는지 시각화해 보겠습니다. 시각화하기에는 모든 감각을 사용하는 것이 효과적입니다.

개구리의 혀는 우리와 달리 입 앞쪽에 붙어 있다. 개구리는 목 쪽으로 혀를 말아서 벌레를 향해 뛰어오르면서 혀를 앞으로 펼친다. 혀의 끝은 끈적끈적하다. 이 끈적끈적한 부분으로 곤충을 감싼다. 곤충이 붙은 혀를 입으로 당긴다. 개구리는 목 속으로 벌레를 밀어 넣는다. 이 모든 과정이 0.2초가 걸리지 않는다.

학생들과 함께 글을 읽고 가까이에서 보았다고 생각하면서 본 것, 들은 것, 느낀 것 등에 대하여 말합니다. 몸짓을 사용해도 좋습니다. 개구리의 혀를 나타내기 위해 팔을 구부립니다. 곤충을 감싸기 위해 팔을 폈다가 목 속으로 곤충을 집어넣습니다. 이러한 심리적, 육체적 활동은 아이들이 읽은 것에 대해 시각적으로 움직이는 그림을 그려내 글을 깊이 이해하도록 만듭니다.

대치동 초등독서법

3. 독서 후 활동

과정	항목	체크 사항
독서 후	핵심 내용 파악	줄거리와 등장인물, 중요 장소, 정보를 기억해 보기
	새로 알게 된 사실	표지에서 예측한 정보 외에 새롭게 알게 된 내용을 정리하고 종합
	깨달은 점	깨달은 점과 나만의 평가

(1) 핵심 내용 파악

다음 전략은 핵심 내용 파악하기입니다. 책에는 아이들의 관심을 끌 만한 흥미로운 것들이 많이 있습니다. 매혹적인 삽화, 재미있는 단어, 우스꽝스러운 등장인물, 흥미진진한 줄거리, 매력적인 자동차 등이 등장합니다. 그러다보니 핵심 내용에서 벗어난 것을 기억하는 경우가 많죠. 앞에서 나무늘보에 대한 보고서를 쓰던 병한이네 모둠을 떠올려 보겠습니다. 모둠은 가장 느린 동물에 관한 정보를 찾고 있었습니다. 그런데 책들 속에는 너무나 많은 동물들에 대한 정보가 있었습니다. 병한이네 모둠이 보고서를 성공적으로 쓴 이유는 초점을 좁혀 가는 전략을 사용하였기 때문입니다.

'핵심 내용 파악'도 이와 비슷합니다. 먼저 읽기 목적을 정하면 내용을 결정하는 데 영향을 미칩니다. 병한이네 모둠의 목표는 나무늘보에 대한 흥미로운 사실을 소개하는 것이었습니다. 아이들은 이것에 초점을 맞추어 책을 읽었습니다. 만약 읽기 목적이 나무늘보의 먹잇감을 소개하는 것이었다면 아이들은 다른 부분에 초점을 두었을 겁니다.

글의 구조를 이해하고 핵심 내용을 파악하는 방법도 있습니다. 예를 들어, 이야기에서 핵심 내용을 파악할 때, 아이들은 익숙하게 알고 있는 이야기의 특성으로부터 중심내용을 찾는 것을 배웁니다. 이야기의 플롯에 따라 처음, 중간, 끝을 찾아도 되고, 등장인물, 배경, 문제, 해결을 찾아도 좋습니다. 술술 읽히는 글이 재미있듯, 글의 구조를 이해하면 핵심 내용을 빠르게 파악할 수 있습니다. 정보도서의 경우는 약간 다른데요. 주로 기술, 원인과 결과, 비교, 시간 순서, 문제해결의 구조로 이루어집니다. 글에서 강조된 부분을 발견하고 핵심 내용을 파악할 수도 있습니다. 예를 들어, 저자는 제목, 글꼴, 사진, 삽화, 표 등을 사용하여 중요한 부분을 강조하거나 정리합니다. 아이들이 이와 같은 정보를 활용한다면 읽는 속도도 빨라지고 핵심 내용을 파악하는 실력도 향상됩니다.

정보도서의 핵심 내용 파악 도구

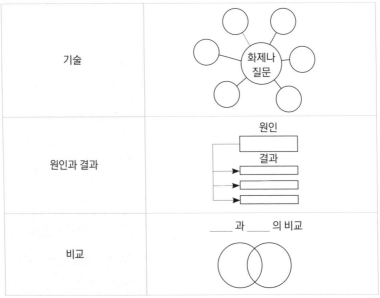

기술	
원인과 결과	
비교	

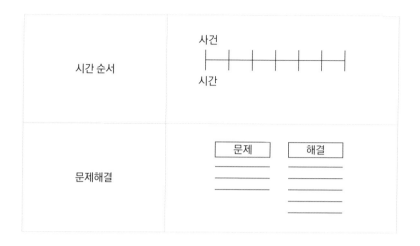

| 시간 순서 | 사건 〈눈금 표시〉 시간 |
| 문제해결 | 문제 / 해결 |

(2) 새로 알게 된 사실과 깨달은 점

이제 책에 대한 이해가 끝났으면 새로 알게 된 사실과 깨달은 점을 정리합니다. '새로 알게 된 사실'과 '깨달은 점'은 책 속에 갇힌 시야를 바깥세상과 연결하는 과정입니다. 책에서 빠져나와 보다 넓은 시야로 다시 책의 내용을 들여다보는 것입니다. 이를 위해서는 책에 집중하는 것이 좋을까요, 자신에게 집중하는 것이 좋을까요?

신학기가 되면 책상에 오래 앉아 있지 못하는 아이들 때문에 걱정하는 부모님들이 많습니다. 온 정신을 집중하여 책을 공부하듯 읽히기도 합니다. 정확하게 목표를 조준하면서 사고와 감정과 행동을 통합해 임무를 수행하고 완수하게 해주기 때문이죠. 아이들이 수업 시간 내내 앉아서 학습하려면 우선 집중해야 합니다. 지도자들이 사명이나 목표를 추구하도록 사람들을 규합하려면 집중해야 합니다. 기업가가 시장점유율을 높여 성장시키려면 집중해야 합니다. 집중하지 않은 채로 바늘에 실을 꿰거나 가스레인지에 라면 냄비를 올려놓은 채 TV 화면에 정신을 잃어보신 분들은 알 겁니다. 집중하지 않고 무언가를 이루기는 어렵습니다. 관심을 기울이는 범위가 넓으면 팔방미인은 될 수 있을지 몰라도 어떤 분야에서도 전문가는 될 수 없습니다. 한 우물을 파야 깊이 팔 수 있고, 그래야 시간이 흐를수록 자신의 능력을 믿을 수 있고, 타인의 신뢰를 얻을 수 있습니다. 담도암 수술을 받아야 한다면 담도암 수술 300회, 위절제술 300회, 췌장암 수술 400회를 실시한 의사보다 심장우회술만 1,000회 실시한 의사를 선택할 겁니다. 감정, 직관과 더불어 집중은 탁월하고 현명하게 학습능력을 끌어올리는 주요 요소입니다.

문제는 집중하라고 강요하면 금방 실증을 느끼거나 무기력감을 호소하는 아이들이 많다는 것입니다. 그렇다고 아이들에게 집중하라고 잔소리만 할 수도 없는 노릇이죠. 그런 학부모님께 희소식이 있습니다. 때로는 전혀 예기치 않는 상황에서 놀라운 집중력이 발생하기도 한답니다.

1983년 어느 금요일 밤, 한 남자가 여자 친구와 함께 버클리를 출발해 캘리포니아 주 128번 고속도로를 달리고 있었습니다. 목적지는 숲속에 오두막집을 짓고 있는 멘도시노Mendocino였습니다. 밤이 늦었고 오래 운전했으므로 몸이 약간 피곤하면서 정신이 멍했습니다. 여자 친구는 옆 좌석에서 꼬박꼬박 졸고 있고, 남자는 당시 진행하고 있던 DNA 연구에 대해 생각하기 시작했습니다. 남자는 그 순간을 이렇게 회상합니다.

"소형 은색 혼다를 타고 산길을 달리는 동안 손으로는 운전대를 잡고 길을 달렸지만 정신은 연구실로 내달았습니다. 나선형으로 돌돌 감긴 DNA 사슬이 공중을 떠다녔습니다. 산길을 오르는 동안 눈앞에 파란색과 분홍색이 섞인 전자의 현란한 형상이 펼쳐졌습니다."

너무 피곤하면 오히려 정신에 또렷한 상이 맺히는 것처럼 남자의 머릿속은 오락가락 널을 뛰며 정보의 조각들을 비교하고 연결했습니다. 그러다가 불현듯 새로운 아이디어가 떠올랐습니다. 남자는 표지판이 목적지까지 정확히 75킬로미터가 남았음을 알려주는 지점의 도로변에 차를 세우고 점점이 흩어져 있는 생각들을 연결하기 시작했습니다. 완전히 새로운 과학이 탄생하는 순간이었습니다.

그 남자의 이름은 캐리 뱅크스 멀리스 Kary Banks Mullis 박사입니다. 생화학자인 멀리스는 '중합효소 연쇄반응 기법 Reverse Transcription Polymerase Chain Reaction, RT-PCR'을 발명한 공로로 10년 후 노벨 화학상을 받습니다. 이 기법은 합성 DNA를 만드는 방법으로 현재까지 산과학부터 법의학까지 아우르는 광범위한 분야에서 매우 중요하게 활용되고 있습니다. 이처럼 멀리스 박사는 그날 밤 뒤숭숭한 마음으로 운전을 하다가 떠올린 아이디어를 새롭고 생소한 방식으로 조합해 노벨상을 수상했습니다.

망치를 손에 든 사람은 못만 보입니다. 망치를 내려놔야 벽과 가구 그 밖에 넓은 집안 곳곳이 비로소 보이게 마련이죠. 깨달음이란 이렇듯 중심에서 벗어난 상황에서 느닷없이 다가옵니다. 이런 깨달음을 얻기 위해서는 읽고 느낀 점을 책이 나에게 주는 영향을 중심으로 정리하는 것이 좋습니다. 생각하고 대화도 나누어보고, 여러 번 읽었다면 여러 번 씁니다. 반복하는 동안 우리의 뇌는 정보를 부지런히 저장합니다.

저는 삼국지를 중학생 때 처음 읽었는데, 정비석 작가의 작품으로 읽었습니다. 세로 줄로 된 다섯 권짜리였습니다. 고등학교에 들어가서는 이문열 작가를 너무 좋아해서 그가 삼국지를 출간할 때마다 버스정류장 앞에 있던 서점에서 낱권으로 사서 읽었습니다. 대학에 들어가서도, 회

사에 입사해서도 여러 번 읽었습니다. 그때마다 저에게 깨달음을 주는 인물을 하나씩 정했습니다. 처음에는 유비 같은 사람과 저를 동일시했습니다. 다음엔 관우, 조자룡 그리고 지금은 조조에게 호감이 갑니다. 같은 책이지만 읽을 때마다 깨달은 점은 달랐습니다. 독서의 깊이보다는 제 경험치가 변했기 때문이죠. 이어지는 3부에서 학년별 추천도서를 통해 독서 전략을 구체적으로 알려드리겠습니다.

초등학생을 위한 위한 발달단계별 독서 전략

"사물이나 상황을 입체적으로 바라볼 수 있는 통합적 사고력은 이 시대에서 가장 요구되는 힘입니다. 가장 좋은 방법은 하나의 큰 주제를 중심으로 다양한 책을 읽는 것입니다. 동일한 주제를 가진 책을 여러 권 읽게 되므로 배경지식을 깊고 넓게 쌓을 수 있고, 토론이나 토의, 글쓰기 등의 결과물도 더욱 깊이 있고 풍부해질 수 있습니다."

9.
예비 초등학생 독서 전략:
어떤 책들을 어떻게 읽어야 할까?

2021학년도까지 대입 자기소개서는 모두 4문항으로 구성되었습니다. 1~3번 문항은 대교협 공통문항이며, 4번은 대학 자율문항입니다. 고려대, 연세대 등 대부분의 대학들이 '지원 동기와 노력 과정'을 작성하게 하는 반면 서울대는 독서활동을 기술하게 합니다. 이유는 무엇일까요? 심층적인 독서를 통해 생각하는 힘, 글쓰기 능력, 전문지식, 의사소통 능력을 기르고 교양을 쌓을 수 있기 때문입니다. 서울대가 학생부종합전형에서 평가하는 학생의 학업 태도는 다음과 같습니다.

- 자기주도적 학습 경험에서 나타나는 지적 호기심
- 학업에 대한 열정·적극성 및 진취성

공부의 기초와 대학 생활의 기본 소양을 갖춘 학생을 선발하기 위해 서울대는 수박 겉핥기식 독서가 아니라, 학교에서 배운 내용을 바탕으로 더 알고 싶은 분야에 대한 궁금증을 스스로 이어가는 도구로써 책을 잘 활용하는 학생을 원합니다. 그동안 읽은 책들이 자신에게 어떤 의미가 있었는지, 읽고 나서 어떤 변화를 일으켰는지를 생각하는 학생을 원하는 것은 너무도 당연하겠죠. 서울대뿐 아니라 면접 및 구술고사로 학생 선발을 원하는 대학은 다소 깊이 있는 질문이나 문제를 제시하기도 합니다. 단기간의 준비로는 해결할 수 없다는 말이죠. 평소 교과 학습과 함께 독서 활동을 꾸준히 해야만 우수한 학업 역량을 드러낼 수 있습니다. 인문계열은 물론 자연계열까지 분야를 막론하고 폭넓은 독서를 통해 사고력을 길러온 학생을 높이 평가하는 것이 입시가 추구하는 방향입니다. 입시에 대비하기 위해서는 호기심을 갖고 스스로 질문을 만들어보고 그에 대한 대답을 찾는 꾸준한 노력이 동반되어야 합니다.

호기심을 키우는 방법

갓난아기를 관찰하다 보면 손가락으로 무언가를 가리키는 것을 종종 목격할 수 있습니다. 대부분 첫돌 무렵부터 집게손가락으로 무언가를 가리키기 시작합니다. 이것을 '관심 공유'라고 합니다. 자신이 관심을 두고 있는 것에 상대방도 관심을 가져주기를 원하는 것이죠. 가리키기는 아동 발달 과정에서 매우 중요합니다. 가리키는 것을 잘하는 아기는 언어를 배우는 속도가 빠르다는 연구결과도 있습니다. 그런 아기는 상대의 신호나 징후를 잘 포착합니다. 무언가를 배우는 것도 빠릅니다.

가리키는 행동을 하는 이유에 대해 아기들은 말해 주지 않습니다. 말을 못하니까요. 다만 몇 가지 추측은 가능합니다. 전문가들에 따르면 아기는 자신의 관심사를 표현하기 위해 가리킨다고 합니다. 무언가에 대해 더 알고 싶을 때 손가락을 들어 부모에게 묻는 것이죠. 말을 배우기 전에도 아기들은 이런 방식으로 질문이 가능합니다.

16개월의 아기들과 놀이를 하면서 실험을 했습니다. 책과 컵 등 아기들에게 익숙한 물건과 오래된 비녀, 곰방대와 같이 익숙하지 않은 물건을 보여준 것이죠. 아기들은 A, B 두 집단으로 나누었습니다. A집단에게는 아기들이 손가락으로 가리킬 때 익숙한 물건들에 대해서는 이름을 정확히 알려주고, 익숙하지 않은 사물을 가리키면 그것의 특징을 이름으로 붙여주고 더 알아볼 수 있도록 도와주었습니다. 반면 B집단에게는 아기가 익숙한 물건을 가리키면 뭔지 모른다고 하거나 컵을 양말이라고 엉뚱하게 대답해 주었습니다. 그랬더니 B집단의 아기들이 A집단의 아기들보다 가리키는 행위를 훨씬 덜 하는 경향을 보였습니다. 16개월밖에 안 된 어린 아기도 어른이 얼간이인지 아닌지 파악할 줄 안다는 겁니다.

주목할 것은 이 실험이 알려주는 두 가지 사실입니다. 첫째, 가리키기가 무언가를 배우는 것과 관련된 행위라는 것입니다. 둘째, 아기가 가리키는 행위를 더 하느냐 그만두느냐는 주변 어른들에게 달려 있다는 것입니다. 반응을 하지 않거나 좋은 정보를 주지 못하는 사람과 있으면 아기는 가리키는 행위를 더 이상 하지 않습니다. 옹알이도 마찬가지입니다. 아기는 생후 한두 달이 되면 옹알이를 합니다. 전 세계 어느 문화권에서도 방식은 비슷합니다. 배울 준비가 되었다는 신호를 보내는 것입니다. 부모가 옹알이를 무시해 버리지 않고, 설령 질문을 잘 알아듣지 못했더라도 무엇이건 생각나는 것을 대답하려 노력한다면 아기들은 옹알이를 호기심의 도구로 더 많이 사용할 겁니다. 아기가 사과를 보면서 '스스스'라고 하는데 엄마가 아무 말도 하지 않는다면, 아기는 옹알이가 시간 낭비라고 생각합니다. 호기심은 이렇게 어린 시절부터 배움의 연료가 됩니다.

다른 연구에서는 아기들에게 새로운 장난감 두 개를 보여주는 실험을 했습니다. 특정한 곳을 밀면 뚜껑이 열리는 장난감이었습니다. 장난감 두 개를 보여주고 난 뒤 연구자는 아기가 둘 중 하나를 가리킬 때까지 기다렸습니다. 한 아기에게는 손가락으로 가리킨 장난감의 사용법을 알려주었습니다. 다른 아기에게는 가리키지 않은 장난감의 사용법을 알려주었습니다. 그 후 장난감들을 모두 치웠다가 15분 후에 다시 가져다 두고 아기들을 관찰했습니다. 그랬더니 아기들은 자신의 선택과 상관없이 연구자가 사용법을 알려준 장난감을 가지고 놀았습니다.

이렇게 짧은 시간에도 어른이 보여주는 반응에 따라 아기에게서 더 많은 호기심을 끌어낼 수도 있고 그렇지 않을 수도 있습니다. 이를 통해 호기심의 중요한 특성을 알 수 있습니다. 호기심이 많아질지 적어질지는 생후 초기의 몇 달이나 몇 년 동안에 주변 사람들이 하는 행동에 달려 있습니다.

같은 연구에서 이번에는 아기들이 부모와 노는 것을 관찰했습니다. 부모가 아기의 행동에 더 잘 반응해 주고 아기에게 더 많은 질문을 하면 아기는 자신이 선택한 물건이 어떻게 사용되는지에 대해 더 빠르게 배웠습니다. 그렇다면 이런 결론을 내릴 수 있겠습니다. 어떤 아이가 호기심이 있느냐, 없느냐는 말을 배우기 이전 시기에 질문한 것들에 대해 부모가 어떻게 반응했느냐에 달려 있다고요. 한마디로 호기심은 벽을 향해 던지는 고무공과 같습니다. 아기들이 가리키는 손가락의 의미는 어른이 보이는 반응에 따라 달라집니다. 아기가 어떤 물건을 가리킬 때 그 물건을 주면 아기는 가리키는 행위가 물건을 얻기 위한 수단이라고 생각합니다. 그 물건의 이름을 알려주면 아기는 가리키는 행위가 정보를 얻는 방법이라고 생각합니다.

첫째 아이가 17개월쯤 되었을 때 눈이 펑펑 내린 적이 있습니다. 아이는 내복을 입은 채로 제게 다가와서는 손가락으로 털옷을 가리키더니 제 시선을 확인하고는 이내 현관문을 가리키더군요. 아마 이런 뜻이었을 겁니다.

'아빠, 눈 오니까 옷 입고 나가서 놀자.'

물건을 주지도 않고, 이름을 알려주지도 않고, 아이의 요구도 모른 체하면 어떻게 될까요? 맞습니다. 가리키는 일을 더 이상 하지 않게 됩니다. 바람직한 육아를 제공받은 아이는 커가면서 질문을 아주 많이 합니다. 인간이 성장할수록 질문은 깊어집니다만, 모두에게 저절로 쉽게 생기는 것은 아닙니다. 아이의 발달단계에 따라 이러한 능력은 점점 다른 양상을 띠게 됩니다.

유아·초등학생을 위한 발달단계별 독서 전략

『대치동 독서법』에서는 발달단계별 독서법을 표로 소개했는데, 이 책에서는 이 표에 학년별 '진로연계'를 추가했습니다. 아이의 발달단계에 따라 유아기부터 독서를 할 수 있듯이 아이의 진로도 전 연령대부터 설계할 수 있습니다. 유아기의 자기 이해를 거쳐 대인관계를 이해하고, 가치관 형성을 거쳐 사회관계를 이해한 뒤에 올바른 진로 계획을 설정할 수 있으니까요. 교과학습뿐 아니라 진로 계획을 세우는 데도 독서가 꼭 필요합니다. 독서감상문을 쓰는 수준에 그치지 말고 책을 읽은 계기부터 독서 경험이 자신에게 미친 영향과 변화를 기록하는 것이 바람직합니다. 나아가 독서 활동을 통해 어떻게 사고력을 확장시켰는지 그 과정을 담아낼 수 있으면 효과적입니다. 책을 읽은 동기가 교과학습과 연계될수록 좋습니다. 교과지식을 배울 때 지적 호기심을 발휘하여 독서 행위로 이어 나가는 과정에서 자기주도적인 학습 능력을 확인할 수 있기 때문입니다.

발달단계별 독서법

	독서 맹아기 (출생~유아기)	독서 입문기 (초등1~2학년)	기초 기능기 (초등3~4학년)	기초 독해기 (초등5~6학년)	고급 독해기 (중등1~2학년)	독서 전략기 (중등3-고등1학년)	독서 독립기 (고등2-3학년)
독서 능력 발달 간계	아동의 직접 경험과 부모의 역할이 중요한 시기	독서 흥미를 위해 함께 참여하는 읽기가 필요한 시기	독서의 기초 기능을 익히고 학습독서가 시작되는 시기	독서를 통한 사고 기능과 기초 독해 기능을 기르는 시기	독서를 통한 고급 사고 기능과 비판적 관점을 기르는 시기	독서 목적에 맞추어 전략적 독서를 시작하는 시기	전문적인 상황에 필요한 도서를 스스로 선택하여 읽는 시기
초중고 학년별 교과 연계	창작도서(그림책·전래동화·창작동화)		정보도서(과학·사회·역사)	한국사 / 세계사	한국 중·단편문학	동·서양 고전명작 및 사상서	
초중고 학년별 진로 연계	자기 이해(창작동화, 성장소설, 고전명작, 자서전, 위인전, 성장체험기 등)	학습태도 형성(과학, 역사, 사회등 기본 정보글, 학습 방법서, 체험성공기 등)	대인관계 이해(자기계발서, 성공인물기, 의사소통방법, 대화법 등)	가치관 형성(고전명작, 동서양 철학서, 심리학등)	사회관계 이해(사회과학, 대중문화, 정치, 경제, 국제관계등)	진로계획(진학및 학과관련 등)	

처음 한글을 뗀 아이는 글을 소리 내어 읽습니다만 그 의미까지 이해하지는 못합니다. 단어를 읽는 것과 그 단어의 의미를 이해하는 것은 전혀 다른 문제이기 때문이죠. 유치원에서는 처음으로 듣기와 읽기를 배웁니다. 선생님은 읽기 연습을 시킵니다. 아이들은 내용을 이해하기 위해 여러 가지 수단과 방법을 동원합니다. 읽기를 멈추고, 스스로에게 질문하며, 눈을 감고 이미지를 떠올리기도 합니다. '이것이 무슨 의미지?', '저것은 무엇과 같지?'

이때 아이의 뇌는 알고 있는 지식과 경험을 활성화합니다. 이 시기를 '독서 맹아기'라고 부릅니다. 선생님과 부모의 역할이 중요한 시기죠. 그림책, 전래동화, 창작동화 등의 이야기 글을 읽어주는 것이 좋고 천천히 어휘를 익혀 문장의 개념을 이해하도록 하는 것이 좋습니다.

독서 맹아기를 지나 초등학교에 입학하면 '독서 입문기'에 들어갑니다. 이 시기의 부모는 책 내용을 읽어주는 것에 그치지 말고 아이가 독서에 흥미를 느낄 수 있도록 노력해야 합니다. 아이에 따라서는 갑자기 언어에 눈이 떠져 가르친 보람이 그대로 생기는 시기이기도 합니다. 가끔 사교육의 독서 프로그램을 언제부터 시키는 것이 좋겠냐고 물으시는 분이 계십니다. 〈발달단계별 독서법〉 표에서 보시는 바와 같이 학습태도가 형성되는 2학년 2학기가 적당합니다. 물론 그 뒤에 시작하셔도 좋습니다. 아직까지는 엄마가 읽어주는 것이 가장 효과적이기 때문입니다.

3학년이 되면 '기초 기능기'에 도달합니다. 대인관계를 이해하기 시작하면서 절친이 생기는 시기입니다. 학교에서 실용적인 읽기·쓰기도 배운 덕에 과학, 사회, 역사 등의 정보도서를 읽어낼 만큼 단어 실력도 부쩍 늘어납니다. 4학년이 되면 서서히 가치관이 형성됩니다. 적어도 이 시기까지는 휴대전화 사용을 금하는 것이 좋습니다. 가치관이란 바람직한 것과 그렇지 못한 것을 구분하는 능력인데, 아이에게 부정적인 것은 가능한 피하게 하는 것이 좋기 때문입니다. 맞벌이를 해서 아이가 혼자 등교해야 한다면 키즈폰이나 피처폰으로 대체하는 것이 바람직합니다.

5학년이 되면 '기초 독해기'에 도달하는데, 이 시기는 독서를 통해 사고 기능과 기초 독해 기능을 기르는 시기입니다. 시간개념이 잡히는 시기로 역사의 흐름을 이해할 수 있으며, 졸업 무렵에는 문맥도 능숙하게 사용할 수 있게 됩니다. 읽기에 자신감이 생깁니다.

중·고등학생을 위한 발달단계별 독서 전략

중학생이 되면 독서를 통해 고급 사고 기능과 비판적 관점을 기르는 '고급 독해기'에 접어듭니다. 진로를 고민해야 하는 자유학기제가 시작되고 문학작품을 읽기에 적합한 사고력이 발달하는 시기입니다. 이 시기에 읽는 책이 미래를 결정하는 결정적인 순간을 맞이합니다. 한 워크숍에서 독서지도 선생님들께 인생책을 만난 시기를 물은 적이 있습니다. 67%가 이 독서 전략기에 인생 책을 접했다고 대답했습니다. 『참을 수 없는 존재의 가벼움』을 읽고 미래에 대한 방황을 마치고 문예창작과에 진학한 사람이 있었습니다. 『데미안』에서 아프락사스, 알에서 깨어나야 한다는 등 청춘의 심장을 울리는 단어들을 접한 사람이 한둘이 아닐 겁니다.

제 경우에는 이 시기에 읽은 책 중 가장 기억에 남는 책은 메리 셸리의『프랑켄슈타인』이었습니다. 빅터 프랑켄슈타인 박사에 의해 창조되고 갑작스레 버려진 괴물은 박사를 찾아 나서기 위해 숲속의 오두막에서 글을 깨우칩니다. 책 속에서 괴물이 글을 깨치는 데 도움을 받은 세 권의 책『젊은 베르테르의 슬픔』,『플루타르코스 영웅전』,『실낙원』역시 지금까지 제가 가장 좋아하는 책으로 남아 있습니다. 최근에 중학교에 입학한 아들에게 추천해 주었더니 이렇게 말하더군요.

"완득이 이후 최고의 책이네요."

중3에서 고1은 독서 목적에 맞추어 전략적으로 독서를 시작하는 '독서 전략기'입니다. 이때 주의할 것은 내용을 요약한 책과 원문을 그대로 번역한 책은 피해야 합니다. 내용을 요약한 책으로는 온전히 저자의 생각과 만날 수 없기 때문입니다. 이 시기는 지적 능력을 확대할 수 있는 인문, 철학서를 읽기 시작하는 데도 좋은 시기입니다. 또『논어』와『맹자』같은 대담집을 그대로 직역한 성인용 책을 읽으면 책에 대한 흥미를 잃기 쉽습니다. 공자와 맹자에 대한 배경지식 없이는 이해하기 어렵기 때문입니다. 청소년용 해설서를 먼저 읽고 원문 직역판을 참고하도록 부모님이나 선생님의 가이드가 필요합니다.

고2~3학년은 전문적인 상황에 필요한 도서를 스스로 선택하여 읽는 '독립 독서기'입니다. 이 시기에 필요한 창의융합독서법에 대해서는『대치동 독서법』에 자세히 소개했습니다. 하여 이번 책에서는 미취학 아동부터 초등학교 전 학년에 걸친 독서 전략을 중심으로 심도 있게 살펴보겠습니다.

미취학 아동을 위한
독서 전략

독서법을 다루는 책에서는 대개 전집 구매를 피하라고 강조합니다. 읽기에 대한 부담을 줄어줘야 한다는 취지죠. 특히 '세계 명작 전집' 구매를 고민하시는 부모님들이 많으신데, 전집을 보면 어릴 때부터 아이들이 책 읽는 것을 부담스러워하는 부작용을 낳을 수 있습니다. 하지만 미취학 아동이라면 이야기가 달라집니다. 좋은 그림책 등의 전집을 구비해두고 아이가 수시로 들춰볼 수 있도록 하면 책과 친해질 수 있습니다. 한 권씩 사서 읽히는 것은 아이의 이해력이 발달하고 책을 깊이 있게 읽기 시작하는 시점인 초등 4학년 때에 고려하시는 것이 좋습니다. 미취학 아동을 위한 독서 전략은 다음과 같습니다.

1. 0~3세: 오감 발달을 위한 학습

이 시기에는 아이들이 유난히 이것저것 만지고 입에 넣습니다. 학부모들이 '지지~'라는 단어를 입에 달고 다니기도 합니다. 아이들은 유난히 호기심 가득한 초롱초롱한 눈으로 쳐다보거나 만집니다. 아이들의 뇌 발달이 가장 활발한 시기이기 때문입니다. 그러면 이 시기에 책을 많이 읽히면 될까요? 정답은 '아니오'입니다. 책보다는 오감, 즉 촉각, 청각, 시각, 후각, 미각 등을 통해 뇌가 발달하기 때문입니다. 많이 만지고 많이 보게 하고 맛보고 냄새 맡는 게 중요하다는 말입니다. 오감을 골고루 자극시키는 활동이 가장 효과적입니다. 이때는 엄마나 아빠가 책을 읽어주는 게 가장 효과적입니다. 주로 그림이 가득한 책들이 좋습니다. 아이들의 호기심을 자극할 수 있다면 더욱 좋겠죠.

2. 3~6세: 상상력이 자라는 시기

유아기와 마찬가지로 뇌가 발달합니다. 앞의 7장에서 세 살 정도만 되면 스무 살 성인 뇌의 80%가 형성된다고 말씀드렸는데요. 특히 뇌의 학습 프로세스에서 살펴본 '추상적 가설'을 책임지는 전두통합피질이 활발하게 발달하는 시기입니다. 상상력, 사고력, 감정, 창의력이 발달합니다. 엄마 아빠들이 고생을 많이 하는 때이기도 합니다. "이건 뭐야?, 저건 뭐야?, 왜 그래?"와 같은 질문이 쏟아집니다. 어떻게 해야 할까요? 자세히 대답해 주기보다는 상상력을 자극해 주는 이야기를 하는 게 도움이 됩니다. 다양한 책을 보여주고 의성어, 의태어 등을 재미있게 읽어주는 것도 좋습니다. 3~6세의 아이들은 선악과 인간관계, 가치와 무가치의 대립관계가 아니라 일체적으로 경험하면서 시작과 끝이 조화되는 이야기를 좋아합니다. 설화나 동물이야기, 전래동화, 그림동화가 도움이 되는 시기죠.

3. 7세: 한글 연습 시작

이전까지는 엄마 중심의 독서였다면 이제는 아이 중심의 독서가 시작되는 시기입니다. 아이의 독서습관 기르기가 시작되는 때이기도 하죠. 뇌의 학습 프로세스에서 살펴본 '성찰적 관찰'을 책임지는 측두통합피질이 빠른 속도로 발달되기 때문입니다. 이때부터 한글 학습을 본격적으로 시켜주는 게 좋습니다. 그림이 약간 있는 책을 중심으로 소리 내서 읽게 하는 게 중요하죠. 아이가 읽은 내용을 이해하고 있는지 확인해 보는 것도 중요합니다. 그리스로마신화, 이솝우화, 위인전 등을 읽히기에 좋은 시기입니다.

유아를 위한 추천도서

유아라면 정서를 키울 수 있는 좋은 그림책 위주로 골라주는 것이 좋습니다. 5세 이후의 미취학 아동이라면 다음 장에서 소개하는 초등학교 1학년 수준의 책을 엄마가 읽어주는 것도 좋습니다. 여기서는 0~3세의 유아에게 적합한 전집을 추천해 드리겠습니다.

1. 마술피리 그림책 꼬마(웅진다책)

이 시리즈는 보통 생후 20개월 무렵의 아이들이 가장 좋아하는 책입니다. 이 시리즈는 총 80권에 부록 15권으로 구성되어 있습니다. 그림체가 예뻐서 아이들이 사랑하는 책입니다. 생각과 정서를 키워주는 책이죠.

2. 영아 테마 동화(프뢰벨)

이 시리즈가 가장 많이 읽히는 시기도 역시 2~3세입니다. 특히 2세 아이들에게 인기가 높습니다. 창작그림책 50권, 엄마 아빠와 함께하는 엑티비티쇼 8개DVD 비디오, 오디오 CD 2장, 멀티미디어 상호작용 가이드북, 그림책으로 놀아주는 부모 1권으로 구성되어 있습니다. 아이들의 감성과 흥미를 자극하는 멀티미디어를 활용한 교재입니다. 그림책을 기본으로 동요, 율동, 액티비티 등을 통해 아이들의 상상력을 자극하도록 만들어졌습니다. 영아의 발달단계에 기초해 다양한 책 테마를 구성해서 아이뿐만 아니라 많은 어머님의 사랑을 받고 있죠.

3. 아기 개념 그림책 준비땅(웅진다책)

0~4세의 아이들에게 읽히기 좋은 시리즈입니다. 주로 24개월 전후로 가장 많이 읽히죠. 전권 50권에 부록 2권으로 구성되어 있어 균형 잡힌 두뇌 성장을 위한 그림책입니다. 아기와 사물, 아기와 부모님이 따뜻한 교감을 이룰 수 있도록 구성되어 있습니다. 아이가 태어나 만나는 새로운 것들과 건강한 관계로 소통하도록 도와주기도 합니다. 옹알옹알 단계와 종알종알 단계로 구성되어 있습니다.

4. 다중 지능 레벨1(프뢰벨)

0~4세에 주로 읽히는 시리즈입니다. 30개월 전후에 적합하죠. 하워드 가드너 박사의 다중지능 이론을 바탕으로 구성한 것이 특징입니다. 언어지능, 논리수학지능, 시각공간지능, 대인관계, 개인이해지능, 창의력 문열기지능, 음악지능, 자연탐구지능, 여러 가지 게임교재, 부모님과 함께하는 체험학습자료집, 부속자료, 부모 지침서 등이 포함되어 있습니다. 아이들의 여러 가지 지능을 함께 키워줄 수 있도록 구성되어 있습니다. 영아기에는 호기심을 다양하게 자극해 주어야 하는데, 그것을 채워 줄 수 있는

알찬 구성이 특징입니다.

5. 탄탄리듬동화(여원미디어)

　　2~3세의 아이들이 정말 좋아하는 시리즈입니다. 30개월 전후의 아이들이 사랑하는 책이죠. 영유아 아이들의 두뇌 리듬을 자극하는 리듬동화와 놀이책과 이야기 책 사이에 있는 징검다리 동화, 영유아 아이들의 눈높이에 맞는 인터렉티브 동화, 세계 어린이들과 함께 읽는 월드 와이드 동화 등으로 구성되어 있습니다.

6. 리틀몬테소리(몬테소리)

　　3~4세의 아이들에게 적합한 시리즈입니다. 36개월 전후로 가장 많이 읽힙니다. 리틀몬테소리는 베이비 몬테소리에 이은 가정용 교육 프로그램입니다. 시각, 촉각, 언어, 운동 등 다양한 활동이 가능한 책이죠. 시계의 집, 종이인형, 인형꽃이, 크기블록, 기하도형, 그림맞추기책, 곰곰이책, 낱말놀이책 등으로 구성되었습니다. 일상생활 감각, 언어, 수학, 문화 등 모든 영역이 크게 발달할 수 있도록 했습니다. 그림책에서 놀이책으로 넘어가는 아이들에게 좋은 책으로, 아이들이 손으로 놀면서 볼 수 있는 책입니다.

7. 돌잡이 한글(천재교육)

1~3세 아이들에게 가장 인기 있는 시리즈입니다. 주로 1세 영아들에게 가장 인기 있는 책으로 '탐색활동→재미있는 그림책으로 책과 친해지는 말놀이, 스토리텔링활동→스토리텔링으로 시작하는 말놀이, 놀이책활동→ 놀이책활동으로 확장하는 말놀이, 동시동요활동→동시 동요로 즐기는 말놀이, 지도서 활동→엄마와 함께하는 말놀이 순'으로 구성되어 있습니다. 자칫 한쪽으로 편향될 수 있는 아이의 언어지능을 개발하는 데 효과적입니다. 다양한 활동과 학습이 가능한 책이죠. 아이의 언어지능이 곧 독서능력으로 이어진다는 것을 감안할 때 좋은 길잡이가 되는 책입니다.

8. 아기감각 그림책 뿌빠뿌빠(웅진다책)

1~2세 아이에게 최적화되어 있는 시리즈입니다. 주로 20개월 전후의 아이들에게 사랑받는 책이죠. 아이의 오감을 발달시켜주고 리듬감을 느낄 수 있는 그림책입니다. 자연의 리듬과 생활 속의 리듬을 발견할 수 있고, 바람소리와 물소리를 간접적으로 듣고 느낄 수 있어서 뿌빠뿌빠를 추천한다는 어머님들이 많습니다. 그림체도 예뻐서 아이들이 좋아합니다.

9. 우리아이 첫 그림책 똘망똘망(포에버북스)

0~3세에게 적합한 시리즈로, 이렇게 다양하게 사랑받는 경우는 드물다고 할 정도로 말을 배우기 시작하는 영아부터 유아까지 모두에게 사랑받는 책입니다. 읽으면 자연스럽게 사고력과 창의력이 길러지기 때문이죠. 다양하고 재미있는 놀이와 호기심을 북돋아주는 구성이 돋보입니다. 몸과 마음을 고루 발달시키는 7가지 테마로 구성되었지요. 그림만으로도 줄거리를 알 수 있을 정도로 구체적이고 생생하게 정리되어 있습니다. 모든 줄거리를 부르기 쉬운 노래로 만든 책으로 오래 두고 볼 만합니다.

10. 명품꼬마 까르르(차일드아카데미)

1~3세 아이에게 모두 인기가 있지만 특히 1세 아이들에게 가장 사랑받는 시리즈입니다. 전권 50권, USB 1종, 사은품 4권으로 구성되어 있습니다. 언어지능, 신체지능, 수학지능, 사회지능, 자연지능, 음악지능, 미술지능 등을 기를 수 있는 첫 놀이책입니다. 전권 모두 보드북으로 구성되어 있는 다양한 형태의 놀이책으로 아이의 흥미를 이끌어줍니다. 게다가 스티커만 붙이면 영어책으로도 활용이 가능합니다. '자연이 통통'과 연계해서 읽을 수도 있다는 점도 장점입니다. 세이펜 버전이라 혼자 펴서 놀기도 좋죠. 명품꼬마책명꼬책으로도 유명합니다. 이외에도 계림출판사의 애플비 시리즈 60권짜리 전집도 추천해 드립니다.

10.
1학년 독서 전략:
독서가 공부다

　초등학교 1학년 국어의 학습목표는 일상생활과 학습에 필요한 초보적 언어 능력을 갖추는 것입니다. 자신의 경험을 바탕으로 수업에 즐겁게 참여하며 국어에 대한 관심을 높이는 것이 필요합니다. 독서는 1학년 공부의 전부라고 해도 과언이 아닙니다. 읽기 능력이 기본이 되어야 쓰기가 가능하기 때문이죠. 자아정체성이 생겨나고, 어휘량이 늘어나는 첫 번째 시기인 만큼 다양한 사고를 할 수 있는 독서가 필요합니다. 이 시기의 읽기 독립이 앞으로 12년 동안의 공부 습관을 좌우합니다.

　1학년에게 필요한 '듣기·말하기' 실력은 일상생활을 하거나 공부를 할 때 바르고 적극적인 자세로 귀를 기울여 듣고 말하는 겁니다. 이것이 국어 실력의 기초를 이루죠. 1학년에게 필요한 '읽기' 실력은 글을 정확하게 소리 내어 읽는 겁니다. 정확하게 소리 내어 읽을 수 있다면 1학년 수준의 국어 실력은 충분히 갖춘 셈입니다. 1학년에게 필요한 '쓰기' 실력은 보고, 느낀 것을 표현하는 것을 말합니다. 비교적 짧은 분량의 글이더라도 1학년도 자신의 생각과 느낌을 글로 쓰는 훈련을 합니다. 1학년에게 필요한 '문법' 실력은 우리말의 소중함을 느끼는 겁니다. 1학년에게 필요한 '문학' 실력은 글 속에서 흥미와 즐거움을 얻는 것입니다. 글을 읽고 '이거 재미있어요'라고 느낀다면 1학년 수준의 문학 실력을 갖춘 셈입니다.

1학년
독서 전략

초등학교 1학년은 그림책에서 글씨가 많은 단행본으로 넘어가는 시기입니다. 아이들은 차츰 문자에 익숙해지면서 더 많은 책을 읽고 싶어 하죠. 이 시기에는 읽기 훈련을 위해 쉬운 동화를 많이 읽히는 것이 좋습니다. 창의력 위주의 독서에서 정보 독서로 넘어가는 것도 필요합니다. 교과서처럼 단순히 정보만 전달하는 것이 아니라 이야기를 통해 자연스럽게 정보를 전해 주는 책이 좋습니다. 초등학교 1학년에게는 독서에 대한 의무감을 지나치게 심어주는 것보다 아이가 이겨낼 정도의 책임감을 갖도록 유도하는 것이 중요합니다. 학과 공부에 너무 얽매어 정보 위주의 독서에만 치중해서도 곤란합니다. 지나친 정보 위주의 독서는 상상하고 즐기며 읽는 '스스로 독서'를 방해할 수 있기 때문입니다. 이런 스스로 독서를 '읽기 독립'이라고 합니다. 독서 후 대화를 나누는 것이 바람직하며, 정보에 대한 관심을 서로 나누는 것이 좋습니다.

(1) 어휘량의 빅뱅이 일어나는 시기

무슨 일이든 때가 있듯이 어휘력도 한없이 늘지는 않습니다. 어휘력이 폭발적으로 느는 시기가 바로 초등학교 시기죠. 이때 습득한 어휘가 독서는 물론이고, 생각을 말하고 느낀 점을 기록하는 연료로 사용됩니다. 아동기 이후 어휘 습득은 생물학적 제약을 받아 점차 둔화됩니다. 아동기 독서는 풍부하고 좋은 어휘를 사용하는 아이로 키우는 데에 결정적인 역할을 합니다. 아는 단어와 만나고 그것을 활용하며, 모르는 단어의 뜻을 새롭게 알거나 유추하는 모든 과정에서 아이의 사고는 확장되며 어휘력도 향상됩니다. 하루 15개 단어를 새롭게 익히는 것이 좋습니다.

(2) 정독을 권하고, 소리 내어 읽혀라

교과서를 통해 초등학교 1학년에게 요구하는 능력은 세 가지입니다. 첫째는 정해진 시간에 긴 글을 읽는 능력, 둘째는 문장을 제대로 이해하는 능력, 셋째는 생각을 정확하게 표현하는 능력이죠. 이 능력은 정확하게 읽는 것, 즉 '정독'으로 만들어집니다. 1학년은 읽기에 익숙하지 않습니다. 정확한 발음으로 책을 읽고, 읽은 내용을 기억하고 문제와 연결시키는 과정이 필요한 이유입니다. 소리 내어 읽는다는 말은 '눈'으로 읽고, '입'으로 읽으며, '귀'로 읽는 것을 말합니다. 소리 내어 읽기는 눈으로 읽을 때보다 뇌 활동이 활발하게 이루어집니다. 더 많은 자극이 전달된다는 뜻이죠. 이런 자극을 통해 자음과 모음의 구조를 익히며 글자의 구성 원리를 스스로 깨닫게 됩니다.

(3) 끊임없이 질문하게 하고, 즐겁게 대답해 줘라

5~6세쯤부터 발달하기 시작하는 상상력과 호기심은 초등학교 1학년 쯤 최고조에 이릅니다. 적당히 자극을 받아 상상력을 발산하면 자연스럽게 현실적 사고력도 넓힐 수 있습니다. 상상력은 현실적인 사고와 이어져 있습니다. 1~2학년 때 상상을 할 수 있는 만큼 해봐야 3~4학년 때 현실적인 사고도 무리 없이 할 수 있습니다. 새로운 세상을 경험한 아이들은 질문이 많아집니다. 이때 부모의 역할은 대답을 즐겁게 해주는 겁니다. 어른에게는 사소하지만 아이에게는 너무나 궁금한 질문에 귀찮아하거나 대답을 회피해서는 안 됩니다. 아이들로 하여금 호기심과 상상력의 날개를 잘 펼치게 하는 것이 바로 질문과 대답입니다.

(4) 다양한 독후 활동을 통해 사고력을 기르자

책을 읽은 다음 가장 중요한 것은 단 한 줄이라도 책과 관련된 기록을 남기는 것입니다. 쓰기를 통해 우리의 뇌가 활성화되고, 가장 많은 생각이 떠오르기 때문입니다. 여기서 말하는 기록은 글로 남기는 기록만 의미하는 것은 아닙니다. 1학년은 다양한 독후 활동이 가능한 시기입니다. 이러한 독후 활동을 통해 생각하는 힘이 길러집니다. 읽었던 내용, 그 당시 주인공이 느꼈을 기분 등을 생각하는 습관을 들이면 생각의 범위가 넓어지고, 깊어집니다. 책 읽는 중간에도 당연히 생각을 하게 됩니다. 책을 읽은 후 생각을 정리하는 습관과 쓰기 활동은 아이들이 자신의 생각을 발전시키는 데 효과적입니다.

대치동 초등독서법

1학년을 위한
주제별 필독서

1월의 독서 주제는 '바른 마음과 바른 습관'입니다

『책이 꼼지락꼼지락』

아이가 학교에 들어가는 날은 엄마의 입학날이기도 합니다. 학교생활을 잘할 수 있을지, 친구들과 잘 지낼 수 있을지, 수업 시간에 집중할 수 있을지, 여러 가지 걱정이 많기 때문이죠. 1~2월 초등학교 입학 전에 독서활동을 한다면 걱정을 조금은 덜 수 있습니다. 책 읽는 습관과 함께 책을 통해 사회성을 기르고, 상상력을 키울 수 있기 때문이죠. 책 읽는 즐거움을 깨달아 책과 친해질 수 있는 소중한 시간을 보내기 위해 어떤 책을 읽으면 좋을지 알아보겠습니다.

주인공들에 대해 다양한 생각을 하고 책에 흥미를 불러일으키는『책이 꼼지락꼼지락』김성범 저을 추천합니다. 범이는 하루 종일 게임만 하고 노는 아이입니다. 이런 범이가 책 쌓기를 하고, 책 속 주인공들과 어울리면서 책에 가까이 다가가게 됩니다. 게임이나 TV에 익숙해져 있는 우리 아이들의 시선을 책으로 돌리고, 책을 친근한 친구로 여길 수 있습니다. 차별과 편견에 갇히지 않는 지혜로운 아이로 성장시키는『달라도 친구』허은미 저도 좋습니다. 성격, 외모, 취향, 장애, 가족 구성, 인종이 각각 다른 아이들의 이야기를 통해 '나와 다른 사람들'의 이야기를 들어봅니다. 다양한 이야기를 접하면서 우리 아이들이 자연스럽게 타인과의 차이를 인정하며 존중하는 법을 배우게 됩니다.

『돼지 루퍼스, 학교에 가다』킴 그리스웰 저는 글을 배우기 위해 학교에 찾아가는 돼지의 이야기를 그린 그림책입니다. 루퍼스의 이야기를 통해 아이들이 학교에서 지켜야 할 규칙들을 비유적으로 보여줍니다. 학교에 처음 가는 아이들은 자신을 꼭 닮은 루퍼스를 보며 학교가 어떤 곳인지, 또 학교생활을 어떻게 해나가야 하는지 자연스럽게 익힐 수 있습니다. 책을 읽으며 꿈을 무럭무럭 키워 나가는 루퍼스처럼, 배움의 즐거움을 알 수 있습니다.『아름다운 책』클로드 부종 저에서 에르네스트와 빅토르 형제를 통해 책 읽기의 재미를 느껴봅니다. 앞으로 책을 어떻게 읽어야 하는지도 배울 수 있습니다. 책 속에서는 현실에서 불가능한 상상의 세계가 펼쳐지기도 하고, 흥미롭고 재미있는 내용이 가득합니다. 책을 읽으면서 아이들은 용기를 얻을 수 있으며, 스스로 책 내용을 분석하고 판단하면서 문제를 해결할 수 있습니다.

░2월의 독서 주제는 '나를 표현해요!'입니다

『내 마음을 보여 줄까?』

하루에도 수십 번씩 변하는 마음을 들여다본다면 자신뿐만 아니라 친구들의 마음 또한 알아볼 수 있겠죠. 특히 앞으로 만날 새로운 친구들과의 관계 속에서 자존감을 높이고, 어떻게 행동하고 표현해야 좋은지를 자연스럽게 깨달을 수 있는 책을 소개합니다. 자신뿐만 아니라 다른 친구의 감정이 변화하는 이유도 이해할 수 있는 『내 마음을 보여 줄까?』윤진현 지를 추천합니다. 아이들의 마음은 자신도 모르게 계속 변한다는 특성을 알게 해주는 좋은 책입니다. 마음을 솔직하게 표현할 수 있는 방법을 연습해 보고 자신의 감정을 표현하는 노력이 왜 필요한지를 알려줍니다.

아이들도 때로는 울고 싶을 때가 있습니다. 『눈물바다』서현 지에는 일이 뜻대로 되지 않아 속상한 아이들을 다그치는 어른들이 등장합니다. 주인공 '나'는 시험을 망치고, 점심 급식은 풀쪼가리만 나오고, 오후 수업 시간에는 억울하게 선생님께 혼이 납니다. 그런데 이게 끝이 아니네요. 집에 가려니 비까지 내립니다. 혼자 비를 맞고 왔는데 엄마 아빠는 싸우고 있습니다. 이렇게 우울한 하루가 또 있을까요? 자려는데 눈물이 자꾸만 흐릅니다. 다음 날 아침, 눈을 떠보니 다그치던 어른들이 모두 내가 만든 눈물바다에 빠져 허우적대고 있습니다. 나는 그 상상의 바다에서 신나게 놀다가 사람들을 건져주고 말려도 줍니다. 주인공의 상상으로 만들어진 눈물바다를 통해 아직 카타르시스를 경험하지 못한 아이들이 간접 경험으로 같이 울고 웃고, 함께 눈물을 훔칠 수 있게 됩니다.

『나는 나의 주인』채인선 저에서 나는 나의 주인입니다. 주인은 자기 몸과 마음이 하는 소리를 귀담아듣고 보살펴주는 존재임을 깨닫습니다. 이야기 속 주인공을 따라 책을 읽다 보면 나와 다른 사람을 존중하게 됩니다. 자신을 사랑하는 주인의 마음을 가질 수 있습니다. 자기 감정을 솔직하게 표현하면서 서툴고 잘 못하는 일에 속상해하거나 짜증 내지 않고 다시 배우며 자신감을 가질 수 있습니다. 『쿠키 한 입의 인생 수업』에이미 크루즈 로젠탈 저을 읽으며 우리 아이들이 성장해 나가면서 마음속에 지녀야할 소중한 가치들을 배웁니다. 더불어 사는 지혜를 쿠키를 소재로 한 다양한 상황 속에서 자연스럽게 익힐 수 있습니다. 책을 읽으면서 쿠키를 만드는 동안 우리 아이들은 협동, 인내, 우정, 자부심, 겸손 등 마음 따뜻한 가치들에 대해 생각해 볼 수 있는 소중한 시간을 갖게 됩니다.

▒3월의 독서 주제는 '새출발'입니다

『학교에 간
공룡 앨리사우루스』

아이들이 드디어 초등학교에 입학했습니다. 우리 아이가 잘하리라 기대하면서도, 걱정이 되는 시기입니다. 3월에는 학교에서 일어날 수 있는 일들에 어떻게 대응해야 하는지를 배울 수 있는 독서가 필요합니다. 학교에 적응하는 법, 다른 아이들과 친구가 되는 법, 학교생활을 하면서 생기는 두려움을 극복하는 다양한 방법에 대해 생각해 보며 진짜 1학년이 되는 방법을 스스로 깨닫게 됩니다. 아이들이 학교생활의 첫 단추를 잘 꿰어 멋지게 성장할 수 있도록 추천하는 책은 다음과 같습니다.『학교에 간 공룡 앨리사우루스』에리드 토리 저에서 공룡을 좋아하는 앨리는 새로운 친구들과의 만남을 기대하며 학교에 가지만 학교 친구들은 공룡을 좋아하지 않습니다. 앨리의 모습을 통해 초등학교에 입학한 아이들이 새로운 환경과 인간관계에 적응해 나가는 법을 익히고 실생활에 꼭 필요한 학교 시설물의 종류와 이용 방법을 배울 수 있습니다.

처음 학교에 입학하게 되는 아이들은 이것저것 걱정이 많습니다.『두근두근 1학년 선생님 사로잡기』홍민 저에서 주인공 윤하는 친구들과의 관계도 걱정이지만, 선생님께 사랑받고 싶은 욕심도 생깁니다. 호랑이 담임선생님을 만나게 된 윤하가 어떻게 사랑받는 아이가 될 수 있는지를 아이들만의 엉뚱함과 상상력으로 재미있게 알 수 있습니다.『발명 토끼의친구 만드는 기계』에디트 슈라이버 비케 저는 혼자가 외로워서 친구 만드는 기계를 발명하고자 했던 주인공 토끼가 이웃들의 고민을 해결하기 위해 애쓰며 관계를 만들어가는 이야기입니다. 결국 친구와 좋은 관계를 맺으려면 그 사람의 처지에 깊이 공감하고, 서로의 마음을 여는 일이 중요하다는 교훈을 알려줍니다.

『진짜 일 학년 책가방을 지켜라!』신순재 저를 읽으면 초등학교에 입학한 아이들이 변화된 환경에 적응하는 과정을 경험할 수 있습니다. 자기 물건을 챙기는 습관을 재미있고 유쾌한 경험을 통해 길러봅니다. 초등학교에 잘 적응하기 위한 습관을 기르면서 아이들은 자기주도적 태도와 책임감을 배우고 독립심을 키우게 됩니다.

『발표하기 무서워요!』미나 뤼스타 저에서 발표하기를 두려워하던 알프레드가 당당하게 발표하는 모습을 보게 됩니다. 발표를 멋지게 하기 위해서는 자신감과 집중력이 필요하다는 것을 깨달을 수 있습니다. 나아가 아이들이 선택한 주제를 수업 시간에 발표해 봄으로써 서로의 생각을 나누는 즐거움을 느끼고, 상대방에게 자신의 생각을 잘 전달하는 능력까지 기를 수 있습니다.

4월의 독서 주제는 '봄을 느껴요!'입니다

『소리 산책』

봄을 맞이하여 자연을 관찰하고, 자연을 사랑하는 마음을 가질 수 있는 책들을 추천합니다. 특히 오감으로 봄을 느끼고, 다양한 동식물에 대해 알아보면 관찰력과 상상력을 키울 수 있습니다. 아이들은 책을 통해 주변 환경의 변화를 확인하는 시간을 갖고 자연의 신비로움도 느낄 뿐만 아니라 봄을 만끽하는 행복한 시간도 가질 수 있게 됩니다. 자연과 교감하며 생명을 소중히 여기는 따뜻한 마음을 지닌 아이로 자라나도록 돕는 책은 다음과 같습니다.

『소리 산책』^{폴 쇼워스 저}은 아빠 구두 소리, 강아지 발톱 소리, 자동차 지나가는 소리, 딱따구리 소리를 밝고 경쾌한 리듬으로 표현합니다. 동네와 공원의 정다운 풍경을 산뜻한 수채화로 담았습니다. 어린이들은 소리 산책을 통해 봄의 소리를 온전히 느끼고 다양한 세상과 만나게 됩니다.

『동물들이 말해요』^{권재원 저}에서 꿀꿀이는 발명품을 사용해 자연 속에서 고유한 신호를 주고받는 생물들의 대화를 듣습니다. 꿀꿀이와 함께 사건을 해결해 나가며 생물들의 행동과 냄새에 담긴 신호의 의미를 알고 동물의 대화법을 배울 수 있습니다. 나아가 모든 생명체를 존중하는 따뜻한 마음을 기르게 됩니다. 『누가 우리 엄마예요?』브리기테 엔드레스 저를 읽으며 엄마를 찾는 병아리의 이야기 속에서 동식물들은 어떤 다양한 방식으로 번식을 하는지, 새끼들은 어떤 모습인지를 알 수 있습니다. 이 이야기를 통해 자연의 일부인 자신이 어떻게 태어나서 자라고 있는지를 생각해 보게 됩니다. 또한 다양한 동식물의 번식 방법을 보면서 종의 공통점을 찾아 묶을 수도 있고 그 안에서 차이점도 발견하는 훈련을 하게 됩니다.

『봄과 함께 온 버스』오지와 미키 저는 봄을 맞이하는 어린 달래의 시선과 마음이 오롯이 담습니다. 달래와 함께 봄이 선사하는 풍경과 정서를 느껴 보고, 더불어 봄이 되면 볼 수 있는 꽃과 나비의 한살이를 배우면서 자연의 변화를 이해할 수 있습니다.

▨5월의 독서 주제는 '가정의 달'입니다

『우리 가족의 비밀』

가정의 달을 맞이하여 가족에 대해 생각해 보는 다양한 책들을 추천합니다. 진정한 가족의 의미에 대해 생각해 볼 수 있도록 나의 뿌리, 주변 친척 관계를 이해해 나가는 시간이 될 것입니다. 부모님과 할머니, 형제자매 등에 대한 도서를 읽으며 가족이 나에게 얼마나 큰 힘이 되어주는지를 깨달을 수 있습니다. 세상 그 무엇보다 가족만큼 소중한 존재는 없겠지요. 바쁜 일상을 살아가는 아이들이지만 가족에게 받았던 사랑에 대해 다시 한 번 감사할 줄 아는 마음을 지니고, 그 사랑을 나누며 주변과 관계를 맺는 마음이 고운 아이로 자라날 수 있도록 다음의 책을 추천합니다.

먼저 『우리 가족의 비밀』아나 만소 저을 읽어봅니다. 과거에는 3대가 모여 살아서 가족의 호칭을 자연스럽게 익혔지만, 오늘날에는 명절 때만 만날 수 있는 가족들이 많아서 기본적인 호칭과 촌수를 잘 모르는 경우가 많습니다. 탐정 놀이를 좋아하는 주인공과 함께 수수께끼 같은 가족의 비밀을 풀어내며 가족의 관계를 알아봅니다.

『불곰에게 잡혀간 우리 아빠』허은미 저는 학생들에게 '불곰'처럼 느껴지는 지금의 엄마가 아닌 '한 사람'으로서의 엄마를 만나게 해줍니다. 나아가 있는 그대로의 엄마를 살펴보면서 내 가족의 탄생 스토리를 이해하는 첫걸음을 뗄 수 있게 합니다. 이 책을 통해 가족 안에서 엄마, 아빠의 역할을 알게 되고 부모를 이해하는 마음을 가질 수 있습니다. 『친할머니 외할머니』김인자 저에서 주인공의 친할머니는 소박함과는 거리가 먼 사람입니다. 반면 주인공의 외할머니는 손녀의 이야기를 듣고 맛있는 음식을 해주는 일이 커다란 낙인 소박한 어른이지요. 두 사람은 너무 다르지만 손녀에 대한 사랑은 같습니다. 서로 다른 방식으로 마음을 표현하는 두 할머니의 모습에서 가족에 대한 사랑과 소중함을 되새겨 볼 수 있습니다.

『규칙이 있는 집』맥 바넷 저을 읽으며 늘 바르게 규칙을 지키며 생활하기를 강요받는 우리 아이들이 규칙의 필요성과 중요성을 다시금 생각해보고, 스스로 규칙에 대한 정의를 내릴 수 있습니다. 나아가 가정에서 지켜야 할 규칙에 대해 고민해 보고, 가족 구성원 간에 지켜야 할 바람직한 태도를 익힐 수 있습니다.

▒ 6월의 독서 주제는 '계절 즐기기'입니다

『여름 텃밭에는
무엇이 자랄까요?』

6월에는 다가오는 여름을 즐기고 느낄 수 있는 도서를 통해 생태 및 여름 날씨의 특징을 이해하고, 우리 주변 사람들의 여름나기에 대해 생각해 봅니다. 나아가 점점 더워지고 있는 지구에 대해 살펴보고 에너지를 절약하기 위한 실천 방안에는 무엇이 있을지를 함께 고민해 봅니다. 의성어와 의태어가 풍부한 책을 읽으면 표현력을 높일 수 있습니다. 자신이 보고, 듣고, 느낀 것에 대해 명확하게 쓰고 발표할 기회를 갖게 된다면 금상첨화입니다. 아이들이 자신들만의 여름 이야기를 만들 수 있는 책으로『여름 텃밭에는 무엇이 자랄까요?』박미림 지음를 추천합니다. 이 책에는 여름 텃밭에 도깨비방망이 같은 오이와 주렁주렁 달려 있는 보랏빛 가지 열매처럼 싱그러운 빛깔의 채소들이 가득합니다. 과학 기술의 발달로 사시사철 다양한 채소와 과일을 섭취할 수 있는 아이들이 여름 제철 먹거리에 대한 이해를 넓힐 수 있습니다. 나아가 텃밭 속에 숨어 있는 과학 원리와 개념을 배울 수 있습니다.

『냠냠 빙수』윤정주 지음를 읽으며 여름 날씨에 대해 살펴봅니다. 인간과 동물이 각각 어떻게 여름을 나는지 알아봅니다. 더불어 더위를 피할 수 있는 나만의 방법도 생각해 봅니다. 또한 여름이 점점 더워지는 이유를 지구 온난화 현상과 연결하여 그 원인과 해결책을 제시할 수 있도록 안내합니다. 『한들한들 바람 친구 부채』최은영 지를 읽으며 우리 삶에 없어서는 안 될 필수품이었던 부채에 담긴 내력과 다양한 쓰임새를 알아봅니다. 그간 잊고 있던 부채의 가치를 새롭게 인식해 봅니다. 또한 앞으로도 우리 생활 속에서 다양하게 부채를 활용할 방안을 고민해 보며, 부채 사용으로 에너지 절약에 한 걸음 나아가는 지혜를 얻습니다. 『할머니의 여름휴가』안녕달 지를 읽으며 비취빛 바다와 고운 모래톱을 보면서 시각적으로 여름을 느끼는 시간을 갖습니다. 또한 현실과 환상을 자유롭게 넘나드는 이야기를 통해 상상력을 키울 수 있습니다. 더불어 몸이 불편한 할머니에게 휴가를 보내 드리고 싶은 아이의 마음을 통해 소외된 이들을 생각하는 마음을 불러일으킬 수 있습니다.

▧ 7월의 독서 주제는 '바른 마음을 키워요'입니다

『나쁜 생각은 나빠?』

우리 아이들이 초등학교에 입학한 지도 한 학기가 지나가고 있습니다. 여름방학 동안 초1 아이들의 실력을 향상시키기 위해 표현력을 기를 수 있는 독서를 제안합니다. 7월 추천도서와 함께 아이들 스스로 자존감을 높여 역지사지의 마음으로 타인을 배려하고 존중하는 마음을 키우길 바랍니다. 나아가 언제 어디서나 자신의 생각을 잘 발표하며 생각을 함께 나누는 아이가 되길 기대합니다. 먼저 책을 다 읽고, 좋은 생각과 나쁜 생각을 자신 있게 발표하는 법을 연습하도록 안내해 주는 『나쁜 생각은 나빠?』이시자키 게이 지를 추천합니다. 아이들은 나쁜 아이가 되는 것을 두려워하는 마음이 있죠. 이 책을 읽다보면 모든 사람은 나쁜 생각과 좋은 생각을 가지고 있다는 사실을 알게 됩니다. 착하고 좋은 생각만 하는 것이 바람직한 것이 아니라, 나쁜 생각을 건강하게 표현하고 자신을 뒤돌아보면서 옳고 그름을 스스로 판단해야 한다는 것을 깨달으면 좋겠습니다.

『알사탕』백희나 지에서 동동이는 제 마음을 표현하는 데도 다른 사람의 마음을 헤아리는 데도 서툰 아이입니다. 그런 동동이에게 알사탕은 다른 존재들의 '마음'을 들려줍니다. 그 과정을 함께 따라가며 아이들은 나와 다른 존재에 대한 이해와 존중의 자세에 대하여 배울 수 있습니다. 말하기 능력을 키우기 위해 알맞은 목소리로 읽는 법을 연습하기에 좋은 책입니다. 띄어 읽기를 하면 좋은 점을 알아보고 말하기 능력을 키워봅니다. 시간 순서에 따라 차례대로 말하는 법을 익혀 더욱 씩씩하게 발표할 수 있도록 연습합니다. 『아름다운 실수』코리나 루켄 지를 읽으며 캔버스에 찍은 작은 얼룩 한 점이 놀라운 상상력을 통해 예술 작품으로 재탄생하는 과정을 알아봅니다. 창의성과 탐구심 그리고 도전 정신을 길러봅니다. 실수는 실패가 아니라 위대한 창조적 생각의 원천이 될 수 있음을 깨닫고, 실수를 두려워하지 않는 마음과 자신감을 키웁니다.

『어른들이 사라졌다!』클라라 후라도 지는 '어른들이 사라진 세상'이라는 흥미로운 사건을 통해 아이들의 호기심을 자극하고 상상하는 즐거움을 맛보게 합니다. 위기에 빠진 어른들을 구하기 위해 아이들이 생각과 재능을 모으는 모습은 협동의 가치를 깨닫게 합니다.

🎨 우리 동네 사람들 이야기

여보세요?

『여보세요?』

사회 구성원으로서 첫발을 내딛는 우리 아이들을 위한 책들을 추천합니다. 다양한 도서를 통해 우리 주변에는 어떠한 이웃이 있는지, 그 이웃이 어떤 일을 하며 우리 사회를 만들어가고 있는지를 파악할 수 있습니다. 글쓰기 강화를 위한 문장 쓰기 및 문단 구성 관련 연습도 병행하면 좋습니다. 이번 달 독서를 통해 타인을 이해하는 마음도 훌쩍 자라고, 자신의 생각을 표현해내는 힘도 한층 커질 아이들의 모습을 기대합니다. 가장 먼저 소개하는 책은 『여보세요?』뺑샛별 저입니다. 이 책을 읽으면 우리가 사회에서 다른 사람과 어울려 살아가는 모습을 경험할 수 있습니다. 우리 동네 사람들의 이야기를 통해 더불어 살아가는 방법을 배울 수 있습니다. 이웃과 서로 도우며 살아가는 모습을 통해 다른 사람을 이해하는 능력도 키울 수 있습니다. 더불어 지역 사회에서 열리는 나눔 장터를 통해 어떻게 이웃을 도울 수 있는지를 생각해 봅니다.

『놀이터는 내 거야』조세프 퀘플러 저를 읽으며 작은 사회인 놀이터에서 바람직한 관계 형성을 위해 지켜야 할 놀이터 예절이나, 이웃 간에 꼭 지켜야 할 태도에 대해 생각해 봅니다. 크고 작은 일로 사사건건 부딪힐 때도 있지만, 좌절하지 않고 서로의 상황과 마음에 공감하며 자연스럽게 이웃과 어울리는 아이로 성장할 수 있습니다. 『밤의 소리를 들어 봐』에밀리 랜드 저에는 모두가 곤히 잠든 한밤중에도 잠들지 않고 우리 주변을 돌보는 사람들이 등장합니다. 평소에는 잘 느끼지 못하지만 밤에 우리가 편안하고 안전하게 지낼 수 있는 것은 누군가가 필요한 일들을 해주고 있기 때문입니다. 매일 맞이하는 평범하고 평화로운 아침이 우리 이웃의 도움과 헌신으로 이루어진다는 것을 배울 수 있습니다.

『우리 마을이 좋아』김형하 시를 읽으면 시골 마을의 정겨움이 담긴 이야기와 그림을 통해 정서적으로 따뜻함을 느낄 수 있습니다. 끊임없이 자연과 소통하며 교감하는 할머니의 모습에서 자연을 사랑하는 마음을 가질 수 있고, 사람뿐만 아니라 자연도 이웃의 역할을 할 수 있음을 깨닫습니다. 더불어 도시와 농촌 마을의 특징, 과거와 현재의 이웃 모습을 비교해 봅니다.

▒9월의 독서 주제는 '가을을 맞이해요!'입니다

『분홍 토끼의 추석

일 년을 주기로 순환하는 자연의 아름다움과 경이로움은 매년 겪어도 놀랍습니다. 특히 우리나라처럼 사계절이 뚜렷한 곳에서는 더욱더 그렇지요. 뜨겁던 햇살이 어느 순간 사그라지고, 밤마다 시끄럽게 울던 풀벌레 소리가 작아지며, 해가 지면 옷깃을 여미게 될 때 우리는 여름이 지나고 가을이 오고 있다는 변화를 느낍니다. 이번 달 추천도서를 통해 가을이 되면서 생기는 계절의 변화와 함께 가을의 특징, 가을에 거두는 수확물 및 민족 최대의 명절 추석에 대해 배우면서 우리의 주변에 일어나는 변화를 오감으로 느끼고자 합니다. 도서를 통해 자연과 만나면서 더 많은 세상을 느끼는 따뜻한 시간이 되기를 기대합니다. 짧은 가을이지만, 그 순간을 충분히 만끽하며 자연과 조화롭게 사는 법을 익히는 지혜로운 아이가 되길 바랍니다.

『분홍 토끼의 추석』김미혜 저에 나오는 추석은 설날과 함께 우리나라의 대표 명절 중 하나입니다. 추석의 음식과 놀이, 풍습을 통해 가을의 풍성함과 흥겨운 명절 분위기를 느낄 수 있습니다. 농경 사회의 추석과는 다른 현대에 어울리는 추석맞이를 계획해 보며, 추석의 새로운 의미를 생각해 볼 수 있습니다.

『달님, 거기 있나요?』오치 노리코 저는 가을에 볼 수 있는 유난히 밝고 둥근 달의 비밀을 재미있는 이야기로 풀어냈습니다. 달을 좋아하는 어린이 달이가 달님과 나누는 대화를 통해 달과 지구의 관계, 달의 모습이 변하는 과정 등 과학적 지식을 쉽게 이해할 수 있습니다. 추석 때 왜 달을 보며 소원을 빌었는지 생각해 보며 상상력과 창의력을 키웁니다.

『귀뚜라미』현덕 저를 읽으며 가을이 왔음을 알리는 귀뚜라미를 통해 가을의 다양한 정서를 느껴봅니다. 가을에 볼 수 있는 동식물을 알아보고 가을과 관련된 행사를 떠올리며 가을의 특징을 이해해 봅니다. 더불어 귀뚜라미를 소재로 한 노래와 시를 감상하며 다양한 감각으로 가을을 느끼고, 친구들과 함께 가을의 정감을 나눌 수 있습니다.

『단풍나무 씨앗은 콧등에 올려요』구닐라 잉베스 저를 읽으며 테디와 메이지의 일상 속에서 가을의 특징과 변화를 살펴봅니다. 단풍이 들고, 열매를 맺으며, 낙엽이 떨어지는 계절의 모습에서 가을의 풍성함을 느낄 수 있으며, 가을철에 다가올 변화를 준비하는 동식물의 모습을 알아봅니다. 그 과정에서 도시 생활에 익숙해진 아이들도 자연의 소중함을 깨닫게 됩니다.

대치동 초등독서법

『태극기 다는 날』

　우리나라의 전통문화와 문화유산에 대해 배우고 체험하면서, 우리 문화의 우수성을 오감으로 느낄 수 있게 하는 것이 목표입니다. 모든 국가는 그 나라에서 발생해 전해 내려오는 고유의 문화가 있지요. 우리 문화에는 조상들의 지혜와 역사가 담겨 있기 때문에 전통문화는 중요할 수밖에 없습니다. 나아가 문화는 한 국가의 철학과 국민성을 결정하고, 더 나은 국가를 만들 수 있도록 하기 때문에 전통문화에 대한 이해와 계승이 필요합니다. 아이들이 '태극기에 얽힌 뜻, 한옥의 특징, 생활 도구, 김치 담그기' 등 다양한 주제로 우리의 전통문화를 접하면서, 대한민국의 밝은 미래를 꿈꾸는 데 큰 밑거름이 되길 바랍니다.

　『태극기 다는 날』김용란 저을 통해 태극기의 유래와 뜻에서부터 변화 과정, 태극기 다는 날은 언제인지까지를 자세히 배워봅니다. 빨강과 파랑이 어우러진 태극, 하얀 바탕, 사괘 하나하나에 담긴 뜻을 알아보고 기념일을 살펴보며, 그 안에 담긴 우리가 꼭 알고 기억해야 할 국경일의 역사를 배울 수 있습니다. 『꽃신 찾아 우리 집 한 바퀴』이미애 저를 읽으며 한옥의 재료와 구조를 통해 한옥의 우수성을 깨닫고, 우리 전통 가옥에 담긴 조상들의 지혜를 생각해 볼 수 있습니다. 또한 한옥의 다양한 생활공간을 현대 가옥과 비교하여 한옥에 대한 이해를 높이고, 전통 생활 도구의 쓰임새를 알 수 있습니다.

　『옛날 도구가 뚝딱! 현대 도구가 척척!』김하늬 저을 통해 중요한 전통 생활 도구를 통해 우리 선조들의 지혜와 슬기를 엿볼 수 있습니다. 특히 옛날 도구와 현대 도구의 쓰임을 비교해 보면서 다양한 도구들의 시간에 따른 변화를 알 수 있습니다. 더불어 선조들의 생활 도구를 자랑스러워하는 마음과 우리 현대 도구에 더욱 감사한 마음을 갖게 됩니다.

'김장'은 2013년에 유네스코 인류 무형 문화유산으로 등재되어 한국을 대표하는 문화로 인정받았습니다. 『김장하는 날은 우리 동네 잔칫날!』이규희 저에는 지역마다 특색이 담긴 김치를 알아가며 김치와 친숙해지고, 김장 품앗이 문화를 알아봅니다. 더불어 독창적인 김치 요리를 구상하고, 전통 음식에 대한 이해도 깊어지며 자연스럽게 문화와 역사에 대한 호기심이 커지게 됩니다.

▓ 11월의 독서 주제는 '문학으로 세상을 만나요!'입니다

『사소한 소원만 들어주는
두꺼비』

저학년 아이들이 책과 친해질 시기에 가장 쉽게 접할 수 있는 글은 이야기 글, 즉 문학입니다. 다양한 문학 도서를 통해 다양한 지식을 쌓을 수 있는 것은 물론 생각의 폭을 넓힐 수 있습니다. 나아가 자신을 둘러싼 세상을 이해하는 지혜의 눈을 키우고, 타인에 대한 이해와 공감 능력도 키울 수 있습니다. 특히 이번 달에는 글의 흐름을 파악하면서 주제를 찾아내고, 더 나아가 책을 통해 느낀 점을 생각해 보는 것도 권합니다. 이 과정을 통해 아이들은 올바른 독서습관을 기르고, 자신의 생각을 구체적이고 명확하게 표현하는 힘을 기를 수 있습니다.

『사소한 소원만 들어주는 두꺼비』천금주 지에서 평범한 일상 속에서 마법같이 툭 튀어 들어온 두꺼비는 훈이에게 도움에 대한 보답을 약속합니다. 소원을 들어주는 과정에서 나타나는 두꺼비의 대답을 들으며 아이들은 다른 사람의 감정을 배려하고, 친구들과 사이좋게 지내고, 질서를 존중하며 스스로 생활 규칙을 지켜가는 일 등 결코 사소하지 않은, 살아가는 데 꼭 알아야 할 가치들을 배울 수 있습니다. 『으리으리한 개집』유선화 지을 통해 사람들에게 버림당한 아픔을 극복하기 위해 으리으리한 집을 지은 월월 씨를 보면서 소외당한 존재가 가지는 아픔을 간접적으로 느껴봅니다. 사람을 믿지 않기로 결심했던 월월 씨가 천방지축 삼 남매와 생활하면서 변하는 모습을 통해 진짜 행복은 무엇이고, 진정한 가족이란 어떤 의미인지를 생각해 볼 수 있습니다.

『봉지공주와 봉투왕자』이영경 지를 읽으며 우리 주변에서 자주 쓰이지만, 금세 쓸모없어져 버려지곤 하는 비닐봉지와 종이봉투에 대해 알아봅니다. 세상에서 '쓸모' 있는 것만이 아름답고 가치 있는 존재가 아니라는 것을 깨닫게 됩니다. 나아가 비닐봉지와 종이봉투의 이야기를 통해 서로의 다름을 인정하고 화합하는 것이 행복한 세상을 만드는 일임을 알 수 있습니다. 『그 소문 들었어?』하야시 기린 지를 읽으며 거짓 소문이 부풀려지고 확산되는 과정을 통해 진실과 거짓을 분별할 수 있는 힘이 무엇인지 생각해 봅니다. 말이 지니는 힘을 알아보고 말에 대한 책임감을 기를 수 있습니다. 더불어 진실이 정확하게 전달되기 위해 필요한 노력이 무엇일지 고민해 봅니다. 『애너벨과 신기한 털실』맥 바넷 지을 통해 세상을 바꾸는 힘은 바로 우리의 마음속에서부터 시작된다는 교훈을 깨달을 수 있습니다. 또한 내 주변의 소중한 존재가 누구인지 살펴보며 직접 말로 표현하며 감사함을 느낄 수 있습니다.

⬛ 12월의 독서 주제는 '겨울을 누려요!'입니다

『꽃송이처럼 내리는
하얀 눈을 먹어요』

날씨 때문에 실내 활동이 늘어나는 시기에, 겨울철 날씨 변화에 대한 이해와 더불어 겨울철을 건강하게 보내기 위한 방법에 대해 학습하며 즐거운 시간을 보낼 수 있습니다. 겨울의 특징과 겨울 음식, 놀이, 달라지는 우리의 생활에 대해 살펴보며 세상을 이해하는 눈을 넓힐 뿐만 아니라, 추운 겨울에 주변 이웃을 돌아보며 배려와 나눔에 대해 생각해 보는 시간을 갖습니다. 책과 함께 몸과 마음이 훌쩍 자라는 독서의 기쁨을 누리길 기대합니다.

『꽃송이처럼 내리는 하얀 눈을 먹어요』구닐라 잉베스 저에서 테디와 메이지는 눈이 내리고 바람이 거세어지는 날씨에 맞춰, 주위 친구들과 겨울나기를 준비합니다. 두 친구의 발자취를 따라가며 오감五感으로 느껴지는 겨울의 모습 및 변화에 대해 알아봅니다. 또한 여러 동물들이 겨울을 나기 위해 어떻게 준비하는지 살펴보며 겨울철의 특성에 대해 깊이 있게 이해하는 시간을 갖습니다. 『엄마는 겨울에 뭐하고 놀았어?』한라경 저를 읽으며 겨울 놀이를 통해 겨울의 특징과 환경적 변화에 대한 이해를 높일 수 있습니다. 엄마 아빠의 어린 시절 놀이와 요즘 아이들의 놀이를 비교하여 공통점과 차이점을 알고, 겨울 놀이를 할 때 다른 계절과 달리 특별히 주의해야 할 점을 발견할 수 있습니다. 다양한 겨울 놀이를 떠올리면서 춥지만 즐거운 겨울맞이를 기대해 봅니다.

『크리스마스 선물』존 버닝햄 저을 읽으며 크리스마스 선물을 전해 주는 산타 할아버지에 대한 이야기를 통해 상상력을 키우고, 크리스마스의 즐거움을 함께 나누도록 합니다. 또한 같은 소재의 이야기를 다룬 책과 영화를 보고 비교한 내용을 정리할 수 있습니다. 『장갑이 너무 많아!』루이스 슬로보드킨, 플로렌스 슬로보드킨 저에서는 쌍둥이 소년 도니가 빨간 벙어리장갑 한 짝을 잃어버리면서 벌어지는 이야기를 통해 이웃 간의 정을 느낄 수 있습니다. '장갑 빨랫줄'이라는 세상에 하나뿐인 분실물 보관소를 만들어낸 행복한 마을 이야기는 겨우내 꽁꽁 얼어붙었던 우리 마음을 녹여 주고, 이웃에 대한 사랑을 실천하는 방법을 생각해 보게 합니다.

11.
2학년 독서 전략:
독서습관 시작의 최적기

1학년과 2학년은 차이가 큽니다. 개정 교과서는 1~2학년 군으로 묶여 있지만 2학년부터는 학습의 논리성과 이해의 폭이 증가되는 시기입니다. 독서를 통해 스스로 논리적인 사고를 할 수 있는 단계에 이르는 경우도 많습니다. 아울러 정서적으로도 민감하기 때문에 아이의 정서적 공감 능력을 길러주어야 합니다.

2학년
독서 전략

두뇌의 기억 발달단계에 따르면 8세까지는 청각적 기억이 우세하고, 9세부터는 시각적 기억이 우세합니다. 9세 이전까지는 부모가 책을 많이 읽어주어야 내용을 잘 기억하게 되며, 부모의 책 읽는 소리와 말소리를 들으면서 다른 사람의 말을 잘 듣는 '듣기의 기술'을 배우는 것이 바람직합니다. 2학년은 유아기의 자기중심적 사고에서 벗어나 점차 논리적, 추상적 사고를 할 수 있으므로, 그림 중심의 책에서 글 중심의 책으로 옮겨 가는 과정이라고 할 수 있습니다. 일반적으로 책을 많이 읽는 아이들이 선생님의 말을 잘 이해하는 이유는 배경지식 때문입니다. 독서를 통한 아이들의 성격에 관해 연구한 결과에 따르면, 독서력이 낮은 아이들은 자존감이 낮고 공격적이고 소극적이며 학업에 무력감을 보이는 반면, 독서력이 높은 아이들은 자존감이 높으며 자신감이 있고 독립심이 강하고 끈기가 있는 특징이 있습니다. 아이들을 가르치다 보면, 다음과 같은 말씀을 자주 듣습니다.

"우리 아이가 글을 술술 썼으면 좋겠어요."

"말을 논리적으로 하지 못할 때가 있어요."

"글이 너무 짧은 거 아닌가요?"

아이들은 노력보다는 지능을 칭찬받고 싶어 하고, 다른 친구보다 똑똑하다는 것을 표현하고 싶어 합니다. 하지만 지능보다 노력을 칭찬해야 아이가 노력을 게을리 하지 않습니다. 노력을 하다보면 주어진 재능의 범위 내에서 최대한의 결과를 얻어낼 수 있습니다. 능력을 믿기보다는 노력을 믿는 것이 장기적으로 늘어나는 학습량을 견뎌내는 데 더 유리한데요. 이 분수령이 되는 시기가 바로 2학년입니다.

(1) 다양한 책으로 폭넓은 경험을 하게 하자

다양한 주제의 책을 읽어주고, 읽게 하는 것이 좋습니다. 경험한 내용들이 아이의 기억 속에 남아 인격을 형성하는 바탕이 되고 정서적으로 도움을 주기 때문입니다. 아이가 좋아하는 공룡 책, 자동차 책, 공주 이야기가 아닌 전래동화, 우정, 과학 등 다양한 주제의 책을 읽어주어 책을 통해 다양한 경험을 해볼 수 있도록 도와줘야 합니다.

(2) 책을 통해 예절과 도덕 교육을 하자

이 시기에는 선과 악, 옳고 그름 등에 대해 깨닫게 됩니다. 수치심, 죄책감 등 도덕성과 사회성이 발달하기 때문에 아이가 남을 배려하고 양보하며 친구를 괴롭히지 않고 사이좋게 지내는 것 등을 알아가게 됩니다. 전래동화나 친구 관계, 거짓말 등 도덕성을 주제로 한 책은 그 해답을 알려주는 역할을 합니다. 옳은 것과 그른 것, 선과 악의 갈등 해결방안이 책 속에 들어 있기 때문입니다. 동화 등 책을 통해 부모가 아이와 함께 어떤 것이 가치 있는 행동이고 잘못된 행동은 무엇인지에 대해 이야기를 나누며 생각해 보도록 지도해야 합니다.

(3) 책을 많이 읽게 하자

독서 교육에서 중요한 것은 '스스로 생각하는 힘'을 길러주는 겁니다. 스스로 생각하는 힘을 기르는 데에 독서만 한 것이 없습니다. 독서는 사물을 비판하고, 세상을 넓고 깊게 보는 힘을 길러주기 때문이죠. 아이가 책을 가까이하도록 도와주는 것에서 출발해야 합니다. 책을 늘 가까이 두도록 배려한다면 독서 재미에 푹 빠질 수 있습니다.

(4) 독서를 통해 잘못된 언어 습관을 바로 잡자

"너는 참 예쁜 것 같아"와 "너는 참 예뻐", 둘 중에서 듣기 좋은 말을 고르라면 당연히 "너는 참 예뻐"를 고릅니다. 그러나 아이들은 실제로 말할 때 앞의 표현을 더 자주 사용합니다. 그러나 "~한 것 같아"라는 말은 추측이나 예상을 나타내는 말이지 자신의 감정이나 상태를 표현하는 말이 아닙니다. 또 아이들은 "~하면 안 돼요?"와 같은 부정형 질문도 많이 사용하는데, 모두 바람직하지 않은 표현입니다. 주장을 할 때에도 "그 이유는 ~때문이다"라는 말을 덧붙여 주장에 대한 타당한 근거를 드는 표현을 하도록 지도하는 것도 효과적입니다. 이러한 바른 언어 사용, 타당한 근거를 드는 자기주장 습관은 독서를 통해 길러질 수 있습니다.

(5) 독서를 하고 나면 글쓰기를 통해 표현력을 길러주자

독서를 하여 책의 내용을 이해하고 사고를 했다면 표현하는 단계로 나아가야 합니다. 아무리 책의 내용을 제대로 이해하고 풍부한 배경지식을 갖추고 있더라고 제대로 표현하지 못하면 절반의 효과밖에 거두지 못합니다. 책을 읽은 후 표현력은 글쓰기의 기본인 일기 쓰기를 통해 키워주는 것이 좋습니다. 우선 꾸준히 일기를 쓰게 하고, 일기를 쓸 때에는 '한 일', '느낀 점이나 생각한 점', '자기의 결심'으로 나누어 쓰게 합니다. 일기를 쓸 때 이렇게 문단을 나누어 쓰다 보면 다른 글을 쓸 때에도 자연스럽게 문단을 나누는 능력을 키울 수 있습니다.

2학년을 위한
주제별 필독서

▧ 1월의 독서 주제는 '책으로 떠나는 생각 여행'입니다

『가방 속 책 한 권』

우리 아이들이 책과 더욱 가까워지도록 책 읽기에 행복을 느끼고 표현해 볼 수 있는 책을 추천합니다. 어린 학생들에게 책 읽기는 그 자체만으로도 의미 있는 일이지만, 책이 주는 즐거움과 교훈을 최대한 만끽하며 읽는다면 더욱 좋겠죠. 나아가 책을 읽으며 알게 된 정보, 감상을 정확한 어휘와 문장을 사용해 나타냄으로써 자신의 생각을 글로 표현하는 기쁨을 누릴 수 있습니다. 올바른 독서습관을 길러서 어려운 책을 접했을 때에도 거부감 없이 다가갈 수 있도록 해주어야 합니다.

『가방 속 책 한 권』버지니아 리드 에스코발 저은 주인공 야니리스가 고향 도미니카로 여행 갈 때, 선물로 학교에 책 한 권을 가져오면서 텅 빈 학교 교실 책장이 아이들을 위한 도서관이 되는 이야기입니다. 도서관이 아닌 다른 어디에서든 책이 단 몇 권만 있어도 책 읽는 즐거움과 책이 가져다 주는 행복을 경험하고 서로 나눌 수 있다는 것을 알려줍니다.『책이 제일 좋아!』랄레르 그라시아스 저에서는 책 읽기를 좋아하는 쥐 오라시오의 이야기를 통해 책을 읽어야 하는 이유와 책의 소중함을 깨달을 수 있습니다. 아이들은 이 책을 통해 책 속 문장에 상상력과 지식이 더해지면 무한한 지식의 보물 창고를 만날 수 있다는 걸 깨닫게 됩니다. 또한 다양한 낱말과 새로운 문장을 익히면서 풍부한 언어 표현 능력을 기를 수 있습니다.

감정은 자연스러운 것이지만, 아이들은 자신의 마음을 잘 모르는 경우가 많습니다.『기분을 말해 봐요』디디에 레비 저를 통해 설명하기 어려운 감정들을 표현하는 방법을 배우고, 스스로 감정 표현에 대한 자신의 생각을 펼칠 수 있습니다. 또한 주인공 제제와 같은 기분을 느껴 본 적은 있는지, 제제의 어떤 행동이 올바르고 올바르지 않은지를 이야기하며, 감정을 바르게 표현하는 방법을 배워 자기 생각을 풍부하게 표현할 수 있는 아이로 성장할 수 있습니다.『달을 마셨어요』김윤 저를 읽으며 낱말이 모여 문장이 되고, 문장이 모여 좋은 글이 된다는 원리를 배웁니다. 우리 학생들이 멋진 글을 쓸 수 있도록 이 책을 통해 다양한 낱말에 대해 익히고 풍성한 표현의 문장을 쓸 수 있는 기초 실력을 다집니다. 또한 물바가지에 비친 달을 마신다는 표현을 쓰는 등 아이들의 다양한 이야기를 통해 순수한 동심을 느끼고, 생동감 있는 우리말에 대한 감각을 자연스럽게 익힐 수 있습니다.

2월의 독서 주제는 '학교생활이 즐거워지는 생각 여행'입니다

『훈이 석이』

　　이번 달에는 책을 읽으면서 우정의 소중함에 대해 생각해 보고, 나와 생각이 다른 여러 사람들과 의견을 교류하는 방법에 대해 알아봅니다. 나아가 활기차고 즐거운 학교생활을 위해 필요한 안전과 규칙을 지키는 방법을 다양하게 알아보며, 더욱 안전한 학교생활을 계획할 수 있을 것입니다. 또한 추천도서를 읽고 다양한 쟁점 사항에 대해 자신의 의견을 구체적으로 표현하는 연습을 통해 우리 친구들의 실력이 탄탄해지면 좋겠습니다.

　　『훈이 석이』오시은 저에서 훈이와 석이는 동네 곳곳을 누비며 놀이 세계에 흠뻑 빠져 있습니다. 아이들의 사소한 다툼이 어른들 싸움으로 번지기도 하지만 그러한 과정을 통해 서로에 대한 이해가 소중하다는 것을 깨닫게 됩니다. 이 책을 통해 어린 시절의 추억, 우정의 의미와 소중한 가치를 지키는 노력에 대해 생각해 보도록 합니다.

　　『같이 놀자, 루이!』레슬리 일리 저는 자폐 아동 루이를 있는 그대로 이해하고 배려하는 친구들과 선생님이 함께 만들어가는, 모두가 행복한 통합교육의 모습을 그린 책입니다. 반 친구들은 모두 루이가 자신들과는 조금 다르다는 사실을 압니다. 하지만 조금씩 마음의 문을 열고, 루이를 배려합니다. 이 책을 통해 서로의 '다름'을 이해하고, 존중하며, 배려하는 마음을 배울 수 있습니다.

『학교 다녀오겠습니다!』이기규 저를 통해 아이들이 만나는 세상이 늘 안전하면 좋겠지만, 사고는 언제든 일어날 수 있다는 점을 배울 수 있습니다. 사고가 찻길이나 공사장 같은 위험이 도사린 곳뿐만 아니라 내 집 앞, 학교 안 교실, 복도, 운동장 등 일상생활 어느 곳에서라도 일어날 수 있다는 것을 깨닫고, 위험을 예방할 수 있는 다양한 방법에 대해 생각할 수 있습니다. 또한 일상생활에서 갑자기 일어날 수 있는 위험을 미리 예방할 수 있도록 안전 규칙을 세울 수 있습니다.

새 학기가 되면 우리 아이들은 새로운 친구들과 새로운 환경을 만나게 됩니다. 많은 아이들이 첫인상에 사로잡혀 친구들과 선생님을 판단하기도 합니다. 『우리 교실에 온 괴물』에블린 브리주 펠랑 저을 통해 선입견 없이 있는 그대로 세상을 바라보는 눈을 기르고, 마음으로 친구를 사귀는 지혜를 배울 수 있습니다. 나아가 규칙과 규율, 공동체에 대해 생각해 보며 다가오는 새 학기를 희망차게 준비할 것입니다.

⬛ 3월의 독서 주제는 '관찰력이 자라는 과학 독서'입니다

'나의 몸'과 나를 둘러싼 '환경' 그리고 '생명'에 대해 살펴보며 생각을 확장하는 도서를 추천합니다. 그동안은 쉽게 지나쳤던 내 주변을 잘 관찰함으로써 주변에 있는 수많은 생물의 소중함과 가치를 깨달을 수 있고, 자연의 위대함을 피부로 느끼는 시간을 가질 수 있을 것입니다. 한 달간의 생각 여행을 통해 생명을 사랑하는 '어린이 과학자'로 거듭나길 기대합니다.

『건강을 책임지는 책』

『건강을 책임지는 책』채인선 저을 읽으며 일상생활에서 아이들이 맞닥뜨리게 되는 사소한 습관에도 건강을 해치는 요소가 숨어 있다는 점을 배웁니다. 이 책을 통해 건강을 위협하는 잘못된 행동을 보여주고, 건강하고 행복한 삶을 살아가는 데 필요한 올바른 건강관리 방법을 확인하도록 합니다. 건강의 가치를 알고 건강에 대한 지식을 배우면서 아이들은 스스로 건강의 소중함을 익히게 될 것입니다.

봄이 되면 자연에 많은 변화가 생길 뿐만 아니라 우리의 생활도 달라집니다. 『봄이 좋아!』최형미 저를 읽으며 관찰을 통해 알게 된 정보를 바탕으로 봄이 되면 바뀌는 것으로는 무엇이 있는지를 구체적으로 말할 수 있습니다. 또한 봄 날씨의 특징과 봄철 건강관리, 봄에 만날 수 있는 꽃과 나무, 겨울잠에서 깨어나 봄맞이를 하는 동물을 알아보는 시간을 보냅니다. 나아가 친구들과 함께 봄의 다양한 모습들을 동시로 작성해 표현하는 즐거움을 느낄 수 있습니다.

『내 꿈은 방울토마토 엄마』허윤 저에서 아영이는 조그마한 방울토마토를 기르면서 정원사라는 직업을 꿈꾸게 됩니다. 자신의 꿈을 이루기 위해 하나하나 노력하는 아영이를 보며 아이들은 자신이 원하는 바가 무엇인지, 꿈을 이루기 위해 어떤 노력을 해야 하는지를 알 수 있습니다. 또한 방울토마토의 성장에 대해 살펴보며 식물이 잘 자라도록 하기 위해 무엇이 필요한지 파악해 봅니다. 더불어 식물을 관찰하며 뿌리, 줄기, 잎이 하는 일에 대해 생각해 보는 시간을 갖습니다.

『동물원에 갇힌 슈퍼스타』신현경 저에 등장하는 동물들은 동물원에 갇혀 인간으로부터 자유를 억압받고 학대당합니다. 인간의 즐거움을 위해 동물들을 희생시키고 자유를 빼앗는 행동의 부당함을 생각해 보고, 나아가 생명의 소중함에 대해 돌아볼 수 있는 시간이 될 수 있습니다.

『공슬기의 슬기로운 플라스틱 생활』황연희 저을 통해 플라스틱과 일회용품이란 무엇인지, 왜 플라스틱을 줄여야 하는지를 깨달을 수 있습니다. 플라스틱이 주는 편리함에만 빠져버려서 지구가 어떤 아픔을 겪는지 모르는 아이들이 많습니다. 슬기의 '플라스틱 없는 하루'를 통해, 조금은 불편하더라도 지구와 환경을 보호하는 것이 왜 필요한지 이해해 봅니다. 나아가 환경 문제에 관심을 갖고 플라스틱 줄이기를 실천하는 아이로 성장할 수 있습니다.

▨ 4월의 독서 주제는 '사고력이 자라는 사회 독서'입니다

『꿈을 다리는
우리 동네 세탁소』

이번 달에는 책을 통해 가족, 이웃 그리고 사회에 대해 살펴보는 책을 추천합니다. 아이들은 가정과 학교 및 여러 집단에서 수많은 사람들을 만나고 관계를 형성해 나갑니다. 그 속에서 건강한 가치관을 갖고 바르게 성장할 수 있도록 내 주변을 둘러싼 다양한 사람들의 삶을 살펴보고, 사회 공동체 안에서 반드시 지녀야 할 소중한 가치와 지켜야 할 기초 질서에 대해 배워봅니다. 더불어 다양한 독후 활동과 함께 진행되는 원고지 쓰기 기초 학습을 통해 자신의 생각을 더욱 명확하게 표현하는 법도 익히도록 안내해 주시기 바랍니다.

『꿈을 다리는 우리 동네 세탁소』강효미 저를 통해 다양한 직업을 가진 이웃들을 만나보며 우리 사회의 세밀한 모습을 살펴봅니다. 주변의 이웃들을 통해 모든 직업이 나름의 가치와 의미를 갖고 있다는 사실을 알 수 있습니다. 나아가 우리가 편안하고 안전하게 생활할 수 있는 것은 내 주변의 누군가가 필요한 일들을 해주고 있기 때문이라는 사실을 깨닫고, 이웃의 도움과 헌신에 대해 감사히 여기는 마음을 지닐 수 있습니다.

요즘 아이들은 바쁜 생활 속에서 남을 배려하거나 이웃과 소통하는 방법을 배울 기회가 많지 않습니다. 『1004호에 이사 왔어요!』박현숙 저를 읽으며 도윤이의 모습을 통해 더불어 사는 삶의 의미에 대해 파악하고, 타인을 위한 작은 관심과 배려가 소통의 첫 단추가 될 수 있음을 깨닫습니다. 나아가 다양한 집의 모습을 파악하고 내가 살고 싶은 집에 대해 소개해 보는 시간을 갖습니다.

『녹색아버지가 떴다』홍민정 저를 통해 우리 사회에는 다양한 형태의 가족이 있음을 알고, 진정한 가족의 의미가 무엇인지 깨달을 수 있습니다. 하민이와 은채, 도영이를 통해 가족 구성원의 역할은 정해진 것이 아니며, 서로 존중하고 배려하며 생활하는 것이 가족 구성원으로서의 '진짜' 역할임을 알 수 있습니다. 나아가 사회의 다양성을 진심으로 이해하고 존중하는 아이로 성장할 수 있습니다. 『내 멋대로 반려동물 뽑기』최은옥 저를 읽으며 반려동물을 키우는 인구가 점점 증가하는 만큼 버려지는 반려동물 수도 급증하고 있다는 문제를 알게 됩니다. 버려지는 반려동물의 수가 늘어나면서 동물 유기는 심각한 사회 문제로 대두되고 있습니다. 이를 통해 반려동물을 대하는 바람직한 태도를 배우고 동물 유기 문제를 생각해 봄으로써 생명을 소중히 여기는 마음을 지닐 수 있습니다.

▒ 5월의 독서 주제는 '바른 인성을 기르는 생각 여행'입니다

『내 멋대로 아빠 뽑기』

교육의 초점이 학습 중심으로 맞춰지면서 인성에 대한 강조가 느슨해지는 경우가 많습니다. 좋은 품성은 하루아침에 만들어지는 게 아니기 때문에 어릴 때부터 고운 생각과 바른 마음을 지니려고 노력하는 태도가 필요합니다. 따라서 이번 달은 효, 솔직함, 자신감, 인권, 바른 선택 등 다양한 주제와 관련된 도서를 읽고, 독후 활동을 하는 과정을 통해 우리 아이들이 아름다운 인성을 가꾸기를 바랍니다. 우리 어린이들이 바른 인성을 지닌 훌륭한 리더가 될 수 있도록 만들어주는 독서 시간이 되어야겠습니다.

『내 멋대로 아빠 뽑기』최은옥 저에서 주인공 강우는 잘생기지도, 운동을 잘하지도, 돈이 많지도 않은 아빠를 보면 항상 짜증이 납니다. 어느 날 우연히 '아빠 뽑기 기계'를 발견하고 자신이 원하는 아빠를 한 명씩 뽑아 함께 지내면서 정말 좋은 아빠란 어떤 아빠인지 깨닫게 됩니다. 주인공 강우를 통해 진짜 가족의 의미를 살펴보며, 인성의 중요한 덕목인 '효'에 대해 배울 수 있습니다.

'나의 생각을 솔직하게 표현하기'도 중요합니다. 사회나 가정에서 '착한 사람'이 되기를 요구하는 경우가 많다 보니 감정 표현에 서툰 아이들이 많습니다. 『아니야 고양이』임어진 저를 통해 다른 사람들의 시선 때문에 마음을 자유롭게 발산하지 못했던 주인공 '웅이'를 보며 자신의 생각을 정확한 어휘로 표현하는 게 왜 중요한지 깨달을 수 있습니다. 또한 진짜 하고 싶은 말을 할 줄 아는 용기를 배우고, 지혜로운 인간관계를 맺는 데 필요한 자신감과 솔직함까지 지닐 수 있습니다.

『하루 왕따』양혜원 저에서 시우네 반 선생님은 아이들을 지도하기 위해 말썽을 일으킨 아이에게 하루 동안 아무 말도 못 하게 하는 벌을 줍니다. 물론 선생님이 나쁜 마음으로 그렇게 한 것은 아니지만, 목적이 훌륭하다고 하더라도 과정까지 옳다고 할 수는 없습니다. 선생님이 만든 나쁜 규칙을 슬기로운 방법으로 해결해내는 시우네 반 아이들을 보면서 정의와 올바른 소통에 대해 생각해 봅니다. 나아가 어린이 인권에 대해 관심을 기울이고, 더욱 올바른 가치관을 지닌 아이로 성장할 수 있습니다.

인간은 늘 수많은 선택을 하며 삶을 살아갑니다. 순간의 선택으로 삶의 방향이 달라지기도 하지요. 『한밤중 달빛 식당』이분희 저은 '바른 선택'이란 무엇인지 생각해 보도록 하고, 선택 이후에 주어지는 책임감의 무게에 대해 함께 고민하게 만듭니다. 더불어 힘들고 괴로운 기억은 잊는 것보다 극복하는 것이 더 중요하다는 메시지를 전하는데, 책을 통해 한층 강인한 마음을 지닐 수 있게 됩니다.

▧ 6월의 독서 주제는 '창의력을 키우는 생각 여행'입니다

이번 달에는 아이들이 세상을 보는 눈을 한 단계 향상시킬 수 있는 책들을 추천합니다. 관찰력을 높일 수 있는 명화 감상, 수학의 규칙과 원리를 이해하며 사고력을 기르는 수학 동화, 새로운 관점으로 세상을 볼 수

『창의력 팡팡
명화 수수께끼』

있는 상상력이 가득한 동화, 종합적 사고력을 요구하는 발명 이야기를 통해 아이들의 창의력이 무럭무럭 자라나기를 바랍니다. 틀에 박힌 시각에서 벗어나 자유롭게 상상하면서 어린이다운 감성과 창의력을 키워나갈 수 있기를 기대합니다. 아이들 스스로 생각하는 힘을 기르고 독창적인 사고력과 문제해결 능력을 길러줄 수 있는 좋은 책들을 소개합니다.

창의적이고 예술적인 감각을 키우기 위해 가장 먼저 할 일은 명화 감상입니다. 명화 감상은 어린이의 감성EQ 발달은 물론, 생각하는 힘을 기르고 창의력을 향상하는 데 도움이 됩니다. 『창의력 팡팡 명화 수수께끼』키즈콘텐츠클럽 저는 위대한 화가들이 발견한 아름다운 색깔, 선, 면 그리고 사람과 꽃을 소개했습니다. 명화와의 만남 속에서 마음의 깊이와 크기, 창의력을 확장할 수 있습니다. 『피터, 그래서 규칙이 뭐냐고』시지원 저를 통해 보물을 찾으러 떠나는 외다리 선장 잭과 피터의 모험을 수학의 규칙 찾기 개념과 연결한 이야기를 읽으며 추리력과 논리력을 키울 수 있습니다. 규칙 찾기는 수학의 원리를 이해하는 기초가 될 뿐만 아니라, 다양한 분야로 확장하여 생각할 수 있게 함으로써 창의력을 키워줍니다. 정해진 틀에서 규칙을 찾아내는 일차적 목표를 달성한 이후, 스스로 규칙을 만들어내며 창의성과 자신감도 얻을 수 있습니다.

『지우개 똥 쪼물이』조규영 저를 읽으며 창의적인 뇌를 만들기 위해 역발상을 해봅니다. 세상을 새로운 관점으로 바라보는 일은 매우 중요합니다. 아이들이 흥미로워할 '지우개 똥'이라는 소재를 바탕으로 지루할 틈 없는 긴박한 사건 전개와 개성 넘치는 등장인물을 만나보며, 우리에게 익숙한 현실을 뒤집어 생각하는 시간을 갖도록 합니다. 당연한 사실에 '왜?'라고 질문하는 순간 학생들은 더 자유롭고 다양하게 생각할 기회를 갖게 됩니다.

발명은 관찰력과 응용력을 요구합니다. 과학·수학·사회 등 다양한 교과와의 연계를 통해 종합적인 사고를 할 수 있습니다. 이에 따라 창의 융합형 인재 교육 바람과 함께 발명 학습에 대한 수요도 날로 높아지고 있지요. 하지만 발명에 대한 관심이 높은 현실에 비해 막상 발명을 시작하려면 어디서부터 시작해야 할지 막막하게 느껴집니다.『이제 나도 발명가』롭 비티 저를 통해 발명에 대한 관심을 확장시켜 주고, 창의적인 시선으로 세상을 바라보는 기회를 제공할 수 있습니다.

▨ 7월의 독서 주제는 '글쓰기 강화'입니다

『꿀떡을 꿀떡』

7월은 아이들이 다양한 글쓰기의 갈래를 익히고, 학교 수업에 적용할 수 있도록 글쓰기 강화를 시도해 보시기 바랍니다. 이어서 8월에는 바른 어휘, 발음, 태도를 익히고 직접 연설하거나 토론해 보는 발표력 강화 연습을 통해 말하기 강화를 시도할 것입니다. 아이들 스스로 글 쓰는 재미와 표현하는 즐거움을 느낄 수 있도록 안내해 나가면 좋겠습니다.

『꿀떡을 꿀떡』윤여림 지은 소리는 같지만 뜻은 각기 다른 동음이의어의 개념에 대해 소개합니다. 문장 속에서 그 뜻을 짐작할 수 있는 근거를 찾아 풀이하며 시 전체의 내용을 바르게 파악할 수 있습니다. 나아가 학습한 내용을 응용해 동음이의어 동시를 지으며 우리말 실력을 높일 수 있을 뿐만 아니라, 풍부한 어휘력을 지닐 수 있습니다. 『두 배로 카메라』성현정 지는 우연히 얻게 된 마법 카메라로 엄마가 둘, 아빠가 넷으로 늘어나자 아이와 부모 사이의 갈등이 마치 현미경으로 확대한 것처럼 커지는 흥미진진한 이야기를 담아냈습니다. 주인공이 진짜 부모님을 찾는 과정을 통해 가족의 소중함을 다시 한 번 깨닫고, 부모님이 주는 진정한 사랑에 대해 생각해 볼 수 있습니다. 기발함과 상상력으로 꽉 채워진 글을 재미있게 읽고 난 뒤, 자신의 느낌과 깨달음을 독서 감상문을 통해 표현할 수 있습니다.

『진짜 괴물』김미애 지은 아이들의 눈높이에 맞춰 유추하고 상상하는 과정을 재미있게 담은 책입니다. 제각각 설득력을 가진 주인공들의 추리 과정은 생각하는 힘을 기르게 합니다. 세 동물의 시선을 따라가면서 사물을 바라보는 서로 다른 관점을 발견하다 보면 타인을 이해하는 마음의 크기도 자라게 됩니다. 또한 주인공들이 주고 받은 편지를 보며, 편지 쓰는 방법을 배우고 익힐 수 있습니다. 『백 점 먹는 햄스터』신채연 지는 초등학교 저학년 어린이들이 가장 힘들어하는 받아쓰기 시험을 소재로 합니다. 주인공 동준이의 엉뚱하고 유쾌한 행동을 통해 맞춤법이 왜 중요한지, 또 맞춤법은 어떻게 공부해야 하는지를 자연스럽게 알려줍니다. 이번 독서를 통해 맞춤법에 대해 바르게 이해할 뿐만 아니라, 우리말을 바르게 쓰는 기회도 가지며 언어 표현력도 높일 수 있습니다. 글쓰기 시간을 별도로 준비해 게시글에 대해 알아보고, 직접 글을 기획하여 쓸 수 있도록 안내하면 좋겠습니다.

▒8월의 독서 주제는 **'말하기 강화'**입니다

『발표왕 나가신다!』

8월에는 때와 장소에 맞게 자신의 생각을 잘 표현할 수 있도록 말하기 실력을 키울 수 있는 독서 활동을 제안합니다. 언제 어디서나 자유롭게 발표할 수 있도록 구체적인 상황에 맞게 연습해 보고, 조리 있게 말하는 방법을 배워봅니다. 나아가 발표의 기초인 발음, 태도부터 설득, 표현하기까지 단계별로 학습하여 더욱 자신감 있는 리더로 성장할 수 있는 발판을 다집니다.

『발표왕 나가신다!』서지원 저를 읽으며 말하기 실력을 키우기 위해서는 언제 어디서나 자신 있게 발표하는 연습부터 해야 한다는 교훈을 배웁니다. 발표를 잘하면 자신도 모르는 사이에 용기와 자신감이 생기고, 얼굴 표정이 밝아지지요. 또 친구들과 잘 어울리게 되고, 리더가 될 수 있습니다. 아라와 다솜이의 이야기를 통해 말하기는 타고나는 능력이 아니라 연습을 통해 누구나 배울 수 있다는 자신감을 얻게 됩니다. 아울러 발표에 자신감을 갖고, 듣는 사람의 마음을 두드리는 발표를 할 수 있는 사람으로 성장하게 됩니다.『이럴 땐 어떻게 말해요?』강승임 저는 알아야 할 어휘가 본격적으로 늘어나기 시작하는 초등 저학년을 위한 책입니다. 책의 주인공 다운이를 통해 많은 수를 세는 표현, 나이 표현, 날짜 표현, 각종 물건을 세는 표현 등을 재미있게 배울 수 있습니다. 또한 국어, 수학, 사회 등 학교 공부를 할 때 가장 많이 등장하는 '단위' 표현을 정확히 익히면서, 우리말 표현력을 기르고 바른 언어 습관을 익힐 수 있습니다.

『육하원칙대로 말하라고? 왜 때문에?』를 읽으며 친구들 앞에서 자신 있게 발표하고, 사람들과 대화할 때 자기 생각을 명확하게 표현하려면 육하원칙에 따라 차근차근 말하는 연습이 필요하다는 점을 깨닫게 됩니다. '누가, 언제, 어디서, 무엇을, 어떻게, 왜'를 생각하면서 말하고 글을 쓰면, 말을 잘하게 되고, 글을 명확하게 쓸 뿐 아니라 의사소통이 잘되어서 공감 능력도 좋아집니다. 민우의 이야기를 통해 바른 언어 습관을 기르는 훈련을 하며, 경청과 말하기 능력을 기를 수 있습니다.

▨ 9월의 독서 주제는 '지구촌으로 떠나는 생각 여행'입니다

『세계 친구들을 만나는 세계 지도 이불』

세계화 덕분에 우리 어린이들은 다양한 세상과 만나며 자랍니다. 정보통신의 발달, 해외여행, 어학연수 등으로 다른 나라의 문화를 접할 기회가 예전보다 훨씬 많아졌지요. 또 우리 사회가 다문화 사회로 빠르게 진입하면서 주변에서 다른 문화를 가진 사람들도 쉽게 찾아볼 수 있게 되었습니다. 하지만 점점 가속화되어 가는 글로벌 세계, 다문화 사회 속에서도 우리 사회는 여전히 문화 다양성에 대한 충분한 이해가 부족하기도 합니다. 다양한 내용의 도서를 통해 세상을 균형 잡힌 시선으로 바라보는 힘을 길러주고자 합니다. 이번 달 독서를 통해 우리의 문화가 소중한 만큼 다른 사람들의 문화도 소중하며, 우리 모두 미래를 향해 함께 노력해야 한다는 중요한 가치를 얻을 수 있습니다.

많은 아이들이 세계 지도를 낯설어합니다. 하지만 세계 지도는 지구 곳곳의 다양한 문화를 알아가는 데 꼭 필요한 도구입니다. 『세계 친구들을 만나는 세계 지도 이불』정은주 저을 읽으며 아이들은 대륙별 독특한 문화를 접하게 되고, 비슷한 나이의 친구들이라고 해도 사는 지역에 따라 삶의 모습이 매우 다르다는 것을 알 수 있습니다. 특히 고학년 역사 수업을 위해 필요한 각 대륙의 위치와 특성을 파악하고 다양한 세계 문화를 접해 보며 세상을 보는 시야를 넓힐 수 있습니다. 또 나와 다른 다양한 삶을 포용하는 힘을 기릅니다. 『일곱 나라 일곱 어린이의 하루』맷 라모스 저는 세계 여러 나라의 문화와 생활 방식을 한눈에 보여주는 그림책입니다. 시각 자료를 통해 다른 나라 아이들의 학교 및 의식주 생활에 대해 알아볼 수 있습니다. 모든 이에게 똑같이 주어지는 24시간 동안 일곱 나라 일곱 어린이들이 어떻게 지내는지 살펴보며, 각 나라의 독특한 생활 방식과 문화를 배우는 것은 물론, 우리 문화와 생활 방식도 그들에 비추어 더욱 잘 알게 됩니다. 나아가 사람들이 모두 다른 삶의 방식을 지녔다고 해도, 같은 지구에 사는 생명체로서 존중받아야 할 소중한 존재라는 사실을 깨달을 수 있습니다.

'문화 다양성'이란 세계 여러 나라와 지역, 집단, 사회의 문화가 표현되는 다양한 방식을 말합니다. 문화 다양성을 올바르게 이해하고, 다른 나라의 문화가 우리와 얼마나 다른지, 또 배경이나 의미가 무엇인지를 아는 것이 중요합니다. 『한집에 62명은 너무 많아!』송미영 저를 읽으며 가족, 음식, 집에 관한 문화 다양성 이야기를 통해 서로 다른 문화를 존중하고 이해하는 자세를 배울 수 있습니다. 『돈가스 안 먹는 아이』유혜진 저를 읽으며 사우디아라비아에서 온 아부를 통해 다문화 가정 아이들의 고민을 느끼고, 편견과 차별이 아닌 열린 마음으로 다양한 문화를 존중하는 법을 배우게 됩니다. 아부의 이야기를 통해 종교와 문화, 나라가 달라도 좋은 친구가 될 수 있다는 것을 깨닫게 됩니다. 또한 다양한 문화를 배우고 경험하면 주변을 새로운 눈으로 바라보게 되며, 함께 살아갈 수 있다는 교훈을 얻을 수 있습니다.

10월의 독서 주제는 '예술로 떠나는 생각 여행'입니다

『고양이네 음악회』

이번 달은 음악과 미술, 연극 등 다양한 예술적 장르를 접해 보며, 예술 활동에 주체적으로 참여하는 도서를 추천합니다. 자신을 표현하고 예술적 소양과 문화적 감수성을 증진시켜보시기 바랍니다. 나아가 이전과는 다른 시선으로 세상을 살피게 됨으로써 학습의 의욕을 증진시킬 수 있습니다. 예술은 어려운 영역이 아니라 우리 주변에서 즐길 수 있다는 참 의미를 느끼는 시간이 될 수 있도록 이끌어주시기 바랍니다.

음악이란 인간이 들을 수 있는 영역의 음을 박자, 음색, 선율 등의 일정한 법칙과 형식으로 종합해 인간의 감정을 나타내는 예술입니다. 음악을 통해 우리는 세상을 느끼고, 새롭게 표현할 수 있지요. 『고양이네 음악회』강효미 저를 통해 작곡가 생상스가 여러 가지 악기로 동물을 다양하게 표현한 음악을 들으며, 그가 표현하고자 했던 음악에 대해 이해하고, 아이들 스스로 주변 사물들을 창의적으로 표현해 볼 수 있습니다. 음악 감상과 표현을 통해 음악적으로 사고하는 즐거움을 함께 느끼고, 심미적 감성 역량을 강화하는 시간이 될 것입니다.

예술 교육의 목적은 예술 경험을 통한 성장입니다. 예술적 소양은 일상생활에서 꾸준하고 다양하게 활동해야 길러지고, 예술적인 관점으로 바라보는 훈련을 지속함으로써 자연스럽게 터득할 수 있습니다. 따라서 어린이들을 위한 예술 교육은 놀이하듯 즐겁게 이루어져야 합니다. 『연극이랑 놀자』누리아 로카 저는 초등학교에서 강화된 연극 수업을 즐겁게 하는 데 도움되는 책입니다. 아이들의 예술 감수성과 창의력이 더욱 풍부해질 수 있도록 연습해 봅니다.

그림은 보는 사람의 관점에 따라 다르게 해석할 수 있습니다. 『모나리자는 왜 루브르에 있을까?』사빈 드 메스닐, 샤를로트 그라세테트 저를 통해 아이들은 정해진 틀에서 벗어나 다양한 시각에서 미술을 이해할 수 있습니다. 나아가 책 속에 등장하는 미술 작품을 자신의 풍부한 상상력과 결합시켜 이해함으로써 창의적 사고력과 표현력을 키웁니다. 『예술가처럼 생각하고 만들기』클라우디아 볼트, 엘리너 메러디스 저를 읽으며 그림과 조각에서부터 건축에 이르기까지 여덟 가지 다양한 분야의 현대 예술 작품을 감상할 수 있습니다. 예술가들이 영감을 얻기 위해 자신과 주변 세계를 탐색하고 생각하는 과정을 함께 느껴봅니다. 이 책을 바탕으로 개인 창작 활동과 협동 창작 활동을 해보며 다양한 매체로 자신의 생각을 표현해 내는 즐거움을 맛볼 수 있습니다. 작품 주제 및 창작 배경에 대해 정확하게 인식하고, 작품을 통해 사람들과 나누고 싶은 생각이 무엇인지 정확하게 글로 표현할 수 있으면 좋겠습니다.

『헛다리 너 형사』

이번 달에는 다양한 문학 작품을 읽으며 따뜻한 감수성과 깊이 있는 사고력을 기를 수 있는 책을 추천합니다. 한 달 동안의 문학 여행은 상상하는 재미와 생각하는 즐거움을 동시에 느끼게 할 뿐만 아니라 믿음, 양심, 배려, 우정 등 소중한 가치를 지닐 수 있도록 돕습니다. 아이들이 문학 읽기를 통해 자신의 생각을 비춰주는 '거울'을 가지고, 스스로 판단하고 행동할 수 있는 힘을 지닐 수 있기를 기대합니다.

『헛다리 너 형사』장수민 지를 읽으며 동물 마을의 평화를 지키기 위해 고군분투하는 너 형사의 추리 과정을 따라가 보며 단서를 바탕으로 추리하는 즐거움을 느껴봅니다. 다양한 에피소드를 통해 문학을 읽는 재미에 흠뻑 빠질 수 있습니다. 너 형사가 헛다리를 짚으면서도 포기하지 않고 끝내 범인을 밝혀내는 장면은 주인공을 응원하는 아이들에게도 만족감과 성취감을 줄 것입니다. 나아가 조금은 미흡하지만 서로에게 힘이 되어주는 동물 친구들을 보며 우정의 힘을 배우고, 서로의 개성을 존중하며 있는 그대로의 나 자신을 사랑하는 기회를 얻습니다.

일기는 하루를 반성하고 더 나은 미래를 위해 자신을 돌아보는 글입니다. 그러나 요즘 아이들에게 일기쓰기는 본래 의도와는 다르게 괴로운 일이 되어 버렸습니다. 하지만 일기는 시간이 지나면 슬며시 웃음 짓게 만드는 글, 어느새 훌쩍 자란 내 모습을 발견하게 되는 보물 창고 같은 희망의 글입니다. 『일기 감추는 날』황선미 저을 통해 친구들과 함께 일기에 대한 고민을 나누며, 일기 쓰는 재미를 느끼기 바랍니다.

『책 찍는 강아지』이정아 저에서 '행복 유기견 보호소' 노랑 반 강아지들은 버림받은 아픔이 있지만, 밤마다 콩이의 재미난 이야기를 들으며 외로움과 걱정을 잊고 다시 희망을 얻습니다. 콩이가 새 주인을 만나 멀리 떠나자 남겨진 강아지들은 보호소를 탈출하고 한 글자 한 글자 꾹꾹 찍어 발자국 책을 만듭니다. 발자국 책은 좌절하지 않고 씩씩하게 살아가겠다는 강아지들의 다짐이기도 합니다. 강아지들이 마음의 상처를 극복하고 삶의 희망을 찾아가는 이야기를 통해 동물도 사람처럼 감정이 있는 소중한 존재임을 배울 수 있습니다. 『썩 괜찮은 별명』조성자 저의 주인공들은 모두 별명이 있습니다. 주인공들은 별명 때문에 울기도 하고 또 웃기도 하면서 한 뼘씩 자라납니다. 세 편의 단편은 또래 아이들이 경험하는 우정, 용기, 반려동물과의 친밀감을 주제로 하고 있습니다. 등장인물들의 세심한 감정 변화를 따라가면서 자연스럽게 공감할 수 있고, 상대방의 입장에서 생각해 볼 수 있는 기회를 가지며 이해심을 기르게 됩니다. 『하룻밤』이금이 저은 아빠 명수가 할아버지와 겪은 '멋진 하룻밤'을 준서와 유나에게 이야기해 주는 액자식 구성 소설입니다. 준서와 유나는 아빠에게 증조할아버지의 이야기를 들으면서, 사람이 죽어도 기억 속에는 영원히 살 수 있다는 새로운 사실을 알게 됩니다. 조부모님에 대한 사랑을 느끼고, 죽음과 영원함에 대해 생각해 볼 시간을 가질 수 있습니다.

『거짓말 손수건, 포포피포』

철학은 어린이 스스로 다양한 삶의 영역에서 좀 더 깊고 넓게 생각할 수 있는 자세와 능력을 키워 줍니다. '자아, 거짓말, 행운, 내가 가진 것의 가치' 등 분야를 넘나드는 다양하고 묵직한 철학적 주제들을 재미있는 이야기 형식으로 풀어낸 동화를 읽으며, 아이들은 생각을 넓힐 수 있습니다. 철학적 훈련으로 현실적인 문제에 대해 깊이 있게 생각할 수 있고, 철학적 질문에 진지하게 답하며 스스로 판단할 수 있는 능력과 세상을 바라보는 지혜를 키울 수 있습니다.

『거짓말 손수건, 포포피포』디디에 레비 지에서 사람들은 자신의 문제나 실수를 감추기 위해 거짓말을 합니다. 하지만 거짓말이 커지고 커져서 자기 자신을 억누르게 된다면, 더 이상 그 거짓말은 달콤하지가 않습니다. 이 책을 통해 거짓말이란 무엇인지 생각해 보고, 자신의 잘못을 사실대로 털어놓을 수 있는 용기를 배울 수 있습니다. 자신의 삶에 솔직해질 수 있는 태도를 지니게 될 것입니다. 『나는 누구지?』홍종의 지는 우리 아이들이 진정한 나로 살아갈 수 있도록 이끌어 줍니다. 이 책을 통해 '나는 누구인가?'에 대해 생각해 보며, 자신의 내면에서 어떤 소리를 내고 있는지 살펴보는 시간을 갖습니다. 자신을 존중하고 사랑할 줄 아는 아이라면, 어떤 일에도 흔들리지 않는 자존감 있는 사람으로 성장하게 됩니다.

『져야 이기는 내기』조지 섀넌 지에는 수 세기에 걸쳐 세계 곳곳으로 전해지며 '생각하는 힘'을 길러주었던 15편의 이야기가 담겨 있습니다. 각각의 우화는 우리가 살아가면서 부딪히게 되는 여러 가지 문제들을 지혜롭게 해결할 수 있는 방법을 제시해 줍니다. 이 책을 통해 문제해결 능력을 향상시킬 수 있으며 나아가 사고력을 확장시키게 됩니다.

　사람들은 현재 자신이 갖고 있는 것보다 더 많은 것을 갖기 위해 노력을 합니다. 그 과정에서 의미 있는 경험을 하고 더 나은 가치를 얻기도 하지만, 가질 수 없는 대상을 바라며 갖고 있는 소중한 가치조차 낭비하는 사람들도 있지요.『똑똑, 남는 복 있어요?』김하은 저를 통해 자신이 가진 현재가 얼마나 소중한지 깨닫고, 자신의 가치를 깨닫는 자존감 높은 아이로 거듭나게 되기를 바랍니다. 자신을 사랑할 줄 아는 아이라면 분명 타인을 존중하며, 지혜로운 삶을 살아갈 수 있기 때문입니다.

3학년은 책을 좋아하는 아이와 싫어하는 아이가 극명하게 나뉘는 시기입니다. 가장 중요한 것은 독서와 함께 아이의 자아 효능감을 키워주는 것이죠. 독서를 통해 실패를 두려워하지 않는 힘을 길러주고 독서에 흥미를 갖게 하는 것이 3학년에게 필요한 독서법이라고 할 수 있습니다. 3학년부터는 읽기의 기능이 달라집니다. 똑같은 읽기인데 왜 3학년부터는 달라질까요? 지금까지는 '읽는 것'을 배웠습니다. 문자를 익히고, 글자의 모양을 살피며 단어를 배웠는데, 그리 어렵지는 않아서 기억력만 좋으며 웬만한 내용은 다 소화해낼 수 있었죠. 좀 더 구체적으로 말하자면 2학년이 되기 전까지의 읽기는 누가, 언제, 어디서, 무엇을, 어떻게, 왜로 전개되어 기억력만 좋으면 아주 쉽게 읽을 수 있었습니다. 3학년부터는 전혀 다른 양상이 펼쳐집니다. 생각하지 않고는 이야기의 내용을 파악할 수 없는 경우가 대부분입니다. 내용이 길기 때문에 정리 정돈을 해야 하며, 더 중요한 것은 정리 정돈을 하면서 그 연관성을 생각하고, 연결시킬 줄 알아야 합니다. 이를 위해서는 우선 책상머리에 앉아 집중할 수 있어야 합니다.

3학년
독서 전략

초등 중학년이 시작되는 3학년은 교과 과정뿐만 아니라 독서 과정의 급격한 변화가 찾아오는 시기입니다. 삽화 위주의 그림책을 읽는 저학년 수준의 독서에서 독해력과 사고력이 요구되는 비판적 독서를 하게 되는 첫걸음을 내딛는 셈이죠. 책을 좋아하는 아이와 싫어하는 아이가 극명히 나뉘는 시기이기도 합니다. 책을 좋아하는 아이라면 다양한 분야의 읽을거리를 제공해 주어 지적 호기심을 충족시키도록 합니다. 책을 싫어하는 아이라면 독서에 흥미를 가질 수 있도록 관심을 기울여야 합니다. 이때 중요한 것은 자아 효능감을 키워주는 겁니다. 옆의 아이와 비교하지도 말고, 모두가 책을 좋아해야 한다는 강박관념도 버리고 기다릴 줄 아는 지혜가 필요합니다.

(1) 어휘량의 양적 팽창과 질적 심화를 경험하는 시기

"모든 아이들은 태어날 때부터 언어 습득 장치를 지니고 있어서 언어를 쉽고 빠르게 배울 수 있다."

언어학자 촘스키의 말입니다. 초등학교는 가장 많은 양의 어휘를 학습하는 시기입니다. 또래들과의 상호 작용을 통해 자주 쓰기 때문입니다.

이 시기의 아이들은 말하기, 듣기, 읽기, 쓰기를 통해 소위, 교양, 어휘 및 고급 어휘를 익히게 됩니다. 책을 읽거나 어른들과의 대화를 통해 알게 된 어휘라 하더라도 자주 사용하지 않으면 내 것으로 만들 수 없습니다. 활용하지 못하는 어휘는 죽은 어휘가 됩니다. 이 때문에 수준 높은 책을 아무리 많이 읽혀도 어휘량이 폭발적으로 증가되지 않습니다.

어휘량을 늘리고 싶다면 새로 익힌 어휘를 자주 사용할 수 있도록 도와주어야 합니다. 사전 찾기를 통해 수준에 맞지 않는 어휘들을 억지로 주입시켜 봤자 자기 것으로 만들지 못합니다. 의미 파악이 되지 않을 뿐더러 어디에 활용해야 할지도 모르기 때문입니다. 너무 어려운 수준의 책은 좋지 않습니다. 모르는 어휘가 나오더라도 앞뒤 문맥을 통해 대략적인 의미를 파악할 수 있는 수준의 책을 골라줘야 합니다. 의미 찾기에 그치지 말고 단어를 활용해 짧은 글짓기를 해보고, 유의어와 반의어를 찾아보며 연상되는 단어를 떠올려보는 활동이 필요합니다. 이는 어휘량을 양적으로 팽창시키고 질적으로 심화시키는 과정이죠. 찾아본 어휘에는 표시를 하게 하여 성취감을 느끼게 해주는 것도 좋습니다. 종이 사전 사용을 권합니다. 찾는 즐거움이 있으며, 주변에 있는 어휘도 같이 보게 되어 애초에 찾으려던 어휘보다 더 많은 어휘를 접할 수 있습니다. 어휘 노트를 활용하는 것도 좋습니다.

아이의 어휘력을 좌우하는 사람은 부모입니다. 일방적으로 가르치는 교육을 지양하고 아이의 질문에 귀를 기울여 주세요.

(2) 오감을 자극하여 창의 두뇌를 만들어라

이 시기 아이들은 에너지를 어디에 어떻게 써야 할지 모를 정도로 기운이 넘칩니다. 하지만 정작 학업량이 늘어 운동이나 예체능 활동 시간이 대폭 줄어들죠. 때문에 아이들은 괴롭습니다. 온몸으로 느끼며 에너지를 방출하고 싶은 아이들에게 무한대의 집중력을 요구하는 것은 부모의 안도감과 만족을 얻기 위한 과욕에 불과합니다.

아이들은 놀면서 배우기를 원합니다. 그럴 수밖에 없는 시기임을 인정하면 학습 방법에 대한 시각을 바꿀 수 있습니다. 아이가 쾌감을 경험할 수 있는 체험활동을 늘려 생활 속에서 자연스레 학습할 수 있도록 도와야 한다는 말입니다. 체험은 어른이 되었을 때의 인간 됨됨이나 성격도 결정짓습니다. 결정적 시기에 체험하는 전원 풍경과 숲의 냄새, 바닷바람의 감촉, 파도 소리, 여행지에서 눈부신 석양을 바라보던 기억은 평생에 걸쳐 아이의 감성을 좌우합니다. 도스토옙스키의 위대한 작품 『카라마조프가의 형제들』은 주인공 알료샤가 동네 꼬마들에게 이런 당부를 하며 마무리됩니다.

"여러분이 명심해야 할 것은, 앞으로의 인생을 위하여 뭔가 훌륭한 추억, 특히 어린 시절 부모님 슬하에 있을 때 갖게 된 추억보다 더 숭고하고 강렬하고 건강하고 유익한 것은 아무도 없다는 점입니다. 여러분의 교육에 대해 이런저런 말을 많이들 하지만, 바로 이처럼 어린 시절부터 간직해 온 아름답고 성스러운 추억이야말로 그것이 무엇이든 간에 가장 훌륭한 교육이 될 겁니다."

이것이 훌륭한 교육인 이유는 오감을 자극하기 때문입니다. 오감을 통해 두뇌를 자극하며, 자극이 지속될 때 진정한 전인 교육이 이루어집니다. 잠깐 스치듯이 지나간 정보는 금세 사라집니다. 지속적으로 그리고 골고루 자극을 주어 튼튼하고 치밀하게 자리 잡은 기억은 쉽게 잊히지 않습니다.

(3) 융합형 인재로 거듭나기 위해 독서 편식을 하지 말라

이 시기에 유독 독서 편식이 심해지는 것은 요구되는 독서 수준이 급격히 높아지기 때문입니다. 좋아하는 분야의 책을 골라 읽는 것은 지극히 자연스러운 현상이지만 독서 편식은 편협한 사고를 초래할 뿐 아니라 자칫 독서의 흥미를 떨어뜨릴 우려가 있으므로 주의해야 합니다.

아이와 함께 책장을 정리해 보는 것도 좋습니다. 지식 책과 창작 책으로 나눈 뒤, 지식은 또 사회, 역사, 과학, 수학, 인물, 사전류로 나누어보는 겁니다. 분류하고 정리하다 보면 아이가 주로 어떤 책을 읽고, 어떤 종류의 책을 기피하는지 한눈에 보입니다. 여러 번 본 책은 너덜너덜해졌을 것이고 읽지 않은 책은 깨끗할 겁니다. 종류가 많은 주제는 아이의 관심사겠죠. 아이의 관심 분야라면 좀 더 수준 높은 책을 권해 줍니다. 다른 분야 도서에도 재미를 붙이도록 즐겨 읽지 않는 분야는 연령이나 학년 수준과 상관없이 이해하기 쉬운 책을 권해 줍니다. 독서 나무를 활용하는 것도 좋습니다. 나뭇가지마다 읽은 책의 제목과 분야를 적어 넣는 독서 나무는 한눈에 아이가 읽은 분량과 분야가 드러납니다. 아이의 독서 의욕을 자극하여 평소 읽지 않는 분야의 책도 읽게 만들 수 있습니다.

(4) 부모의 열린 질문이 아이의 닫힌 사고를 두드린다

이 시기 아이들의 읽기 단계는 '기초 기능기'에 속합니다. 기초 기능기란 독서의 기초 기능을 익히고 학습독서가 시작되는 시기입니다. 이 시기에는 부모의 동기부여가 필요합니다. 아이가 좋아하는 책을 몇 권 읽었다면 그리 좋아하지 않는 책도 사이사이 섞어 읽게 합니다. 이때 책 읽기를 학습이나 공부로 연결시키려는 욕심을 버려야 합니다. 책 읽어주기에 익숙하지 않은 상태에서 아이와 책을 읽고 난 후에 내용을 확인하거나 느낀 점을 말하는 것을 강요하다 보면, 아이는 부담을 갖습니다. 정독 여부를 파악하는 것보다는 창의적인 사고를 배양할 수 있는 열린 질문이 필요합니다. 사고력을 키우는 확산적 질문이면 더 좋습니다. 확산적 질문이란 한 가지 정답을 요구하는 것이 아니라 아이의 생각을 묻는 것을 말합니다.

(5) 아이의 자아 효능감을 키워줄 수 있는 지혜로운 조력자가 되자

자아 효능감은 어떤 일을 잘할 수 있다는 기대와 신념으로 자신감과도 비슷합니다. 자신감의 경우 실질적인 결과물을 통해 생기지만, 자아 효능감은 자신의 능력에 대한 믿음에서 비롯되는 것이 다를 뿐이죠. 3학년은 아이들이 어려워하는 사회와 과학 과목과 만나면서 수준 높은 독서력이 요구되는 시기입니다. 부모님은 독서를 통해 '자아 효능감'을 키워줄 필요가 있습니다. 교육 심리학자 앨버트 반두라 Albert Bandura는 이를 위해 칭찬과 격려가 효과적이라고 강조합니다. 자아 효능감이 높은 아이는 어려운 과제를 선택하는 데 주저하지 않고 이를 해결하려 노력합니다.

학년이 올라갈수록 특정 과목을 포기하는 아이들이 나타나기 시작하는데 그 시발점은 대개 3학년인 경우가 많습니다. 사회와 과학 과목의 색다른 편제 때문입니다. 개정교육과정인 STEAM형 교육 Science, Technology, Engineering, Arts, Mathematics에서는 과학, 기술, 공학, 수학, 예술 등 다양한 교과 내용이 연계된 '융합 통합형 교육'을 추구합니다. 주변 현상에서 규칙성을 발견하고, 실생활과 융합해 창의력을 발휘하도록 돕자는 취지로 과학적 사고를 강조합니다. 그러다보니 주제 중심으로 구성되며, 그 주제를 다양한 과목과 연결시킵니다. 다양한 참고 도서와 자료를 접할수록 유리하죠. 다만 너무 많은 지식이 담긴 책은 피하는 것이 좋습니다. 전부 이해할 수도 없거니와 책 읽기가 싫어질 우려가 있기 때문입니다. 배경지식이 부족한 분야라면 그림이나 사진 등의 시각 자료가 풍부한 책이 좋습니다. 차곡차곡 배경지식을 쌓다 보면 잘할 수 있다는 자아 효능감이 높아질 수 있습니다.

3학년을 위한
주제별 필독서

1월의 독서 주제는 '표현하는 즐거움-1'입니다

『나는 3학년 2반 7번
애벌레』

이번 달에는 자신의 생각을 논리적으로 말하고, 표현하는 책을 읽습니다. 자신의 생각을 말할 때에는 단편적으로 이야기하는 방식이 아니라, 구체적인 이유를 들어 표현해야 합니다. 다양한 주제의 도서를 읽으며, 상대방에게 자신의 생각을 명확하게 전달하고 서로의 생각을 귀 기울여 듣는 시간을 가져봅니다. 책을 읽으며 용기와 협력의 가치를 깨닫고, 생명을 배려하는 마음을 가질 수 있습니다. 나아가 자기 자신을 제대로 들여다보고, 장점을 발견하며,

자신을 사랑하는 방법을 배울 수 있습니다. 아이들이 자신의 생각과 마음을 진솔하게 표현하고, 큰마음을 가진 사람으로 자라나는 기회가 되길 바랍니다.

『나는 3학년 2반 7번 애벌레』김원아 저에서 7번 애벌레가 자신의 개성을 지키면서도 다른 애벌레들과 함께 힘을 모아 어려움을 헤쳐 나가는 과정을 보며 자연의 섭리와 삶의 지혜를 깨달을 수 있습니다. 나아가 애벌레를 대하는 3학년 2반 아이들을 통해 작은 생명을 배려하는 따뜻한 마음을 가질 수 있습니다

『가짜 칭찬』박현숙 저에서 가정과 학교에서 칭찬받지 못한 미수를 통해 칭찬받고 싶은 주인공의 마음을 공감해 보고, 각자 자신만의 장점이 있다는 사실을 깨달을 수 있습니다. 나아가 다른 사람의 장점을 발견하고, 그것을 칭찬할 수 있는 상냥한 어린이로 성장할 수 있습니다.

『가짜 정우 진짜 정우』이라야 저에서 부모님과 선생님께 착한 아이로 인정받으려는 정우의 모습을 통해 아이들은 다른 사람의 시선에 자신을 맞추는 게 옳지 않다는 것을 알 수 있습니다. 진짜 자기 모습은 무엇인지 돌아보며, 당당하게 자신을 표현할 수 있습니다. 나아가 나와 다른 친구의 모습도 따뜻하게 품어주는 큰마음을 가질 수 있습니다.

『엄마가 사라진 날』고정욱 저을 통해 어느 날 갑자기 엄마와 떨어져 지내게 된 상진이와 민지의 이야기를 통해 늘 곁에 있어 소중한 줄 몰랐던 '엄마'에 대해 다시금 생각해 볼 수 있습니다. 또한 전 세계적으로 엄마들이 사라지면서 나타나는 변화를 살펴보며, 엄마가 하는 게 당연하다고 생각했던 일들의 감사함을 깨닫고, 그 마음을 자유롭게 표현할 수 있습니다.

『바이올린 유령』

자신의 생각을 논리적으로 말하고, 표현하는 데 도움되는 책을 추천합니다. 다양한 주제의 추천도서를 읽으며, 자신이 좋아하는 일이 무엇인지, 자신에게 친구가 어떤 존재인지 생각해 보고 나다움을 찾아갈 수 있습니다. 나아가 이웃과의 갈등을 해결하는 과정을 통해 배려와 양보의 미덕을 배울 수 있으며, 진실과 거짓 사이에서 진실을 말하는 용기가 중요함을 깨달을 수 있습니다. 이번 시간을 통해 아이들이 자신과 타인, 나아가 사회를 살펴보며, 논리적으로 사고하고 표현하는 즐거움을 느끼는 기회가 되길 바랍니다.

『바이올린 유령』임은정 저은 모두가 안 된다고 하는 일을 멋지게 해내는 꼬마 돼지 제로의 이야기를 담고 있습니다. 아이들은 제로를 통해 좋아하는 일을 포기하지 않고 노력하는 열정을 배울 수 있습니다. 또한 꼭 이루고 싶은 꿈이 있는지 생각해 보고, 그 꿈을 위해 어떤 노력을 할 수 있을지를 이야기하도록 안내해 주면 좋겠습니다.

『이상한 아이 옆에 또 이상한 아이』송미경 저에서 서로 다르게 생각하고 행동하는 다섯 명의 친구들이 어울려 노는 모습을 보면서 서로의 개성을 존중하며 교감하는 자세를 배울 수 있습니다. 나아가 자신에게 친구가 어떤 존재인지 생각해 보고, 소중한 우정을 쌓기 위해 노력할 점에 대해 고민해 볼 수 있습니다.

『떴다, 초원 빌라』이나영 저에서 시골에서 살다가 초원 빌라로 이사 온

성민이네는 층간 소음 때문에 이웃과 다툽니다. 하지만 초원 빌라와 함께한 모험 이후로 다툼을 줄이는 방법을 깨닫고, 이웃들과 함께 '즐거운 우리 집'을 만들기 위해 노력합니다. 이를 통해 아이들은 이웃을 배려하고 양보하는 태도의 중요성을 깨닫고, 이웃과 사이좋게 지내기 위해 실천할 수 있는 일을 생각할 수 있습니다.

『나는 증인이 아닙니다』박현숙 저에서 주인공이 증인이 되는 과정을 살펴보며 거짓말과 가짜 정보의 위험성에 대해 배울 수 있습니다. 그리고 거짓말을 하면 누군가가 큰 피해를 볼 수 있으며, 진실을 밝히기 위해서는 용기가 필요하다는 것을 깨달을 수 있습니다.

▧ 3월의 독서 주제는 '관찰하는 즐거움-1'입니다

『세상에서 가장 착한
초록 반려식물』

'과학'을 주제로 하는 도서를 추천합니다. 기본적인 과학 지식을 익히고, 과학을 우리 생활에 어떻게 접목시킬 수 있을지 고민해 보는 시간이 될 것입니다. 과학과 관련한 배경지식을 쌓고, 과학에 흥미를 가지고 좀 더 쉽게 다가갈 수 있는 계기가 되기를 바랍니다.

『세상에서 가장 착한 초록 반려식물』한영식 저은 '식물'이라는 주제로 자원·환경·인물 등 다양한 배경지식을 담고 있습니다. 이 책을 통해 아이들은 식물의 개념을 익히고, 식물이 지구에서 어떤 역할을 하는지 알 수 있습니다. 또한 식물의 소중함을 느끼고 식물을 보호하기 위한 방법을 생각해 볼 수 있습니다.『유전자 조작 반려동물 뭉치』김해우 저는 유전자를 조작해서 만든 반려동물 '네오펫'을 갖고 싶어 하는 견이가 뭉치를 만나 유전자 조작의 장단점을 알아가는 이야기입니다. 아이들은 이 책을 통해 유전자 조작 기술의 명암을 생각해 볼 수 있습니다. 나아가 생명의 소중함을 깨닫고, 생명을 존중하는 방법을 고민해 볼 수 있습니다.

『하루 화학』이경윤 저을 읽으며 일상생활 속 곳곳에 숨어 있는 과학 현상을 살펴보게 되어 과학과 친해질 수 있습니다. 우리 주변에서 일어나는 화학 현상을 발견하는 재미를 느끼고 과학적인 지식을 습득할 수 있습니다. 어려운 책이지만, 과학을 알면 우리의 삶에도 유용하다는 교훈을 깨닫고 지적 호기심을 갖게 됩니다.『바이러스를 막아라』노경실 저를 통해 신종 바이러스의 등장으로 주인공 가족들이 겪는 사건을 통해 코로나19 시대를 살아가는 우리의 삶을 객관적으로 살펴볼 수 있습니다. 그리고 바이러스를 극복하기 위해서는 무엇보다 서로를 사랑하고, 배우며, 더 아름답게 살려고 노력해야 한다는 점을 깨달을 수 있습니다.『로봇 반장』송아주 저에서 아이들과 인공지능 로봇 사이에 벌어지는 일을 통해 인공지능 로봇의 장단점을 객관적으로 평가할 수 있습니다. 나아가 인간들이 인공지능 로봇을 어떻게 대해야 하는지에 대해 고민해 볼 수 있습니다.

▨ 4월의 독서 주제는 '관찰하는 즐거움-2'입니다

'환경'과 관련된 도서를 추천합니다. 주위에서 일어날 수 있는 환경 문제를 살펴보며, 원인을 분석하고 해결 방안을 모색해 보는 시간입니다. 다양한 주제의 추천도서를 읽으며, 플라스틱의 환경오염과 미세 먼지의

『내 이름은 플라스틱』

심각성을 깨닫고, 이를 해결하기 위한 방법을 생각해 볼 수 있습니다. 또한 여러 가지 에너지에 대한 다양한 관점을 살펴보며 균형 있는 시각을 기를 수 있으며, 자신의 의견을 논리적으로 펼칠 수 있습니다. 나아가 멸종 위기에 처한 바나나를 살펴보며 자연과의 공존을 위해 앞으로 어떤 태도를 지녀야 할지 생각해 볼 수 있습니다. 이번 시간을 통해 환경과 사람, 동물과 사람이 어우러져 살아가는 아름다운 방안을 생각해 보는 계기가 되길 바랍니다. 또한 우리 아이들이 환경 보호에 대해 책임을 느끼며 스스로 환경 보호에 앞장서는 어린이가 되길 바랍니다.

『내 이름은 플라스틱』정명숙 저은 플라스틱의 환경오염과 재활용에 대해 이야기하고 있습니다. 이 책을 통해 아이들은 플라스틱이 어떻게 만들어지고, 사람들과 지구에 어떤 영향을 미치는지 알 수 있습니다. 또한 플라스틱을 사용함으로써 생기는 문제점을 해결하기 위해 어떤 노력을 할 수 있을지를 생각해 보며, 환경은 우리에게만 중요하지 않다는 것을 깨달을 수 있습니다.

『코털 인간 기운찬의 미세 먼지 주의보』제싱은 저는 미세 먼지로 인해 코털이 길게 자란 운찬이와 골찬이의 이야기를 담고 있습니다. 아이들은 운찬이와 골찬이가 코털을 없애기 위해 노력하는 모습을 보며 미세 먼지에 대한 정확한 정보를 알고, 미세 먼지의 심각성을 깨달을 수 있습니다. 나아가 맑고 깨끗한 공기와 푸른 하늘을 되찾기 위해 생활 속에서 실천할 수 있는 방법을 생각해 볼 수 있습니다.

『에너지를 지켜라!』정성현 저에서 L4 선생님과 아이들은 함께 책을 읽고, 토론을 하며 에너지에 대해 더 자세히 알게 됩니다. 이 책을 통해 아이들은 여러 가지 에너지를 알아보고, 원자력 에너지에 대한 다양한 관점을 살펴보면서 균형 있는 시각과 전체를 바라볼 수 있는 눈을 키울 수 있습니다. 나아가 지구를 위해 에너지를 절약해야 하는 이유를 깨닫고, 에너지를 지키기 위한 방법을 배울 수 있습니다.

『바나나가 정말 없어진다고?』김은의 저를 읽으며 우리에게 가장 친근한 과일인 바나나에 관한 다양한 지식과 바나나가 멸종 위기에 처한 이유 및 배경에 대해 배울 수 있습니다. 나아가 인류의 중요한 식량인 바나나를 지키기 위한 다양한 방법에 대해 고민해 볼 수 있습니다.

▒ 5월의 독서 주제는 '함께하는 즐거움-1'입니다

『거꾸로 가족』

'인권'을 주제로 독서를 진행합니다. 가족, 학교, 사회에서 경험할 수 있는 여러 가지 이야기를 살펴보며, 인권을 존중하기 위한 태도를 생각해 보는 시간을 갖습니다. 다양한 주제의 선정도서를 읽으며, 성 역할에 대한 고정관념에서 벗어나 있는 그대로의 모습을 인정하고 존중하는 태도의 중요함을 자연스럽게 깨닫게 됩니다. 또한 복잡하고 다양한 사회 속에서 나타나는 여러 형태의 가족을 살펴보며 가족 다양성을 배울 수 있습니다. 나아가 학교에서 벌어지는 인권 침해 이야기를 통해 인권을 지키기 위한 구체적인 방법을 제시할 수 있으며, 장애인과 비장애인이 함께 어울려 살아가는 사회를 위한 방법을 모색해 봅니다.

독서를 통해 아이들은 사회에서 필요한 여러 가지 자질을 배우며, 인간으로서 누려야 할 인권의 가치를 깨닫고 인권에 대한 감수성을 키울 수 있습니다. 나아가 사회 구성원으로서 지녀야 하는 바른 가치관과 태도에 대해 고민해 보는 시간이 되길 바랍니다.

『거꾸로 가족』신은영 저은 '남자니까', '여자니까'라며 성별에 따라 역할을 정해 놓는 생각을 거꾸로 뒤집는 가족의 이야기를 담고 있습니다. 이 책을 통해 아이들은 우리 사회에서 찾아볼 수 있는 성 역할 고정관념에 대해 생각해 보며, 남자와 여자로 편을 가르는 사고방식에서 벗어날 수 있습니다. 또한 성별에서 벗어나 친구들이 가지고 있는 그대로의 모습을 인정하고 존중하며 우리 모두가 특별한 사람이라는 사실을 깨달을 수 있습니다.

『우리 동네 별별 가족』최은영 저은 '가족 다양성'을 주제로 한 동화입니다. 이 책을 통해 아이들은 한 집안이나 동네에도 다양한 가족이 존재한다는 것을 배우고, 여러 형태의 가족이 등장하는 이유와 특징을 이해할 수 있습니다. 나아가 또래 주인공이 겪는 사건과 고민에 공감하면서, 다양한 가족을 이해하고 존중하는 태도를 기르게 됩니다.

『인권아, 학교 가자』이기규 저는 아이들이 처음 사회생활을 시작하는 학교에서 일어나는 인권 침해 이야기를 담고 있습니다. 학교에서 한 번쯤은 겪어봤을 인권 침해 이야기들을 통해 아이들은 인권이 나와 관련된 이야기라는 교훈을 깨달을 수 있습니다. 나아가 인권 문제에 대해 생각해 보고, 인권을 지키기 위한 구체적인 방법을 제시할 수 있습니다.

『일기 쓰는 엄마』송언 저는 장애를 가진 가온이를 대신해 일기를 쓰는 엄마와 일기에 댓글을 달아주는 담임선생님의 이야기를 담고 있습니다. 이 책을 통해 아이들은 장애를 가진 친구들과 그들의 가족이 일상생활 속에서 겪는 불편함과 아픔을 알 수 있습니다. 나아가 장애인과 비장애인이 함께 어울려 살아가기 위해서는 장애인에 대한 편견과 선입견을 버려야 하고, 그들을 있는 그대로 바라보고 대해야 한다는 교훈을 깨닫게 됩니다.

6월의 독서 주제는 '함께하는 즐거움-2'입니다

『고양이 민국이와
사람 민국이』

'이웃과 평화'를 주제로 독서를 진행합니다. 우리 주변의 이웃을 돌아보고, 열린 마음으로 다름을 인정하며 편견을 없애고, 사회에서 함께 살아가기 위한 태도를 생각해 보는 시간입니다. 다양한 주제의 책을 읽으며, 주변에 관심을 갖고 먼저 따뜻한 손길을 내미는 것이 이웃과 함께 살아가는 첫걸음임을 깨달을 수 있습니다. 또한 타인을 이해하고 배려하며 함께 어울려 살아가는 세상을 만들기 위해 어떤 노력을 해야 하는지를 배울 수 있습니다. 나아가 난민 문제의 해결 방안에 대해 고민해 보며, 남북한의 차이를 이해하고 평화를 위한 공존의 방법을 모색해 볼 수 있습니다. 독서를 통해 이웃과 함께 살아가는 방법을 고민해 보고, 평화를 위해 한 걸음 더 나아가는 시간이 되길 바랍니다.

『고양이 민국이와 사람 민국이』박현숙 저는 작가가 길고양이를 구출하면서 겪은 일화를 소재로 한 동화입니다. 주인공 민국이는 길에 쓰러져 있는 아기 고양이를 병원에 데려가고, 매일 병문안을 가고, 걱정을 하면서 자기도 모르는 사이에 성장합니다. 이를 통해 아이들은 주변의 작은 일도 허투루 넘기지 않고 따뜻한 관심을 갖는 노력이 이웃과 함께 살아가는 첫걸음임을 배울 수 있습니다. 나아가 생명의 소중함을 깨닫고, 이 세상은 사람과 동물이 어울려 살아가는 곳이라는 교훈을 얻을 수 있습니다.

『꼬르륵 식당』윤숙희 지은 아이들이 겪을 수 있는 아픔을 말하며, 그 상처를 치유하는 과정을 환상적인 이야기로 풀어내고 있습니다. 어딘가 결핍된 세 아이들은 '꼬르륵 식당'이라는 마법 같은 공간에서 음식을 먹고, 배를 채우고 마음을 채우게 됩니다. 이렇듯 우리가 함께 살아가기 위해서는 이웃에게 먼저 따뜻한 손길을 내밀어야 하며, 사람의 겉모습이 아니라 내면을 들여다볼 줄 알아야 한다는 교훈을 배울 수 있습니다. 이를 통해 내가 아닌 다른 사람을 돌아보면서 이해와 화해, 용서의 과정을 거치는 것이 중요함을 깨달을 수 있습니다.

『난민 소년과 수상한 이웃』베아트리스 오세스 지은 전쟁으로 삶의 터전을 잃어 새로운 터전을 찾기 위해 바다를 건너던 중 부모님을 잃은 난민 소년 오마르와 우연히 그를 만나 도움을 주려고 노력하는 이웃들의 이야기입니다. 이를 통해 아이들은 '함께' 어려움을 고민하며 해결하려고 노력하는 자세를 배울 수 있습니다. 또한 난민이 겪는 고통에 공감하고, 이들을 위해 무엇을 도와줄 수 있을지를 구체적으로 생각할 수 있습니다.

『남북 탐구 생활 ① 학교와 일상』김덕우, 이소영 지은 평양에 사는 소학교 2학년 학생인 리혁신의 일상을 통해 변화하고 있는 현재 북한의 모습을 보여주고 있습니다. 이 책을 통해 아이들은 다름에 대해 이해하고, 이를 바탕으로 평화로운 공존을 모색할 수 있습니다.

▓ 7월의 독서 주제는 **'문학 읽기'**입니다

『아낌없이 주는 나무』

이번 달에는 고전 작품을 보며, 다양한 시각과 풍부한 감성을 느낄 수 있는 문학 도서를 추천합니다. 저학년 아이들이 책과 친해질 시기에 가장 쉽게 접할 수 있는 글은 문학입니다. 또한 아이들의 감성을 풍부하게 하고, 사회성을 기르기 위해 기본이 되는 도서가 문학서입니다. 고전 문학 읽기는 무한한 가능성을 가진 아이들이 꿈을 꾸고, 그 꿈을 펼치기 위한 발판을 마련하기 위해 지성과 감성을 기를 수 있도록 도와주는 역할을 하게 됩니다. 사람을 이해하고 세상을 보는 시각을 넓혀 주는 문학을 가까이할 때, 아이들은 올바르게 사는 것이 어떤 모습인지 자연스럽게 배우고 느낄 수 있을 것입니다. 고전 소설을 통해 삶을 살아가는 데 필요한 소중한 가치를 깨닫는 귀한 시간이 되리라 기대합니다.

『아낌없이 주는 나무』쉘 실버스타인 저는 한 소년에게 자신이 가진 모든 것을 주는 나무의 이야기를 담고 있습니다. 소년이 청년이 되고, 노인이 될 때까지 나무는 어떤 대가도 바라지 않는 한결같은 사랑을 보여줍니다. 또한 각박한 현실 속에서 살아가는 이기적인 사람들에게 나무는 진정한 사랑의 가치를 몸소 보여주고 있습니다. 나무의 모습을 통해 아이들은 아낌없이 주는 사랑의 의미를 생각해 보고, 받는 기쁨보다 주는 행복이 중요함을 알 수 있습니다.

『바보 이반』레프 톨스토이 저은 우리에게 잘 알려진 명작으로, 이반이 왕이 되기까지 여러 가지 어려움을 겪는 과정을 그린 이야기입니다. 이 책을 통해 아이들은 책임감과 포용력을 기를 수 있고, 바보 이반의 행동이 옳은지를 판단해 볼 수 있습니다. 나아가 성실함이 무엇인지 이해할 수 있는 계기가 될 것입니다.

『마법의 설탕 두 조각』미하엘 엔데 저은 자신이 원하는 것을 들어주지 않는 부모님에게 주인공 렝켄이 불만을 품으면서 이야기가 시작됩니다. 렝켄은 마법의 힘을 빌려 부모님을 곤란하게 만들었지만, 결국 가족의 소중함을 깨닫게 됩니다. 아이들은 렝켄의 이야기를 읽고 공감하며, 가족에 대한 사랑을 느낄 수 있습니다. 더불어 부모님과 렝켄의 입장을 바꿔 생각해 보며, 가족 간에도 이해와 배려가 필요하다는 교훈을 깨달을 수 있습니다.

『조금만, 조금만 더』존 레이놀즈 가디너 저는 열 살 소년 윌리와 전설적인 인디언 얼음 거인이 펼치는 숙명의 질주를 다루고 있습니다. 윌리는 자신의 처지를 연민하기보다 고난에 정면으로 맞서며 성장합니다. 이 책을 통해 아이들은 포기하지 않고 끝까지 최선을 다하는 책임감과 긍정적인 마음으로 일에 몰두하는 열정을 배울 수 있습니다. 나아가 더 나은 가치를 위해 내 것을 포기할 줄 아는 용기가 값지다는 교훈을 깨달을 수 있습니다.

▧8월의 독서 주제는 '현대 문학 읽기'입니다

이번 달은 현대 문학을 통해 다양한 시각과 풍부한 감성을 느낄 수 있는 도서를 추천합니다. 3학년 아이들이 친근하게 접할 수 있는 문학 작

『사차원 엄마』

품은 아이들의 감성을 풍부하게 하고, 사회성을 길러줍니다. 추천도서를 읽으며 친구와 가족과의 관계를 되돌아보고, 타인을 이해하고 소통하는 법을 배울 수 있습니다. 나아가 순수한 동심을 들여다보고, 자신을 사랑하는 방법을 생각해 보며 자존감을 높일 수 있습니다. 아이들이 진심으로 타인과 소통하는 방법을 배우고, 건강한 또래 관계를 다져가는 시간이 되기를 바랍니다.

『사차원 엄마』이경순 저를 읽으며 '엄마는 가족을 위해 기꺼이 희생하는 존재'라는 고정 관념을 깨는 사차원 엄마를 통해 진정한 행복과 삶은 무엇인지 고민해 볼 수 있습니다. 그리고 사차원 엄마가 자녀에게 주는 메시지를 통해 다양한 삶의 방식을 배울 수 있습니다.

『친구 사용 설명서』김경순 저에 실린 다섯 편의 이야기의 주인공들은 어려운 환경이나 열등감 속에서도 좌절하지 않고 부딪치며, 긍정적인 모습으로 변하게 됩니다. 그 모습을 통해 아이들은 위로, 용기, 이해, 배려, 가족애, 소망 등의 의미를 되짚을 수 있고, 다른 사람들과 함께 살아가는 세상을 볼 수 있습니다.

『오만펭과 삐쩍멸치』신양진 저에서 다섯 편의 소소한 이야기에 등장하는 주인공들의 고민과 감정에 공감해 보며 더불어 사는 삶이란 무엇인지 생각해 볼 수 있습니다. 그리고 자신이 겪는 하루하루에 감사하며 가족과 이웃, 친구들과 함께하는 시간의 소중함을 느낄 수 있습니다.

『장 꼴찌와 서 반장』송언 저은 꼴찌만 도맡아 하는 장도웅과 반장만 도맡아 하는 서정민의 입장을 모두 담고 있습니다. 꼴찌인 도웅이를 혼내기보다는 인정해 주고 관심을 쏟는 털보 선생님의 모습을 통해 아이들은 약자에 대한 배려를 배울 수 있습니다. 또한 반장으로서 선생님의 관심을 독차지했지만 털보 선생님을 통해 베풂의 중요성을 알게 된 정민이를 보며 나눔의 의미를 깨달을 수 있습니다.

▧ 9월의 독서 주제는 **'생활'**입니다

『용돈으로 집을 지은
돼지 삼 형제』

이번 달에는 정치, 경제, 사회와 관련한 기본 개념을 파악하고, 생활 속에 숨어 있는 사회 원리를 발견하여 아이들이 사회 구성원으로서 한층 성장하게 하는 책을 추천합니다. 독서를 통해 기본적인 사회 개념을 이해하고, 그 개념들이 삶에 어떻게 적용되고 있는지 살펴볼 수 있습니다. 경제적인 생활을 계획하고 사회에 참여할 수 있는 힘을 길러 보는 의미 있는 시간이 되기를 기대합니다.

『용돈으로 집을 지은 돼지 삼 형제』아나 알론소 저를 읽으며 아기 돼지 삼 형제의 집 짓는 과정을 통해 목표를 위해 어떻게 계획하고 실행해야 하는지를 살펴볼 수 있습니다. 또한 둘째 돼지와 막내 돼지를 통해 일의 우선순위가 무엇인지 배우고, 첫째 돼지를 통해 준비성과 문제해결력을 배울 수 있습니다.

『왜 투표 안 해요?』라우리스 군다스 저는 투표에 관심이 없는 어른들 때문에 화가 난 로티가 어른들을 깨우쳐 주려고 소동을 일으키는 이야기입니다. 로티의 이야기를 통해 선거가 왜 중요한지, 우리가 투표에 임하는 자세는 어떠해야 하는지, 국회의원은 어떤 마음가짐으로 일을 해야 하는지를 배울 수 있습니다.

『내가 뉴스를 만든다면?』손석춘 저은 뉴스를 만드는 과정을 체험하면서 교과서 속 사회 지식을 쉽고 재미있게 배울 수 있도록 도와줍니다. 뉴스가 어떻게 해서 생겨난 것인지, 그 안에 어떤 가치를 담아야 하는지, 뉴스가 사회에 미치는 영향이 얼마나 큰지를 이해하며 뉴스에 대한 바른 가치관을 세울 수 있습니다.

『내일을 바꾸는 사회 참여』강로사 지는 작은 관심과 의지로 세상을 바꾸는 방법을 실제 사례와 함께 설명하고 있습니다. 사회 참여 활동을 처음 시작하는 아이들의 이야기를 통해 어렵게만 생각하던 사회 참여 활동을 특별한 능력이 없어도 할 수 있다는 것을 깨달을 수 있습니다. 나아가 사회를 바꾸는 데 무엇이 필요할지 살펴보고, 더 좋은 세상을 만드는 다양한 사회 참여 활동을 고민해 볼 수 있습니다.

▒ 10월의 독서 주제는 '역사'입니다

『청동기 시대를 간직한
바위 무덤』

유물과 유적으로 학생들의 호기심을 유발시켜 역사와 친해질 수 있는 도서를 추천합니다. 본격적인 역사 독서에 앞서 옛 사람들의 생활상을 살펴보고, 당시의 사회 제도와 복잡한 궁궐의 예법도 공부할 수 있습니다. 책을 통해 과거와 현재 사람들의 생활을 비교해 보며 옛사람들에게 지혜를 배우고 자신의 삶을 되돌아볼 수 있습니다.

『청동기 시대를 간직한 바위 무덤』강효미 저을 읽으며 바위 무덤인 고인돌이 들려주는 이야기를 통해 청동기 시대 사람들의 생활을 엿볼 수 있습니다. 그리고 고인돌에 담긴 의미와 고인돌 제작 과정을 살펴보며 청동기 시대 사람들의 소망과 지혜를 배울 수 있습니다. 『선덕 여왕』이재승, 공은혜 저은 역사 자료를 바탕으로 신라의 27대 왕이자 우리나라 최초의 여왕이었던 선덕 여왕의 일화를 소개하고 있습니다. 아이들은 정복 전쟁이 활발했던 삼국 시대에 즉위한 선덕 여왕의 업적을 알 수 있습니다. 또한 현대를 살아가는 우리의 삶과 닮은 선덕 여왕의 이야기 속에서 역사적 지식뿐만 아니라 끈기와 용기, 배려를 배울 수 있습니다.

『우리 책 직지의 소원』최은영 저은 세계에서 가장 오래된 금속 활자본인 '직지심체요절'의 이야기를 전하고 있습니다. 아이들은 이 책을 통해 우리나라 인쇄 기술의 우수성을 이해하며, 직지의 가치를 알 수 있습니다. 나아가 이러한 가치를 지닌 직지가 프랑스에 있다는 사실을 통해 우리의 소중한 문화재를 아끼고 사랑하는 자세를 기를 수 있습니다. 『왕세자의 입학식』김경화 저을 읽으며 여섯 점의 아름다운 그림으로 남은 효명 세자의 입학식을 통해 왕세자의 교육과정을 알아보고, 왕의 덕목에 대해 생각해 봅니다. 그리고 평생 배우며 나라를 이끌어야 했던 왕세자와 자신의 삶을 비교해 보며, 참다운 배움의 의미를 깨닫고, 공부하는 이유에 대해 고민해 봅니다.

▧ 11월의 독서 주제는 '철학-1'입니다

11월과 12월에는 생각하는 방법을 터득하고, 생각하는 힘을 길러줄 수

『나는 누구일까요?』

있는 철학 독서를 제안합니다. 먼저 11월에는 '나', '감정', '선과 악', '앎', '감정'을 주제로 창의성을 향상시키고 다양한 사고를 계발할 수 있는 도서를 추천합니다. 이를 통해 학생들은 스스로 생각하는 능력을 키울 수 있으며, 본격적인 진로 탐색 이전에 반드시 갖추어야 할 가치관을 확립할 수 있습니다.

『나는 누구일까요?』오스카 브르니피에 저는 '나'는 누구인지 고민하는 것에서부터 세상에 대한 궁금증과 호기심의 문이 함께 열린다는 교훈을 줍니다. 이 책을 통해 아이들은 친구들과 함께 이야기 나누며 자신만의 답을 만들어 나갈 수 있습니다. 그 과정에서 '자아 정체성'과 '자존감'을 찾는 것은 물론, 논리적인 사고와 창의적인 생각을 키울 수 있습니다. 『감정이란 무엇일까요?』오스카 브르니피에 저에서 '감정'이란 누구나 느끼는 것임을 알고, 이러한 감정은 어디서부터 시작되는지, 감정을 다스리는 방법은 무엇인지 스스로 터득하면서 감정 표현에 익숙한 어린이로 성장할 수 있습니다. 『선과 악이란 무엇일까요?』오스카 브르니피에 저를 읽으며 '선'과 '악'에 관한 다양한 질문을 통해 아이들 스스로 좋은 것과 나쁜 것, 해야 할 것과 하지 말아야 할 것에 대한 기준을 세워볼 수 있습니다. 그리고 선과 악을 다양한 시각으로 접하면서 도덕적이고 판단력 있는 어린이로 성장할 수 있게 됩니다.

『안다는 것은 무엇일까요?』오스카 브르니피에 저를 읽으며 '안다는 것'이 무엇인지 스스로 질문하고 답해 보며, 왜 배워야 하는지 곰곰이 생각해 봅니다. 그리고 새로운 지식을 배우는 바람직한 자세는 무엇인지 고민해

봅니다. 『예술이 뭐예요?』오스카 브로니피에 저에서는 '예술'은 아름다움을
표현하는 방식이지만, 아름다움의 기준은 정해져 있지 않다는 교훈을
줍니다. 이 책은 아이들로 하여금 아름다움의 기준과 의미를 생각할 수
있도록 도와줍니다. 나아가 음악·미술 활동을 통해 예술적 상상력을 기
르고 아름다움을 함께 즐기며 예술의 가치를 깨달을 수 있습니다.

▨ 12월의 독서 주제는 '철학-2'입니다

12월에는 '말의 힘', '관계', '동물권', '꿈'
을 주제로 창의성을 향상시키고 다양한 사
고를 계발할 수 있는 도서를 추천합니다.

『목소리 교환소』김경미 저에서 엄마의 목
소리를 갖고 싶어 하는 주인공을 통해 어린
이가 느끼는 차별과 무시에 대해 이야기해
볼 수 있습니다. 그리고 말이 주는 힘에 대
해 생각해 보고, 일상생활에서 고운 말을

『목소리 교환소』

사용하는 어린이로 거듭날 수 있습니다. 『만나자는 약속보다 로그인이
더 편해!』박서진 저를 읽으며 인터넷의 발달로 현실뿐만 아니라 가상 세계
에서도 친구를 만들 수 있게 되었다는 사실을 실감합니다. 아이들은 이
책을 통해 온라인에서 형성되는 친구 관계의 장단점을 알 수 있습니다.
나아가 온라인 친구를 사귈 때 주의해야 할 점을 생각해 볼 수 있습니다.
더불어 현실 또는 가상 세계에서 진정한 친구를 사귀기 위한 태도를 깨
달을 수 있습니다.

『곤충 장례식』원유순 저을 통해 작은 곤충이라도 감정이 있고 소중한

생명을 지닌 귀한 존재라는 것을 깨달을 수 있습니다. 그리고 동물의 권리에 대해 생각해 보고, 동물을 키우는 바람직한 자세에 대해 독후 활동으로 토의해 봅니다. 『하늘을 나는 고양이 마리』박미숙 저는 부모님의 반대, 사회적인 비난, 고정 관념, 두려움 등 꿈을 포기하고 싶은 환경에 놓인 흰 고양이 마리의 이야기를 담고 있습니다. 이 책을 통해 꿈을 위해 좌절하지 않고 도전하는 자세를 배울 수 있습니다. 나아가 자신의 꿈은 무엇인지 생각해 보고, 그 꿈을 이루기 위해서는 무엇이 필요한지 알아볼 수 있습니다.

13.
4학년 독서 전략:
독서능력이 학업성적을 좌우한다

4학년은 저학년에서 고학년으로 전환되는 시기입니다. 중학년이라고는 하지만 학교 교과서부터 학습의 수준이 높아지고 공부의 양이 많아지는 '학습 독서기'이죠. 이런 학습 독서기에는 어떻게 읽어야 할까요? 중요한 정보를 찾고 조직화하는 능력, 다른 교과목들과 연계할 줄 아는 능력을 키우는 독서법이 필요합니다. 초등학교 저학년 때까지는 글 읽는 방법을 배웠다면 고학년부터는 학습 독서기로 학습을 위해 읽는 단계입니다. 공부를 잘하기 위해 학습 기능을 잘 활용해야 합니다. 학습 기능이란 책에서 중요한 정보를 찾는 능력, 크고 작은 정보를 조직화하는 능력, 그림이나 도표, 그래프, 지도를 잘 해석하고 이용할 줄 아는 능력, 다른 교과목과 연계할 줄 아는 능력이죠. 학습 독서기에는 지식 정보 서적을 통해 지식을 습득하는 것에 머물지 않고, 스스로 생각하는 훈련을 해야 합니다. 이를 통해 책에서 얻은 지식을 응용하고 활용하게 됩니다. 가령 모험을 좋아하고 영웅을 선망하는 아이들의 특성을 고려하여 『15소

303
제3부

년 표류기』,『보물섬』,『에밀과 탐정들』등 간접 경험을 통한 대리만족을 줄 수 있는 책을 읽히는 것이 좋습니다.

또한 무엇을 아는지 모르는지를 인지하고 스스로 어떤 책을 읽을 것인지, 왜 읽을 것인지를 계획할 줄 알아야 합니다. 이런 능력을 '상위 인지 능력'이라고 부릅니다. 자신이 모르는 부분과 궁금한 부분을 어떤 방법으로 알 수 있는지 파악하여 문제를 해결하는 과정을 반복함으로써 습득할 수 있습니다. 상위 인지 능력은 학년이 올라갈수록 점점 더 많은 정보와 지식을 접하게 되고, 지식 정보화 사회를 살아가는 아이들에게 필수적인 능력이라고 할 수 있습니다. 독서는 '상위 인지 능력'을 향상시키는 가장 효율적인 수단입니다.

4학년
독서 전략

아이들 간에 학업 성적이 벌어지는 시기는 언제부터일까요? 대부분 초 1, 2 때까지는 공부와 상관없이 편차가 벌어집니다. 가령 저는 1, 2학년 때 미술과 음악에 소질이 있어서 다른 아이들이 사각형 그리기도 버거워할 때 정육면체도 척척 그리고, 선생님이 오르간으로 치는 반주의 한 소절만 들어도 따라 불러서 담임선생님께 사랑을 받았습니다. 반면 운동을 못해서 체육시간 내내 애를 먹었습니다.

교과과정이 조금씩 어려워지는 초3이 되면 공부를 하는 아이와 하지 않는 아이의 능력이 구분되기 시작합니다. 상위권과 그렇지 않은 아이들은 '읽기 능력'에 차이가 있습니다. 안정적으로 상위권을 유지하는 학생들은 혼자 글을 읽고 과제를 해결하는 능력이 뛰어납니다. 반면 성적이 불안한 아이는 혼자 글을 읽고 과제를 해결하는 능력이 없기 때문에 부모님이나 학원 선생님이 모든 과제를 대신해 줍니다. 이럴 경우 그 원인을 찾기보다는 눈앞의 성적에만 관심을 갖는데, 천천히 가더라도 아이 스스로 읽고 독해할 수 있는 능력을 키워주어야 합니다. 부모와 선생님이 '읽기'를 그저 국어 과목의 일부 과정으로만 한정하여 가르치면 다른 과목에서도 안정적인 성적을 유지하기는 어렵습니다. 최소한 공부를 할때는 얼마나 찬찬히 읽고 이해했느냐가 중요합니다. 이것만 신경 써도 아이의 성적은 향상됩니다. 아이가 학습에 어려움을 느끼고 있다면 다른 것은 다 제쳐 두고 읽기 능력을 점검해 볼 필요가 있습니다. 문제가 있다면 읽기 능력을 향상시켜야 합니다. 초등학교 4학년쯤 되면 이미 학습을 위한 읽기를 하게 되기 때문이죠.

(1) 어휘력을 최대한 높여라

어휘력은 글을 이해하기 위해 필요한 첫 단추입니다. 어휘를 얼마나 많이 알고 있느냐에 따라 글을 이해하는 정도가 다르기 때문이죠. 전문가들에 따르면 글 속에 모르는 낱말이 70% 이상 있다면 그 글을 정확하게 이해하기 어렵다고 합니다. 낱말이 나열된 것이 글이라는 점을 고려하면 당연한 결과입니다. 낱말을 알면 지식의 확장으로 이어지고, 이는 곧 개인의 배경지식을 형성하는 밑거름이 됩니다.

(2) 학습 능력은 통합적 사고력을 바탕으로

학습 능력을 높이는 가장 기본적인 교재는 말할 것도 없이 교과서입니다. 교과서를 잘 읽으려면 어떻게 해야 할까요? 국어 교과서에는 줄글이 빽빽하게 있고, 사회 교과서에는 그림이나 사진, 도표, 지도, 그래프 등의 자료가 많죠. 도표나 그래프 독해는 수학적 사고력과 문장을 체계적으로 독해할 수 있는 능력이 있어야 가능합니다. 특히 사회 지도의 경우에는 의미를 생각하며 읽어야 합니다. 아이들이 지도를 보는 것은 그리 쉬운 일이 아닙니다. 아이들이 사회를 어렵게 느끼는 이유는 지도를 이해하지 못하기 때문입니다. 하지만 지도의 단면도와 등고선의 차이를 알게 되면 저절로 이해할 수 있는 과목입니다.

읽기 능력 역시 통합적인 사고력을 바탕으로 합니다. 과학은 어떨까요? 과학 교과서에는 글이 별로 없습니다. 주로 그림, 만화, 사진, 실험 등을 통해 과학 개념이나 중심 내용을 설명합니다. 그림이나 사진, 만화를 보고 미리 예측하고, 궁금증을 품고 호기심을 가지고 적극적으로 독해해야 의미를 이해하고 개념을 파악할 수 있습니다. 이렇게 각 과목의 교과서는 서로 다른 듯하지만, 아이들이 이를 독해하고 공부할 때는 통합적인 사고력이 바탕이 되어야 합니다. 내재된 사고력을 재발견하고, 종합적 사고 훈련을 통해 기본적인 독해력과 논리력 그리고 생각하는 힘을 키워주는 학습이 필요합니다.

(3) 서로 다른 과목, 어떻게 공부해야 하나?

통합적 사고력을 가능하게 하는 배경지식 넓히기

통합적인 사고력을 기르기 위해 또 한 가지 필요한 것은 정치, 경제, 지리 등을 다루는 사회와 과학에 관한 책을 통해 배경지식을 습득하는 것입니다. 배경지식이 풍부하면 교과과정에 흥미를 느끼고 수업시간에 집중할 수 있습니다. 알고 있는 지식과 새로운 지식들이 융합되면서 호기심이 생겨서 더 전문적인 지식을 쌓을 수 있습니다. 잘못 알고 있던 지식을 수정할 수 있고, 새로운 정보에 더 큰 관심을 가지게 됩니다.

(4) 읽기 능력은 어떻게 높여야 할까?

이야기 글을 많이 읽으면 다양한 주제를 간접적으로 경험하게 되어 생각의 깊이가 깊어집니다. 특히 옛이야기는 명료한 주제와 단순한 구조를 가지고 있어서 아이의 도덕심을 길러주죠. 창작 동화의 경우, 주인공에게 감정이입하여 간접 경험을 통해 다른 사람과 교감하게 되어 생각도 커지고 마음도 따뜻하게 만들어줍니다. 명작 동화의 경우 아주 오래전부터 많은 사람들에게 사랑받아온 만큼 재미와 감동의 깊이가 남다릅니다.

(5) 역사 관련 책으로 학습 능력을 높여라

역사책은 역사를 연대순으로 나열한 것 외에도 전쟁, 그림, 문화재, 인물 등과 같이 주제별로 엮은 것이 있습니다. 이런 역사 관련 책은 아이들에게 시대의 개념을 인지시키고 역사 속에서 일어난 사건들의 인과관계를 파악할 수 있도록 해줍니다. 역사 관련 책을 읽으면 역사적 배경과 원인이 무엇인지, 역사적 사건이 어떤 의미를 갖는지를 파악하게 되고, 깊은 사고와 더불어 현재를 살아가는 지혜를 가르쳐주죠. 역사는 단순히 지나간 과거가 아니라 오늘날의 우리가 자부심을 갖고 살아갈 수 있도록 해주는 원동력이 됩니다. 이해력이 발달하는 시기인 초등 4, 5학년에게 읽히면 좋습니다. 처음부터 연대를 나열한 통사적인 책을 읽히면 재미없을 수 있으니 아이들의 반감을 살 수 있습니다. 역사 인물이나 역사 사건이 단편적으로 그려진 책을 통해 역사와 친숙해지는 것이 효과적입니다.

(6) 철학적 사고로 STEAM형 인재를 만들라

세상에 대한 호기심, 삶과 죽음에 대한 창조적인 물음, 기존 상식을 깨는 기업 문화와 제품들이 세계를 선도하고 있습니다. 이처럼 철학은 위대한 철학자들의 사상 체계를 배우거나 진리를 탐구하는 것뿐 아니라 사고하는 방식을 훈련하기 위한 것이기도 합니다. 아이들이 깊이 있고 입체적으로 사고할 수 있도록 해야 합니다. 철학의 경우 너무 어려워서 어린이에게 가르치기 어렵다고 생각할 수 있습니다. 그러나 유아, 어린이 시기는 철학적 질문이 가장 왕성한 시기입니다. 만 4, 5세가 되면 아이들은 '사람이 죽으면 어디로 갈까?'와 같은 생각도 합니다.

"성인이 실용적 사고에 젖어 있는 반면 아이는 세상, 우주, 자연에 대한 무한한 관심과 호기심을 갖고 있습니다. 초등학교 3, 4학년만 돼도 철학적 사고는 위축됩니다."

서울대 철학과 황경식 교수의 말입니다. 또래 5, 6명이 토론을 통해 스스로 문제를 제시하고 답을 찾아가는 과정을 통해 사고력을 키울 수 있고, 이를 통해 아이들은 철학적인 물음인 도덕, 정의, 선, 규칙의 개념을 익히고, 스스로 보편타당하고 설득력 있는 판단을 할 수 있는 방법을 배울 수 있습니다.

4학년을 위한
주제별 필독서

▒ 1월의 독서 주제는 '생각 발전소-리더십 강화'입니다

『꼴찌 없는 운동회』

4학년은 독서를 통해 자신의 장단점을 파악하고, 자신의 꿈을 이루기 위해서는 능력을 계발해야 한다는 것을 깨닫는 시기입니다. 이 시기에는 우리 사회가 지향하는 진정한 리더십은 무엇인지, 배려와 소통 등 훌륭한 리더가 갖추어야 할 자질에 대해 생각해 볼 필요도 있습니다. 나아가 4학년을 시작하는 시점에서, 시간 관리의 중요성을 느끼고 자신의 생활 습관을 성찰하며 미래를 위한 다짐을 할 수 있습니다. 우리 친구들이 자신감을 기르고 자신의 꿈에 한 발 더 다가서는 멋진 리더로 성장할 수 있기를 바랍니다.

『꼴찌 없는 운동회』고정욱 저는 저신장 장애를 가지고 있는 기국이를 위해 마음을 모으는 친구들의 이야기입니다. 실화를 바탕으로 한 감동적인 이야기를 읽으면서 배려와 우정, 공감 능력을 바탕으로 하는 진정한 리더십에 대해 생각해 봅니다. 또한 몸의 장애뿐만 아니라 마음의 상처 역시 서로 소통하는 과정을 거치며 극복해 나갈 수 있음을 배울 수 있습니다.

『장래 희망이 뭐라고?』전은지 저를 읽으며 자신의 장래 희망을 찾아가는 수아의 이야기를 통해 자신이 잘하는 것, 좋아하는 것이 무엇인지 찾아볼 수 있습니다. 또한 자신의 능력을 계발하기 위해 어떠한 노력을 하고 있는지 스스로 점검해 보고, 앞으로 어떻게 노력할 것인지 구체적인 계획을 세우고 실행해 나가도록 합니다.

『영웅 학교를 구하라!』범유진 저는 치열한 경쟁을 경험하고 있는 어린이들에게 "1등이 되지 않아도 네 인생의 주인공이 될 수 있다"라는 묵직한 메시지를 던지는 이야기입니다. 획일화되고 각박한 세상 속에서 삶의 주체성을 찾고, 진정한 영웅의 모습은 어떤 모습일지 생각해 봅니다. 그리고 영웅에게 필요한 리더십을 갖추기 위해 어떤 노력이 필요할지 생각해 볼 수 있습니다.

『시간은 펠릭스 마음대로 흐른다』에블린 드 플리허 저를 읽으며 보이지 않는 시간을 발견하고 한 걸음 성장하는 펠릭스의 일화를 통해 시간의 상대성에 대해 생각해 봅니다. 시간은 어떤 마음을 먹느냐에 따라 때로는 빠르게, 때로는 느리게 흐른다는 특성을 인지하고 매순간 의미 있는 시간을 보내기 위해 노력하기를 기대합니다. 나아가 4학년을 시작하며 주도적으로 시간 관리를 하는 학생으로 거듭날 수 있기를 응원합니다.

▨ 2월의 독서 주제는 '올바른 언어습관'입니다

『우리말도 못 알아듣는
바보』

4학년 2월부터 4월까지는 '통합 교과'를 훈련합니다. 국어, 사회, 과학, 예술, 문화 등 여러 교과에서 다루는 주제를 망라하여 다양한 책을 읽으며, 기본적인 배경지식 쌓기는 물론 체계적인 단계별 독해 훈련을 하게 됩니다. 2월에는 다양한 국어 이론과 장르적 특성을 학습하며, 올바른 언어 습관을 갖기 위한 독서를 진행합니다. 또한 상황에 맞게 적절한 어휘를 선택하고, 우리말의 정확한 표현 및 맞춤법, 띄어쓰기를 익혀 다양한 어휘를 구사할 수 있도록 합니다. 더불어 고사성어와 속담, 관용 표현의 의미를 바르게 이해하고 실제로 응용하여 사용하는 훈련을 목표로 하고 있습니다. 국어 실력과 더불어 아이들의 독해력이 한층 발전하는 계기가 되길 바랍니다.

『우리말도 못 알아듣는 바보』조현진 저는 말하기·듣기·읽기·쓰기와 관련한 국어 학습을 동화 속에 녹여냅니다. 이 책을 통해 아이들은 다양한 국어 이론과 장르적 특성을 학습하며, 올바른 언어 습관을 기르고 정확한 언어를 사용할 수 있습니다. 나아가 원활하지 못한 의사소통이나 잘못된 어법에서 시작되는 일상생활의 불편함도 해결해 주어 자연스럽게 국어 실력을 향상시켜 줍니다.

『속담이 백 개라도 꿰어야 국어왕 1』강효미 저을 읽으면 교과서에 수록

311

된 우리나라의 신화와 전설, 전래동화 및 세계 명작을 읽을 수 있을 뿐만 아니라 이야기 상황에 맞는 필수 속담과 뜻이 비슷한 속담, 반대의 속담을 알 수 있습니다. 나아가 책을 읽은 뒤엔 실생활에서 속담을 유용하게 사용할 수 있습니다.

『초등 선생님이 뽑은 남다른 고사성어』박수미, 강민경 저는 무작정 고사성어를 외우는 방식에서 벗어나 재미있는 유래담으로 고사성어를 익힐 수 있도록 도와줍니다. 일상생활에서 고사성어를 사용함으로써 표현력을 향상할 수 있고, 고사성어 속의 가치관과 현대의 가치관을 비교하고 토론함으로써 생각의 지평을 넓힐 수 있습니다.

『밥상에 우리말이 가득하네』이미애 저를 통해 민간 어원 및 예로부터 전해져 내려오는 우리말 이야기들을 살펴보고, 음식, 놀이, 몸, 도구, 옷 등에서 유래한 다양한 표현과 속담을 배울 수 있습니다. 또한 다양한 상황 속에서 이 표현들이 어떻게 쓰이는지를 이해하고, 이를 활용하여 자신의 이야기를 효과적으로 전달할 수 있습니다.

▨ 3월의 독서 주제는 '창의 융합형 인재'입니다

음악과 미술 분야의 이론적 특징을 알아보고 다양한 예술 체험 활동을 하며 창의력과 표현력을 기릅니다. 또한 과학 교과서와의 연계성을 높여 교과 학습에 도움이 되도록 구성하였습니다. 다양한 배경지식을 쌓고 논리력과 창의력까지 기를 수 있는 독서를 통해 예술과 과학 전반에 대해 보다 깊이 있게 이해하며 자연스레 흥미를 가질 수 있기를 기대합니다.

『이모와 함께 도란도란 음악 여행』최은규 저을 읽으며 아주 오래전에는 음악이 어떠했는지, 음악을 만들어내는 악기로는 무엇이 있는지, 공연 예

『이모와 함께 도란도란
음악 여행』

술에는 무엇이 있는지 등 음악과 관련된 다양한 정보를 접하며 음악에 대한 배경지식을 풍부하게 쌓을 수 있습니다. 『명화로 배우는 미술의 모든 것』장보망, 맛실무터 저을 읽으며 미술 교과서에서 다루고 있는 '점, 선, 형태, 양감' 같은 미술의 개념부터 색채의 종류, 다양한 미술 기법들을 쉽게 이해할 수 있습니다. 또한 명화 속에서 이러한 개념들이 어떻게 적용되는지 살펴보며 미술 감상의 폭을 넓힐 수 있습니다.

『아낌없이 주는 식물』양승현 저을 읽으면 식물은 지구에 없어서는 안 될 소중한 존재임을 알게 됩니다. 어려워진 초등학교 '과학' 교과과정에 맞추어 체계적으로 식물에 대해 설명하고 있는 이 책을 읽으며 식물의 특징 및 구조, 식물의 분류 방법, 성장 과정을 알고 식물의 다양한 쓰임새를 살펴봅니다. 나아가 환경 파괴로 식물이 겪고 있는 문제를 살펴보며 식물의 소중함에 대해 생각해 볼 수 있습니다. 『궁금해요 코로나19』이재갑, 김은지, 이선희 저를 통해 코로나19 바이러스에 대해 올바르게 이해할 수 있습니다. 코로나19 예방법을 배우고, 나아가 심리적으로도 건강하게 생활하기 위한 실천 계획을 세울 수 있습니다.

『꼬불꼬불 나라의 환경 이야기』이소영 저는 물의 중요성, 열대 우림의 역할, 유전자 조작 식품의 위험성, 신재생 에너지의 필요성 등 어린이가 알아야 할 환경 상식을 담고 있습니다. 이를 통해 환경오염의 심각성을 살펴보고 환경을 지키는 일의 중요성에 대해 생각해 볼 수 있습니다. 나아가 친구들과 함께 환경 운동 프로젝트를 기획해 보며, 환경에 대한 작은 관심과 실천이 지구를 건강하게 만드는 첫걸음임을 깨닫게 됩니다.

4월의 독서 주제는 '통합 사회'입니다

『방방곡곡 우리나라
지리 대장 나강산이 간다!』

교과과정과 연계된 사회 학습을 통해 배경지식을 넓히고, 우리나라 지리, 언론의 역할, 양성평등, 시민의 참여 의식 등을 주제로 우리 사회 전반에 대해 보다 깊이 있게 이해하며 관심을 가질 수 있도록 구성하였습니다. 4학년은 어려워지는 지문을 제대로 읽기 위해 비문학 독해력을 향상시켜야 합니다. 주제와 연계된 다양한 프로젝트 활동을 통해 팀워크를 발휘하고, 자기주도적 학습 능력을 기르기 위한 다양한 활동이 필요합니다.

『방방곡곡 우리나라 지리 대장 나강산이 간다!』석수점 저에서 강산이네 가족에게는 캠핑카가 생깁니다. 난지 캠핑장에서 시작하여 수원 화성, 설악산, 독도, 남해 다랭이 마을, 제주도까지 우리나라 방방곡곡을 여행하는 동안 다양한 재미와 매력이 넘치는 우리나라의 아름다움을 느낄 수 있어요. 자, 그럼 강산이와 함께 우리나라 방방곡곡 여행을 떠나볼까요?

『퓰리처 선생님네 방송반』진현정 저을 읽으며 퓰리처 선생님과 방송반 친구들을 통해 언론의 진정한 역할과 윤리의 중요성을 깨달을 수 있습니다. 또한 1인 미디어의 장단점을 알아보며, 1인 미디어를 바르게 수용하는 자세에 대해 생각해 봅니다. 나아가 직접 기사문을 작성해 보면서 세상을 바라보는 올바른 눈을 가지기를 제안합니다.

『우리가 박물관을 바꿨어요!』_{배성호 저}에서 아이들은 일상생활에서 불편한 점을 찾고 해결하기 위해 노력합니다. 철옹성 같은 박물관을 바꾸기 위해 고군분투하는 아이들의 모습을 통해 용기와 도전 정신을 배울 수 있습니다. 또한 진정한 민주주의란 시민의 '참여'를 통해 이루어진다는 교훈을 얻을 수 있습니다.

『아빠가 둘이야?』_{임시형 저}는 엄마의 외모와 자신의 성격 때문에 고민하는 4학년 지우의 이야기입니다. 남자는 이래야 하고, 여자는 이래야 한다는 편견을 깨고, '자기다움'을 찾아가는 어린이들의 모습을 통해 우리 사회 속에 내재된 성차별적 요소에 대해 생각해 보고, 편견 없이 존중받는 사회를 만들기 위해 노력하는 어린이로 거듭나게 됩니다.

▧ 5월의 독서 주제는 '오디세이-1'입니다

『초등학교부터 시작하는
논술 오디세이』

'오디세이'는 미국 하버드대학의 사고력 개발 연구팀이 만든 사고력 개발 프로그램입니다. 우리나라에는 한길사의 청소년 브랜드인 '소년한길'에서 판매하고 있어 학부모님들이 직접 가정에서 아이와 함께 수업할 수 있습니다. 전 세계적으로 잘 알려진 이 '오디세이'는 중·고등학생에게 필요한 사고력을 필요로 하는 과제를 잘해낼 수 있도록 초등학교 4학년 학생들의 능력을 키워주도록 구성되어 있습니다. 어린이와 청소년들의 사고 능력, 즉 추론 능력, 창의적인 사고력을 획기적으로 키워주는 데에 효과적입니다.

『초등학교부터 시작하는 논술 오디세이』어린이철학교육연구소 저를 1단계부터 풀면서 관찰을 통해 대상을 다면적으로 파악합니다. 오감의 능력을 발견하고, 오감을 이용해 활동합니다. 변화의 종류와 규칙을 찾아내고, 이어지는 변화를 예측합니다. 순서를 정할 수 있는 차원과 순서를 정할 수 없는 차원을 이해합니다. 차원과 관점에 따라 사물을 다르게 인식할 수 있음을 이해합니다.

2단계와 3단계는 분류로 체계화하는 사고력 여행입니다. 사물을 관찰하고 비교하여 특정한 차원에 따라 모둠으로 묶고 나눌 수 있습니다. 이를 통해 '집합'의 개념을 이해합니다. 분류한 것을 다시 분류하는 활동을 하면서 지식과 정보를 체계화할 수 있습니다. 추론으로 문제해결력을 키우는 사고력 여행을 통해 주어진 사실을 바탕으로 새로운 사실을 발견하는 추론의 과정을 이해합니다. 사물들이 서로 어떻게 관계를 맺는지 비교하는 유비 추론을 이해합니다. 공간적 추론의 원리와 방법을 알아봅니다. 추론을 통하여 행동의 결과를 예측할 수 있습니다. 그림 속 단서들을 종합하여 상황을 추론하고, 이야기를 만들 수 있습니다.

4단계는 언어 표현력을 기르는 사고력 여행입니다. 단어를 차원에 따라 구분할 수 있습니다. 동의어와 반의어를 구분하고, 그 의미를 정확하게 알아봅니다. 단어의 유사성을 바탕으로 비유적 표현을 통해 참신하게 글을 쓸 수 있습니다. 일상에서 쓸 수 있는 재미있는 관용 표현을 활용하여 글을 쓸 수 있습니다.

『악당이 사는 집』

4학년 5월에 진행된 '오디세이' 독서 프로그램을 통해 주변의 현상과 사물을 끈기 있게 관찰하고 스스로 문제를 해결할 수 있다는 것을 경험하면서 자신감을 쌓았을 것입니다. 이를 바탕으로 6월에는 추천도서를 읽으며 오디세이 독서 활동을 실천합니다. 추천도서를 정확하게 읽으면 독해력 향상은 물론이고, 향상된 관찰력, 추론 능력을 바탕으로 문제해결력, 정보 해석력, 의사 결정력, 논리 추론 등을 키울 수 있습니다. 2달간의 오디세이 수업을 통해 창의력과 논리력을 키우고 생활 속에서 효율적으로 문제해결을 할 수 있는 어린이로 거듭날 수 있게 됩니다.

『악당이 사는 집』이꽃님 저은 문제의 원인을 분석하고, 문제해결을 위한 다양한 방안을 모색합니다. 우리 주변에서 일어날 수 있는 문제들을 창의적인 방법으로 해결합니다. 실제 사례를 통해 문제가 어떻게 해결되었고, 그로 인해 어떤 변화가 일어났는지를 배웁니다. 순서도에 따라 문제를 차근차근 해결하는 방법을 배웁니다. 『9.0의 비밀』조규미 저을 읽으며 찬이와 강아지 로봇 9.0이 겪는 유쾌한 이야기를 통해 미래 사회의 모습을 상상해 보고, 로봇과 함께 살면서 생길 변화에 대해 생각해 봅니다. 주어진 정보를 제대로 이해하는 정보 해석력을 기를 수 있습니다. 글과 영상 속에 숨겨진 정보를 해석하고 그 의도를 파악할 수 있습니다. 미래 사회에 필요한 로봇을 설계하며 창의력과 사고력을 기릅니다.

『소음 모으는 아파트』제성은 저를 읽으며 친구들과 함께 고민을 나누고 해결하는 과정에서 바람직한 의사 결정을 배울 수 있습니다. 등장인물의 갈등과 행적을 통해 사건을 추리하고 해결할 수 있습니다. 의사 결정 과정을 활용하여 토의를 하고, 책 속의 문제 상황을 해결할 수 있습니다. 『편의점 도난 사건』박그루 저을 읽으며 어려운 가정환경에도 가족과 친구를 사랑하며 시련에 좌절하지 않고 씩씩하게 문제를 해결해 나가는 은수의 이야기를 통해 재미와 교훈을 얻을 수 있습니다. 논리적으로 사고하고 합리적인 결론을 내리는 과정을 배울 수 있습니다. 같은 상황을 두고 가치 판단에 따라 다른 결정을 할 수 있다는 것을 알고, 나의 의견을 조리 있게 표현해 볼 수 있습니다.

▨ 7월의 독서 주제는 '스피치 강화'입니다

『어린이 말하기 교과서』

토의와 토론 수업 및 프로젝트 수업 등 다양한 참여형 수업이 갈수록 확대되고 있습니다. 이러한 수업에서는 학생들이 자신의 견해를 당당하고 자신 있게 표현할 수 있어야 하며, 자신의 생각과는 다른 의견도 끝까지 경청하며 존중하는 태도가 필요합니다. 스피치 연습을 통해 다양한 말하기 종류를 익히고, 경청과 배려를 배우며, 여러 가지 말하기 경험을 풍부하게 쌓을 수 있습니다. 원활한 소통력을 기르고, 상대방의 마음에 공감하고 따뜻한 위로와 용기의 말을 전할 수 있는 이 시대가 요구하는 소통의 리더로 성장하기를 기대합니다.

『어린이 말하기 교과서』양송이 저를 읽으며 토의와 토론 수업 강화로 발표 능력이 어느 때보다 중요하게 부각되고 있다는 점을 확인합니다. 발표 내용만큼 전달 방법도 중요하지요. 이 책을 통해 정확한 발음 연습과 다양한 말하기 종류를 익히고, 경청과 배려를 배울 수 있습니다. 또한 원활하게 소통하는 능력과 자신감을 키우며 자연스럽게 리더로서의 자질을 갖출 수 있습니다.『발표! 토론! 남 앞에서 말하는 게 제일 싫어!』박현숙 저를 통해 말하기 불안증을 극복하는 방법을 배우고, 발표 준비 단계와 발표 중 고려해야 할 사항들을 익힐 수 있습니다. 또한 이를 바탕으로 직접 말하기 준비를 하여 친구들 앞에서 조리 있게 발표할 수 있습니다.『내 말 한마디』김경란 저를 통해 말 한마디가 서로에게 얼마나 큰 상처가 되는지, 또 얼마나 큰 힘이 되는지를 깨닫습니다. 또한 나의 말하기 습관을 되돌아보며 바른 말, 고운 말 쓰기를 습관화하기 위한 다짐을 할 수 있습니다. 나아가 지나친 신조어, 줄임말, 유행어의 쓰임이 미치는 영향과, 올바른 언어 습관을 위해 필요한 노력에 대해 생각해 봅니다.

▒ 8월의 독서 주제는 '역사 탐구'입니다

8월 한 달 동안 재미있고 친근하게 역사에 한 걸음 더 다가설 수 있는 다양한 주제의 책을 추천합니다. 다양한 건국 신화를 살펴보고, 신라의 문화와 조선 시대의 신분 제도를 익히며, 근대의 새로운 문물로 인해 우리 삶에 어떤 변화를 가져왔는지를 살펴봅니다. 나아가 역사적 지식을 머리로만 이해하는 것이 아니라 역사적인 상상력을 키우고, 창의적인 발상을 하는 데에도 큰 도움이 될 수 있도록 구성하였습니다. 이러한 독서

『처음 나라가 생긴 이야기』

를 통해 5학년 사회과목에서 배우게 될 통사 수업에 앞서 재미있고 친근하게 역사에 한 걸음 더 다가설 수 있을 겁니다.

『처음 나라가 생긴 이야기』김혜원 저는 고조선부터 대한민국까지, 건국 신화를 중심으로 한 우리 한반도의 역사를 담고 있습니다. 재미있는 건국 신화를 바탕으로 신화가 담고 있는 이야기와 각 나라의 특징을 파악하고, 본격적인 통사 학습에 앞서 기초를 단단히 다질 수 있게 됩니다. 『곱슬머리 화랑 야나』박신식 저는 원성왕릉을 지키고 있는 서역인 무인상이 왕의 호위 무사였을 수 있다는 역사적 상상력으로 만들어진 이야기입니다. 책을 읽으며 당시 신라 사회의 특징을 이해하고, 다문화 가정에 대한 우리 사회의 차별적 시선을 반성해 보며 다양한 문화를 존중하고 수용하는 성숙한 자세를 배우도록 합니다.

『조선 사람의 하루』구완회 저는 다양한 신분의 조선 시대 사람들이 어떻게 하루를 보냈는지를 생생하게 보여줍니다. 임금님, 신하, 상민, 노비들은 해야 하는 일은 모두 달랐지만, 각자 맡은 일을 충실히 수행하였습니다. 각기 다른 곳에서 다른 일을 했던 이들의 모습을 통해 조선 시대 생활 모습을 살펴볼 수 있습니다. 『역사를 바꾼 새로운 물건들』김은유 저은 근대 사회의 신문물이 등장한 역사적 사건들을 현장감 있게 전하고 있습니다. 새로운 물건들로 인해 우리 선조들의 삶은 어떻게 변화했는지, 우리 역사는 어떻게 바뀌었는지 생각해 봅니다. 나아가 신문물을 마주한 우리 조상들의 모습을 통해, 새로운 것에 부딪힐 때 두려워하지 않고 용기 있게 도전하는 마음을 기를 수 있습니다.

▧9월의 독서 주제는 '**문학 탐구-1**'입니다

『똑똑 마음입니다』

국내외 문학 작품을 읽어보면서 자신만의 시간과 공간에서 벗어나 좀 더 풍부하고 다양한 경험을 할 수 있게 됩니다. 독서를 통해 나와 다른 타인, 다른 문화에 대해 이해하고, 세상을 보다 폭넓게 인식하며 더불어 사는 삶의 가치를 배우도록 합니다. 또한 문학 작품 속 등장인물의 마음을 이해하고, 가치 판단을 통해 다양한 문학 토론을 해보고 토론에 대한 기본기를 익히도록 합니다.

『똑똑 마음입니다』박혜선, 송명원, 이묘신, 정진아, 한상순 지는 다섯 명의 시인이 아이들의 감정들을 함께 나누고 어루만져주는 동시집입니다. 외로움, 미움, 부끄러움 등 12가지 감정을 담은 동시를 통해 시의 3요소에 대해 이해할 수 있습니다. 더 나아가 비유와 시적 화자의 개념을 배우고 직접 시를 쓰면서 시에 대한 흥미와 학습 효과를 높일 수 있습니다. 『수상한 여행 친구』소중애 지에서 강 선생님과 랑이 그리고 랑구아나는 함께 여행을 하면서 소중한 추억을 쌓고, 마음속에 있던 아픔을 이겨내고 성장합니다. 변화해 나가는 이들을 통해 우리의 삶에서 여행이 주는 의미가 무엇인지 생각해 봅니다. 이 책을 읽고 어떻게 해야 세대를 뛰어넘는 우정을 키울 수 있을지 자신의 생각을 말해 봅니다.

『도깨비폰을 개통하시겠습니까?』박하익 지에서 도깨비폰의 유혹에서 벗어나지 못하는 지우의 모습은 현실 속 어린이들과 많이 닮아 있습니다. 이 책은 스마트폰에 중독되었으니 당장 스마트폰 사용을 중지해야 한다고 말하지 않습니다. 독서를 통해 스마트폰의 장점과 단점을 파악하고, 비판적 인식 위에서 스마트폰과 함께 지혜롭게 생활하는 법을 찾을 수 있습니다. 『신데렐라 구둣방』류근원 저을 읽으며 손이 불편하지만 세상에서 가장 아름다운 구두를 만드는 할아버지와 아픈 몸을 이끌고 늘 할아버지를 배려해 도시락을 배달하는 할머니, 죽었지만 하늘나라에 가지 못한 아롱이의 모습을 통해 진정한 배려와 사랑에 대해 느낄 수 있습니다. 나아가 기부 문화에 대해 생각해 보고, 주인공의 입장이 되어 그들의 마음을 이해하는 시간을 가져봅니다.

10월의 독서 주제는 '문학 탐구-2'입니다

『하이에나 패밀리 1
가족의 탄생』

국내외 문학 작품을 읽어보면서 자신만의 시간과 공간에서 벗어나 좀 더 풍부하고 다양한 경험을 할 수 있게 됩니다. 독서를 통해 나와 다른 타인, 다른 문화에 대해 이해하고, 세상을 보다 폭넓게 인식하며 더불어 사는 삶의 가치를 배우도록 합니다. 또한 문학 작품 속 등장인물의 마음을 이해하고, 가치 판단을 통해 다양한 문학 토론을 해보고 토론에 대한 기본기를 익히도록 합니다.

『하이에나 패밀리 1 가족의 탄생』줄리언 클레어리 저은 낯설게 느껴지는 하이에나 가족이 주인공으로 등장하여 생명 존중, 다름을 수용하는 태도 등에 대해 생각해 볼 수 있는 작품입니다. 이 책을 읽으면서 어리석은 인간의 모습에 대해 생각해 보고, 나와 다른 수많은 존재에 대해 이해하고 포용을 배울 수 있습니다. 『할아버지의 마지막 모험』울프 스타르크 저을 읽으며 심술궂은 할아버지와 꾀돌이 손자가 함께하는 마지막 여행을 그려보며, 삶과 죽음 그리고 함께하는 사람들과의 추억의 소중함에 대해 생각해 봅니다. 서로를 그리며 추억한다는 것의 의미가 무엇인지 깨닫고, 나아가 할아버지와의 여행을 계획한 손자의 거짓말은 선의의 거짓말에 해당하는지 친구들과 토론해 봅니다.

『샬롯의 거미줄』엘윈 브룩스 화이트 저에서 태어난 순간부터 끊임없이 생명의 위협을 받아 온 윌버는 펀과 샬롯의 도움으로 삶의 기회를 지켜낼 수 있었습니다. 윌버의 생명을 지키기 위한 친구들의 노력을 통해 진정한 우정과 생명의 소중함에 대해 생각해 볼 수 있습니다. 『엘라와 슈퍼스타』티모 파르벨라 저의 주인공 페카처럼 최근 많은 학생들이 슈퍼스타를 꿈꾸지만, 슈퍼스타의 화려한 겉모습만을 생각할 뿐 전 세계 수많은 사람들에게 영향을 미치는 공인으로서의 책임감에 대해서는 생각하지 않는 경우가 많습니다. 이 책을 통해 슈퍼스타로서 지녀야 할 태도와 자세에 대해 생각해 보고, 나와 다른 의견을 펼치는 사람을 설득해 보는 시간을 가질 수 있습니다.

▓ 11월의 독서 주제는 '시사 탐구'입니다

법, 정치, 경제 분야를 비롯한 난민, 미디어, 동물권 등 다양한 시사 문제를 접하면서 우리 사회의 문제를 파악하고 배려와 존중의 태도를 익히는 책을 추천합니다. 나아가 현대 사회에서 논의의 쟁점이 되는 사항이 무

『비밀 투표와
수상한 후보들』

엇인지 살펴보며, 친구들과의 다양한 토의를 통해 바람직한 해결책을 모색해 봅니다. 『비밀 투표와 수상한 후보들』서해경 저에서 오성 시민은 비리 시장을 주민 소환제로 물러나게 하고 새로운 시장을 뽑기 위해 보궐 선거를 앞두고 있습니다. 후보 검증을 위해 후보들을 인터뷰하는 과정을 보면서 민주주의란 무엇이고, 민주정치를 실현하기 위해 어떤 노력이 필요한지 알아봅니다. 나아가 국민을 대표하는 지도자는 어떤 자질과 능력을 갖추어야 하는지 생각해 볼 수 있습니다. 『피노키오의 몸값은 얼마일까요?』장수하늘소 저를 읽으며 경제 공부는 어렵다는 선입견에서 벗어나 우리 일상이 경제 활동 그 자체임을 배울 수 있습니다. 이 책을 통해 생활 속에서 경제가 어떻게 살아 움직이는지 알아보며 건전한 경제의 주체로 성장하는 토대를 마련할 수 있게 됩니다.

『멍멍! 재판을 시작합니다!』신지영 저를 읽으며 솔이와 가람이가 만든 법과 규칙으로 강아지 나라가 달라지는 모습을 통해 우리 사회에 법이 필요한 이유를 깨달을 수 있습니다. 다툼을 해결해 나가는 솔이와 가람이의 현명하고 공정한 판단을 따라가 보며 법률 용어와 법의 특징과 역할을 자연스럽게 익힐 수 있습니다. 『어서 와, 알마』모니카 로드리게스 저를 읽으며 다양한 시각에서의 책읽기를 할 수 있습니다. 주인공인 오토와 알마의 이야기를 통해 우리 사회의 난민 문제에 대해 이해할 수 있고, 이를 바탕으로 친구들과 토론할 수 있습니다.

최근 초등학생들의 장래 희망 1위 직업이 유튜브 크리에이터라고 할

만큼 유튜브의 영향력은 이전보다 커졌습니다. 『강남 사장님』이지음 저을 통해 유튜브, 특히 동물이 출연하는 유튜브의 순기능과 역기능은 무엇인지 생각해 봅니다. 나아가 우리 주변의 동물들과 함께 공존할 수 있는 세상을 만들어가기 위해 우리가 어떤 태도를 가져야 할지 토론해 봅니다.

▓ 12월의 독서 주제는 '논리·철학 탐구'입니다

『찰리와 초콜릿 공장』

철학은 일상에서 벌어지는 수많은 현상에 대해 호기심을 갖는 것에서부터 시작되고, 깊이 있게 생각하는 습관을 길러줍니다. 말과 글로 자신을 잘 표현하기 위해 꼭 필요한 '생각'을 확장하기 위해, 공자의 가르침, 선과 악, 지혜, 죽음, 배움의 목적, 정체성, 아름다움 등 다양한 주제들로 접근하여 공부의 기초가 되는 '논리적 사고'를 집중적으로 훈련하도록 돕습니다.

철학적 주제가 재미있는 동화 속에 쉽게 담긴 『우리도 철학이 필요해』김병규 저를 통해, 우리가 사는 세계와 삶을 비롯한 모든 것에 대해 질문을 던지고 대답해 보며 생각의 폭을 넓힐 수 있습니다. 다양한 주제를 깊이 있게 생각해 보며 정체성을 확립하고, 사고의 즐거움을 느끼며, 철학적 사고의 필요성을 체감하게 됩니다.

『찰리와 초콜릿 공장』로알드 달 저을 통해 꿈과 성공, 가족과 신뢰 등에 대해 깊이 있게 생각할 수 있습니다. 자녀의 인생에 있어 부모의 역할이 얼마나 중요한지에 대해서도 생각할 수 있습니다. 또한 가족이 함께하며 서로에게 줄 수 있는 가장 큰 선물은 사랑과 신뢰, 절제와 포용의 경험임을 생각해 보도록 합니다.

『열한 살의 아빠의 엄마를 만나다』케빈 헹크스 저는 할머니의 죽음을 경험한 열한 살의 스푼이 처음으로 인생의 깊이를 맛보는 이야기입니다. 스푼의 이야기를 통해 죽음을 삶의 한 과정으로서 이해하게 됩니다. 따라서 가족이나 사랑하는 사람과의 관계가 죽음으로 단절되는 것이 아님을 배울 수 있습니다.

『공자 아저씨네 빵가게』김선희 저에서 공자 아저씨는 환희에게 여러 가지 이야기를 들려주며 환희가 긍정적으로 생각하고 바른 인성을 갖출 수 있도록 도와줍니다. 공자 아저씨와의 대화를 통해 자연스럽게 인문학적 덕목을 배우며, 우리가 살아가면서 갖추어야 할 태도에 대해 생각해 볼 수 있습니다. 특히 공자의 핵심 사상인 '인仁', '효孝', '학學'에 대해 깊이 있게 생각해 봅니다.

14.
5학년 독서 전략:
최상위권이 결정되는 시기

최상위권 학생은 5학년에 결정됩니다. 이 시기는 독서 사춘기가 찾아오는 시기이기도 하죠. 본격적으로 공부 기술과 관련된 읽기가 시작되는 시기이기도 합니다. 추론 능력과 분석 능력이 향상되고 삶에 대한 태도가 중요해지는 독서 사춘기를 어떻게 보내느냐에 따라 아이의 평생 독서 습관이 좌우됩니다. 이 시기 아이들은 논리적 사고가 발달하여 비판하고 따지기를 좋아하는 한편 아직 자신의 생각에 대한 확신이 없어 주변 분위기에 휩쓸려 행동하는 경향이 있습니다. 어느 때는 어른스러워 보이지만 어느 때는 한없이 아이처럼 보이는 이 시기의 아이에게는 멘토 역할을 해줄 사람이 필요합니다. 특히 책 속의 인물들은 아이에게 긍정적인 영향을 미치죠.

과거에 일어난 사건을 시간적 흐름에 따라 이해할 수 있는 나이이므로 5학년은 위인전 읽기의 적기라고 할 수 있습니다. 아이들은 위인전의 인물들을 통해 살아가는 방식을 배우고, 자신의 이상을 확립해 갑니다. 때로는 평생 함께할 멘토를 만나게 되기도 합니다. 위인전을 읽을 때 가장 주목해야 할 것은 위인의 업적이 아니라 삶의 태도입니다. 따라서 인물의 업적만 강조한 책은 피해야 합니다.

5학년에게는 책을 통해 이웃과 사회로 눈을 돌리도록 지도하는 것도 중요합니다. 인권, 환경, 가난 등 사회에 대해 생각할 수 있는 책을 읽고 자주 대화를 나눌 필요가 있습니다. 최근에는 전쟁, 폭력, 시민운동, 법, 양성평등과 같은 주제와 연관된 책들이 여럿 나와 있습니다. 사회 문제를 들여다볼 수 있는 소설도 많습니다. 이런 책들을 읽으면서 우리가 살아가는 세상에서 생기는 여러 문제들을 부모와 함께 고민해 보는 시간을 가질 수 있습니다. 5학년은 혼자서 책을 읽고 줄거리를 알아보고 넘어가는 단계에서 벗어나 소설의 의미를 폭넓게 짚어보는 시야를 키워줌으로써 본격적인 비판 독서 단계로 넘어가야 합니다. 수업을 들으면서 메모하는 습관을 갖도록 지도하는 것도 필요합니다. 교사나 부모가 설명하는 것을 들으면서 아이 스스로 적절히 메모할 수 있도록 가르쳐야 합니다. 처음에는 천천히 또박또박 말해 주어 받아 적게 한 다음 어떻게 메모하였는지 확인하고, 메모하는 방법을 가르쳐줍니다. 수업 내용을 메모하는 경우에는, 수업을 들은 후 가장 중요한 생각을 먼저 적고 나서 그것을 뒷받침하는 세부사항들을 간단한 내용으로 적도록 가르칩니다. 이처럼 듣고 메모하는 연습은 반복해서 해야 합니다.

5학년 독서 전략
"독서의 사춘기!
반항이 시작된다!"

세상이 빨라지면서 아이들의 성장 속도도 함께 빨라지는 것 같습니다. 요즘 5학년들은 벌써 사춘기에 접어들기도 합니다. 이 시기 아이들은 몸과 마음뿐 아니라 독서습관도 바로잡아 주어야 합니다. 이 시기의 어린이는 아직 추상적인 사고를 잘하지 못하지만, 합리적이고 비판적인 사고력은 꽤 발달하는 편입니다. 지적 호기심과 사회 전반에 대한 관심도 높으며 자기주장도 강하죠. 사춘기를 겪는 아이는 어린아이로 취급받는 것을 싫어하기도 합니다. 또 동화보다는 소설을 읽고 싶어 하는 어린이가 부쩍 늘어납니다. 이때부터 개인차가 두드러져 책을 좋아하는 어린이와 그렇지 않은 어린이가 선명하게 구분됩니다. 더불어 읽기 능력의 차이도 극명해집니다. 이 시기에는 대체로 여자 아이들이 남자 아이들보다 키도 크고 생각도 성숙하듯이 남자 어린이보다 여자 어린이의 읽기, 쓰기 능력이 더 우수합니다. 또 독립에 대한 의지도 강하게 나타납니다. 책을 싫어하는 어린이를 선생님이나 부모가 강압적으로 지도하기 어려운 시기이기도 합니다. 이런 성향이 굳어지면 자신이 좋아하는 책만을 찾아 읽게 되면서 편독하는 습관이 생기기 쉽습니다.

독서 사춘기를 위한 솔루션 - 책에게 길을 묻다!

부모나 선생님의 강요에 의한 책 읽기를 거부하는 시기이므로 아이들 스스로 흥미를 유발시켜 책을 읽을 수 있도록 해야 합니다. 먼저 아이들이 좋아하는 것이 무엇인지 생각해 보고 그것을 책 읽기와 연계시켜 보는 것이 좋습니다. 가령 흥미를 가지는 게임과 관련된 것을 인터넷에서 찾아보게 한 뒤 정리하여 발표하게 합니다. 발표 뒤에는 칭찬을 많이 해 주어야 합니다. 칭찬을 듣고 자신감이 생긴 아이는 게임 잡지나 게임을 소재로 한 책을 찾아 자연스럽게 읽게 됩니다. 점차 자신이 좋아하는 분야에 대한 관심은 다양한 책 읽기로 확장될 수 있습니다. 이 시기에 아이의 지적 호기심이 강해지는 것을 고려해 책 읽기에 능숙한 아이라면 협소한 동화의 세계에서 벗어나 정치, 경제, 사회, 역사, 문화 등 다양한 분야의 책을 권해 주는 것도 좋습니다. 독해 능력과 사고를 확장하기 위해서는 기존에 읽었던 창작 동화보다는 비문학 도서를 읽게 하는 것이 필요합니다. 이 시기에는 공상 과학이나 추리 소설, 하이틴 로맨스 같은 통속 소설에 눈을 돌리기 쉬우므로, 그쪽에 지나치게 빠지지 않도록 세심하게 관찰해야 합니다.

독서 사춘기를 극복하기 위한 네 가지 방법

첫째, 아이 스스로 책을 선택할 수 있는 기회를 주어야 합니다. 독립을 하고 싶어 하는 아이들에게 단순히 부모가 골라준 책을 억지로 읽히기보다는 서점이나 도서관에서 스스로 책을 선택할 수 있는 기회를 많이 주면서 책을 보는 안목을 높이도록 합니다.

둘째, 4+1법칙을 실천해야 합니다. 독서 사춘기에 가장 경계해야 하는 것이 편독이죠. 편독 습관을 막기 위해서는 한 달에 자신이 좋아하는 책 4권을 읽는다면 나머지 한 권은 꼭 다른 분야의 책을 읽히도록 합니다. 무턱대고 싫어하는 분야의 책을 읽히기보다는 아이 스스로 고쳐 나갈 수 있도록 시간을 줘야 합니다.

셋째, 비문학 독서를 시작합니다. 본격적인 독서가 시작되는 시기이므로 그동안 읽지 않았던 비문학 책을 읽음으로써 어휘력과 문장력을 키우며 다양한 글의 구조를 파악하고 독해력을 향상시킬 수 있습니다.

넷째, 책을 읽고 난 후 토론을 합니다. 그동안 단순히 책을 읽고 감상문 작성 정도로 독후 활동을 했다면 이제 고차원적인 독후 활동이 필요합니다. 책의 내용 중 가장 핵심이 되는 문제를 바탕으로 토론해 보고 논리적이고 비판적인 글쓰기를 해봄으로써 사고력을 확장해야 합니다.

독서 격차로 생기는 학습 격차 "5학년 최상위권 3% 진입을 위한 독서 전략"

왜 읽어야 하는가?

초등학교 5학년은 언어 영재라고 하는 아이들이 국어와 멀어지기 시작하고, 수학·과학 영재라 하는 친구들이 책과 멀어지기 시작하는 시기입니다. 언어 영재는 외국어를 공부할 때도 결국은 모국어로 사고하게 마련입니다. 외국어로 잠꼬대하는 정도가 아니라면 외국어 공부로는 모국어 이상의 이해력과 사고력을 기를 수 없습니다. 수학·과학 영재도 숫자와 기호로 사고하는 것이 아니라 결국은 언어로 사유하고, 사유의 과정을 언어로 표현합니다. 독서를 통해 어휘력, 독해력, 이해력, 사고력, 문제 해결 능력, 표현력이 충분히 발달한 아이는 학습의 단계가 올라갈수록 빛날 수밖에 없습니다. 문·이과를 막론하고 고등학교 입시, 대학교 입시의 자기계발 계획서나 자기소개서에는 빠짐없이 독서록을 적는 칸이 등장합니다. 면접에서도 독서와 관련한 질문이 심층적으로 이루어지며, '지금 읽고 있는 책이 무엇이냐?'를 공통적으로 질문하는 경우도 있습니다. 영재교육원 시험이나 국제중 입시에서도 독서 이력은 그 아이의 역량을 판단하는 중요한 잣대로 작용합니다. 독서를 습관적으로 해온 학생은 학습에 필요한 제반 능력이 고루 뛰어나므로, 아이의 독서력을 중요한 잣대로 삼기 때문이죠. 초등학생 때는 물론 중·고등학생 때까지 성적을 상위권으로 유지하기 위해서는 독서를 방학 숙제와 수행평가를 할 때만 하지 말고 날마다 해야 하는 과제로 여겨야 합니다.

상위권 학생을 만드는 4가지 독서 전략

상위권을 노리는 학생이라면 다음의 4가지 전략을 추천합니다.

첫째, 다양한 책을 여러 권 읽는 것보다는 한 권의 책을 다양한 관점에서 읽는 것입니다. 상위 3%반 아이들끼리 하는 이야기를 들어보면 참 재미있습니다. 언젠가는 자기들끼리 이런 유치한 이야기를 하고 놀더군요.

"어제 공지영 작가의 『즐거운 나의 집』 읽었어. 우리 엄마가 읽는 책인데, 엄마보다 더 빨리 읽었지."

"나는 얼마 전에 200페이지나 되는 『좀머 씨 이야기』를 2시간 만에 읽었어."

가만히 듣고 있으면 귀엽기도 하고 우습기도 합니다. 이것이 거짓 무용담이 아닌 실제로 이 아이들의 독서 방법이라면 문제가 심각합니다. 책은 속독보다는 정독을 해야 하고, 다양한 책을 여러 권 읽는 것보다는 차라리 한 권의 책을 다양한 관점에서 여러 번 읽는 것이 낫기 때문이죠. 아울러 학년마다 필독서가 따로 있는 이유는 그 나이의 발달단계에서 필요한 내용을 소화할 수 있는 수준과 양만큼 담아냈기 때문입니다. 우리 아이가 아무리 성적이 우수하다 해도 학년별 필독서를 중심으로 읽히고, 높은 수준의 책은 그다음에 생각해도 늦지 않습니다.

둘째, 수준 높은 책보다 교과 연계 도서를 먼저 읽는 것입니다. 5학년 사회 교과에서는 1년 동안 한국사에 대해 깊이 있게 학습합니다. 이를 출발로 역사, 지리, 국제 관계 등으로 내용이 방대해집니다. 과학 교과도 식물과 미생물, 인체, 지구와 우주, 용액과 용해 등 과학의 각 영역을 폭넓게 살피죠. 각종 조사와 관찰, 실험 등의 활동이 중심이 되기 때문에 관련 도서들을 충분히 읽은 친구들은 상대적으로 활동의 목적을 인지하고 결론을 예상하는 것이 어렵지 않으며, 효율적으로 활동을 계획할 수 있습니다. 또한 한 단원이 끝날 때마다 서술·논술형 문제가 제시됩니다. 지문 정리가 아닌 논리적 글쓰기를 요구하고 있으며, 논리에서 가장 중요한 것은 근거 제시입니다. 하지만 근거를 경험에서 활용하기에는 한계가 있습니다. 이때 필요한 것이 교과 연계 도서들을 읽으면서 다양한 배경지식을 쌓는 것입니다.

셋째, 책을 더럽히며 읽는 겁니다. 손으로 기록하고 연결하고 표시해야 머리에도 마음에도 흔적을 오래 남깁니다.

"읽었으면 읽었다고 티를 내자."

매번 아이들의 워크북을 점검하면서 읽기 자료나 제시문 부분이 깨끗할 때마다 제가 즐겨 하는 말입니다. 모든 글은 그냥 읽으면 집중력과 소화력이 반감된다는 말도 덧붙이죠. A4 한 페이지 정도의 제시문을 읽고도 묻는 질문에 대답하지 못하는 아이들이 많습니다. 기본 내용조차 제대로 이해하지 못했다는 말이죠. 하물며 한 권의 책을 눈으로만 읽는다면 책에 온전히 집중하기 어렵고, 며칠 못 가 내용이 가물가물해질 수밖에 없습니다. 책을 읽으면서 흔적을 남기면 머릿속에도 흔적이 남습니다. 마음이 가는 부분에 밑줄을 긋고, 책의 여백에 떠오르는 생각이나 단어들을 적으면 내용을 정확하게 오래 기억하는 효과가 있습니다. 또한 흔적을 남기는 책에는 특별한 애정까지 생기게 됩니다.

넷째, 인테리어를 위해서가 아니라면 전집은 한 번에 사주지 않습니다.

"선생님, 엄마가 40권 전집을 사 왔어요!"

얼마 전에 지혜가 학원 문을 박차고 들어와서는 원망이 가득한 눈초리로 제게 던진 말입니다. "국제중을 준비하고 싶은데 어떤 책을 읽혀야 하느냐?"는 부모님의 질문에, 고전의 힘에 대해 이야기해 주었던 것이 화근입니다. 며칠 뒤 지혜의 책장에 40권 전집이 떡 하니 들어온 겁니다. 지혜가 느끼는 부담감이 제 두 어깨까지 짓누르는 느낌이더군요. 유아 때와는 달리 수십 권의 시리즈 도서는 아이에게 부담감을 주고, 독서에 대한 흥미도 떨어뜨릴 수 있습니다. 부모님이나 선생님이 아이에게 좋은 책을 권할 수는 있지만 최종적으로 그 책을 선택하는 것은 아이의 몫입니다. 좋은 전집을 권하지 말라는 게 아닙니다. 권하되 선택은 맡겨두라는 말입니다. 아이가 관심을 보이는 책을 중심으로 한두 권씩 사주는 것이 아이에게는 더 흥미로운 독서가 될 수 있습니다. 한두 권씩 읽어 나가다

보면 모아보고 싶은 욕심도 생길 수 있고, 그러다보면 동기 부여와 성취감으로 연결될 수도 있습니다. 실제로 저는 도스토옙스키 전집을 한 권씩 사 모았던 경험이 있습니다.

도스토옙스키 전집의 추억

독서진흥 포스터 촬영을 위해 여의도 국민일보 사옥 지금의 CCMM빌딩 1층 커피숍에서 당시 MBC에서 일하던 김주하 앵커를 만난 적이 있습니다. 차를 마시는데 갑자기 이런 질문을 하더군요.

"그런데, 어떤 작가를 좋아하세요?"

당황해서 저도 모르게 도스토옙스키를 좋아한다고 대답했습니다. 기껏 『카라마조프가의 형제들』 하나를 읽어봤을 뿐인데 말이죠.

우리나라에서 도스토옙스키 전집을 내는 출판사는 열린책들이 유일합니다. 톨스토이도 여러 출판사가 도전하고 있습니다만 더러는 절판되어 구하기가 쉽지 않습니다. 작가의 모든 책이 잘 팔리는 것은 아니니까요. 좋아하는 작가라고 내뱉은 덕분에 뒤늦게 열린책들 전집을 구해 읽으려고 찾아봤습니다. 제가 읽은 화려한 표지의 전집 시리즈는 절판되었고 '열린책들 세계문학전집'에 속해서 재출간되고 있더군요. 저는 뜬금없이, 정말로 뜬금없이 순수한 '도스토옙스키 전집'을 갖추고 싶어졌습니다. 전집을 읽기 위한 저의 긴 여정이 시작된 겁니다.

미션 아닌 미션이 있다면 전권을 누구의 손때도 묻지 않은 새 책으로 구입하고 싶었습니다. 약 4년 정도 걸렸습니다. 『카라마조프가의 형제들』 이외에 『죄와 벌』, 『악령』, 『미성년』, 『백치』 등 5대 장편은 인기가 많아서 웬만한 서점에서 구할 수 있었습니다만 판매량이 저조하고 인기도 별로 없는 단편집은 아무리 찾아도 없고 중고조차 희귀하더군요. 『노름꾼』을 전주 한옥마을의 홍지서림에서 발견했을 때는 마치 블라디미르가 기다리던 고도를 만난 것처럼 기뻐 날뛰었습니다. 『죽음의 집의 기록』과 『도스토옙스키 읽기 사전』은 도서 정가제 시행 이전에 열린 서울국제도서전에서 출판사 재고 정리 때 각권 3천 원으로 구입했습니다. 긴 여정이 끝나는 순간이었죠.

얼마 전 아들이 자기 방 책장에 꽂아둔 저의 흐뭇한, 보기만 해도 자랑스러운 전집을 보고 그러더군요.

"아빠, 이 재미없는 책 좀 치워주세요. 책장이 좁아요."

어찌나 서운하던지요. 제 방이나 서재가 따로 없는 관계로 지금은 거실로 쫓겨났습니다만 그 전집들을 볼 때마다 다른 어떤 귀중품보다 소중하고 사랑스럽습니다.

5학년을 위한
주제별 필독서

- 1월 : 한국사-1
- 2월 : 한국사-2
- 3월 : 과학·환경
- 4월 : 사회·인권
  [심화독서] 5학년을 위한 토론 연습
- 5월 : 인문·철학
  [심화독서] 5학년을 위한 글쓰기 연습-1
- 6월 : 문화·예술
  [심화독서] 5학년을 위한 글쓰기 연습-2
- 7월 : 한국사-조선후기
- 8월 : 한국사·근현대사
- 9월 : 문학으로 세상을 읽다-1
  [심화독서] 5학년을 위한 주제 분석 연습-1
- 10월 : 문학으로 세상을 읽다-2
  [심화독서] 5학년을 위한 주제 분석 연습-2
- 11월 : 사회로 세상을 읽다
  [심화독서] 5학년을 위한 사회 교과 관련 경제·정치·법
- 12월 : 미디어로 세상을 읽다
  [심화독서] 5학년을 위한 미디어 리터러시

▓ 1월의 독서 주제는 '한국사-1'입니다

신학기 대비 한국사 독서가 필요합니다. 1~2월 두 달 동안 선사 시대부터 조선 전기까지 관련 도서를 추천합니다. 우리나라의 역사를 처음으로 만나는 시간이니만큼 제대로 배워 흐름을 잡을 수 있도록 풍부한 유물, 유적 및 지도 자료를 활용하면 좋습니다. 나아가 주요 주제에 대한 토의, 토론 등을 통해 자기만의 뚜렷한 시각으로 역사를 바라볼 수 있어야겠습니다. 한국사 독서를 통해 쌓은 역사적 지식으로 학생들은 시대를

『재미있다! 한국사 1』

바로 읽고, 미래를 창의적으로 이끌어나가는 지혜를 얻을 수 있습니다.

『재미있다! 한국사 1』구완회 저을 처음부터 81쪽까지 읽으며 한국사를 본격적으로 배우기 전에, 역사의 의미와 역사를 배워야 하는 이유를 생각할 수 있습니다. 또한 유물과 유적을 통해 선사 시대에 대한 이해를 높이고, 각 시대별 특징을 파악할 수 있습니다.

82쪽부터 123쪽까지 읽으며 건국 신화의 내용을 이해하고, 그 속에 숨은 의미를 파악할 수 있습니다. 또한 고조선의 건국부터 삼국의 전성기까지 전개 과정을 알고, 각 나라의 왕들의 업적을 확인할 수 있습니다. 그리고 고대를 '삼국 시대'로 부르는 명칭이 타당한지 토론해 봅니다.

124쪽부터 171쪽까지 읽으며 삼국의 성장과 발전에 대해 심화 독서를 진행합니다. 또한 삼국의 찬란한 문화와 유물을 감상하며 각 나라별 특징을 이해하고, 그들의 생활이 어떠했을지 파악할 수 있습니다. 문화재 속에 숨어 있는 역사 이야기를 통해 살아 있는 한국사를 만나보고, 나만의 역사 신문을 제작해 봅니다.

172쪽부터 끝까지 읽으며 가장 늦게 전성기를 맞이한 신라가 어떻게 삼국 통일을 하게 되었는지 그 과정을 알아보고, 고구려를 뛰어넘은 고구려의 후예 발해는 어떠한 나라였는지 살펴봅니다. 또한 신라의 삼국 통일의 의의와 한계 그리고 발해를 우리 역사라고 주장할 수 있는 근거는 무엇인지 생각해 봅니다.

『재미있다! 한국사 2』

5학년 2월까지는 한국사 독서를 제안합니다. 『재미있다! 한국사 2』구완회 저를 처음부터 129쪽까지 읽으며 후삼국의 통일 과정과 고려의 전반기 정치 및 대외 관계에 대해 알아봅니다. 태조, 광종, 성종을 거치면서 고려가 어떻게 안정되어 갔는지 살펴보고, 신분에 따른 사람들의 생활 모습과 불교가 나라에 미친 영향에 대해 생각해 봅니다. 130쪽부터 끝까지 읽으며 고려 중기 지배층의 변화가 고려 사회에 어떤 영향을 미쳤는지 확인합니다. 또한 원 간섭기 이후 고려 사회의 변화를 이해하고, 공민왕의 개혁 정치 내용을 살펴봅니다. 대몽 항쟁의 일환이었던 강화 천도는 타당했는지 토론해 보고, 자신의 생각을 정리하면 좋습니다.

『재미있다! 한국사 3』구완회 저을 처음부터 111쪽까지 읽으며 고려 말 사회 상황을 이해하고 조선의 건국 과정을 정리할 수 있습니다. 각 왕들의 업적을 살펴보며 조선의 기틀을 마련하기 위한 왕들의 노력을 이해할 수 있습니다. 또 한양 곳곳에서 볼 수 있는 유교의 모습을 통해 건국 세력이 지향하고자 하는 나라의 모습을 생각할 수 있습니다. 112쪽부터 끝까지 읽으며 유교를 근간으로 하였던 조선 시대의 각 신분에 따른 생활 모습을 살펴봅니다. 또한 임진왜란과 병자호란의 원인 및 과정, 결과에 대해 이해하고, 두 전쟁이 조선 사회에 미친 영향에 대해 알아봅니다.

『회색큰다람쥐를
현상 수배합니다』

5학년 상반기는 자신의 역량과 자질을 더욱 튼튼하게 다질 수 있도록 고학년에게 필요한 토론, 논술 능력이 필요한 시기입니다. 3월은 '과학·환경' 독서와 함께합니다. 이번 달 독서를 통해 과학에 대해 더 큰 흥미를 불러일으키고, 환경의 소중함에 대해 다시 생각해 보기를 기대합니다. 학교 토론 수업에서 자주 활용되는 CEDA 형식에서 입론자, 교차 조사자, 반박자, 최종 변론자의 역할을 바르게 이해하고 주제에 맞는 논증 구조를 갖춰 나가야 합니다. 비판적인 시각으로 또래와 함께 문제를 제기하며, 구체적인 대안을 세워서 성숙한 사고를 하는 아이로 거듭날 수 있습니다.

『회색큰다람쥐를 현상 수배합니다』파픽 제노베시, 산드로 나탈리니 저를 읽으며 침입 외래종이란 무엇이며, 침입 외래종이 어떻게 확산되고 생태계에 어떤 피해를 주는지 알아봅니다. 나아가 지구의 생태계 다양성을 보존하기 위해 우리가 어떻게 행동해야 하는지 생각해 봅니다. 또한 토론의 개념을 익히고, 아카데믹 토론 형식 중 'CEDA 토론'에 대해 학습합니다. 그중 '입론'의 개념을 이해하고, 자신의 생각을 체계적으로 정리하여 적극적으로 전달할 수 있습니다.『폴리네시아에서 온 아이』고슈카 저에서 폴리네시아의 아름다운 산호섬에서 행복하게 살아가던 나니네 가족은 하루아침에 환경 난민이 됩니다. 나니네 가족이 겪는 이별과 불행을 통해 지구 온난화의 심각성을 알아볼 수 있습니다. 또한 CEDA 토론의 '교차 조사' 단계를 학습하고, 환경 난민 문제를 어떻게 해결할 수 있을지 토론해 봅니다.

『떴다! 지식 탐험대 : 태양계』이희주 저를 읽으며 '태양계'와 '별'이라는 주제에 대해 아이들의 폭넓은 관심을 끌어내고, 호기심을 자극합니다. 행성을 중심으로 한 태양계의 특징을 이해하고, 우주에 대해 탐구하려는 태도를 지닐 수 있습니다. 태양이 지구의 에너지원임을 이해하고, 태양계 행성들을 조사하여 상대적 크기와 거리를 비교할 수 있습니다. 나아가 지난 2주간 연습했던 '입론'과 '교차 조사' 항목에 대한 실전 연습을 통해 토론 방법을 체득해 나갑니다.

『아토믹스 1-지구를 지키는 소년』서진 저을 읽으며 원자력 에너지의 긍정적인 면과 부정적인 면을 살펴보고, 그 양면성을 이해할 수 있습니다. 또한 원자력 에너지를 계속 사용해도 괜찮을지 토론해 봅니다. 앞서 익힌 '입론'과 '교차 조사'에 이어 토론의 핵심 단계인 '반박'을 심도 있게 배우고 사고력을 확장하여 논리력을 키울 수 있습니다.

『담임 선생님은 AI』이성화 저를 통해 인공지능AI 교사가 아이들과 함께 생활하며 겪게 되는 갈등과 인물 사이의 관계 변화를 살펴봅니다. 인공지능 로봇의 상용화가 인간 사회에 미치는 영향에 대해 생각해 볼 수 있습니다. 또한 CEDA의 마지막 단계인 '최종 변론'을 학습하며 주장의 타당성을 부각하고 그 이유를 설득력 있게 재구성하였는지 점검할 수 있습니다.

▧ 4월의 독서 주제는 '사회·인권'입니다

5학년 4월 독서 주제는 '사회·인권'입니다. 사회적 변화에 따른 인구

『우리 학교가
사라진대요!』

문제에 대해 살펴보며 저출산 문제를 해결하는 데 필요한 구체적인 방안을 모색해 봅니다. 나아가 정의로운 사회를 만들기 위해 인권에 대해 관심을 갖는 데 목표를 둡니다. 개인의 인권 문제는 모든 사람의 인권 문제이기도 합니다. 한 사람의 인권 문제를 해결하면 모든 사람의 인권 문제를 해결할 수 있기 때문입니다. 물론 인권을 지키는 일은 그리 쉽지 않을 수 있습니다. 하지만 변화는 작은 실천에서 시작한다는 교훈을 잊지 않고 작은 일상부터 바꾸려 노력한다면 세상이 바뀔 수 있다는 원리를 깨닫게 됩니다. 인권이 존중되는 사회를 만들기 위해 함께 노력하는 아이들의 모습을 기대해 봅니다.

『우리 학교가 사라진대요!』예영 저를 읽으며 시대에 따라 변화했던 우리나라의 인구 정책들을 살펴보면서 우리 사회가 어떻게 달라졌는지, 그 변화가 어떤 시대적 흐름을 만들어내고 있는지 이해할 수 있습니다. 전 세계적으로 직면한 인구 문제에 대해 이야기해 보고, CEDA 토론의 '입론'과 '교차 조사'를 복습하며 저출산 문제를 해결할 수 있는 방안을 알아봅니다. 『불편한 이웃』유승희 저을 통해 '소수자'와 '다름'의 개념을 명확하게 이해할 수 있습니다. 남과 다름을 인정하지 않는 편협함을 반성해 보게 됩니다. 그리고 CEDA 토론의 '반박'과 '최종 변론'을 복습하며 학교 폭력을 예방하기 위해 방관자를 처벌해야 하는지 깊이 있게 생각해 볼 수 있습니다.

『우리 역사에 숨어 있는 인권 존중의 씨앗』김영주, 김은영 저을 통해 우리 선조들이 가졌던 높은 인권 의식을 이해함으로써 우리 역사에 대한 자긍심을 가질 수 있습니다. 더불어 세계 여러 나라의 인권 사상과 제도를 살펴봄으로써 인권에 대한 의식이 동서양을 막론하고 지속적으로 발전해 왔음을 살펴볼 수 있습니다. 나아가 교도소에 심신 치유실을 설치해도 되는지 토론해 봄으로써 범죄자의 인권에 대해 깊이 생각해 보는 시간을 갖습니다. 『수상한 학원』박현숙 저을 읽으며 책 속 인물들과 내가 공부하는 이유를 비교해 학습의 목표와 방향을 다잡아 봅니다. 나아가 내가 진정으로 학습하고 싶은 분야는 무엇인지 고민해 보고, 배우고자 하는 목적을 구체적으로 밝힐 수 있습니다. 또한 지금까지 배운 CEDA 토론 방식에 대한 이해를 바탕으로 사교육 선행 학습이 필요한지 토론해 봅니다.

👑 상위권 추천도서 👑

▓5학년을 위한 토론 연습

5학년 3% 최상위권 학생들은 과학·환경 도서와 관련하여 토론 연습에 적합한 책을 추가로 읽으면 좋습니다. 토론은 준비부터 실전에 이르는 과정을 통해 논리적인 사고를 키우기에 적합한 학습 방법입니다. 토론을 통해 상대의 의견을 존중하고 경청하는 태도를 배우고, 자신의 논지를 분명하고 부드럽게 밝히는 연습을 하면서 토론에 필요한 배경지식을 만들어보시기 바랍니다.

『이대열 선생님이 들려주는 뇌 과학과 인공지능』이대열 저을 읽으며 인공지능의 모델인 인간의 뇌와 지능에 대해 알아보며 인공지능에 대해 바

『이대열 선생님이 들려주
는 뇌 과학과 인공지능』

르게 이해할 수 있습니다. 그리고 CEDA 토론의 첫 단계인 '입론'에 대해 배우고, 인공지능 로봇은 인류에게 축복일지 아니면 재앙일지 입론을 발표할 수 있습니다. 입론에서 자신의 입장을 분명히 밝히고, 주장에 대한 근거를 논리적으로 담아내야 합니다. 예시 논제로 인공지능 로봇은 인류에게 축복인가를 다루어 봅니다. 『아빠를 주문했다』서진 지를 읽고 인공지능 로봇 아빠와 철

민이의 이야기를 통해 '인간다움'이란 무엇인지 생각해 봅니다. 인공지능 로봇이 발전하면서 맞이할 미래 로봇 시대에 우리가 생각해야 할 가치, 생명에 대해 고민해 봅니다. 그리고 CEDA 토론의 두 번째 단계인 '교차 조사'에 대해 배우고, 인공지능 로봇이 가족이 될 수 있을지 친구들과 토론해 봅니다. 교차 조사는 상대에게 질문을 던져 자기 주장의 설득력을 높입니다. 예시 논제로 미래에 인공지능 로봇은 가족이 될 수 있는가를 연습해 봅니다.

『지구를 들었다 놨다! 세균과 바이러스』유다정 지를 일고 인간의 삶에 엄청난 영향을 미쳐 온 미생물이 바꾸어 놓은 역사적 사건들을 통해 미생물의 존재와 질병의 치료법이 개발되는 과정을 알 수 있습니다. 또한 지구의 역사와 환경에 대한 연구가 진행되는 과정을 이해할 수 있습니다. 나아가 감염병 확진자의 이동 경로를 공개해야 하는지 친구들과 토론해 봅니다. 반박은 상대 주장의 허점이나 부족한 점을 지적하고 어떤 점에서 오류가 있는지를 밝히는 것입니다. 예시 논제로 감염병 확진자의 모든

동선을 공개해야 하는가를 활용해 봅니다. 『두 얼굴의 에너지, 원자력』 김성호 저을 읽으며 원자력이 무엇인지, 원자력은 어떻게 생겨나고 쓰이는지, 원자력 발전의 장점과 단점은 무엇인지 정확하게 알아봅니다. 그리고 CEDA 토론의 마지막 단계인 최종 변론에 대해 배우고, 원자력에 대한 이해를 바탕으로 원자력 발전의 중단과 지속에 대해 친구들과 토론해 봅니다. 최종 변론은 전반적인 토론을 정리하고 최종적으로 청중에게 자신의 논점을 호소하는 것입니다. 예시 논제로 원자력 발전을 중단해야 하는가를 연습해 봅니다.

『세계 시민 수업 ⑦-혐오와 인권』장덕현 저을 읽으며 혐오 문화가 왜 생기고 어떠한 차별을 만드는지 살펴보고, 이를 해결하기 위해 우리는 어떤 노력을 해야 하는지 고민해 봅니다. 그리고 혐오 표현을 법적으로 규제해야 하는지 친구들과 토론해 봅니다. 예시 논제는 혐오 표현을 법적으로 규제해야 하는가입니다. 『숨어 사는 내 친구』가이사 고단 저는 난민이라는 특수 상황에 처한 일로나와 단짝 친구 스텔라의 이야기이자, 우정을 나누며 살아가는 아이들과 어른들의 이야기입니다. 난민이 처한 상황과 등장인물들을 통해 난민을 대하는 사람들의 인식을 반성하고, 그들을 돕는 것은 그들의 고통에 공감하는 데서 시작한다는 것을 깨닫습니다. 그리고 우리나라에 온 난민을 수용해야 하는지 친구들과 토론해 봅니다. 『안녕, 베트남』심진규 저에서 할아버지와 베트남으로 여행을 떠난 도현이는 시간 여행을 통해 베트남 전쟁의 한가운데에 떨어집니다. 도현이의 눈을 통해 전쟁의 참혹함을 바라보며, 역사를 제대로 알고 기억해야 하는 이유를 생각해 봅니다. 또한 진정한 평화를 위해 지금 우리가 무엇을 해야 하는지 친구들과 토의해 봅니다. 과거사 청산을 위한 우리의 노력을 의논해 봅니다. 『악당의 무게』_{이현 저}를 읽고 자신의 약한 모습에서 벗어나고 싶은 수용이와 인간에게 거리를 두고 살아가는 '악당'의 만남을 통해 타자에 대한 이해의 대상을 동물로 확대해 볼 수 있습니다. 그리고 인간과 동물이 함께 살아갈 방법을 고민해 보고, 반려동물 보유세 도입에 대해 친구들과 토론해 봅니다.

▓ 5월의 독서 주제는 '인문·철학'입니다

『열두 살에게는
너무 무거운 비밀』

사람이 사람답게 사는 방법을 연구하는 학문이 인문학인데, 인문학은 이제 막 인격이 형성되어 가는 아이들에게 가장 필요한 학문입니다. 올바른 인성을 가진 사람은 진정 자유롭고 행복한 존재로 자라날 수 있기 때문입니다. 다양한 주제 학습을 통해 깨어 있는 시선으로 사회를 바라보고, 수많은 질문을 스스로에게 되물으며 답을 찾아보는 시간을 갖습니다. 독서와 토론을 바탕으로 자신이 느낀 것을 완성된 글로 표현하는 훈련은 내면의 힘까지 키워 나갑니다.

『열두 살에게는 너무 무거운 비밀』_{마리안느 머스그로브 저}을 읽으며 할아버지를 간호하게 된 켄지의 생활을 통해 진정한 가족의 의미를 생각해 볼 수 있습니다. 또한 친구들과 함께 국민의 삶의 질을 높이기 위한 다양한 돌봄 제도에 대해 토의해 봅니다. 그리고 글쓰기 실력을 향상하기 위한 첫 번째 시간으로, 독서 감상문 쓰기를 연습해 봅니다. 이 책을 통해 단순한 느낌을 쓰는 글에서 벗어나 책의 내용에 공감하며 자신의 생각을 깊이 있게 표현하는 글을 쓸 수 있습니다.

『장자 아저씨네 미용실』이기규 저을 읽으며 부와 명예보다는 정신적으로 어디에도 구속되지 않는 자유로운 삶을 추구했던 장자의 삶을 살펴봅니다. 사물을 보는 관점, 실패의 중요성, 마음을 기울이는 방법 등을 통해 자신을 돌아볼 수 있습니다. 또한 현대 사회의 경쟁 구조는 과연 더 좋은 성과를 낼 수 있는지 토론해 봅니다. 글쓰기 시간에는 다양한 형식의 독서록 쓰기 방법에 대해 알아보며, 책을 통해 확장된 자신의 생각을 표현하는 즐거움을 느낄 수 있습니다.

『생각이 크는 인문학-14 음식』김종덕 저을 읽으며 음식에 대해 생각해 봅니다. 우리는 태어나면서부터 줄곧 음식을 먹습니다. 바른 먹을거리를 제대로 알고 좋은 식습관을 기르는 것은 건강한 몸과 마음을 유지할 수 있는 기초가 됩니다. 우리가 먹고 마시는 음식에 관해 이야기를 나누며 세상을 바라보는 눈을 키울 수 있고, '산업형 농업'과 관련된 토론을 통해 미래의 식량과 음식 산업에 대해 진지하게 고민할 수 있습니다. 또한 자신의 주장을 논리적으로 전달할 수 있도록 논설문 쓰기에 대해 학습하고, 설득하는 글을 써봅니다. 식량 문제, 건강한 식습관의 중요성, 농업의 중요성 등 음식에 대해 인문·사회·과학적으로 사고하도록 구성된 책의 내용을 다시 살펴보며 패스트푸드와 슬로푸드, 유전자 조작 식품 GMO, 글로벌 푸드와 로컬 푸드에 대해 심화 학습해 봅니다. 환경, 사회에 좋은 영향을 미치는 건강한 음식은 무엇인지 이해하고, 음식 문맹자에서 벗어나 음식 시민의 태도를 키울 수 있습니다.

5학년을 위한 글쓰기 연습-1

『수상한 편의점』

5학년 최상위 3% 학생이라면 5월과 6월에는 글쓰기 연습을 별도로 진행할 것을 추천합니다. 매주 추천도서의 내용을 바탕으로 선정한 다양한 철학적 주제를 단·장문의 글로 완성해 보는 거죠. 자신의 생각을 정리하고, 각 글의 장르적 특성을 이해하고 글의 목적에 맞게 스스로 서술할 수 있도록 집중적으로 연습하여, 자신만의 개성 있는 글의 체계를 완성해 보는 것을 목표로 합니다.

『수상한 편의점』박현숙 저에서 폭설로 공항에 7박 8일 동안 갇힌 사람들은 어려움 속에서도 그들만의 규칙과 질서를 지켰습니다. 힘든 상황에서도 자신보다 힘든 사람을 생각하는 따뜻한 마음도 잃지 않았습니다. 그들을 통해 연대와 정의의 의미를 생각해 봅니다.『휴대폰에서 나를 구해 줘!』다미안 몬테스 저를 읽으며 휴대폰에 영혼이 갇힌 열두 살 아프리카 소녀 무켈라가 자신의 모습을 찾기 위해 벌이는 모험을 통해 재미를 느낄 수 있습니다. 또한 무켈라를 도와주는 친구들의 모습을 통해 순수한 마음에 동화되며, 낯선 대상에 갖는 편견에 대해 생각해 볼 수 있습니다. 더불어 우리의 생활과 밀접하게 연관된 스마트폰 사용에 대해 토론해 보고, 스마트폰의 올바른 사용 방법을 고민해 보도록 합니다.

『게임의 법칙』정철아 지을 읽고 게임에 몰입하는 지호를 통해 게임의 긍정적·부정적인 면에 대해 생각해 봅니다. 또한 '게임의 질병 분류 추진'에 대해 친구들과 의견을 나누고, '게임 중독'을 질병으로 분류해야 하는지 토론해 보면 좋겠습니다. 책을 다시 한 번 읽고, 게임은 스스로 조절하며 할 수 있는 것인지, 게임 중독의 원인은 무엇인지 다각도에서 생각해 봅니다. 셧다운제의 실효성에 대해 친구들과 의견을 나누고 게임을 건강하게 즐길 수 있는 방법을 함께 생각해 봅니다.

▓6월의 독서 주제는 '문화·예술'입니다

『어린이를 위한
서양 미술사 100』

6월에는 문화·예술 도서를 추천합니다. 음악, 미술, 연극을 주제로 한 도서들을 읽으면서 문화·예술의 전반적인 이론을 알고, 감상하며 읽는 방법을 터득하여 독창적인 시각으로 해석할 수 있습니다. 그리고 다양한 장르의 글쓰기 연습을 통해 각 갈래별 특징을 학습하고, 그것을 바탕으로 개성이 살아 있는 글을 쓸 수 있습니다.

『어린이를 위한 서양 미술사 100』이수 지을 처음부터 99쪽을 먼저 읽고 미술이 다른 예술과 다른 점은 무엇인지 생각해 보며 미술의 특징을 파악해 봅니다. 또한 미술에 대한 기초 학습을 통해 미술을 친근하게 느끼고, 다양한 작품을 이해하는 데 도움을 받을 수 있습니다. 특히 미술관에서 어떻게 작품을 감상해야 하는지 친구들과 함께 질문 목록을 만들어보며, 작품을 감상하는 눈높이를 높일 수 있습니다. 글쓰기 연습으로는 독서 내용을 바탕으로 체험 학습 보고서 쓰기를 해봅니다. 『어린이를 위한 서양 미술사 100』이수 저을 100쪽부터 끝까지 읽으며 다양한 작품이 시대에 따라 어떻게 변화하고 발전했는지를 살펴보고, 미술 작품을 이해하고 감상하는 데 필요한 지식을 채워 봅니다. 또한 작가가 작품을 그릴 때의 상황 및 창작 의도에 대해 추측해 보며 어렵게만 생각했던 미술 작품을 친근하게 느낄 수 있습니다. 글쓰기 시간에는 다양한 미술 작품들을 감상하면서 자신의 생각을 효과적으로 전달할 수 있도록 프레젠테이션 원고를 작성해 봅니다.

『맛있는 쇼팽 향긋한 베토벤』주잔나 키시엘레프스카 저을 읽으며 음악의 개념과 특징, 음악이 우리에게 미치는 영향을 알아봅니다. 여러 악기 소리를 듣고 악기군별로 지니고 있는 고유의 특성을 파악할 수 있습니다. 또한 다양한 음악을 감상하고 서로의 생각을 나누는 시간을 통해 예술적인 감수성도 길러봅니다. 이번 주에는 음악에 대해 설명하는 글을 작성하며 설명문의 구조를 이해해 봅니다.

👑 상위권 추천도서 👑

📖 5학년을 위한 글쓰기 연습-2

5학년 최상위 3% 학생들은 5월에 이어 6월에도 글쓰기 연습에 도움 되는 책을 추천합니다. 음악, 미술, 연극을 주제로 한 도서들을 읽으면서 문화·예술의 전반적인 이론을 알고, 감상하고 읽는 방법을 터득하여 독창적인 시각으로 해석할 수 있습니다. 그리고 다양한 글을 쓰면서 각 글

『이야기로 엮은
서양 미술사』

의 장르적 특징을 이해하고 자신만의 개성 있는 글을 쓸 수 있습니다.

『이야기로 엮은 서양 미술사』하나영 저를 읽고 서양 미술의 거장들이 들려주는 예술가의 삶과 그림에 얽힌 이야기를 살펴봅니다. 명화를 감상하며 작품을 분석하는 자기만의 '눈'을 가질 수 있습니다. 그리고 미술 작품이 예술로 인정받기 위한 기준이 있는지 토론해 봅시다. 『빈센트 반 고흐, 세상을 노랗게 물들이다』문희영 저를 읽으며 오직 그림으로 세상과 소통한 빈센트 반 고흐의 생애를 통해 화가로서의 그를 이해할 수 있습니다. 또한 그의 고통과 절망을 승화한 작품들을 통해 인간 고흐로서의 삶을 있는 그대로 들여다봅니다.

『한 권에 담은 세계 음악』파우스토 비탈리아노 저을 읽으며 클래식부터 오페라, 춤곡, 재즈 그리고 랩까지 다양한 음악에 대해 알아봅니다. 음악이 만들어진 시대적 배경을 이해하며, 우리 사회에서 음악이 어떤 역할을 할 수 있을지 생각해 봅니다. 『돌 씹어 먹는 아이』송미경 저를 읽으며 소설과 다른 희곡의 특징을 살펴보고 희곡이 주는 재미를 느껴봅니다. 그리고 친구들과 대본을 실감 나게 읽으면서 연극이 주는 묘미에 빠져 보고, 희곡의 형식에 맞추어 대본을 써봅니다.

『재미있다! 한국사 4』

5학년 7월에는 1~2월 선사 시대부터 조선 전기에 이어서 한국사 관련 책을 읽습니다. 조선 후기의 변화상 및 개항 전후부터 대한 제국 시기까지의 근대화 운동을 알아볼 것입니다. 역사 독서는 과거 사실을 단순하게 나열하는 식으로 인식하는 데 그쳐서는 안 됩니다. 역사적 사실을 비교하고, 비판하며, 분석하고, 종합하는 과정을 통해 사고력을 향상시키고, 올바른 역사의식을 기르는 수준을 목표로 해야 합니다. 올바른 한국사 독서는 나의 뿌리를 이해하는 첫걸음이자 대한민국의 현재를 이해하는 열쇠가 되어줄 것입니다.

『재미있다! 한국사 4』구왕회 저를 처음부터 83쪽까지 읽으며 임진왜란과 병자호란을 거치며 혼란스러워진 사회를 조선이 어떻게 극복해 나갔는지 확인합니다. 농업 기술의 발달로 시작된 조선 후기의 변화상을 이해하고 표현해 봅니다. 일본이 독도 분쟁을 일으키는 배경을 확인하고, 독도가 우리의 영토임을 주장할 수 있습니다. 84쪽부터 155쪽까지를 읽으며 영·정조 시기의 왕권 강화 및 개혁 정책을 알아보고, 조선 후기에 나타난 사상적 변화를 이해할 수 있습니다. 그리고 중농학파와 중상학파 중 조선 사회에 더 긍정적인 역할을 한 것은 누구인지 토론해 보고, 자신의 생각을 글로 정리할 수 있습니다. 156쪽부터 끝까지 읽으며 조선 후기에 나타난 사회·경제적 변화로 서민들의 생활과 문화가 어떻게 바뀌었는지 살펴보고, 성리학이 생활 곳곳에 널리 퍼지면서 여성들의 지위가 어떻게 변했는지 알아봅니다. 또한 세도 정치 시대에 백성들의 생활이 어떠했는지 알아보며, 홍경래의 난과 진주 농민 봉기를 이해할 수 있습니다.

『재미있다! 한국사 5』구완회 저를 처음부터 63쪽까지 읽으며 조선 후기부터 근대 이전까지 혼란스러웠던 조선의 모습을 살펴보고, 변화하는 국제 정세를 확인할 수 있습니다. 흥선 대원군의 개혁에 대해 평가해 보고, 개항은 조선에 어떤 영향을 미쳤는지 토론해 봅니다.

▨ 8월의 독서 주제는 '한국사-근현대사'입니다

『재미있다! 한국사 5』

이번에는 일제 강점기에서 현대 민주화 운동까지의 주요 흐름을 살펴볼 수 있는 책을 추천합니다. 이 시기는 우리 역사상 가장 큰 아픔을 겪었던 시기이면서 가장 큰 진취적인 발전을 이루었던 시기이기도 합니다. 아픔과 신념이 공존했던 역사를 살펴보며 우리 아이들도 고난과 역경을 극복하고, 자기 발전을 이루는 힘을 기를 수 있을 것입니다.

『재미있다! 한국사 5』구완회 저를 64쪽부터 139쪽까지 읽으며 개항 이후 조선은 안으로는 자주적인 근대화를 이루고, 밖으로는 제국주의의 침략으로부터 국권을 수호하는 내용을 배웁니다. 이러한 상황에서 급진 개화파, 온건 개화파, 위정척사파가 했던 근대화 운동을 알아보고, 그들이 이루고자 한 조선의 모습은 어떠했는지 생각해 봅니다. 140쪽부터 끝까지 읽고 시기별 일본의 지배 방식을 알아보고, 일본의 지배에 우리 민족이 어떻게 저항했는지 이해할 수 있습니다. 특히 3·1 운동을 중심으로 독립에 대한 우리 민족의 열망을 함께 느끼고, 3·1 운동이 나라 안팎으로 어떠한 영향을 미쳤는지 알아봅니다. 또한 일제 강점기의 다양한 항일 독립운동의 흐름을 살펴보고 가장 효과적인 독립운동 방법은 무엇이었을지 생각해 봅니다.

『재미있다! 한국사 6』구완회 저을 처음부터 111쪽까지 읽으며 해방 이후 냉전 체제 속에서 남과 북이 분단되는 과정을 살펴보고, 당시의 혼란기가 현대 사회에 어떤 영향을 미쳤는지 알아봅니다. 또한 6·25 전쟁의 발발 원인과 과정, 피해 모습 등을 살펴보며 전쟁이 남긴 상처에 대해 다시 한 번 생각해 볼 수 있습니다. 112쪽부터 끝까지 읽으며 전쟁의 상처를 딛고 다시 일어서려는 대한민국에 대해 알아봅니다. 하지만 독재 정권으로 인해 국민이 나라의 주인 역할을 제대로 할 수 없었습니다. 국민의 권리가 침해당하는 상황에서 국민들이 직접 나서서 민주주의를 꽃피우고자 했던 민주화 운동에 대해 알아봅니다. 그리고 민주주의를 찾은 후 대한민국에 어떤 사회·경제적인 변화가 일어났는지 살펴봅니다. 또 통일을 위해 남북한이 벌인 노력을 이해하여, 앞으로 평화적인 통일을 위해 어떤 태도가 필요한지 생각해 봅니다.

▒ 9월의 독서 주제는 '문학으로 세상을 읽다-1'입니다

9월에는 한국 문학, 10월에는 세계 문학을 중심으로 문학과 사회를 접목시켜 문학에 대한 폭넓은 이해와 더불어 세상을 보는 통찰력을 다질 수 있는 책을 추천합니다. 문학 독서를 통해 우리 아이들은 생각을 나누는 재미를 느끼며 나와 타인, 나아가 세상을 이해하게 될 것입니다.

『참 잘 뽑은 반장』

『참 잘 뽑은 반장』이은재 지은 눈에 보이는 몇 가지 요소만 보고 반장을 잘못 뽑아 고통을 겪는 아이들의 이야기를 담고 있습니다. 책을 통해 좋은 리더는 갑자기 나타나는 것이 아니라 구성원과의 끊임없는 소통을 통해 만들어짐을 깨닫고, 구성원 역시 지혜로운 선택으로 리더에게 좋은 자극을 줘야 한다는 교훈을 얻을 수 있습니다. 또한 신학기 초반에 반장 선거를 바로 하는 제도가 최선의 방법인지 토론해 보며, 리더와 구성원의 바른 자세는 무엇인지 고민해 봅니다.『핑스』이유리 저를 읽으며 재이가 겪게 되는 다양한 사건들을 통해 인간의 욕망 때문에 소중한 생명체가 멸종되어 가는 사례를 확인하며, 우리의 태도를 반성해 볼 수 있습니다. 또한 재이가 동생을 위해 핑스의 알을 가져가는 행위가 옳은지에 대해 토론해 봅니다. 인간은 광활한 우주 속에서 점 같은 존재이지만, 세상을 변화시킬 만큼의 커다란 마음을 지닌 존재임을 깨닫고 더 나은 미래를 꿈꿀 수 있습니다.

『리얼 마래』황지영 저를 통해 진보적인 부모가 가진 허위의식 때문에 상처를 입은 아이의 마음을 통해 '남들이 생각하는 나'와 '진짜 나'에 대해 생각해 봅니다. 좋은 관계 맺기란 무엇인지 고민할 수 있습니다. 특히 이번 독서는 슬로 리딩slow reading으로 제안합니다. 천천히 깊이 있게 읽는 슬로 리딩을 통해 꼬리에 꼬리를 무는 질문을 쏟아내게 하고, 그 과정에서 생각하는 힘을 기르고자 합니다. 더불어 다양한 독서 활동을 통해 마음으로 책을 읽을 수 있습니다.

👑 상위권 추천도서 👑

▨ 5학년을 위한 주제 분석 연습-1

『마당을 나온 암탉』

5학년 최상위 3% 학생들은 9월과 10월에 문학 작품을 읽고 문학적 감수성을 함양하고, 작품의 구성을 이해하며, 작가가 전하고자 하는 주제를 분석해 보기 바랍니다. 작품 속 인물이 겪는 사건을 간접 체험하며 만약 자신이 그 입장이라면 어떻게 했을지 비판적으로 사고하고, 더 나은 세상을 만들기 위해 우리가 무엇을 해야 할지에 대해 깊이 생각해 보는 시간을 가질 것입니다.

『마당을 나온 암탉』황선미 저을 읽고 소망을 위해 용감하게 살아가는 잎싹처럼, 자신의 정체성에 대해 고민하는 초록머리처럼, '나'를 둘러싼 관계 속에서 스스로를 발견해 봅니다. 나아가 '우리'를 찾는 여정에서 사회는 어떠해야 하는지 생각할 수 있습니다. 작품 속 인물들이 겪는 사건들을 통해 공감하고 연대하는 방법을 배워봅시다. 『사금파리 한 조각 1』린다 수 박 저을 읽으며 작품의 중심인물·사건·배경을 파악하고, 인물의 관계를 통해 사건의 전개 과정을 추론해 봅니다. 그리고 목이가 도공의 꿈을 이루기 위해 노력하는 모습과 민 영감의 장인 정신, 고려청자의 작품성에 대해 생각해 봅니다. 또한 목이와 두루미 아저씨와의 대화를 통해 '새로운 발상'은 개인의 것인지, 모두의 것인지 토론할 수 있습니다.

『사금파리 한 조각 2』린다 수 박 저를 읽으며 어린 목이가 민 영감을 위해 그리고 자신의 꿈을 위해 송도까지 가는 과정을 통해 꿈을 이루기 위한 용기에 대해 생각해 봅니다. 또한 해외로 반출된 우리의 문화재를 찾을 수 있는 방법을 친구들과 토의해 봅니다. 『마사코의 질문』손연자 저는 일제 강점기에 우리 민족이 겪은 고난과 일본인들에 대한 이야기를 생생하게 그리고 있습니다. 여러 인물의 이야기를 통해 '부끄러운 역사도 우리 역사이며, 역사를 제대로 알아야 부끄러움에서 벗어날 수 있다'라고 한 작가의 말에 담긴 의미를 생각해 봅시다.

▒ 10월의 독서 주제는 '문학으로 세상을 읽다-2'입니다

『닐과 순다리』

문학을 통해 기르는 생각의 힘은 세상을 이해하는 토대가 됩니다. 10월에는 현재 우리가 살고 있는 사회의 문제들을 담아낸 외국 현대 문학을 통해 문학에 대한 폭넓은 이해와 더불어, 사회를 보는 통찰력을 지닐 수 있도록 하였습니다. 자신의 지역을 지키기 위한 한 소년의 용기와 성장에 대한 이야기를 살펴보며 목표가 있는 삶에 대해 생각해 볼 수 있고, 내가 원하는 것과 부모님의 기대 사이에서 힘들어 하는 또래 아이들의 이야기를 들으며 나의 꿈을 찾아가는 지혜로운 방법을 깨달을 수 있습니다. 문학 작품을 통해 문학 속에 반영된 사회 현실들을 바탕으로 나와 타인, 세상과 소통하는 기회를 가질 수 있을 것입니다.

『닐과 순다리』미탈리 퍼킨스 저를 읽으며 주인공 닐과 닐의 가족이 함께 성장해 가는 이야기를 통해 다른 나라의 문화, 빈부 문제, 환경 문제와 성차별, 교육 불평등에 대해 생각해 봅니다. 닐이 공부의 목적을 갖게 되는 과정을 살피며, 공부의 목적과 목표에 대해 고민해 봅니다. 더불어 순다르반스를 개발하려는 사람들의 입장을 살펴보고 개발과 자연 보전 중 무엇이 우선인지에 대해 토론할 수 있습니다.『우리의 목표: 하기 싫으면 하지 말자!』케이트 제이멧 저의 주인공들은 하기 싫은 일을 하지 않기 위해 서로를 돕는 교묘한 계략을 짭니다. 주인공들의 모습을 통해 부모님의 기대와 사회적 기준 때문에 힘들어하는 아이들의 고민에 공감할 수 있습니다. 나아가 '내가 진짜로 바라는 것'이 무엇인지 부모님에게 솔직히 말할 수 있는 용기가 중요하다는 교훈을 깨닫고, 부모님과 자녀의 올바른 관계에 대해 생각해 볼 수 있습니다.

『트리갭의 샘물』나탈리 배비트 저을 읽으며 영원한 삶을 주는 샘물에 대한 이야기를 통해 인간의 유한한 생명과 삶을 대하는 태도에 대해 깊이 생각해 봅니다. 책을 읽고 떠오른 다양한 생각들을 비주얼 싱킹visual thinking으로 정리해 보며, 이미지 시대에 살고 있는 아이들의 생각을 넓혀줄 것입니다. 심화 독서 과정에서 죽음을 바라보는 다양한 시각과 작품 속 상징에 대해 생각해 봅니다. 또한 영원한 삶이 주는 장단점을 바탕으로 그것이 축복일지 토론해 보며, 가치 있는 삶이란 무엇인지 스스로 답을 얻을 수 있습니다.

👑 상위권 추천도서 👑

▨ 5학년을 위한 주제 분석 연습-2

『푸른 사자 와니니』

5학년 최상위 3% 학생들은 9월에 이어 10월에도 문학 도서를 좀 더 읽어야 합니다. 문학적 감수성을 함양하고, 작품의 구성을 이해하고, 작가가 전하고자 하는 주제를 분석하는 훈련이 필요합니다. 작품 속 인물이 겪는 사건을 간접 체험하며, '만약에 나라면' 어떻게 했을지 비판적으로 사고하고, 더 나은 세상을 만들기 위해 우리가 할 일은 무엇일지에 대해 깊이 생각해 보는 시간을 가질 것입니다.

『푸른 사자 와니니』이현 저에서 와니니는 무리에서 쫓겨난 후, 자기가 하찮게 여겼던 것들의 도움을 받으며 살아남습니다. 와니니의 모험을 통해 세상에 존재하는 모든 것은 가치가 있다는 것을 깨달을 수 있습니다. 또한 무리를 위해 냉정히 판단하는 마디바와 부족한 힘을 모아서 어려움을 헤쳐 나가려는 와니니의 모습을 통해 '함께'라는 말의 의미를 생각해 볼 수 있습니다. 나아가 진정한 리더의 모습에 대해 토론해 봅니다. 『푸른 사자 와니니 2: 검은 땅의 주인』이현 저에서 자신들의 영토를 찾기 위한 모험을 시작하는 와니니 무리는 여러 실패를 겪고 초원의 지혜를 배우며 성장해 나갑니다. 각자의 아픔을 갖고 있는 와니니 무리의 갈등 해결 과정을 통해 우리의 삶을 되돌아볼 수 있습니다. 나아가 인간과 동물의 관계를 진지하게 생각해 보고, 동물원이 필요한지 토론해 봅니다.

『비밀의 숲 테라비시아』개서린 패터슨 저를 읽으며 평범한 시골 소년 제시가 레슬리와의 만남을 통해 성장해 나가는 과정을 알아봅니다. 두려움을 이겨내는 방법에 대해 생각해 봅니다. 또한 테라비시아의 존재는 제시에게 현실을 극복하게 해주는 힘일지, 현실 도피의 수단일 뿐인지에 대해 토론해 봅니다. 『도둑 도로봉』사이토 린 저을 읽으며 물건들이 우리의 삶을 바라보고 있다는 역발상으로 소설을 읽는 재미를 느낄 수 있습니다. 도둑 도로봉을 통해 주변의 물건을 대하는 우리의 모습을 반성할 수 있습니다. 나아가 물건의 소중함을 발견하고, 미니멀 라이프에 대한 생각을 정리하면서 친구들과 토의해 봅시다.

▒ 11월의 독서 주제는 '사회로 세상을 읽다'입니다

『1+1이 공짜가 아니라고?』

이번 달에는 사회 영역과 관련된 책을 추천합니다. 사회 영역은 학생들의 생활과 밀접하게 관련 있지만, 아이들은 어려운 주제라고 생각해서 이와 관련된 도서를 찾아 읽는 경우가 드뭅니다. 사회 관련 도서를 통해 이러한 주제가 우리 생활에 어떤 영향을 미치는지 살펴보고, 사회 구성원으로서 세상을 어떻게 바라보고 판단해야 하는지를 알아보도록 합니다. 이번 달 독서는 경제·법·정치를 주제로 진행하며, 우

대치동 초등독서법

리의 생활 속에 숨은 경제 원리와 법의 가치, 정치의 전반적 개념을 학습해 봅니다. 나아가 우리 주변에서 일어나는 여러 문제들과 연결하여 생각해 봄으로써 막연하게만 느껴졌던 사회에 대해 이해하고, 시민이 함께 만들어가야 할 미래 모습에 대해 고민해 볼 수 있습니다.

『1+1이 공짜가 아니라고?』이정주 저는 아이들과 밀접한 관련이 있는 생활 속 사례 열 가지를 통해 어렵고 복잡한 경제 개념을 쉽고 재미있게 소개해 줍니다. 경제를 어려워하는 아이들도 흥미를 느끼고, 경제 용어를 이해하며 올바른 경제관념을 형성할 수 있습니다. 이를 통해 다양한 문제들에 합리적인 기준을 세우고 답을 모색하며, 주체적인 소비자로 커갈 수 있기를 기대합니다. 『초등학생이 알아야 할 참 쉬운 정치』알렉스 프리스, 로지 호어, 루이 스토웰 저를 읽으며 정치의 기본 개념을 익힙니다. 정치와 관련된 여러 사회 문제들을 이해할 수 있습니다. 또한 유럽 주요 국가에서 실시되고 있는 어린이 정치 참여 정책에 대해 살펴보고, 정치가에게 어떤 질문을 하고 싶은지 고민해 보는 시간도 가져봅니다. 그리고 국가 발전을 위해 정부가 국민의 삶에 적극적으로 개입해야 하는지 함께 토론해 보며, 사회를 바라보는 시각을 길러봅니다.

‘스윙 보트’ 같은 영화를 보는 것도 좋습니다. ‘정치’에 대해 살펴보며 주요 내용을 되짚어 봅니다. 그중 민주주의의 꽃인 선거를 다룬 영화를 감상하며 시민이 주권을 행사할 수 있는 가장 중요한 권리이자 의무인 선거권과 투표의 의미와 역할에 대해 생각해 볼 수 있습니다. 나아가 만 18세 이상으로 투표권 취득 연령이 하향 조정된 사회적 변화 속에서 어렸을 때부터 스스로 자신의 정치적 의사를 결정하고 사회에 참여하는 것이 얼마나 중요한 일인지 깨달을 수 있습니다. 『옛이야기로 만나는 법 이야기』신주영 저를 읽으며 옛이야기 속에 숨어 있는 다양한 법 이야기를 통해 어렵게만 느껴졌던 법을 쉽고 재미있게 이해할 수 있습니다. 법에 관한 공부는 정의를 구현하기 위해 필요하다는 것을 깨닫고, 정의의 균형 감각을 기르는 데 좋은 기회가 될 것입니다. 또한 모의재판 훈련을 통해 법을 적용하고 집행하는 과정을 익혀 합리적인 사고 발달에 도움이 될 것입니다. 『자유 대 규제, 무엇이 먼저일까?』양서윤 저를 읽으며 우리 주변에서 발생하는 여러 사회적 문제를 '자유'와 '규제'라는 양측의 입장에서 살펴보며 균형 잡힌 시각을 기를 수 있습니다. 또한 고학년에 걸맞은 토론 방법과 태도를 익혀 보며 성숙한 토론자의 자세를 지닐 수 있습니다. '감염병 확진자의 모든 동선을 공개해야 하나?'라는 주제로 토론하며 각각의 입장을 살펴보고 모두를 위한 결정에 대해 고민해 봅니다.

👑 상위권 추천도서 👑

░░5학년을 위한 사회 교과 관련 경제·정치·법

『아기 돼지 삼 형제가
경제를 알았다면』

5학년 최상위 3% 학생들은 11월에 사회 교과 관련 경제·정치·법을 좀 더 보강해서 읽어야 합니다. 추천도서를 통해 통합 사회의 기초 배경지식을 쌓을 수 있습니다. 경제·정치·법이 우리 생활에 끼치는 영향을 이해하고, 세상을 읽고 판단할 수 있는 힘을 기를 수 있습니다. 또한 사회 구성원으로서 현재 우리가 살고 있는 그리고 살아갈 미래 사회를 위해 무엇을 해야 할지 고민해 봅니다.

『아기 돼지 삼 형제가 경제를 알았다면』박원배 저는 세상을 살아가기 위해 꼭 알아야 할 경제 개념과 원리를 전래동화, 명작, 탈무드, 신화 등 익숙한 옛날이야기를 통해 쉽고 재미있게 익힐 수 있도록 한 책입니다. 현대 사회에서 기업의 역할은 무엇인지 살펴보고, 소비가 우리에게 어떤 영향을 끼치는지 토론해 봅니다. 『세상이 확 달라지는 정치 이야기』루이스 스필스베리 저를 읽으며 기본적인 정치 개념어를 제대로 공부하고, 민주주의를 수립하기까지의 역사적인 과정을 이해할 수 있습니다. 또한 시민이 주권을 행사할 수 있는 가장 중요한 권리이자 의무인 선거권, 투표의 의미와 역할에 대해 생각해 볼 수 있습니다. 나아가 공직자를 선출할 때 능력과 도덕성 중 무엇을 더 우선시해야 하는지에 대해 토론하는 것도 좋습니다.

영상도 함께 보면 좋겠습니다. 우리는 만 18세 이상이 되면 누구나 한 표의 권리를 행사할 수 있습니다. 영화 '스윙 보트'를 감상한 후 시민이 주권을 행사할 수 있는 가장 중요한 권리이자 의무인 선거권, 투표의 의미와 역할에 대해 생각해 볼 수 있습니다. 『어린이를 위한 법이란 무엇인가』예영 저를 읽으며 우리가 매일 먹는 맛있는 밥이 우리의 건강을 지켜주듯이, 법이 우리 사회를 지켜준다는 것을 이해합니다. 여러 가지 법에 대해 공부해 보고, 도둑 '도로봉'을 친구들과 함께 모의 재판해 봅니다. 『세계를 움직이는 국제기구』박동석 저를 읽고 세계 곳곳에서 일어나는 심각한 갈등이나 문제를 조정하기 위해 만들어진 국제기구들의 역할을 알아봅니다. 또한 시사 문제와 관련지어 국제기구의 순기능과 역기능에 대해 생각해 볼 수 있습니다. 나아가 미래 사회를 위해 필요한 국제기구는 무엇일지 친구들과 함께 토의해 봅니다.

12월의 독서 주제는 '미디어로 세상을 읽다'입니다

『스마트폰 말고
스케이트보드』

5학년 12월에는 인터넷, 광고, 영화, 스마트폰, 유튜브 등 다양한 미디어에 대해 살펴봅니다. 현대 사회에서 미디어의 영향력은 날로 커지고 있습니다. 이런 시대일수록 미디어 리터러시를 제대로 갖춰야 메시지를 올바르게 읽고, 그 속에서 자신의 역할과 의미를 발견할 수 있습니다. 특히 어릴 때부터 인터넷을 통한 쌍방향 미디어와 소셜 미디어에 노출되는 요즘 아이들에게 이러한 미디어 리터러시 교육은 매우 중요합니다. 독서를 통해 미디어의 속성과 역할, 미디어가 우리에게 미치는 여러 영향에 대해 깊이 있게 살펴보며 미디어 이용 역량을 강화하고, 나아가 필요한 정보와 그렇지 않은 정보를 스스로 판단하여 수용하는 힘을 기를 수 있습니다.

『스마트폰 말고 스케이트보드』송아주 저는 스마트폰의 편리성 뒤에 숨은 중독과 현실 도피, 사이버 폭력 문제를 통해 현실 세계의 소중함을 전해 줍니다. 이를 통해 스마트폰의 장단점을 이해하고, 올바른 스마트폰 사용법을 알 수 있습니다. 나아가 현실 세계에서 진정한 친구를 사귀는 것이 얼마나 소중한지 깨달을 수 있습니다. 『경제 속에 숨은 광고 이야기』프랑크 코쉠바 저를 읽으며 광고의 목적과 종류에 대해 학습하고, 광고가 우리 삶에 미치는 영향을 알아봅니다. 다양한 매체 속 광고의 사례를 살펴보며, 광고 속에 숨은 메시지도 함께 읽어봅니다. 직접 광고를 제작해 보며 넘쳐나는 광고 속에서 정확한 정보와 거짓된 정보를 구별하는 힘을 기를 수 있습니다.

영화는 우리가 쉽게 접할 수 있는 문화의 하나입니다. 요즘에는 각국의 다양한 영화를 접할 수 있기도 합니다. 영상을 통해 보는 수준에만 그쳤던 영화를 제대로 '읽어 보는' 연습을 하고자 합니다. 영화를 구성하는 여러 요소들의 역할과 그것들이 전하는 메시지를 꼼꼼하게 읽고, 나아가 사고를 확장하는 계기가 되기를 바랍니다. 『유튜브 스타 금은동』(임지형 지)을 읽으며 은동이가 꿈을 찾는 모습에서부터 꿈을 이루기 위해 노력하는 과정을 함께 지켜보며 자신의 꿈과 목표에 대해 생각해 봅니다. 또한 인터넷을 사용할 때의 올바른 자세에 대해 깨닫고, SNS가 아이들의 삶에 어떠한 영향을 미치는지도 알아봅니다. 미디어 리터러시를 통해 타인과 정보를 올바르게 공유하는 방법을 배우고, 실천할 수 있습니다.

👑 상위권 추천도서 👑

▓5학년을 위한 미디어 리터러시

5학년 최상위 3% 학생들이 12월에 좀 더 읽어야 할 책을 추천합니다. 미디어 리터러시는 미디어를 읽고 쓸 수 있는 능력을 키워 미디어 해독 능력과 활용 능력 그 이상을 키우는 데 목적이 있습니다. 미디어는 오늘날 우리 생활 속에 깊숙이 자리 잡고 있습니다. 다양한 미디어의 특성을 알고 올바르게 사용할 수 있는 능력을 키우며, 미디어와 미디어 사용자

『꼬불꼬불 나라의
언론 이야기』

인 우리가 가져야 할 책임은 무엇인지 배우고자 합니다. 그리하여 수많은 미디어가 제공하는 정보들 사이에서 어떤 것이 좋고 어떤 것이 나쁜 정보인지 구별할 줄 아는 현명한 사람으로 성장하기 바랍니다.

『꼬불꼬불 나라의 언론 이야기』이소영 저를 읽으며 우리 사회에 언론이 필요한 이유를 확인하고 언론 탄압의 역사를 알아봅니다. 언론이 가져야 할 바람직한 태도는 무엇인지 생각해 보고, 언론이 자기 성향을 가지고 보도하는 것이 바람직한지 토론해 봅니다.

『광고는 왜 10대를 좋아할까?』샤리 그레이든 저를 읽으며 우리를 둘러싼 다양한 매체 속 광고의 종류와 전략에 대해 알 수 있습니다. 또 광고를 바르게 읽기 위해 필요한 태도가 무엇인지 생각하고, 광고 속에 숨은 진짜 메시지를 파악할 수 있습니다. 그리고 친구들과 광고를 제작하며 광고의 목적과 효과에 대해 다시 한 번 생각해 볼 수 있습니다.

『유튜브 전쟁』양은진 저을 읽으며 영상 매체 이용이 증가하면서 동영상 콘텐츠를 공유하는 유튜브Youtube 이용이 활발해졌다는 점을 파악합니다. 유튜브의 장점과 단점을 살펴보고 건강하게 사용하는 방법을 알아보고, 1인 방송을 규제해야 하는지 토론해 봅니다.

15.
6학년 독서 전략:
생각하는 힘을 기르자

초등학교 최고학년인 6학년이라면 문학과 비문학의 비율을 점검하며 다양한 분야의 도서를 읽어나가는 연습이 필요합니다. 생각하는 힘을 기를 수 있는 고전 읽기를 통해 깊이 있게 읽는 방법을 경험할 수 있는 시기죠. 사춘기에 접어드는 6학년은 부모를 조금씩 멀리하고 반항하는 모습을 보입니다. 하지만 마음속으로는 미래에 대한 불안과 자신에 대한 의문으로 가득하여 부모의 손길을 필요로 합니다. 부모의 현명한 개입이 필요하죠. 아이에게 가르치려고 하기보다는 스스로 깨달을 수 있도록 아이의 상황에 맞는 책을 활용하는 것이 좋습니다.

이 시기에 부모가 해줄 수 있는 일은 꿈을 가지도록 탐색할 기회를 마련해 주는 것이며, 아이와 대화를 자주 하는 겁니다. 꿈이 없다면 꿈을 가질 수 있도록, 꿈이 있다면 어떻게 구체화시킬 것인지, 끊임없이 대화하고 관련 도서를 제공해 줘야 합니다. 주인공의 성장을 모티브로 하는 성장 소설은 사춘기 아이들의 공감을 자아냅니다. 주인공을 통해 사춘기 아이들이 자신의 정체성을 이해하고, 저마다 갖고 있는 문제를 해결할 방법을 슬며시 제시해 주는 성장 소설을 읽히는 게 좋습니다. 논리적 사고력을 키우기 위해 적극적인 읽기를 시도하는 것도 좋습니다. 책을 읽다가 중요한 말이 나오면 밑줄을 긋고, 흥미로운 내용이나 마음에 와 닿는 내용이 나오면 옮겨 적게 합니다. 그러면 책을 더 꼼꼼하게 읽게 되고 기억에도 오래 남는 효과가 있습니다. 처음 읽다가 이해되지 않거나 더 알고 싶은 것이 있으면 이를 표시해 둔 뒤 책을 다 읽은 후 이를 확인해 보도록 합니다. 삶을 살아가는 데 나침반이 되어주고, 문제의 근본적인 해결책과 실마리를 얻을 수 있는 고전 읽기를 통해 올바른 가치관을 확립하고 삶의 지혜를 배울 수 있도록 해주어야 합니다.

6학년
독서 전략

다산 정약용 선생은 마음을 수양하고 학문에 증진하는 것을 대체人體, 멀리하는 것을 소체小體라고 불렀습니다. 대체를 따르기 위한 방법으로 독서를 강조했죠. 질문과 해답을 찾는 과정에서 생각을 거듭하고, 그 생각을 통해 사람과 세상에 대한 통찰을 얻습니다. 그리고 자기 삶의 의미를 깨닫고 바른 가치관을 확립합니다. 좋은 성적을 내기 위해 공부하는 것도 중요합니다만 독서를 통해 길러진 생각으로 바른 도리를 깨우치는 것도 놓쳐서는 안 됩니다. 독서는 아이들의 생각을 배불리고, 부모가 미처 알려주지 못한 세상의 중요한 이치를 알려줍니다. 사실 동서고금을 막론하고 독서를 강조하지 않은 성인은 없습니다. 공자는 "배우기만 하고 생각하지 않으면 어리석어지고, 생각만 하고 공부하지 않으면 위태롭다[18]"고 했습니다. 유대인의 지혜서인 『탈무드』에서도 "책을 읽기만 하고 생각하지 않으면 당나귀가 책을 잔뜩 짊어지고 가는 것과 다를 바 없다"는 말로 성찰 없는 지식을 비판하고 있습니다. 그만큼 책 읽기는 중요합니다. 하지만 문제는 부모의 바람과는 달리 모든 아이가 책을 가까이 하지 않는다는 것입니다. 책에서 멀어지면 생각하는 힘을 잃어버릴 수 있습니다. 6학년은 초등학교 최고학년이며 나아가 중·고등학교를 대비하여 밑그림을 천천히 그려나갈 시기입니다. 스마트폰과 유튜브에 길들여져 소중한 것을 놓치지 않도록, 책을 통해 나와 우리, 사회를 바르게 살필 수 있도록 지도해 주어야 합니다.

독서력이 부족하다면 먼저 교과연계도서나 주요기관에서 추천하는 도서를 통해 사고력의 기둥을 세우고, 그 주변에 살을 붙여 나가는 작업이 필요합니다. 5학년 하반기가 지나면서부터 아이들은 논리적 사고가 가능해지고 책의 내용을 읽으면서 비판하고 생각할 수 있습니다. 읽은 내용에 대해 의견을 나누고 토론할 수 있는 힘을 기르기 위해 논리적인 생각을 키워주는 책이 필요합니다. 또한 가치관이 정립되는 시기이니만큼 지금까지의 독서습관을 돌아보고 약한 부분을 보완하는 작업이 필요합니다. 꼭 읽어야 할 도서목록을 작성하고 자신에게 필요한 도서의 우선순위를 정해 읽어 나가는 독서 계획표가 필요합니다. 특히 6학년 하반기부터는 중학교 입학을 위해 다양한 준비가 요구됩니다. 중학교에 입학하면 상대적으로 시간이 부족합니다. 독서가 계획대로 진행되기 어렵죠. 중등 교과과정에 대비하기 위해서라도 초등학교 필독서는 꼭 읽어두는 게 좋습니다. 독서는 단순히 책 속의 이야기를 읽는 것이 아니라, 세상 읽기이며, 사람 읽기이며, 마음 읽기입니다. 책과 가까운 아이는 호기심을 품고 살며, 책을 통해 세상을 바르게 볼 수 있습니다.

다음으로 독서의 균형을 잡아주어야 합니다. 재욱이는 요즘 역사드라마에 꽂혔습니다. TV 드라마를 본 다음 이를 소재로 한 책은 모두 정복할 태세죠. 이순신 다큐멘터리를 보고 나서 거북선, 『난중일기』 등 이순신과 관련된 책만 찾아 읽기도 했습니다. 어머니는 "아이가 역사와 과학 책에만 너무 빠져 있어 걱정"이라고 털어났습니다. 재욱이의 편독 습관을 어떻게 바로잡을까요? 대개 남자아이들이 그렇듯 재욱이도 인물전이나 역사물, 과학 분야로 독서가 편중돼 있습니다. 관심 분야만 읽으면 균형 있는 독서를 할 수 없습니다. 이런 경우에는 관심 있는 주제와 연계해 독서 영역을 확대시킬 필요가 있는데, 편독을 막기보다는 안 읽은 분야의 책을 재밌게 읽을 수 있게 해주는 것이 효과적입니다. 가장 많이 쓰는 방법이 읽은 책에 스티커를 붙여주면서 동기부여를 하는 겁니다. 아이 스스로 어떤 책을 많이 보는지 한눈에 알 수 있고, 스티커가 없는 책을 보면 붙이고 싶은 충동이 생기기도 합니다.

과학·역사 책에 편중된 재욱이에게는 창작도서 읽기가 필수입니다. 과학·역사 책을 읽으면 단편적인 지식은 얻을 수 있지만 언어사고 능력이 부족해질 수 있기 때문입니다. 재욱이는 보통 수준의 어휘력을 갖고 있지만 모르는 어휘가 있을 때 혼자 해결하지 못합니다. 창작도서는 생활언어나 인간관계도 배울 수 있다는 장점이 있다는 점을 잊지 마시기 바랍니다. 익숙하지 않은 분야라면 얇은 책도 좋습니다. 그동안 읽어보지 않았던 내용을 접하고 다양한 분야의 독서로 배경지식을 넓혀 나가야만 합니다. 그래야 중등 과정도 대비하고 학습과 관련된 호기심을 키워 나갈 수 있습니다.

고전 읽기를
시도해 보자

제목은 알고 있지만 정작 내용을 깊이 있게 본 적이 거의 없는 책이 고전입니다. 따분하고 두꺼운 책이라고 생각하고 시도조차 해보지 않기 때문이죠. 고전은 시대를 초월한 보편적 가치를 이야기에 담고 있어 한 권만 제대로 읽어도 그 고전을 인용한 수백 권의 책들을 한 번에 읽는 효과가 있습니다. 생각하는 힘을 길러주는 보약과 같은 존재죠. 고전을 읽기전에 아이의 독서 능력에 맞는 도서 선정이 중요합니다. 아무리 좋은 작품이라고 해도 아이가 소화할 수 없다면 제대로 된 독서가 아니니까요. 아이와 목록을 함께 고르고 조금씩 분량을 나누어 읽기를 시도해 보는 것도 좋습니다.

또한 고전을 소재로 한 영상물을 먼저 보고 고전에 대한 거부감을 해소하는 것도 좋은 방법이 될 수 있습니다. 아이들에게 『오만과 편견』을 추천하면서 키이라 나이틀리Keira Knightley 주연의 영화 '오만과 편견'을 함께 본 적이 있습니다. 책을 읽으면서 주인공 엘리자베스의 나이 많은 친구로 등장하는 샬롯과 콜린스의 모습이 가장 궁금했었습니다. 아름다운 여자들만 사는 베넷 가의 여인들과 달리 외모는 부족해도 현명한 여인으로 등장해서 개인적으로 좋아하는 캐릭터입니다. 영국 배우 클로디

블레이크리Claudie Blakley의 새침한 연기는 마치 제가 소설 속으로 들어
간 것과 같은 기분이 들게 하더군요. 톰 홀랜더Tom Hollander의 콜린스 역
은 또 얼마나 훌륭했는지요. 미아 와시코프스카Mia Wasikowska와 마이
클 패스벤더Michael Fassbender 주연의 '제인 에어' 역시 『제인 에어』 마니
아라면 꼭 봐야 할 작품입니다. 책을 읽으면서 답답하고 완고하게 제인의
사랑을 강요하는 리버스 역이 궁금했었는데 제이미 벨Jamie Bell의 연기
도 일품이었습니다.

간혹 마이클 패스벤더 주연의 '맥베스'처럼 오히려 영화를 보고 원작
에 대한 흥미를 잃게 되는 경우도 있지만, 검증된 영화라면 전체적인 흐
름을 파악할 수 있어서 훨씬 흥미 있게 책을 읽을 수 있습니다.

원전으로도
읽어보자

주의할 것은 아이가 각색된 작품에만 빠지지 않도록 원전과 비교하며
작품을 감상할 수 있도록 지도하는 겁니다. 저는 어린 시절 대부분의 명
작을 영화나 만화로 보고 나서 읽은 척한 적이 많았습니다. 이른바 가벼
운 지식을 기른 셈이었죠. 덕분에 주변에서 똑똑해 보인다는 말을 많이
들었습니다. 문제는 실제로는 똑똑함과는 거리가 멀었다는 겁니다. 그때
알았습니다. 얕은 지식은 쓰임새도 얕다는 사실을 말이죠. 그런 저의 마
음을 알았는지 『제인 에어』를 읽고 딸아이가 그러더군요.

"아빠, 영화보다 책이 열 배는 더 재미있있네요."

반면, 아들은 전혀 다른 곳으로 관심을 둡니다.

"아빠, '오만과 편견'에서 캐서린 할머니 역할을 한 배우가 '제인 에어'에도 또 나오네요. 책에서도 똑같은 사람처럼 등장하는 게 마치 우리나라 조선 시대 양반댁 귀부인을 보는 거 같네요."

좋은 지적입니다. 여러 작품을 통합하여 입체적으로 캐릭터를 바라본 것이죠. 『오만과 편견』이 출간된 1813년은 조선의 정조 임금이 사망한 지 겨우 13년이 지난 시점입니다. 『제인 에어』는 그보다 34년 후인 1847년에 출간되었습니다. 같은 영국이 배경이고 신분의 차이가 심하던 시대라 남녀 간의 결혼은 정략적인 성격이 강했습니다. 조선 시대의 양반사회를 떠올리면 지극히 당연하죠. 이 두 작품의 공통점은 당시로서는 금기된 남녀 간의 순수한 사랑을 다루어서 사회적으로 지탄과 사랑을 동시에 받은 작품이라는 점입니다. 고상하고 귀티 나는 귀부인 이미지의 주디 덴치Judi Dench가 연기한 캐서린 귀부인과 페어팩스 부인은 모두 높은 신분의 마님입니다. 비슷한 시기인 우리나라 조선 시대에 유행하던 작품은 연암 박지원의 『열하일기』입니다.

이렇게 사물이나 상황을 입체적으로 바라볼 수 있는 통합적 사고력은 이 시대에 가장 필요한 힘입니다. 기본적인 독서를 통해 대부분의 아이들이 사고력을 기를 수 있지만 다양한 영역을 융합하여 사고해내는 통합적 사고력은 쉽게 자라나지 않습니다. 그것을 향상시키는 가장 좋은 방법은 하나의 큰 주제를 중심으로 다양한 책을 읽는 것입니다. 동일한 주제를 지니고 있는 국어, 사회, 과학 등 다양한 분야의 도서를 읽고, 독서를 통해 얻게 된 지식을 나의 생활이나 사회 현상에 비추어 독후 활동을 하는 것도 매우 큰 도움이 됩니다. 같은 주제의 책을 연결해서 읽게 되므로 그 주제에 대한 배경지식을 깊고 넓게 쌓을 수 있고, 토론이나 토의, 글쓰기 등의 결과물도 더욱 좋아질 수 있습니다.

6학년을 위한
주제별 필독서

▒ 1월의 독서 주제는 '세계사-세계 지리와 중세'입니다

6학년 1월에는 세계사 통사 독서가 필요합니다. 선사 시대부터 현재까지 우리 인류가 지나온 발자취를 살펴봄으로써, 세계 여러 나라와 민족, 문명과 문화, 과학 기술 등의 발전 과정에 대한 이해를 넓힐 수 있습니다. 이를 통해 세계화 시대에 발맞춰 균형 잡힌 시각으로 다른 나라 사람과 문화를 받아들일 수 있는 폭넓은 마음을 갖게 되리라 기대합니다. 세계사 독서를 시작하는 1월에는 선사 시대부터 중세의 시작까지 학습하게 됩니다. 방대한 내용이지만, 역사의 흐름을 차근차근 짚어가면서 세계사

『한입에 꿀꺽! 맛있는
세계 지리』

의 기초적인 배경지식을 쌓아야 합니다.

『한입에 꿀꺽! 맛있는 세계 지리』_{류현아 저}를 통해 세계 지도를 읽는 방법과 함께 5대양 6대주의 위치를 알게 됩니다. 기후에 따른 사람들의 다양한 삶을 이해할 수 있습니다. 세계의 다양한 나라는 어떻게 공존하는지 생각해 보며 지구 온난화 등 각 나라가 공통적으로 해결해야 하는 문제와 해결 방안을 함께 논의할 수 있습니다. 『공부가 되는 세계사 1』_{글공작소 저}을 처음부터 123쪽까지 읽으며 인류의 첫 출발인 선사 시대에 대해 알아보고, 역사 시대의 문을 여는 4대 문명을 파악할 수 있습니다. 4대 문명의 특징과 발전 과정, 공통점을 통해 이들 문명이 인류의 삶에 끼친 영향을 이해할 수 있습니다.

『공부가 되는 세계사 1』_{글공작소 저}을 124쪽부터 끝까지 읽으며 서양 문화의 토대를 이룬 고대 그리스의 형성 과정과 특징을 살피며, 그리스 문화가 오늘날까지 우리에게 어떤 영향을 미치고 있는지 알아봅니다. 또한 이탈리아반도의 작은 국가 로마가 거대한 제국을 이루기까지의 과정을 통해 로마인들의 지혜를 배우고, 현재 우리의 모습을 되돌아볼 수 있습니다. 『공부가 되는 세계사 2』_{글공작소 저}를 처음부터 121쪽까지 읽으며 게르만족의 대이동으로 시작된 중세 유럽의 특징을 바탕으로, 장원 제도와 주종 관계가 기반이 된 봉건 제도에 대해 학습합니다. 또한 종교가 중세 사회에 미치는 긍정적·부정적 영향을 생각해 봅니다. 나아가 비잔틴 제국과 이슬람 세계를 살펴봄으로써 중세의 변화를 입체적으로 파악할 수 있습니다.

▓2월의 독서 주제는 '세계사-중세에서 현대'입니다

『공부가 되는 세계사 2』

2월에는 중세에서 근대로의 이행기, 근대, 현대의 주요 사건을 바탕으로 세계사의 흐름을 익히는 책을 추천합니다. 세계사 독서의 목적은 단순한 암기가 아니라 인간과 사회에 대한 이해도를 높이는 데 있습니다. 책으로 역사를 접하면서 편견 없는 시선을 기르고, 타자에 대한 배려를 길러야겠습니다. 우리 아이들이 세계사 독서를 통해 긍정적인 미래를 설계하며, 역사의 한 페이지를 장식할 수 있는 진정한 글로벌 리더로 자라나길 기대합니다.

『공부가 되는 세계사 2』글공작소 저를 122쪽부터 끝까지 읽습니다. 중세 유럽은 십자군 전쟁과 유럽 전역을 휩쓴 흑사병으로 커다란 위기를 맞게 되며, 중세 유럽을 지탱하고 있던 봉건 제도 역시 더 이상 유지되기 힘든 상황에 이릅니다. 봉건 제도가 무너지자 농민들이 도시로 몰리면서 상업이 발달하게 됩니다. 그리고 유럽 사회는 중세를 지나 새로운 시대로 접어들게 됩니다. 유럽의 중세 사회가 붕괴되는 모습과 함께 근대 국가의 기틀이 형성되는 모습을 알아봅니다. 다음으로 『공부가 되는 세계사 3』글공작소 저을 처음부터 92쪽까지 읽습니다. 르네상스와 종교 개혁으로 시작된 근대 사회는 신항로 개척과 신대륙 발견으로 이어집니다. 이에 따라 유럽 사회는 세력 범위를 확장하고, 절대 왕정의 중상주의 정책에 따라 시민 계급이 성장해 갑니다. 중세와는 다른 근대 사회의 특징과 발전 과정을 이해해 봅니다.

『공부가 되는 세계사 3』글공작소 저을 92쪽부터 187쪽까지 읽어봅니다. 18세기 후반부터 19세기 초는 혁명의 시대로, 유럽과 신대륙은 커다란 변화를 겪게 됩니다. 영국의 명예혁명, 미국의 독립 혁명, 프랑스 대혁명을 거치며 시민들의 생각이 이전과 어떻게 달라졌는지 살펴볼 수 있습니다. 또한 영국에서 시작된 산업 혁명의 결과를 긍정적·부정적 측면으로 구분하여 이해할 수 있습니다. 다음으로 『공부가 되는 세계사 3』글공작소 저을 187쪽부터 끝까지 읽어봅니다. 산업 혁명으로 인한 자본주의의 성장은 제국주의를 심화시켰고 이러한 갈등이 세계 대전으로 이어지게 됩니다. 제1·2차 세계 대전을 통해 인류는 참혹한 고통을 겪었으며, 전쟁 후에도 미국과 소련은 냉전 체제를 구축하며 전쟁의 그림자를 드리웠습니다. 전쟁의 참상과 후유증으로, 피폐해진 세상이 다시 일어서고 발전하는 과정을 살펴보면서 앞으로 우리가 만들어가야 할 미래에 대한 밑그림을 그려보도록 합니다.

3월의 독서 주제는 '통합 교과'입니다

6학년 3~4월에는 통합 교과 논술을 대비하는 독서가 필요합니다. 3월에는 6학년 교과의 각 분야와 밀접하게 연계된 추천도서를 통해 사고력을 확장할 수 있습니다. 급변하는 과학, 환경 분야의 도서를 통해 변화하게 될 미래 모습을 생각해 보고, 현재 당면한 환경 문제에 대한 해결방안을 모색해 봅니다. 또한 우리 몸과 관련된 주제를 다루는 도서를 통해 통합적으로 살펴보는 '확장 독서'도 필요합니다. 이를 통해 독서 역량

『자연의 역습, 감염병』

과 융합적 사고력을 키울 수 있습니다. 더불어 매주 필수 어휘와 어법 보강을 통해 기초를 단단히 다지고, 서술형 문제에 대비해 쓰기 능력을 향상시켜야 합니다.

　감염병은 인류의 역사와 함께했습니다. 『자연의 역습, 감염병』김양중 저을 읽고 감염병을 통해 바라본 우리 사회의 다양한 분야의 변화와 발전을 살펴보고, 포스트 코로나 시대에 우리에게 필요한 것은 무엇이며, 과학 기술의 발전이 감염병으로 인한 문제를 어떻게 해결할 수 있을지 토의해 봅시다. 오늘날 우리가 사는 지구에는 해결해야 할 문제가 많이 있습니다. 그중 하나가 환경 문제지요. 『바다의 생물, 플라스틱』아나 페구, 이자베우 밍뇨스 마르칭스 저을 읽으며 플라스틱 쓰레기에 대해 알아보고 어떻게 하면 플라스틱 쓰레기를 최대한 줄일 수 있을지 그 방법을 함께 찾아봅니다. 우리가 플라스틱 쓰레기를 줄이기 위해 적극적으로 행동하는 사람이 된다면 세상은 앞으로 한 발 더 나아갈 수 있음을 깨달을 수 있습니다. 지구의 어떤 생명체보다 인간은 에너지 소비를 많이 합니다. 에너지를 많이 사용할수록 인류의 문명은 발전했지만, 나무와 동물을 에너지로 쓰면서 멸종 위기를 낳았고 석탄과 석유를 에너지로 소비하면서 지구 환경을 파괴하고 있습니다. 『미래로 가는 희망 버스-행복한 에너지』최영민 저를 읽으며 인간이 에너지를 사용한 과정을 살펴보며 '행복한 에너지'가 무엇인지 생각해 봅시다.

　『똑똑한 우리 몸 설명서』황근기 저를 읽으며 내 몸과 건강에 대한 궁금증을 풀어봅니다. 이 책을 통해 우리 몸속 기관의 생김새와 기관이 하는 일을 알 수 있습니다. 우리 몸을 더 깊이 이해함으로써, 자극이 전달되고 반응하는 과정을 알아보고, 각종 질병으로부터 건강을 지킬 수 있는 방안들도 알아보도록 합니다. 더불어 의공학의 개념과 의공학이 나아가야 할 바에 대해 토의해 봅시다. 『복제 인간 윤봉구1』임은하 저을 읽으며 복제 인간으로서 정체성에 혼란을 느끼는 봉구의 상황을 살펴보면서 복제 인간을 다른 인간과 동일한 인격체로 볼 수 있을지 생각해 봅니다. 생명 공학 기술의 명암을 확인하고 인간 복제를 허용할 수 있을지 토론해 보고, 자신의 생각을 정리할 수 있습니다.

👑 상위권 추천도서 👑

▧6학년을 위한 과학, 환경, 인권, 평화

『2120년에서
친구가 찾아왔다』

상급학교에 진학할수록 영어와 수학 때문에 책 읽을 시간이 부족하다고 하소연하는 부모님들이 많습니다. 최상위권 학생들 역시 예외는 아닙니다. 학업 부담이 커지는 상급학교 진학 전까지, 초등학생이라면 다음과 같은 독서의 기술을 익혀둘 필요가 있습니다. 3월부터는 본격적으로 6학년 수업이 진행됨에 따라 최상위권 학생들에게 필요한 교과과정과 연계된 필독서를 중심으로 도서목록을 추가로 준비했습니다. 3월과 4월에는 과학, 환경, 인권, 평화 등 다양한 분야의 도서를 읽으며 우리 주변의 모습에 좀 더 깊은 관심을 기울여야 합니다. 미래의 주인공인 우리 아이들이 더 좋은 세상을 만들기 위해서는 어떠한 노력을 기울여야 하는지 주도적으로 생각해 볼 수 있게 됩니다.

전 세계는 지구 온난화로 심각한 몸살을 앓고 있습니다. 여러 섬과 해변이 사라질 위기에 처해 있으며, 수많은 동식물이 멸종 위기에 놓여 있습니다. 지구 온난화와 생태계 파괴가 계속된다면 인류의 미래는 어두울 수밖에 없습니다. 『2120년에서 친구가 찾아왔다』안아 슈뷔르츠 저를 읽으며 지구 온난화의 원인, 과정과 결과에 대해 살펴보고, 문제해결을 위한 적극적인 해결 방법을 강구해 봅니다. 로봇은 인간이 해야 하는 힘든 노동을 대신하게 하기 위해 만든 존재였습니다. 지금 로봇은 과학 문명의 발전을 통해 사회 곳곳에서 인간의 역할을 대체해 나가고 있습니다. 『로봇 중독』김소연, 임어진, 정명섭 저을 통해 인공지능이 상용화되었을 때 발생할 수 있는 사회 현상을 알아보고, 인공지능이 인류에게 긍정적 미래를 가져올 수 있는지 이야기하는 시간을 가집니다. 인공지능 시대에 인간은 어떠한 능력을 길러야 하는지도 생각해 봅니다.

『슬픈 노벨상』정화진 저은 노벨상을 만든 노벨에 대한 이야기와 노벨상을 받은 과학 기술의 생생한 사례를 다양한 시각에서 설명합니다. 과학 기술의 빛과 그림자가 우리 인류의 삶을 어떻게 바꿔왔는지 알 수 있습니다. 획기적인 발명과 과학 기술의 눈부신 발전 속에서 우리가 잊지 말아야 할 소중한 가치를 생각해 볼 수 있습니다. 『나와 마빈 가든』에이미 새리그 킹 저은 삶의 터전을 잃은 한 소년과 불현듯 나타난 플라스틱을 먹는 동물 사이의 우정을 담은 이야기입니다. 소년의 성장통과 더불어 환경 문제를 생각해 볼 수 있는 책입니다. 플라스틱을 먹는 동물을 통해 요즘 현대인들이 날마다 피부로 느끼는 환경오염 문제를 돌아볼 수 있습니다. 더불어 '나다움'으로 따돌림과 상실감을 극복하는 오비의 모습을 통해 또래 문화에 휩쓸리지 않고 자신의 개성을 지켜 나가는 것이 중요함을 알 수 있습니다.

▨ 4월의 독서 주제는 '확장 독서'입니다

『생각이 크는 인문학
13 헌법과 인권』

4월은 교과의 각 분야와 밀접하게 연계된 책들을 통해 사고력을 확장하도록 합니다. 이를 통해 다양한 사회 현상을 정확하게 인식하고, 비판적으로 생각하며 세상을 살아가는 건강한 가치관과 인권 의식을 형성할 수 있습니다. 또한 '확장 독서'를 통해 정치에 대한 정보 도서를 바탕으로 어린이 회장 선거를 소재로 한 동화를 통합적으로 살펴봄으로써 올바른 정치 의식을 기르고자 합니다. 더불어 독서 역량과 융합적 사고력을 키울 수 있습니다.

인권이란 모든 사람들이 '절대 빼앗기고 싶지 않기 때문에 남들에게도 빼앗지 않기로 한' 권리라 말할 수 있습니다. 헌법은 바로 그 인권을 지키는 가장 강력하고 중요한 도구입니다. 『생각이 크는 인문학 13 헌법과 인권』김은식 저을 통해 자신의 인권과 타인의 인권을 왜 지켜야 하는지, 어떻게 인권을 누리게 되었는지, 그것을 지키는 헌법의 역할과 내용이 무엇인지 알 수 있습니다. 그리고 우리 사회의 양성평등 문제에 대해 토론해 보고, 자신의 생각을 정리할 수 있습니다. 『주식회사 6학년 2반』 서혜원 저은 CEO를 꿈꾸는 아이들이 회사를 운영하면서 겪게 되는 문제를 스스로 해결해 가는 과정을 그리고 있습니다. 이 이야기를 통해 생소한 경제 용어와 원리를 쉽고 재미있게 익힐 수 있으며, 자신의 꿈을 향해 나아가는 도전 정신과 주체적인 생활 태도를 배울 수 있습니다. 더불어 돈과 행복의 관계에 대해 토론해 봄으로써 돈의 가치에 대해 생각해 보도록 합니다.

『공부가 되는 사회 1: 정치와 법』조한서 저을 읽으며 나라의 정치 이념인 민주주의의 기본 원리에 대해 올바르게 이해하고, 국민의 권리와 의무를 알 수 있습니다. 민주적 상황과 비민주적 상황을 비교하여 문제점을 파악할 수 있으며, 민주주의 사회의 중요한 의사 결정 방법인 다수결에 대해 토론해 보고, 자신의 생각을 정리할 수 있습니다. 『딸기 우유 공약』문경민 저은 전교 어린이 회장 선거를 통해 자신의 아픔을 드러내고 친구들의 숨은 사연도 알게 되면서 한 뼘 성장하는 나현이의 모습을 그리고 있습니다. 이 책을 통해 공감과 이해로 인한 따뜻함을 느낄 수 있습니다. 더불어 전교 어린이 회장 선거를 둘러싼 사건들을 접하면서 올바른 선거의 의미를 깨닫고, 토의를 통해 어린이의 정치적 경험에 대한 생각을 정리할 수 있습니다.

👑 상위권 추천도서 👑

6학년을 위한 '통합 사고력 독서'

6학년 최상위 3% 학생들은 4월에 인권, 평화 관련 도서를 읽으며, '통

『오늘부터 문자 파업』

합 사고력 독서'를 연습하는 것을 추천합니다. 다양한 주제들을 넘나드는 통합 사고력 독서를 통해 우리 아이들이 사회가 요구하는 인재로 성장해 나가길 기대합니다. 차분히 저자와 토론하는 마음으로 읽다 보면 창의적인 아이디어를 얻고 더욱 논리적이고, 포용력 있는 청소년으로 자라날 수 있을 것입니다.

요즘의 청소년들에게 휴대 전화는 중요한 의사소통 수단입니다. 메신저나 문자를 통해 모든 대화가 이루어지고, 어디를 가든 무엇을 하든 사진을 찍어 친구들과 공유합니다. 『오늘부터 문자 파업』토미 그린월드 저을 읽으며 케이티와 친구들이 스마트폰과 관련해 겪는 이야기를 통해 우리 일상을 장악한 스마트폰을 사용하는 자신의 습관을 스스로 돌아보게 합니다. 점차 디지털화되는 스마트폰을 현명하게 사용할 수 있도록 계획서를 작성해 보고, 현대 사회의 올바른 소통 방법에 대해 배울 수 있습니다.

『나는 초콜릿의 달콤함을 모릅니다』타라 설리번 저를 읽으며 카카오 농장에서 일하는 소년 노동자의 시점으로 초콜릿 산업의 먹이 사슬 구조에 대해 알아봅니다. 열악한 환경에서 고된 노동을 하는 인물의 모습을 통해 아동 노동 문제에 대해 인식할 수 있으며, 환경과 인권을 보호하는 공정 무역의 필요성에 대해 생각해 봅니다. 사회적 문제를 해결하기 위해서는 무엇보다 소비자가 적극적으로 변해야 한다는 것을 느끼고 윤리적 소비를 위한 첫걸음을 내디뎌 봅니다.

『설원의 독수리』마이클 모퍼고 저는 어쩌면 제2차 세계 대전의 발발을 막을 수도 있었던 한 남자의 아주 특별한 이야기입니다. 과거에는 옳다고 생각했던 일이 훗날 잘못이었음을 깨닫게 되는 빌리의 이야기에 함께 공감하며, 빌리가 다른 선택을 했다면 상황이 어떻게 바뀌었을지도 상상해 봅니다. 또한 과거사 청산에 대한 여러 시각을 살펴보며, 올바른 역사의식을 기를 수 있습니다. 『핵폭발 뒤 최후의 아이들』구드룬 파우제방 지을 읽으며 인류의 미래를 삼켜 버린 핵폭발의 비극을 살펴보며, 전쟁으로 인간의 삶이 어떻게 달라지는지 생각해 봅니다. 또한 등장인물의 선택에 대해 평가해 보며 정의와 도덕성에 대해 고민해 봅니다. 핵폭발 이후 평화를 대물림하기 위해 우리가 할 수 있는 노력으로는 무엇이 있을지 알아보는 것도 좋겠지요.

5월의 독서 주제는 '논어'입니다

『어린이와 청소년을 위한 논어』

5월에는 『논어論語』를 추천합니다. 고전 독서를 통해 논리적 사고력을 키우고 삶의 지혜를 익히는 시간을 갖습니다. 『논어』가 위대한 고전으로 손꼽히는 이유는 누구나 쉽게 읽을 수 있고 깨달음을 얻을 수 있기 때문입니다. 『논어』는 개인의 삶뿐만 아니라 국가 정치의 방향에 영향을 주기도 했습니다. 하지만 이 책이 모두에게 같은 무게의 깨달음을 주는 것은 아닙니다. 자신이 가진 생각의 깊이에 따라 지혜를 구할 수 있는 범위가 다르기 때문입니다. 이러한 까닭에서 『논어』를 다른 아이들과 함께 읽어야 합니다. 원문의 일부를 곱씹어보며 친구들과 이야기를 나누다 보면, 공자 말 속의 깊은 의미를 함께 찾아갈 수 있을 것입니다.

공자는 배움을 삶의 일부로 받아들이고, 배움을 통해 인간다운 삶을 완성한다고 했습니다. 경쟁적으로 공부하며 바쁘게 살아가는 아이들에게 배움이란 우리의 삶을 있는 그대로 받아들이고, 세상을 조금 더 발전시키기 위해 필요한 것이라는 걸 알려주고자 합니다. 시험을 위한 공부가 아니라 경험을 통해 한 단계 성숙해지는 나의 모습을 그려가며 공부한다면, 인간으로서 더욱 행복한 삶에 가까워질 수 있을 것입니다. 『논어』 독서를 통해 아이들의 머릿속에 사유를 회복하고, 인간다운 삶의 밑그림을 그릴 수 있는 귀한 시간을 만들어보면 좋겠습니다.

소크라테스와 플라톤이 서양 철학의 근간이라면, 동양 철학은 공자에서 출발합니다. 『논어』는 공자와 그 제자들이 세상을 살아가는 이치와 교육·문화·정치 등에 관해 논의한 이야기를 모은 책으로, 2,500년 동안 수많은 학자와 지도자들에게 삶의 지침이 되었던 고전입니다. 오랜 시간 이 책이 사랑받아 온 이유는 우리가 당면한 문제들에 대한 해답이 담겨 있을 뿐만 아니라, 인간 본연의 가치에 대한 탐색이 이루어질 수 있기 때문입니다.

현대를 살아가는 학생들은 경쟁이 심화된 사회 속에서 자신의 내면을 살펴볼 여유가 부족합니다. 이에 『논어』 독서를 통해 사유의 즐거움을 선사하고자 합니다. 특히 아이들의 눈높이에서 공감하고 깨달음을 얻을 수 있는 가치 주제 4가지를 선별하여, 원전을 함께 살펴보고자 합니다.

첫째는 공자의 가르침 중 핵심 개념인 '인'입니다. 인은 단순히 '어질

다'라고만 해석하기에는 그 의미가 매우 깊고 무궁무진합니다. 다양한 주제를 다룬 『논어』의 400여 장 가운데 무려 58장에 걸쳐 인을 거론할 정도로, 공자는 그 어느 개념보다 인을 강조했습니다. 인에 대한 공자와 제자들의 대화를 살펴보면서, 공자가 인이라는 개념을 통해 말하고자 한 내용이 무엇이었는지 생각해 봅니다.

둘째는 '예禮'에 대해 생각해 봅니다. 공자는 인을 실천하는 방법으로 예禮와 효孝를 제시했습니다. 공자는 "참된 마음을 바탕으로 한 것이라면 형식이나 원칙에 얽매이지 말 것"을 주장했는데, 이를 통해 공자 사상의 융통성을 알 수 있습니다. 학생들은 공자의 가르침을 통해 현대의 다양하고 복잡한 문제를 풀어 나가는 지혜를 배우게 될 것입니다.

셋째는 '학學'에 대해 생각해 봅니다. 공자에게 배움은 즐거움 그 자체였고, 올바르게 살아가는 방법을 깨닫는 과정이었습니다. '학學'이라는 주제를 통해 배움의 목적을 깨닫고, 학생으로서 지녀야 할 학습태도에 대해 생각해 봅니다. 나아가 평생 학습 시대라고 불리는 요즘에도 배움에는 때가 있는지 자신의 생각을 정리하여 이야기하도록 합니다.

넷째는 '군자君子'에 대해 생각해 봅니다. '군자君子'란 인격이 완성된 사람으로서 모든 분야에서 홀로서기가 가능한 사람을 일컫는 말입니다. 학생들은 자신을 객관적인 시각으로 살펴보는 시간을 갖고, 군자와 소인의 예시를 바탕으로 군자로서의 삶을 살기 위해 필요한 태도에 대해 생각해 볼 수 있습니다. 또한 현대 사회에서도 군자의 삶을 추구하는 것이 중요한 일인지 고민해 보는 시간을 갖습니다.

아이들은 『논어』라는 제목처럼 '논하고 말하면서' 올바른 가치관을 형성하고, 공자가 제시하는 군자의 모습을 통해 리더로서 갖춰야 할 덕목을 습득할 수 있을 것입니다. 아이들이 세상을 바라보는 눈을 키워 나갈 수 있도록 학부모님들이 독서 탐구의 안내자가 되어주는 의미 있는 시간을 만들어가기를 바랍니다.

▨ 6월의 독서 주제는 '세계 명작 문학 읽기'입니다

『별을 헤아리며』

오랫동안 많은 사람에게 유익한 영향을 미치고, 세계적인 문학상을 받은 명작을 읽으면 학생들의 사고력뿐만 아니라 정서를 함양하는 데도 큰 도움이 됩니다. 세계 명작 읽기를 통해 다양한 어휘와 표현을 익히고, 작품에 담긴 삶의 지혜와 소중한 가치를 발견할 수 있습니다. 더불어 세상을 살아가면서 마주치는 수많은 문제에 스스로 질문하고 답을 찾아나가는 지혜의 초석을 다질 수 있습니다.

제2차 세계 대전 중 나치가 점령한 덴마크에서는 유대인 추방과 학살이 벌어집니다. 『별을 헤아리며』로이스 로리 저에서 요한센 가족은 유대인 친구를 보호하기 위해 용기 있는 선택을 합니다. 제2차 세계 대전 중 유대인들을 지키기 위한 덴마크 사람들의 용기 있는 행동을 살펴보고, 전쟁 당시 상부의 명령에 따라야 했던 독일군들에게 유대인 학살의 책임을 물을 수 있는지 모의재판을 통해 논의해 보도록 합니다. 『생명의 릴레이』가마타 미노루 저를 읽으며 2005년 이스라엘 군인의 총에 맞은 뒤 이스라엘 소녀에게 장기를 기증하고 세상을 떠난 팔레스타인 소년 '아흐메드'의 실화를 통해 팔레스타인-이스라엘 분쟁의 상황을 알 수 있습니다. 균형 있는 시각으로 이 분쟁을 바라보고, 아흐메드의 기적 같은 사랑의 릴레이를 통해 전쟁과 평화, 생명의 의미를 되새길 수 있습니다.

『나의 라임오렌지나무』J. M. 데 바스콘셀로스 저를 읽으며 다섯 살 꼬마 제제의 성장 과정을 통해 제제가 느꼈을 '철이 든다'는 것에 대해 함께 살펴봅니다. 제제와 주변 사람들의 관계에서 제제에게 진정으로 힘이 되어준 존재를 알아보면서, 진정한 '소통'을 위해 어떤 자세를 지녀야 할지 스스로 답을 얻을 수 있습니다. 또한 장난꾸러기 제제를 평가하는 토론을 통해 순수함과 아이다움은 무엇이고, 아이를 지켜주기 위해 어떤 배려가 필요한지 생각해 봅니다. 『손도끼』게리 폴슨 저를 읽으며 비행 도중 조종사의 사망으로 무인도와도 같은 캐나다 북부 삼림 지대에 홀로 불시착하게 된 소년 브라이언이 생존을 위해 고군분투하는 이야기를 통해 인간 생존의 조건을 생각해 봅니다. 또한 브라이언에 대한 공감을 통해 절망을 극복하는 인간 의지, 인간과 사회의 관계, 고난의 의미에 대해 고찰해 봅니다.

👑 상위권 추천도서 👑

6학년을 위한 '서양 고전 독서'

6학년 최상위 3% 학생들에게는 서양 고전 독서를 추천합니다. 고전 문학에는 항상 문제와 갈등이 있고 등장인물들이 그 문제를 해결해 가는 과정이 하나의 이야기로 펼쳐집니다. 책을 읽으면서 자신이라면 어떻게 할지, 문제의 결말이 어떻게 될지 끊임없이 고민하면 아이들을 스스로 생각하게 되고, 자신의 의견을 완성된 글이나 말로 표현하는 데도 큰

『모모』

도움이 됩니다. 또한 고전은 아이에게 글쓰기에 대한 동기를 불러일으킵니다. 고전 문학은 작가가 몇날 며칠을 고민해서 한 줄 한 줄을 완성한 만큼 좋은 문장들로 이루어져 있습니다. 이런 글을 꾸준히 읽는 아이들은 자기도 모르게 그 문장들을 자신의 글 속에 사용하게 됩니다. 이처럼 고전은 아이들의 어휘력과 사고력을 자극하고, 지식을 넓혀주며, 진정한 자아를 찾고 세상과 아름다운 관계를 맺게 해줍니다.

『베니스의 상인』윌리엄 셰익스피어 저은 1590년경 발표된 작품으로, 당시 런던 시민들이 가지고 있던 유대인에 대한 증오심을 배경으로 하고 있습니다. 이 작품은 인간에게 믿음과 정의, 사랑과 배려가 얼마나 중요한지 일깨워 줍니다. 안토니오와 바사니오의 우정, 샤일록과 안토니오를 재판하는 포셔의 지혜를 통해 고전이 주는 보편적인 삶의 가치를 생각해 봅니다.

『모모』미하엘 엔데 저는 전 세계 40여 개 언어로 번역된 미하엘 엔데의 대표작으로, 기적과 신비와 온기로 가득 찬 세계가 펼쳐지는 매력적인 동화입니다. 부모님과 함께 이야기하며 등장인물들의 가치관을 이해하고 시간이 지닌 비밀을 알아봅니다. 또한 자신의 일상 중에서 가치 있는 시간에 대해 생각해 보고, 현대인들이 바쁜 이유와 속도가 경쟁력이라는 주장에 대해 자신의 생각을 말해 봅니다. 나아가 경청, 절대적 시간과 상대적 시간, 슬로우 라이프라는 세 가지의 주제를 놓고 더욱 심화 학습하면 좋습니다.

『아몬드』

2022 개정교육과정에 따라 다양하게 요구되는 자질을 갖추기 위해 IB국제 바칼로레아형의 문제에 적응하고, 다양한 수행평가를 즐겁게 해낼 수 있는 훈련이 필요합니다. 6학년 학생들은 이제 예비 중학생으로서 자신의 앞날에 대해 고민하고, 구체적인 목표를 설정하여 학습에 대한 밑그림을 구상해 나가야 합니다. 나에 대해서 가장 잘 아는 사람은 바로 자기 자신이겠지만, 스스로에 대해 진지하게 생각해 본 적이 없다면, 나에 대해서 잘 안다고 할 수 없을 것입니다. 자신과 주변을 돌아보며 나를 둘러싸고 있는 세계와 직면하는 시간을 가져봅니다. '나'를 발견하는 시간을 통해 행복한 삶을 위해 어떠한 목적을 가져야 할지 고민해 보는 시간이 되기를 기대합니다.

『아몬드』손원평 저를 읽으며 감정을 느끼는 데 어려움이 있는 윤재의 이야기를 통해 타인의 감정을 이해하고 공감한다는 것이 얼마나 소중한 일인지 고민해 봅니다. 특히 등장인물의 관계 맺음과 성장, 소통을 통해 공감을 하려면 어떤 노력을 해야 하는지 파악해 봅니다. 공감 불능의 사회에서 타인과 왜 공감해야 하는지 그 이유와 방법을 생각해 보면 좋겠습니다. 입시 중심 교육이 청소년의 공감 능력을 억압하는지에 대해 토론해 보고, 자신의 생각을 정리할 수 있기를 바랍니다. 『페인트』이희영 저를 읽으며 부모 면접을 보는 NC센터의 아이들을 통해 진정한 의미의 가족에 대해 생각해 봅니다. 책에 등장하는 NC센터는 누구나 아이를 낳기만

하면 국가가 키워주는 공공보육기관입니다. 책 속에 투영된 우리 사회의 모습을 발견하고 분석할 수 있습니다. 가족의 의미를 되새기며 진정한 가족의 조건에 대해 생각할 수 있습니다. 부모의 자격, 이상적인 가족의 조건 등 가족과 관련된 다양한 쟁점에 대해 말할 수 있습니다.

『처음엔 사소했던 일』왕수펀 저을 읽으며 누군가에 의해 만들어지고 키워지는 상황을 통해 우리를 둘러싼 인간관계에 대해 생각해 봅니다. 대상을 인식하는 바른 자세에 대해 생각해 볼 수 있습니다. 인간관계의 의미를 살펴보고, 인간관계를 맺기 위해 가져야 할 태도와 마음가짐에 대해 생각해 볼 수 있습니다. 등장인물들의 얽힌 관계를 바탕으로 '진짜 범인'을 찾는 토의를 하면서 문제를 다면적으로 살펴볼 수 있습니다. 『오즈의 의류 수거함』유영민 저을 읽으며 나눔을 통해 자신을 찾아가는 도로시를 보면서 어떤 모습으로 살아가야 할지 고민해 봅니다. 도로시가 자신의 꿈과 진로를 찾아가는 과정을 보면서 사회 구성원으로서 '나'는 어떤 모습으로 살아가야 하는지 구체적으로 말할 수 있습니다. 소외된 사람들이 연대한 이야기를 통해 치유의 힘이 무엇인지 깨닫게 됩니다. 날로 늘고 있는 자살 문제에 대해 살펴보고, 자살이 개인적 차원의 문제인지 사회적 문제인지 토론해 보면 좋겠습니다.

▒8월의 독서 주제는 '교과 소설'입니다

8월에는 『교과서 소설 다보기 1』씨앤에이논술 저을 추천합니다. 중학교 입학을 앞둔 6학년 학생들이 여름 방학을 알차게 보낼 수 있도록 교과서 소설 다보기 독서 프로그램을 토대로 만든 책입니다. 지금까지 동화를 중심으로 독서해 온 아이들이 현대 단편 소설을 깊이 있게 이해할 수 있

『교과서 소설 다보기 1』

도록 꼼꼼하게 구성하였습니다.

소설 전문을 수록한 '작품 읽기'에서는 혼자서도 작품을 읽고 이해하는 데 어려움이 없도록 어려운 단어들을 알기 쉽게 풀이하였습니다. 읽은 작품들은 '개념 익히기'를 통해 문학 이론을 토대로 분석합니다. 또한 '꼼꼼히 읽기'를 통해 작품의 맥락을 잘 짚어냈는지 스스로 확인할 수 있으며, '생각 나누기'에서는 토의·토론 과정을 통해 자신의 생각을 논리적으로 표현하는 능력을 키울 수 있습니다. '생각 펼치기'를 통해 다양한 주제의 글쓰기 과제를 수행하게 되며, 이 과정에서 기본적인 문장력과 함께 글을 구성하는 실력을 키울 수 있습니다. 마지막으로 '더 읽어 보기'에서는 함께 읽을 만한 작품을 소개하였습니다. 생소한 문학 작품들을 깊이 있게 볼 수 있는 디딤돌이자 중등 교과를 미리 경험할 수 있는 출발점이 될 것이라 기대합니다. 중학교 입문 과정의 좋은 길잡이가 됩니다.

1부 주제는 상징입니다. 처음부터 65쪽까지 읽으며 소설의 개념 및 소설 구성의 3요소를 알아봅니다. 이를 적용하여 이청준의 〈연〉과 황순원의 〈소나기〉를 감상합니다. 소설의 주요 기법 중 하나인 '암시'와 '복선'을 알아보고, 소설 속 소재들이 상징하는 바를 주제와 연결하여 분석합니다. 모둠을 구성하여 각 작품의 뒷이야기를 만들어보며 창의력과 협동심을 키웁니다.

2부 주제는 갈등입니다. 66쪽부터 137쪽까지 읽으며 소설에 나타나는 갈등의 개념과 종류를 알아봅니다. 이를 적용하여 박완서의 〈자전거

도둑)과 현덕의 〈하늘은 맑건만〉을 분석해 봅니다. 이 과정을 통해 소설에서는 갈등 해소 과정에서 주제가 구체화됨을 알 수 있습니다. 또한 두 작품의 시대적 배경을 파악하고, 연계하여 주제를 더 깊이 있게 이해할 수 있습니다.

3부 주제는 구성입니다. 138쪽부터 193쪽까지 읽으며 가족을 주제로 한 성석제의 〈약방 할매〉, 현덕의 〈나비를 잡는 아버지〉를 감상하며 소설 구성의 5단계에 대해 알아봅니다. 각 단계의 개념 및 갈등의 시작과 심화·고조·해결의 과정을 살펴보고, 이를 통해 작품의 주제가 형상화된다는 점을 이해합니다. '생각 나누기'에서는 작품의 주제와 연계하여 나의 가족과 부모님의 의미를 다시 생각해 봅니다. 또한 독서 이력철을 직접 써보는 과정을 통해 독서 이력철 작성법을 이해할 수 있습니다.

4부 주제는 시점입니다. 194쪽부터 287쪽까지 읽으며 소설의 서술자와 시점에 대해 알아봅니다. 오영수의 〈고무신〉, 주요섭의 〈사랑손님과 어머니〉를 통해 각 시점의 장단점을 살펴봅니다. 또한 시점 바꿔 쓰기를 통해 말하는 이의 관점이 작품에 어떠한 영향을 주는지 알 수 있습니다. 작품 속 시대적 상황이 사랑에 어떤 영향을 미쳤는지 정리해 보면서, 결혼과 사랑에 있어 나에게 중요한 조건은 무엇인지 생각해 봅니다.

5부 주제는 설화입니다. 288쪽부터 끝까지 읽습니다. 입에서 입으로 전해 내려온 '설화說話'는 우리 민족의 생활, 풍습, 신념을 담고 있는 옛이야기입니다. 〈사계절의 땅 원천강 오늘이〉, 〈열두 살에 나라를 세우다〉, 〈낙랑 공주와 호동 왕자〉, 〈재주꾼 세 사람〉을 통해 소설과 대비되는 설화의 개념을 정리하고, 설화의 종류와 각각의 특징을 알아봅니다. 다양한 설화를 감상하며 각 이야기가 우리에게 주는 의미와 교훈을 이해할 수 있습니다. 영웅 이야기의 구조를 알아보고 우리 사회에 필요한 영웅의 모습을 생각해 봅니다.

▨ 9월의 독서 주제는 '**수필과 시**'입니다

『교과서 수필 다보기 1』

9월에는 8월에 읽었던 '소설'에 이어 다양한 문학 작품을 접하기 위해, '수필'과 '시'를 읽습니다. 작가가 자신의 생각이나 느낌을 독자에게 전달하기 위해 어떻게 표현했는지 살펴보며 각 갈래의 기본 개념을 익힐 수 있고, 작품을 읽고 생각하는 과정을 통해 문학 감상 능력이 더욱 향상될 수 있습니다. 나아가 작품 속 이야기를 통해 나를 성찰하고 세상을 보는 눈을 키우는 시간이 될 것입니다.

『교과서 수필 다보기 1』씨앤에이논술연구팀 저을 처음부터 134쪽까지 읽으며 수필 장르의 특징을 이해하고, 수필에 담긴 글쓴이의 경험을 바탕으로 자신의 생활을 돌아봅니다. 먼저 일상의 작은 사건들이 어떻게 수필이 되는지 알아봅니다. 다양한 방법으로 표현된 수필 속에 나타난 상징에 담긴 의미를 해석할 수 있습니다. 평범하게 지나칠 수 있는 대상이나 사건들을 다른 시선으로 바라보며 글쓴이의 목적을 파악할 수 있습니다. 장애인이 우리 사회의 한 구성원으로서 마땅히 권리를 누리기 위해 필요한 방안이 무엇일지 토의해 봅니다. 이 책을 135쪽부터 끝까지를 읽으며 수필을 통해 삶을 살아가는 지혜를 얻고, 자신의 이야기를 수필로 써 보는 시간을 바탕으로 내면을 돌아볼 수 있습니다. 글쓴이의 독서 경험을 통해 자신의 독서 목적을 생각해 볼 수 있습니다. 선조들의 일화를 통해 우리말 문화의 장점과 가치를 이해하고, 이를 현대 사회에 적용할 수 있을지 생각해 볼 수 있습니다. 우리가 세상과 더불어 살아가기 위해 필요한 것이 무엇인지 생각해 볼 수 있습니다. 수필의 특징을 이해하고, 자신의 경험을 서술할 수 있습니다.

『교과서 시 다보기 1』씨앤에이논술연구팀 저을 처음부터 80쪽까지 읽으며 시의 3요소인 주제, 운율, 심상을 알아보고, 비유와 상징을 이해할 수 있습니다. 시어의 특징을 알고 시적인 표현을 이해할 수 있습니다. 시를 감각적으로 표현하는 비유와 상징의 효과를 알 수 있습니다. 직접 시를 창작해 보면서 새로운 시각으로 주변을 관찰해 볼 수 있습니다. 이 책을 81쪽부터 끝까지 읽으며 시적 화자의 상황과 정서를 파악하고, 다양한 시적 표현을 익혀 보며 시에 담긴 주제를 분석합니다. 시가 예술에 미친 영향을 통해 시가 지닌 공감의 힘을 느낄 수 있습니다. 작품에 반영된 작가의 삶과 시대상을 고려하여 시를 더 깊이 감상할 수 있습니다. 시가 가진 힘을 깨닫고 시가 필요한 이유에 대해 이해할 수 있습니다. 모둠 시 낭송 활동을 통해 감상 능력을 높이고, 패러디 시 쓰기 활동을 하며 창작의 즐거움을 느낄 수 있습니다.

▨ 10월의 독서 주제는 '고전 문학'입니다

10월에는 우리나라와 서양의 고전 문학을 접하면서 문학 속의 의미와 상징 등 다양한 사회적 배경 등을 배웁니다. 중등과 고등 과정에서 배우는 고전 문학의 원전을 살린 작품들을 읽으며 어휘, 문장, 표현력 등을

『토끼전: 꾀주머니
배 속에 차고 계수나무에
간 달아 놓고』

배울 수 있습니다. 이번 독서를 통해 우리 학생들이 중등 과정을 준비하며 훌쩍 성장할 수 있기를 바랍니다.

『토끼전: 꾀주머니 배 속에 차고 계수나무에 간 달아 놓고』장재화 저를 읽으며 우화 소설의 특징을 살펴보고, 등장인물의 태도를 비판할 수 있습니다. 소설의 창작 배경을 바탕으로 토생원과 별주부가 무엇을 상징하는지 말할 수 있습니다. 다양한 결말에 따라 주제가 어떻게 변화하는지 이야기할 수 있습니다. 용왕에게 충성을 다하기 위해 토끼를 잡으러 갔던 별주부의 행동이 옳은지 근거를 들어 토론할 수 있습니다. 『홍길동전-춤추는 소매 바람을 따라 휘날리니』류수열 저를 읽으며 고전고설 속 조선 사회의 모습을 알아보고, 작품이 지닌 가치와 한계를 이야기할 수 있습니다. 당시 조선 사회의 문제점을 살펴보고, 비판할 수 있습니다. 길동이 세운 이상 국가 율도국의 의미와 한계에 대해 말할 수 있습니다. 길동의 의적 활동이 정당한지 토론할 수 있습니다.

『돈 키호테』미겔 데 세르반테스 저는 푸른숲주니어 출판사의 책을 추천합니다. 꿈을 좇아 끊임없이 도전한 '돈 키호테'를 통해 어떻게 살아가야 하는지 생각할 수 있습니다. 시대적 배경에 대해 이해하고, 역사적 배경과 문학 작품을 연결해 볼 수 있습니다. 창작 배경 및 문학적 가치를 살펴보고, 이 작품이 많은 사람들에게 사랑받는 이유를 이해합니다. 돈 키호테형 인물이 우리 사회에 필요한 리더상인지 근거를 들어 토론할 수 있습니다. 『톨스토이 단편선 1』L. N. 톨스토이 저는 인디북 출판사의 책을 추천합니다. 톨스토이의 가치관이 담긴 소설을 통해 자신의 삶을 성찰할 수 있습니다. 톨스토이가 꿈꾸었던 세상과 현대 사회의 모습을 비교해 보고, 우리에게 주는 교훈을 생각해 볼 수 있습니다. 톨스토이가 노동을 어떻게 바라보았는지 살펴보고, 진정한 노동의 가치를 생각해 볼 수 있습니다.

▨ 11월의 독서 주제는 '사회 문제와 세계 지리'입니다

『완득이』

　　예비중1을 준비하는 6학년 11월에는 사회 문제와 세계 지리 분야 독서가 필요합니다. 세상 사람들이 어디에서 어떻게 다르게 사는지, 더불어 살기 위해서는 어떻게 하는지를 배우는 독서가 필요한 시기입니다. 이번 독서를 통해 지형, 기후 그에 따른 경제 변화, 공존과 갈등까지 다양한 삶을 이해하면서 타인에 대한 배려와 이해의 폭을 넓힐 수 있습니다. 또한 현대 사회에서 일어나고 있는 여러 문제를 알아보고, 현재를 통해 미래에 일어날 문제를 예측하며 해결 방안을 찾아봅니다. 학생들은 능동적이고 주체적으로 생각하는 과정을 통해 사회를 분별하는 눈을 키우게 될 것입니다.

　　『완득이』김려령 저를 읽으며 열일곱 살 소년 완득이가 성장해 가는 과정을 통해 사회에서 일어나는 차별과 해결 방안을 생각해 볼 수 있습니다. 사춘기 소년 완득이가 성장하게 되는 과정을 말할 수 있습니다. 완득이네 가족의 모습을 통해 우리 사회에 여전히 존재하는 차별을 살펴보고 해결 방안을 생각해 볼 수 있습니다. 소수자의 권리를 보호하기 위한 소수 집단 우대 정책이 공평한 정책인지 자신의 생각을 이야기할 수 있습니다. 『아이를 빌려드립니다』알렉스 쉬어러 저를 읽으며 불임 사회와 고령화를 담은 미래 이야기를 통해 우리 사회의 저출산·고령화 문제를 살펴보고 올바른 해결 방안을 찾아볼 수 있습니다. 책 속의 가상의 상황을 통해 저출산 상황이 가져올 문제를 상상할 수 있습니다. 젊게 오래 살고 싶은 사람들의 욕망을 살펴보고, 나이 듦의 가치에 대해 고민해 볼 수 있습니다. 저출산·고령화 사회의 문제를 해결하기 위해 정부의 적극적인 출산 장려 정책이 필요한지 토론할 수 있습니다.

『세계 지리, 세상과 통하다 1』전국지리교사모임 저을 처음부터 157쪽까지 읽으며 아시아의 환경과 문화에 대해 다각도로 이해하고 세계의 갈등 지역을 살펴보며 평화에 대해 고민해 볼 수 있습니다. 지형과 기후가 사람들의 삶의 모습에 어떠한 영향을 주었는지 생각해 볼 수 있습니다. 세계의 다양한 종교에 대해 알아보며, 지구촌이 조화롭게 공존할 방법을 고민해 볼 수 있습니다. 세계의 곳곳에서 발생하는 분쟁을 알아보며, 평화를 유지하기 위해 어떻게 해야 하는지 생각해 볼 수 있습니다. 158쪽부터 끝까지 읽으며 서남아시아와 오세아니아의 환경과 문화, 지리적 특성을 바탕으로 사회의 변화를 살펴볼 수 있습니다. 국제 하천을 둘러싼 국제 물 분쟁의 원인을 파악하고 해결 방안을 고민해 볼 수 있습니다. 서구 열강의 식민 지배가 오세아니아의 환경과 문화에 어떤 영향을 미쳤는지 생각해 볼 수 있습니다. 환경을 생각한 생태 관광의 발전을 통해 자연에 대한 인류의 사고 전환의 필요성을 깨달을 수 있습니다.

『우리는 지금 미래를 걷고 있습니다』

4차 혁명 이후 과학 기술의 발달로, 인간은 보다 편리하고 건강한 삶을 살게 되었습니다. 12월에는 4차 산업혁명과 관련된 과학과 기술을 다룬 책을 읽으며 빠르게 변하는 세상에서 우리가 어떤 자세로 살아야 할지 고민하는 책을 추천합니다. 학생들은 능동적이고 주체적으로 생각하는 과정을 통해 바람직한 사회를 분별하는 눈을 키우게 될 것입니다.

『우리는 지금 미래를 걷고 있습니다』김정민 저를 읽으며 인류 문명의 역사적 흐름을 바탕으로, 다가올 미래를 위해 어떤 준비를 해야 하는지 생각해 볼 수 있습니다. 인류 문명의 역사와 그로 인해 변화된 인간의 삶의 모습을 정리할 수 있습니다. 기술 문명의 혁신으로 변화하는 사회에 적응하기 위해 준비해야 할 것을 생각해 볼 수 있습니다. 인공지능 시대에 인류와 인공지능이 공존하기 위해 필요한 것은 무엇인지 다양한 관점에서 생각해 볼 수 있습니다. 『수상한 진흙』루이스 새커 저을 읽으며 우리 삶과 분리될 수 없는 과학 기술의 발전에 대해 올바른 가치관을 정립할 수 있습니다. 프랑켄세균과 관련된 사람들의 행동을 비판하고, 프랑켄세균의 수식이 의미하는 바를 추론하면서 깊이 있게 읽는 능력을 기를 수 있습니다. 과학자의 사회적 책임에 대해 생각해 보고 자신의 생각을 근거를 들어 말할 수 있습니다. 바이올렌 생산을 계속하기로 한 상원 에너지 환경 위원회의 결정을 평가하는 토론을 통해 대체 에너지 개발에 대해 자신의 생각을 정리할 수 있습니다.

『로봇 소년, 학교에 가다』톰 앵글버거, 폴 델린저 저를 읽으며 인공지능 로봇을 통해 미래의 모습을 상상하고 여러 물음을 던지면서 인공지능에 대해 다양한 관점으로 사고할 수 있습니다. 로봇이 만들어진 이유와 로봇 기술 현황을 통해 인공지능 로봇의 발전 가능성을 살펴볼 수 있습니다. 로봇과 인간이 공존할 수 있는 방법을 생각해 볼 수 있습니다. 인공지능 기술의 양면성에 대하여 자신의 입장을 정해 토론할 수 있습니다.『50 대 50』S. L. 파월 저을 읽으며 동물 실험이라는 주제를 인간의 생명과 연계해 생각해 볼 수 있습니다. 한쪽은 옳고, 한쪽은 그르다는 이분법적인 시선에서 탈피하여 나와 시각이 다른 사람의 견해도 수용하는 지혜를 얻을 수 있습니다. 동물권에 대해 알아보고, 동물 복지를 위해 노력할 수 있는 일에는 어떤 것들이 있을지 고민해 볼 수 있습니다. 동물 실험의 지속 여부에 대하여 자신의 입장을 정해 토론할 수 있습니다.

▧ 예비중1을 위한 1월의 독서 주제는 '예술과 문화'입니다

『똑같은 빨강은 없다』

이제 중학교 1학년이 되는 새해 1월입니다. 2022 개정교육과정 이후 예술 교육의 중요성이 커지고 있습니다. 음악, 미술 학습을 통해 예술의 변천 과정과 맥락을 이해하고 작품의 의미를 해석해 보는 독서를 추천합니다. 이를 통해 문화의 중요성을 인식하여 문화 시민으로서의 소양을 길러봅니다. 또한 스포츠를 즐기는 주인이 되기 위해 생각해 봐야 할 가치들을 이야기하는 시간을 가져봅니다. 예술 교육은 미래 사회를 살아갈 우리 청소년들이 예술적, 철학적 사유와 성찰을 가능하게 해주며, 사회와 소통하며 성장을 이루는 튼튼한 주춧돌이 되어줄 것입니다.

『똑같은 빨강은 없다』김경서 저를 읽으며 미술 작품에 대한 보라와 선생님의 대화를 통해 작품을 감상하는 다양한 기준과 관점을 배울 수 있습니다. 작품을 감상하는 가치 판단에 대한 자신의 생각을 말할 수 있습니다. 미술을 표현하는 다양한 방법에 대해 알 수 있습니다. 공공 미술을 평가하는 관점에 대해 생각하고, 공공 미술 기획안을 작성할 수 있습니다. 미술은 지루한 과목이 아니라 재미있는 분야이며, 현재와 호흡하며 우리 삶에 녹아 있다는 것을 생생하게 느낄 수 있습니다. 회화 작품이 갖고 있는 특성을 이해하고 그 속에 숨은 이야기를 함께 살펴보며 작품을 감상하는 능력을 키울 수 있습니다. 현실 문제를 비판한 작품을 살펴보고, 나만의 시선이 담긴 작품을 구상할 수 있습니다. 패러디도 예술이 될 수 있는지 자신의 입장을 정해 토론할 수 있습니다.

『듣는다는 것』이기용 저을 읽으며 음악은 새로운 감각의 세계로 떠나는 여행임을 깨달을 수 있습니다. '듣는다는 것'의 의미를 생각해 보고 음악에 대해 깊이 있게 고민할 수 있습니다. 마음의 치유제 역할을 하는 음악이 인간의 마음에 어떻게 작용하는지 생각해 볼 수 있습니다. 사회를 반영하고 있는 대중음악은 어떤 힘을 가졌는지 우리 일상을 통해 알아볼 수 있습니다. 다양한 음악을 감상하고 그 감상을 오감五感을 통해 표현할 수 있습니다. 『10대와 통하는 스포츠 이야기』탁민혁, 김윤진 저를 읽으며 스포츠에 얽힌 다양한 이야기를 살펴봅니다. 스포츠를 즐기는 주인이 되기 위해 생각해 봐야 할 가치들을 이야기할 수 있습니다. 스포츠 속 불평등과 저항의 모습을 알아보며 자신의 견해를 말할 수 있습니다. 진정한 의미의 스포츠 강국에 대해 자신의 견해를 말할 수 있습니다. 올림픽 정신을 되새기며 친구들과 미래의 올림픽을 기획할 수 있습니다.

▨ 예비중1을 위한 2월의 독서 주제는 '중등 교과'입니다

『국어 교과서로 토론하기-
비문학 편 1』

2월에는 『국어 교과서로 토론하기-비문학 편 1』류대곤 외 지을 추천합니다. 중등 국어 교과서에 수록된 비문학 글감을 주제별로 엄선하여 집필한 책입니다. 책에 수록된 다양한 글을 읽으며 배경지식을 확장하고, 관련 문제를 해결하는 과정에서 교과 개념을 자연스럽게 익힐 수 있습니다. 또한 단계별 토의·토론 활동을 통해 토의·토론식 학교 수업을 준비할 수 있으며, 자신의 생각을 논리적으로 정리하는 훈련을 할 수 있습니다.

1부 주제는 인간과 과학입니다. 설명문의 개념과 구성을 살펴보고, 사실과 의견을 구분해 설명문을 읽는 방법을 익힙니다. 우리 삶 속에 숨어 있는 다양한 과학적 원리를 살펴보고, 인공지능 시대의 변화에 대해 비판적으로 고민해 봅니다. 토론 주제로 '로봇에게 인간과 동등한 권리를 주어야 할까?'를 검토해 봅니다.

2부 주제는 일상과 문화입니다. 다양한 설명 방법을 알아보고, 설명하려는 대상에 적절한 설명 방법을 찾아 적용해 봅니다. 우리의 일상 속 문화 요소들을 살펴보고, 그 안에 담긴 조상들의 지혜를 이해하고 계승하려고 노력해 봅니다. 토론 주제로 '퓨전 한복을 우리 고유의 옷으로 인정해야 할까?'를 고민해 봅니다.

3부 주제는 자연과 환경입니다. 논설문의 개념과 구성을 살펴보고, 주장과 근거를 구분해 논설문 읽는 방법을 익힙니다. 기후 변화의 심각성과 에너지 문제를 인식하고, 자연과 공존하기 위해 어떤 노력이 필요한지 고민해 봅니다. 토론 주제로 '그린벨트를 해제해야 할까?'에 대해 논의해 봅니다.

4부 주제는 나와 너, 우리입니다. 논증이란 무엇인지 알아보고, 다양한 논증 방법을 익혀 논설문을 논증으로 재구성해 봅니다. 꿈을 향한 '도전'의 의미를 생각해 보고, 공동체 안에서 함께하는 삶에 대해 고민해 봅니다. 토론 주제로 '빈곤 국가 학교 짓기 후원, 어떻게 할까?'를 추천합니다.

개정교육과정으로 학교 현장에서 수업 방식과 평가 방식이 바뀌고 있습니다. 특히 교과 관련 개념을 바탕으로 사고를 심화, 확장시키며 협업을 통해 이를 구현할 수 있는 창의적인 인재를 지향하고 있다는 점을 잊지 마시기를 바랍니다.

아이들이 학업 능력뿐만 아니라
인성까지 갖추길 바라며

비대면이라도
토론으로 자라는 아이들

"안녕하십니까, 씨앤에이논술입니다. 먼저 초6 전국 Zoom토론대회에 보내주신 학부모님들의 관심에 감사드립니다. 그리고 이긴 친구들에게는 축하를, 진 친구들에게는 위로를 전합니다. 어제 32강을 잘 치렀습니다. 늦은 시간에도 꾸준한 독서와 토론, 논술수업을 한 아이들의 노력과 열정이 빛나는 밤이었습니다.

32강 논제는 '플라스틱 사용 규제를 강화해야 하는가'였습니다. 플라스틱은 장점과 단점이 분명한 소재입니다. 플라스틱 쓰레기는 환경 문제의 원인 중 하나로 지구 환경과 그 안에서 살아가는 우리에게 큰 영향을 미치고 있습니다. 하지만 플라스틱이 우리의 생활을 편리하게 해주는 것도 부정할 수 없는 사실입니다. 이에 다음 세대를 이끌어갈 아이들이 반드시 고민해 봐야 하는 논제라고 판단해 본선 첫 번째 주제로 정하였습니다.

아이들의 내면의 힘은 어른들의 생각보다 굉장히 강합니다. 낯선 친구들과의 토론이라 긴장도 많이 하지만 제 역할을 해내기 위해 최선을 다하는 모습은 반짝반짝 빛납니다. 토론은 말싸움이 아니라 소통의 한 방법이기에 서로 예의를 지켜야 즐길 수 있습니다. 또한 팀전이기에 같은 팀 친구들을 존중하고 협력해야 최상의 결과를 얻을 수 있습니다. 자료를 찾고 추리하는 과정에서 필요한 것을 선택하는 판단력을, 친구들과 자료를 비교하며 더 좋은 자료를 만들어내는 과정에서 인정과 양보를, 의견을 나누는 과정에서 존중과 문제해결력을, 초면인 친구들과 토론하는 과정에서 예의를, 승패를 받아들이는 과정에서 진정한 용기를 배울 수 있기를 진심으로 바랍니다.

대회가 끝나면 토론에서 진 아이들이 가장 마음에 걸립니다. 아이들이 주어진 시간 안에서 각자에게 주어진 바를 잘 해낸 것만으로도 대견하고 훌륭합니다. 결과를 떠나 이번 토론대회가 열심히 한 과정의 뿌듯함을 기억하는 기회가 될 수 있도록 학부모님들의 진심어린 격려를 부탁드립니다.

16강 논제는 '인공 지능 로봇은 인류에게 축복인가'입니다. 4차산업혁명 시대를 살아가는 아이들이 과학기술을 어떻게 사용해야 하는지에 대해 진지하게 고민하는 기회가 되기를 바라는 마음에서 선정하였습니다. 모든 아이들이 자신의 신념을 지키되 다른 구성원들과 조화를 이루는 멋진 성인으로 성장하기를 응원합니다.

앞으로도 아이들의 현재와 미래를 먼저 생각하며 교재를 만들고 수업하는 씨앤에이논술이 되겠습니다. 감사합니다.

추신, 6월 20일 4강과 27일 결승은 참관이 가능합니다. 각 배움터로 참관을 신청해 주시면 아이디와 비번을 보내드리겠습니다."

매년 올림픽파크텔에서 진행하던 토론 대회를 코로나로 인해 2020년 에는 개최하지 못했습니다. 전화위복, 2021년 Zoom 비대면으로 전국 토론 대회를 진행하게 되었습니다. 전국 씨앤에이논술 각 배움터 초등학교 6학년 학생들이 4인 1팀을 구성하여 예선 경기를 통해 본선에 진출할 32팀을 선발하였습니다. 어제 진행된 32강 경기가 끝나고 토론대회 김경희 준비팀장이 학부모님들께 보낸 문자메시지 내용입니다. 비대면이라도 아이들은 토론으로 쑥쑥 자라고 있습니다. "힘든 상황이지만 위축되지 말고 더욱 적극적으로 실천하자"는 씨앤에이논술의 설립자 이재종 대표 이사님 덕분입니다.

인공지능 알고리즘보다 위대한 휴머니즘

공저자 박노성 교수님은 머리말에서 인공지능 시대의 알고리즘이 주는 자유의 함정을 지적합니다. 코로나 시대를 맞아 역설적이게도 더 많은 자유가 주어진 듯하지만 독서가 부족한 초등학생들이 많습니다. 독서가 부족하니 문해력의 저하와 학업 능력의 양극화로 이어질 수밖에 없습니다.

진정한 자기주도학습은 창의융합독서가 결합될 때 가능합니다. 1부에서 강조한 포스트 코로나 시대의 진정한 자기주도학습은 중단 없는 독서가 근간이 되어야 합니다. 특히, 2015 개정교육과정에 이은 2022 개정 교육과정은 토론_{말하기}과 논술_{글쓰기} 능력을 전 교과에 걸쳐 요구합니다. '초등학교 7학년'이라고 불리지 않기 위해 초1부터 예비중1에 이르기까지의 독서 과정을 보다 꼼꼼하게 이어나가야 합니다.

2부에서 소개한 창의융합독서법은 새롭게 달라진 입시에 대비할 수 있는 독서법입니다. 고3 수험생인 제 아들은 초2 때부터 논술학원에 다녀서 글쓰기를 좋아하는데, 그림그리기도 그에 못지않게 좋아합니다. 학원 벽에 붙여진 아들의 시화를 보고 놀랐던 10년 전 기억이 생생합니다. 자사고에 입학하느라 치열한 내신 경쟁 과정에서 힘든 시기를 겪었지만, 고1 때부터 미술 실기를 성실하게 준비하며 수능과 정시 중심으로 변화된 입시를 치르는 중입니다. '수미잡'이라고는 하지만 다행히 모의고사 국어 성적이 잘 나오고 있어 수험생 학부모 역할을 처음 하는 아빠에게 희망과 기대를 품게 해주어 고맙습니다.

3부에서 소개한 초등학생을 위한 발달단계별 독서 전략을 정리하며 초6인 딸에게 여러 번 질문을 던졌습니다. 저학년 때 읽은 책이라 기억하지 못할 줄 알았는데, 의외로 여러 책과 그 내용들을 떠올려주어 반가웠습니다. 한편, 아들과 6년 차이가 나는 딸의 예비중1 베스트컬렉션 프로그램을 점검하면서 늘 그래왔듯이, 지나온 과거보다 몇 배는 더 중요한 미래에 대해 약간의 불안과 커다란 설렘을 갖게 됩니다. 아빠이자 강사이자 원장으로서 이 시기에 어느 분야의 어떤 책을 읽으면 좋을지 고민하는 순간은 늘 즐겁습니다.

코로나 시대에 많은 학부모님들이 학생들의 학업 능력 저하를 염려합니다. 특히, 권장도서와 추천도서를 소개해 달라고 많이들 부탁하십니다. 인터넷과 스마트폰이 인공지능과 알고리즘으로 초등학생들을 지배하려 하는 요즘 독서를 통한 인간다움의 유지가 필수입니다. 매주 월요일 오전 11시에 진행 중인 비대면 학부모설명회를 통해 초등독서에 필요한 가이드북의 필요성을 실감했습니다.

어려운 상황에서도 소신 있게 출판을 제안해 준 김종필 대표님에게 감사합니다. 학원 업무와 수업을 핑계로 전작보다 부족한 내용의 책을 쓴 것은 아닐까 걱정했는데, 텔레파시 이상의 이심전심으로 훌륭한 완성작을 만들어준 박노성 교수님, 고맙습니다. 어느덧 17년 차로 접어든 씨앤에이논술에서 좋은 교재와 수업을 만들기 위해 함께 노력해 준 소중한 식구들에게도 마음속 깊이 감사드립니다.

지은이 여성오

⟨주석⟩

1) ⟨내달 초·중등 사회·과학 디지털교과서 보급⟩, 서울신문, 2014.2.16.

2) 안희경 외, 『오늘부터의 세계』, 메디치 미디어

3) ⟨"친구 없어 우울…" 온라인 수업, 갈수록 만족도 줄었다⟩, 중앙일보, 2020.9.17.

4) https://www.bizarrepedia.com/genie-wiley-the-wild-child/

5) ⟨방시혁이 '방탄소년단'에게 강조한 두 가지 원칙⟩ 오마이뉴스, 2017.12.11.

6) ⟨돈이 곧 매뉴얼이 된 한국 사회⟩ 한겨레, 2014.5.14.

7) ⟨아이 낳아 대학까지 보내려면 직장인 10년치 연봉 쏟아부어야⟩ 동아일보, 2019.10.10.

8) Heckman, J. J., & Krueger, A. B.(2005). Inequality in America: What Role for Human Capital Policies? MIT Press Books.

9) 2020년도 노벨상 수상자는 다음과 같습니다. 물리학상은 로저 펜로즈(영국), 라인하르트 겐첼(독일), 앤드리아 M. 게즈(미국)이 수상했습니다. 화학상은 에마뉘엘 샤르팡티에(프랑스), 제니퍼 다우드나(미국)가 수상했습니다. 생리학·의학상은 하비 J. 올터(미국), 마이클 호턴(영국), 찰스 M. 라이스(미국)이 수상했습니다. 문학상은 루이즈 글릭(미국), 평화상은 세계 식량 계획(WFP), 경제학상은 폴 밀그럼(미국)과 로버트 B. 윌슨(미국)이 수상했습니다.

10) 이재갑·강양구, 『우리는 바이러스와 살아간다』, 생각의 힘

11) 뇌의 학습프로세스에 관한 자세한 내용은 박노성, 여성오 저, 『대치동 독서법』 70페이지를 참고하시기 바랍니다.

12) 단기 스트레스 호르몬이 기억에 미치는 긍정적인 효과를 오랫동안 연구한 제임스 맥가우(James McGaugh)에 따르면 쥐의 혈류에 아드레날린을 주입하면 기억이 향상된다고 합니다.

13) 헤르만 헤세, 『유리알 유희』, 민음사, p.17

14) 〈일본군 '위안부' 피해자, 2차 손배소 패소… 엇갈린 법원 판결〉, 한겨레 2021.4.21.

15) https://blog.naver.com/nosung/222200873992

16) 앤 이니스 대그, 『동물에게서 배우는 노년의 삶』, 시대의 창

17) 〈[바른 독서, 평생 친구] 스스로 찾아 읽기-잠원초 양승환군〉, 중앙일보, 2009.9.23.

18) 학이불사즉망 사이불학즉태(學而不思則罔 思而不學則殆), 『논어』 위정 15장

일상과 이상을 이어주는 책

일상이상

창의융합형 인재를 위한
자기주도학습의 모든 것

대치동
초등독서법

초판 1쇄 펴낸날 · 2021년 6월 25일

초판 3쇄 펴낸날 · 2023년 7월 19일

펴낸이 · 김종필 | 펴낸곳 · 일상과 이상 | 출판등록 · 제300-2009-112호

주소 · 경기도 고양시 일산서구 후곡로 10 910-602

전화 · 070-7787-7931 | 팩스 · 031-911-7931

이메일 · fkafka98@gmail.com

ISBN 978-89-98453-80-0 03370